MISIÓN EN EL CAMINO

MISIÓN EN EL CAMINO

Reflexiones sobre la teología de la misión

Charles E. Van Engen

Traducido Por Pfra. Norma Deiros

WIPF & STOCK · Eugene, Oregon

MISIÓN EN EL CAMINO
Reflexiones sobre la teología de la missión

Copyright © 2019 Charles Van Engen. All rights reserved. Except for brief quotations in critical publications or reviews, no part of this book may be reproduced in any manner without prior written permission from the publisher. Write: Permissions, Wipf and Stock Publishers, 199 W. 8th Ave., Suite 3, Eugene, OR 97401.

Wipf & Stock
An Imprint of Wipf and Stock Publishers
199 W. 8th Ave., Suite 3
Eugene, OR 97401

www.wipfandstock.com

PAPERBACK ISBN: 978-1-5326-5843-3
HARDCOVER ISBN: 978-1-5326-5844-0
EBOOK ISBN: 978-1-5326-5845-7

Manufactured in the U.S.A.

CONTENIDO

Lista de Figuras   vi
Prólogo por Paul G. Hiebert   vii
Prefacio por Charles Van Engen   xi
Reconocimientos   xiii

Introducción: ¿Qué es la teología de la misión?   1

Parte I **La teología de la misión y la Biblia**
    1 La relación de la Biblia y la misión   23
    2 La importancia de la teología narrativa   35

Parte II **La teología de la misión en contexto**
    3 El nuevo pacto: la teología de la misión en contexto   69
    4 Construyendo la teología de la misión en la ciudad   93

Parte III **La teología de la misión y la Iglesia**
    5 La Iglesia misionera en Efesios   111
    6 La Iglesia misionera en perspectiva histórica   123

Parte IV **Teologías de la misión evangélica y conciliar**
    7 Cuarenta años de la teología evangélica de la misión   137
    8 Teología conciliar de la misión, años 1930-1990   161

Parte V **La teología de la misión y el pluralismo religioso**
    9 El efecto del universalismo sobre la teología de la misión   179
    10 El carácter único de Cristo en la teología de la misión   191

Parte VI **La modernidad y la postmodernidad en la teología de la misión**
    11 La teología de la misión en el contexto norteamericano   217
    12 La teología de la misión a la luz de la crítica posmoderna   237

Parte VII **La teología de la misión y la formación ministerial**
    13 Retratos del pastor como líder misionero   269
    14 Paradigmas cambiantes en la formación ministerial   277

Conclusión: Fe, amor y esperanza: una teología de la misión en el camino   293

Obras citadas   305

LISTA DE FIGURAS

Figura 1	La misiología como disciplina	2
Figura 2	La misiología como una disciplina multidisciplinaria	4
Figura 3	Proximidad o distancia de Jesucristo	5
Figura 4	Centro integrador	5
Figura 5	Hacer teología/Teologizar en la misión	6
Figura 6	Teología de la misión	7
Figura 7	Teología de la misión en la Misiología	7
Figura 8	La naturaleza tripartita de la teología de la misión	8
Figura 9	Cuadrícula de la teología de la misión	16
Figura 10	La Biblia como un tapiz de temas de la acción de Dios en el mundo	30
Figura 11	La re-presentación en la historia de la salvación	80
Figura 12	Una serie de contextos bíblicos	83
Figura 13	Una serie de revelaciones de pacto en su contexto	84
Figura 14	Revelación en Jesucristo	85
Figura 15	Una serie de contextos históricos	88
Figura 16	El desarrollo histórico del dogma	88
Figura 17	Una comprensión de la revelación que se profundiza	89
Figura 18	Una serie de contextos culturales	89
Figura 19	Una teología contextual en desarrollo	90
Figura 20	Componentes metodológicos de una teología bíblica de la misión de la ciudad	99
Figura 21	Una visión dinámica de los cuatro atributos de la iglesia	130
Figura 22	Los cuatro atributos antiguos como verbos misionales	133
Figura 23	Dos clases de personas	187
Figura 24	La pecaminosidad de todos	188
Figura 25	La nueva universalidad de Pablo	188
Figura 26	Naturaleza misionera del pueblo de Dios	189
Figura 27	Los elementos de pluralismo – un paradigma de creación	196
Figura 28	Elementos del inclusivismo: un paradigma de soteriología universal	198
Figura 29	Elementos del exclusivismo: un paradigma ecesiocéntrico	199
Figura 30	Los elementos del Evangelista - un cuarto paradigma	201
Figura 31	Implicaciones misiológicas del paradigma evangelista	208

PRÓLOGO

La extensión misionera siempre ha perturbado la paz de la iglesia. Esto fue así en la iglesia primitiva, al enfrentarse y finalmente incorporar a conversos gentiles dentro de la comunión cristiana (Hech 13, 15). Fue así cuando los misioneros evangelizaron las tribus de Europa y del interior de Asia. Es así hoy cuando las iglesias occidentales se enfrentan a culturas y religiones no occidentales, en escala global.

En tanto la iglesia se encierre en sí misma, su tarea permanece relativamente fácil: construir una comunidad de adoración y de fe. Esto enfoca su atención sobre el desarrollo de la organización social que mantiene a la iglesia unida: definir y distribuir roles, hacer el mejor uso de recursos económicos, asignar poder y legitimidad. Esta tarea puede entregarse a la definición de creencias ortodoxas y de prácticas de la comunidad. Una vez que estos sistemas sociales y culturales entran en operación, normalmente necesitan sólo ajustes mínimos para mantener a la iglesia funcionando a lo largo del tiempo.

La misión hacia el mundo exterior desafía este orden confortable. Levanta preguntas profundas sobre diferencias culturales e históricas. ¿Quiénes son estos extraños con los que ahora nos encontramos? ¿Cuál es la naturaleza de estas otras personas y cuáles sus creencias religiosas? ¿Cómo podemos comunicarles el evangelio de manera fiel y ajustada, sin imponer nuestras propias formas culturales? ¿Qué es el evangelio en su contexto? ¿Y qué es, en retrospectiva, el evangelio en nuestro contexto? Éstas son preguntas críticas que nos enfrentan cuando entramos en la misión.

Las preguntas se multiplican cuando ganamos conversos en estas nuevas culturas. ¿Cómo ayudamos a dar a luz a iglesias vivas en estas sociedades, y cómo debiéramos relacionarnos con ellas después que han nacido? Estas otras iglesias ahora son parte de nosotros, pero son muy diferentes de nosotros, no sólo en sus lenguas, costumbres y creencias, sino también en sus interpretaciones de la Biblia y en sus reflexiones teológicas. ¿Debieran adoptar nuestras enseñanzas teológicas? Si es así, ¿cómo impediremos que la teología sea siempre extraña en sus vidas? Si no es así, ¿cómo evitaremos la confusión teológica y la fragmentación de la iglesia en miles de islas de creencias en un mar de relativismo?

Charles Van Engen, en este volumen, aborda estos temas misiológicos centrales. Examina la cuestión de construir teologías en contextos específicos, tales como en la ciudad. También nos muestra tanto los beneficios como las preocupaciones que experimentamos cuando alentamos a los creyentes a teologizar dentro de su propio entorno, cuando tomamos con seriedad el sacerdocio de todos los creyentes. Hace un delineamiento de los debates actuales sobre asuntos levantados por el pluralismo religioso, y batalla con la manera en que podemos proclamar el carácter único de Cristo, sin ser arrogantes y triunfalistas. Echa una mirada al impacto que la modernidad y la posmodernidad están teniendo sobre el movimiento misionero en Occidente, y hace un llamado a la renovación de nuestro compromiso como seguidores de Jesucristo en los duros ambientes culturales de nuestros días. Explora los roles cambiantes de misioneros y ministros en iglesias jóvenes, y levanta preguntas difíciles relacionadas con la unidad de la iglesia en medio de su proliferación, diversidad y fragmentación de carácter global. Son de excepcional valor, la manera en que Van Engen traza la historia de la discusión reciente sobre cada uno de estos asuntos y la riqueza de fuentes bibliográficas que nos presenta para más estudio. Igualmente importantes son las repuestas que él ofrece a estas cuestiones, respuestas que nos ayudan a movernos más allá de los caminos sin salida que tanto caracterizan nuestro pensamiento actual. En esto, el autor ha hecho una gran contribución a la causa de la misión cristiana en nuestro tiempo. No todos estarán de acuerdo con cada una de las sugerencias de Van Engen, y tampoco él espera que lo estén. Lo que él nos desafía a hacer es enfrentar estas cuestiones con honestidad, oír lo que otros tienen para decir acerca de ellas y someter nuestras comprensiones a la autoridad de las Escrituras.

No obstante, Van Engen hace mucho más que repasar las cuestiones claves levantadas por el movimiento misionero moderno y sugiere nuevas soluciones bíblicas. De modo más significativo, nos provee de una metateología, una teología sobre cómo debiéramos hacer teología, que nos ayuda a tratar con todos los problemas similares que emergen en nuestra extensión misionera hacia un mundo perdido y quebrado. Es este modelo que le aporta al libro la coherencia subyacente. Van Engen comienza con el principio de una fe incuestionable en la Biblia, como revelación divina totalmente inspirada, la autoridad por la cual debemos probar toda verdad teológica. Pero, ¿cómo debemos interpretar la Escritura en nuestros días frente a nuestros contextos y prejuicios culturales e históricos? ¿La interpretación de qué persona debiéramos seguir? Aquí, Van Engen se dirige a exponer en su segundo principio metateológico que dice que la iglesia es una comunidad hermenéutica: debemos leer juntos las Escrituras y discernir lo que el Espíritu de Dios nos está diciendo a través de ellas. Con demasiada frecuencia, hemos hecho del teologizar una tarea de pocos. En consecuencia, a los cristianos comunes no se les enseña a pensar bíblicamente acerca de lo que significa ser cristianos dentro de sus propios entornos diarios. Más aún, nuestras teologías están frecuentemente divorciadas de la vida real. El autor nos llama a permitir que la Biblia se dirija a la gente dentro de su propio contexto. Esta teología en el camino nos transformará a cada uno de nosotros como individuos y a la iglesia como un todo. El resultado será una teología viva y relevante, arraigada en las Escrituras y generadora de misión y transformación.

¿Qué es lo que evita que la iglesia llegue a ser una comunidad que crezca para adentro, separada del mundo que la rodea? El tercer principio hermenéutico de Van Engen es que la iglesia, al estudiar las Escrituras, debe ser una comunidad que esté siempre en misión. La misión está en el corazón mismo del evangelio y de la vida de la iglesia. La misión no es una de las muchas tareas que la iglesia está llamada a hacer. Es la esencia misma de la iglesia. Y, por supuesto, a los efectos de comunicar el evangelio de manera significativa y de servir de modo efectivo como agente profético de Dios que llama a la conversión y transformación de personas, sociedades y culturas, la iglesia debe conocer los contextos socioculturales e históricos dentro de los cuáles vive y ministra.

Si es que vamos a aplicar este modelo metateológico a nuestra extensión misionera en el día de hoy, estaremos forzados a redefinir el concepto mismo de misión. Van Engen no titubea en enfrentar este asunto central. Su mayor contribución en este volumen, quizás sea desafiarnos a volver a pensar nuestra comprensión del llamamiento que tenemos, y hacernos volver al significado y métodos bíblicos para llevar a cabo la misión en el camino.

Paul G. Hiebert

PREFACIO

Hace algunos meses, me encontré con un amigo que enseña misiología en un seminario cercano. Con ceño fruncido y semblante preocupado me dijo: "Carlitos, tengo una pregunta para ti, que puede tener implicaciones para todo mi ministerio y quizás para el tuyo también. Es un tema de gran preocupación para mí."

Mi amigo procedió a explicarme que, en tiempos recientes, él había asistido a una conferencia de misiólogos, en la cual una persona que tenía un prestigio significativo había afirmado algo así: "No hay tal cosa como teología de la misión. Sólo hay exégesis bíblica, teología sistemática y práctica de la misión. 'Teología de la misión' es una expresión sin sentido, un oxímoron, por cuanto no se refiere a nada."

Es innecesario que diga que mi amigo estaba desconcertado. "Yo enseño un curso llamado 'teología de la misión.' ¡Me considero a mí mismo como un teólogo de la misión! Pero, ¿qué ocurre si es que tal cosa no existe? Carlitos, como parte de tu título académico está la frase 'teología de la misión.' ¿Me podrías decir qué es la teología de la misión?"

Este volumen, en pequeña escala, busca ofrecer el comienzo de una respuesta a la pregunta de mi amigo. Durante los últimos diez años he escrito una cantidad de artículos, que aparecen en una variedad de libros. En cada uno de ellos yo hago una teología de la misión, con referencia a un asunto misiológico en particular o a un conjunto de ellos. Un número significativo de estudiantes altamente dotados en la Escuela de Misión Mundial del Seminario Teológico Fuller, me han alentado a reunir todas estas piezas, para conformar una de formato accesible. Esto es lo que he tratado de hacer en el presente volumen. En conjunto, estos capítulos no pretenden de ninguna manera agotar las cuestiones que enfrentamos hoy en la teología de la misión. Más bien, buscan ilustrar la clase de reflexión pertinente a la tarea de hacer una teología de la misión.

Es mi oración que este volumen pueda ayudar a mi amigo a entender más completamente el profundo significado de su tarea de hacer, enseñar y capacitar a otros en la teología de la misión. Y es mi esperanza que este volumen pueda estimular a líderes cristianos a pensar teológicamente acerca de la misión de la iglesia, y a reflexionar misiológicamente acerca de la teología a la que adhieren. Que todos juntos, como la iglesia de Jesucristo, busquemos continuamente una mayor proximidad a nuestro Señor y Salvador, en cuya misión participamos.

--Charles E. Van Engen, Pasadena, CA, Primavera de 1995

RECONOCIMIENTOS

El autor y el publicador reconocen con gratitud el permiso para volver a imprimir versiones modificadas del material siguiente:

El capítulo 1 originalmente apareció bajo el título "The Relation of Bible and Mission in Mission Theology," en *The Good News of the Kingdom*, editado por Charles Van Engen, Dean S. Gilliland y Paul Pierson, 27-36 (Maryknoll, N.Y.: Orbis, 1993).

El material del capítulo 2 ha sido mejorado en gran manera por las preguntas, la investigación y la reflexión creativa de Les Henson, Nancy Thomas, Christine Accornero, Juanita Leonard y Kathy Mowry, estudiantes doctorales que me han ayudado (e impulsado) a lograr una comprensión más clara y una apreciación más profunda de las contribuciones potenciales que la teología narrativa puede hacer a la misiología. Jude Tiersma, colega, amiga y estudiante, ha sido de gran ayuda en demostrarme el rol de la narrativa en la reflexión sobre la misión en la ciudad. (Ver Van Engen y Tiersma 1994.)

El capítulo 3 originalmente apareció como "Tne New Covenant: Knowing God in Context," en *The Word among Us*, editado por Dean S. Gilliland, 74-100 (Waco: Word, 1989).

El capítulo 4 originalmente apareció como "Constructing a theology of Mission for the City," en *God So Loves the City*, editado por Charles Van Engen y Jude Tiersma, 241-69 (publicado en 1994 por MARC, 800 West Chestnut Avenue, Monrovia, Calif., 91016-3198).

El capítulo 5 fue publicado originalmente como "The Holy Catholic Church: On the Road through Ephesians," en *Reformed Review* 37.3 (1984): 187-201.

El capítulo 6 originalmente apareció como capítulo 4, "La esencia de la iglesia local en perspectiva histórica," en Charles Van Engen, *El pueblo misionero de Dios*, 67-79 (Grand Rapids: Libros Desafío, 2004).

El capítulo 7 originalmente apareció con el título "A Broadening Vision: Forty Years of Evangelical Theology of Mission," en *Earthen Vessels: American Evangelicals and Foreign Mission, 1880-1980*, editado por Joel A. Carpenter y Wilbert R. Shenk, 203-34 (Grand Rapids: Eerdmans, 1990).

El capítulo 9 se publicó originalmente como "The Effect of Universalism on Mission Effort," en *Through No Fault of Their Own? The Fate of Those Who Have Never Heard*, editado por William V. Crocket y James G. Sigountos, 183-94 (Grand Rapids: Baker, 1991).

El capítulo 10 fue publicado originalmente como: "The Uniqueness of Christ in Mission Theology," en *Christianity and the Religions: A Biblical Theology of World Religions*, editado por Edward Rommen y Harold Netland, 183-216 (Pasadena: William Carey Library, 1995).

El capítulo 11 originalmente apareció como "Evangelism in the North American Context," en *Reformed Review* 41.1 (1987): 9-20.

El capítulo 13 fue publicado como "Pastors as Missionary Leaders in the Church," en *Theology, News and Notes* 36.2 (1989): 15-18, de Fuller Theological Seminary.

La conclusión, "Fe, amor y esperanza: una teología de la misión en el camino," fue publicada originalmente en *The Good News of the Kingdom*, editado por Charles Van Engen, Dean S. Gilliland y Paul Pierson, 253-64 (Maryknoll, N.Y.: Orbis, 1993).

Finalmente, permítanme también expresar mi profunda admiración, gratitud y respeto hacia Nancy Thomas, cuyo trabajo amoroso, gozoso, preciso y a conciencia ha sido una ventaja tremenda para mí, en la tarea de compilar, mecanografiar, rediseñar y lograr completar este volumen. La palabra gracias es también bien merecida por Michael Kennedy, Anne White y la oficina de procesamiento de textos de Fuller, por el cuidado minucioso que han demostrado al escribir el manuscrito, especialmente considerando la tarea difícil de organizar las obras citadas.

INTRODUCCIÓN

¿Qué es la teología de la misión?

La introducción definirá brevemente lo que es la teología de la misión, y luego procederá a examinar cinco de sus características esenciales: busca ser multidisciplinaria, integradora, claramente definida, analítica y veraz. Pero primero veamos una nota con respecto a la aparición de la teología de la misión como una disciplina autónoma.

Durante los treinta años pasados, la teología de la misión ha ocupado el asiento trasero de la práctica de la misión, la cual después de las dos guerras mundiales y particularmente en los años de 1960, ha tomado mucho prestado de las ciencias sociales: sociología, antropología, lingüística, economía, política, estadística, sociología de la religión y demás. Las agendas misiológicas que han dominado la escena desde los primeros años de la década de los años de 1960, ya sean católicas romanas, ortodoxas, evangélicas o pentecostales/carismáticas, todas han tratado principalmente con la estrategia y práctica de la misión. Sin importar la tradición teológica, la misiología se preocupó por una multitud de cuestiones y agendas activistas, como el rol de la iglesia (su clero, estructuras y miembros) en la empresa misionera, el accionar relevante económico y sociopolítico, la liberación, la evangelización, el crecimiento de la iglesia, el asistencialismo y el desarrollo, las traducciones de la Biblia, la educación teológica, la asociación entre misión e iglesia, el compartir recursos entre las iglesias, el diálogo con personas de otras confesiones y la relación entre la fe y la cultura. Desafortunadamente, en medio de un activismo global como éste, rara vez se preguntaba acerca de las cuestiones más profundas de la teología de la misión. Durante los últimos diez años, esto ha comenzado a cambiar, y la gente de todas las franjas teológicas en misión en el día de hoy, están volviendo a examinar las presuposiciones teológicas subyacentes en la empresa misionera.

La disciplina que reflexiona sobre estas presuposiciones es la teología de la misión.[1] Antes de los años de 1960, un número

---

[1] En el original en inglés, el autor habla de dos expresiones que él considera intercambiables: "theology of mission" y "mission theology", si bien considera que la segunda expresión es más apropiada y por ello es dominante en el texto

prominente de pensadores como Gisbert Voetius, Josef Schmidlin, Gustav Warneck, Karl Barth, Karl Hartenstein, Martin Kähler, Walter Freytag, Roland Allen, Hendrik Kraemer, J. H. Bavinck, W. A. Visser't Hooft, Max Warren, Olav Myklebust, Bengt Sundkler, Carl Henry y Harold Lindsell reflexionaron sobre las cuestiones teológicas de la misión. No obstante, si procuramos ver la teología de la misión como una disciplina autónoma, con sus elementos, metodología, eruditos y enfoques propios, descubrimos que la teología de la misión como tal realmente recién comenzó a principios de los años de 1960, mediante la obra de Gerald Anderson. En 1961, Anderson editó *The Theology of the Christian Mission*, una colección de ensayos, que yo considero como el primer texto de la disciplina.

Diez años más tarde, en el *Concise Dictionary of the Christian World Mission*, Anderson definió las principales preocupaciones de la teología de la misión, como "las presuposiciones básicas y los principios subyacentes, los cuales determinan, desde el punto de vista de la fe cristiana, los motivos, el mensaje, los métodos, la estrategia y las metas de la misión mundial cristiana. . . . La fuente de la misión es el Dios trino quien es él mismo un misionero. . . . En esta era 'postconstantiniana' de la historia de la iglesia, la misión ya no se entiende como una extensión más allá de la cristiandad, sino más bien como 'el testimonio común de toda la iglesia, trayendo todo el evangelio a todo el mundo'" (Neill et al. 1971, 594).[2]

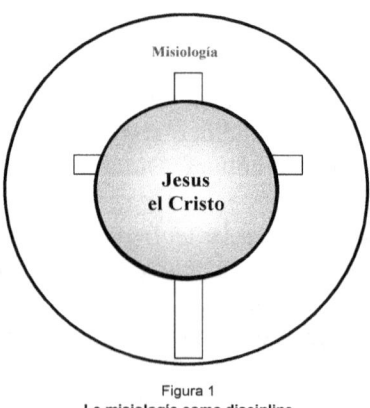

Figura 1
La misiología como disciplina

---

en inglés. En español no es posible usar dos expresiones similares a éstas. (Nota del traductor.)

[2] Anderson atribuye esta frase, a la reunión de la Comisión de Misiones Mundiales y Evangelismo del Consejo Mundial de Iglesias, realizada en la ciudad de México en 1963. Ver Orchard 1964, 175.

La teología de la misión como multidisciplinaria

La teología de la misión es una empresa difícil, porque su objeto de reflexión es todo el campo de la misiología, el cuál es en sí mismo, una empresa multidisciplinaria e interdisciplinaria. Con el propósito de ser breve, esta sección representará gráficamente y declarará de manera simple una serie de proposiciones cortas, que describen la empresa multidisciplinaria que es la misiología y la manera en que la teología de la misión se relaciona con ella.

La misiología como una disciplina multidisciplinaria

1. En primer lugar, la misiología es un todo unificado; es una disciplina por derecho propio, centrada en Jesús y en su misión (ver figura 1). A medida que la iglesia participa en la misión de Jesucristo, participa en la misión de Dios en el mundo de Dios, mediante el poder del Espíritu Santo.

2. Mientras que la misiología es conocida como una disciplina unificada, también es una disciplina multidisciplinaria (ver figura 2). Como disciplina multidisciplinaria, la misiología se alimenta de muchas áreas de pericias, disciplinas afines y cuerpos de literatura.[3]

---

[3] La lista de disciplinas afines, sobre las cuales la misiología se apoya para describir, entender, analizar y prescribir la naturaleza compleja de la misión es larga. Las representadas en el diagrama son sólo ilustrativas. Una lista más completa incluye, entre otros, estudios bíblicos, historia de la iglesia, historia de la misión, teología sistemática, contextualización, antropología cultural, lingüística y traducción, sociología, estudio de otras confesiones de fe, diálogo con otras confesiones de fe, estudios sobre mujeres en misión, sociología de la religión, psicología social, estudios urbanos/antropología y análisis sociocultural de la ciudad, análisis socioeconómico y político, ecumenismo y estudios sobre la iglesia en el mundo, estadística y futurología, evangelización, la historia de la evangelización, crecimiento de la iglesia, estudios sobre congregaciones misioneras, dinámica de la comunicación transcultural, asistencia y desarrollo, discipulado, espiritualidad y formación espiritual, formación de liderazgo, estructuras para la misión, administración de la misión, educación teológica, renovación congregacional, historia de los avivamientos, consejería transcultural, predicación, la familia misionera, cuestiones psicológicas de muchos tipos, eclesiología y la relación entre las iglesias, organización de la misión, financiamiento de la misión,

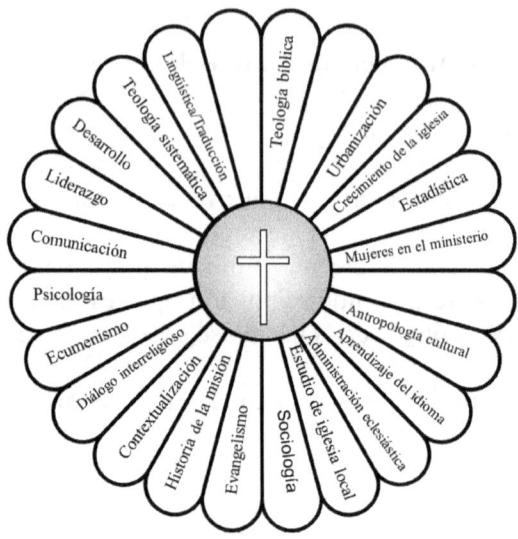

Figura 2
La misiología como una disciplina multidisciplinaria

3. La teología de la misión nos ayuda a esclarecer nuestra proximidad o distancia del centro, Jesucristo (ver figura 3), y pregunta si es que hay un punto más allá del cual las disciplinas afines ya no pueden ser útiles o bíblicas.

4. La teología de la misión nos ayuda a reflexionar sobre la idea central (el *habitus*), la cual integra y motiva nuestra misiología (ver figura 4).[4]

---

promoción/reclutamiento del personal misionero, la relación entre la iglesia y el estado, nominalismo y secularización, y otras.

[4] Los misiólogos han diferido en la idea o frase integradora que han escogido para usarla como centro de su misiología. Ejemplos de ideas integradoras incluirían la conversión de los paganos, la plantación de la iglesia y la gloria de Dios (Gisbert Voetius), la Gran Comisión (William Carey), la perdición de la humanidad (pietismo), la alabanza a Dios (misiología ortodoxa), el pueblo de Dios (Vaticano II), haciendo discípulos de *panta ta ethne* (Donald McGavran), el Dios de la historia, el Dios de compasión, el Dios de transformación (David Bosch), el reino de Dios (Arthur Glasser), la humanización (Consejo Mundial de Iglesias). Entre otros conceptos integradores están el dolor de Dios, la cruz, dar testimonio en seis continentes, la unidad ecuménica, el pacto, y la liberación.

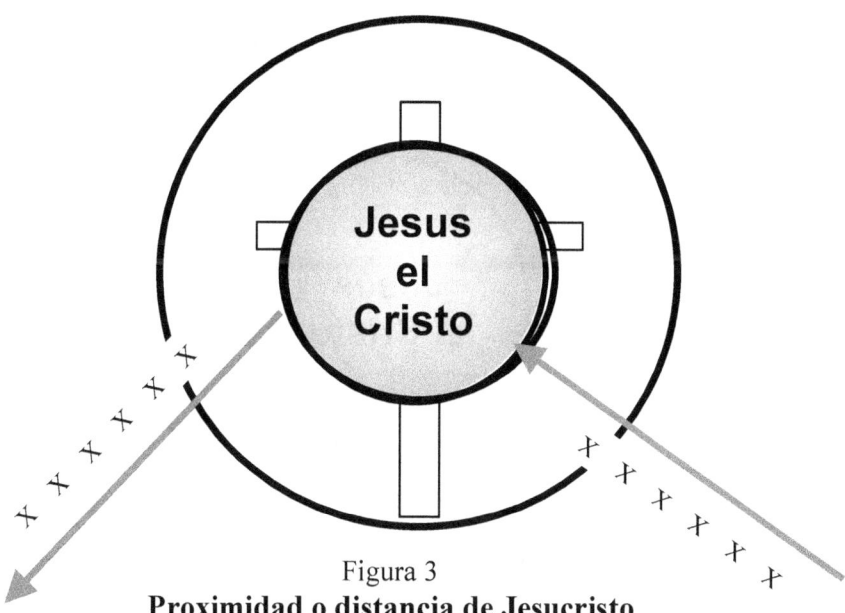

Figura 3
Proximidad o distancia de Jesucristo

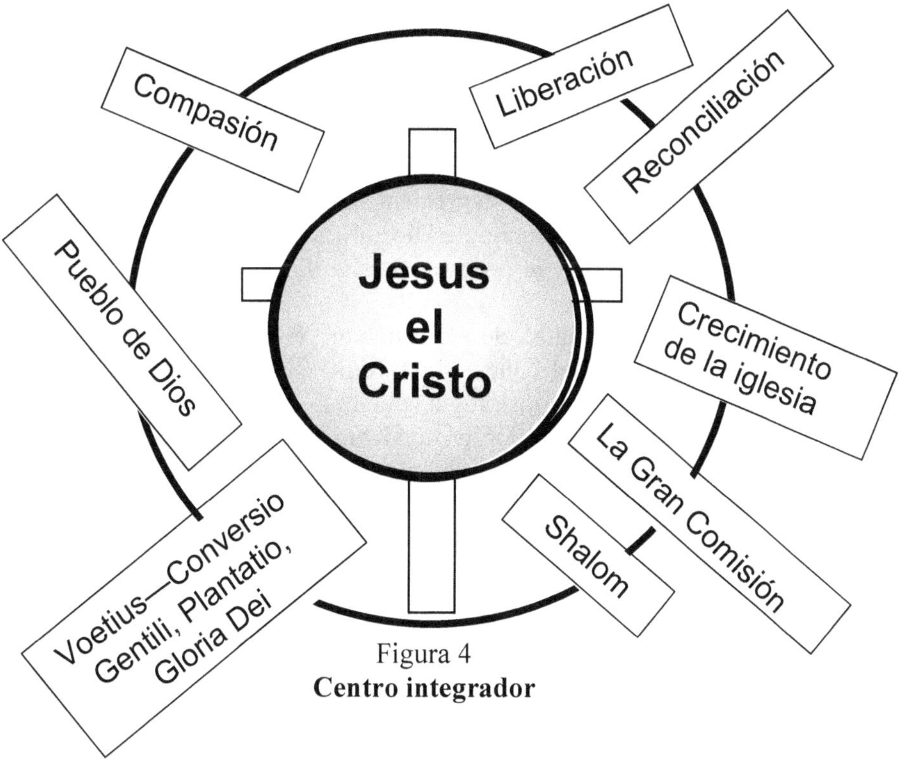

Figura 4
Centro integrador

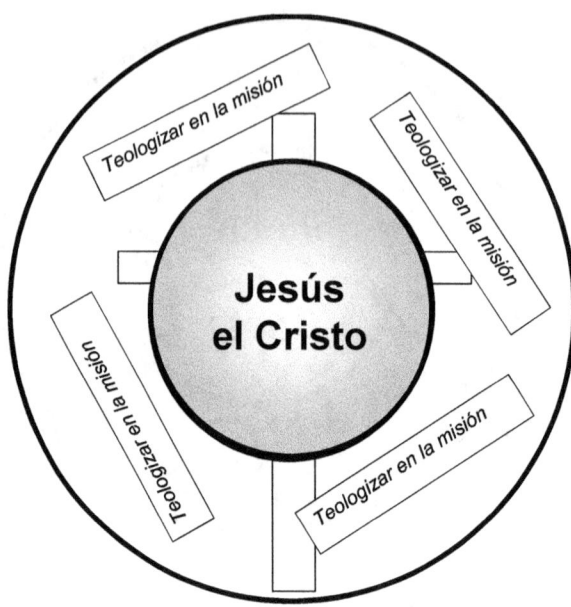

Figura 5
Hacer Teología/ Teologizar en la misión

5. La teología de la misión nos ayuda a integrar lo que nosotros somos, lo que sabemos y lo que hacemos en la misión. Nos ayuda a reunir y a relacionar con las disciplinas afines de la misiología nuestra relación de fe con Jesucristo, nuestra espiritualidad, nuestra conciencia de la presencia de Dios, la reflexión teológica de la iglesia a través de los siglos, una relectura constantemente nueva de las Escrituras, nuestra hermenéutica sobre el mundo de Dios, nuestro sentido de participación en la misión de Dios y el propósito y significado últimos de la iglesia (ver figura 5).

6. La teología de la misión nos ayuda a movernos continuamente entre el centro y los límites externos de las múltiples disciplinas afines a la misiología, mientras buscamos constantemente integración, una comprensión profundizada y el enriquecimiento mutuo de las varias disciplinas como *una* disciplina: misiología (ver figura 6).

7. La teología de la misión sirve para cuestionar, clarificar, integrar y expandir las presuposiciones de las varias disciplinas afines a la misiología. Al hacerlo, la teología de la misión es una disciplina por derecho propio, aunque no es meramente un pétalo junto con los otros, por así decirlo, dado que sólo cumple su función si es que interactúa con todos los demás (ver figura 7).

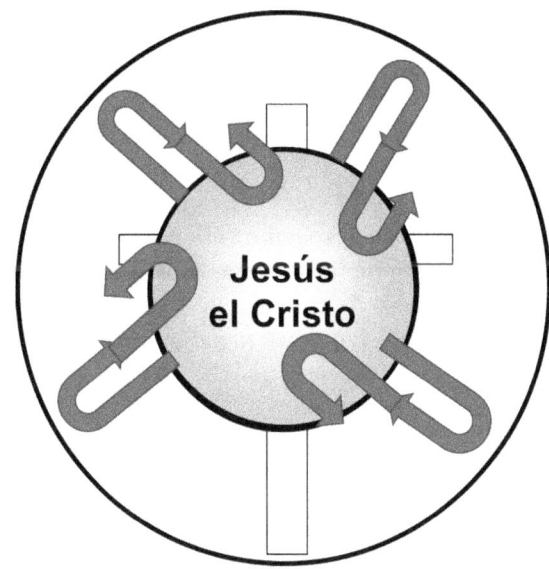

Figura 6
Teología de la misión

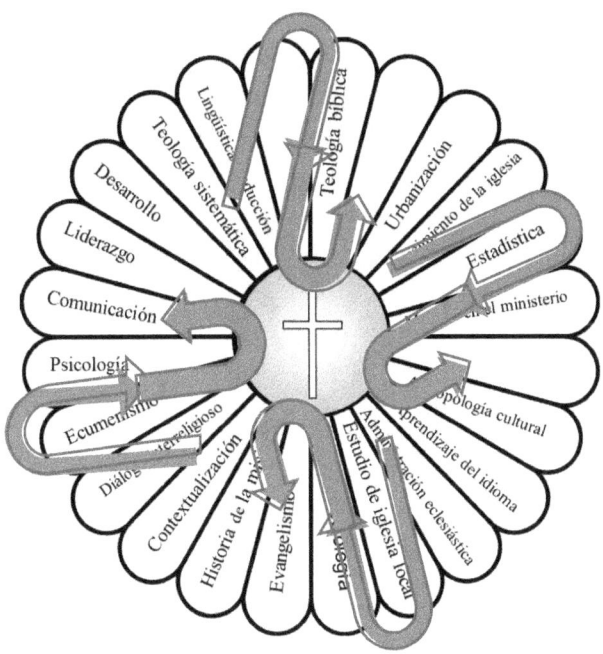

Figura 7
Teología de la misión en la misiología

Teología de la misión como integradora

Cuando la misión tiene lugar, todas las varias disciplinas afines están ocurriendo simultáneamente. De modo que la misiología no debe estudiar a la misión desde el punto de vista de partes resumidas y separadas, sino desde una perspectiva integradora que intenta ver el todo de una sola vez. Una de las maneras más fructíferas de hacer esto incluye percibir a la misiología como el entrelazado de tres círculos que reúnen todas las varias disciplinas mencionadas anteriormente (ver figura 8). La teología de la misión abarca tres campos: las presuposiciones y valores bíblicos y teológicos (A), son aplicados a la empresa del ministerio y misión de la iglesia (B), y son colocados en el contexto de actividades específicas, llevadas a cabo en tiempos y lugares particulares (C).[5]

Figura 8
La naturaleza tripartita de la teología de la misión

perspectiva misiológica, han resaltado algo similar. Ver, e.g., Nida 1960; Míguez Bonino 1975; Coe 1976; Conn 1978; 1984; 1993a; 1993b; Hiebert 1978; 1987; 1993; Glasser 1979b; Kraft 1979; 1983; Kraft y Wisley 1979; Fleming 1980; Coote y Stott 1980; Schreiter 1985; Branson y Padilla 1986; Tippett 1987; Luzbetak 1988; Shaw 1988; Gilliland, ed. 1989; Hesselgrave y Rommen 1989; Sanneh 1989; William A. Dyrness 1990; Bevans 1992; y Jacobs 1993.

El lector verá que los tres círculos son reunidos por un tema integrador, que constituye la idea central que relaciona a los tres círculos. El tema integrador puede ser el pueblo de Dios, la reconciliación, la cruz, la compasión, el crecimiento de la iglesia o la gloria de Dios (para otros ejemplos ver la figura 4). Se selecciona sobre la base de ser contextualmente apropiado y significativo, bíblicamente relevante y fructífero y misionalmente activo y transformacional. Este tema ayudará a mantener unidas nuestras varias ideas, particularmente cuando nos movemos del círculo A al B, es decir, de una relectura de las Escrituras a una acción-reflexión praxiológica, en orden a descubrir las implicaciones misiológicas de tal relectura.

Para explicar la naturaleza en tres campos de la disciplina, será útil hablar de teología de la misión en lugar de cualquier otra expresión. Primero, noten que la teología de la misión es *teología* (círculo A) porque fundamentalmente incluye una reflexión acerca de Dios. Procura entender la misión de Dios, las intenciones y propósitos de Dios, el uso que Dios hace de instrumentos humanos en la misión de Dios, y la obra de Dios a través del pueblo de Dios en el mundo de Dios.[6] Así es que la teología de la misión trata todos los temas teológicos tradicionales de la teología sistemática. Pero lo hace de tal forma, que difiere de la manera en que los teólogos sistemáticos tradicionales han trabajado a través de los siglos. La diferencia surge de la orientación multidisciplinaria de su modo de teologizar.

Además, debido a su compromiso de permanecer fiel a las intenciones, perspectivas y propósitos de Dios, la teología de la misión muestra una preocupación fundamental por la relación de la Biblia con la misión. Intenta permitir que las Escrituras no sólo provean las motivaciones fundacionales para la misión sino que también cuestionen, le den forma, guíen y evalúen la empresa misionera.[7]

Segundo, la teología de la misión es "teología *de*" un contexto misional específico (círculo C). En contraste con mucho de la teología

---

[6] Ver, e.g., Niles 1962; Vicedom 1965; Taylor 1973; Verkuyl 1978, 163-204; y Stott 1979.
[7] Ver, e.g., Glover 1946; G. Ernest Wright 1952; Gerald H. Anderson 1961; Boer 1961; Blauw 1962; Allen 1962a; George Peters 1972; Costas 1974a; 1982; 1989; De Ridder 1975; Stott 1975b; J. H. Bavinck 1977; Newbigin 1978; Verkuyl 1978, cap. 4; Bosch 1978; 1991; 1993; Gilliland 1983; Van Rheenen 1983; William A. Dyrness 1983; Senior y Stuhlmueller 1983; Hedlund 1985; Spindler 1988; Gnanakan 1989; Glasser 1992; y Van Engen 1992b; 1993. Un bibliografía combinada extraída de todas estas obras ofrecería un recurso excelente para examinar la relación de la Biblia y la misión.

sistemática, aquí estamos tratando con una teología aplicada. Debido a su naturaleza de aplicabilidad, la teología de la misión por momentos parece similar a lo que algunos llamarían teología pastoral o práctica. Este tipo de reflexión teológica se enfoca específicamente en un conjunto particular de cuestiones: las que tienen que ver con la misión de la iglesia en su *contexto*.

La teología de la misión extrae su naturaleza encarnacional del ministerio de Jesús y siempre ocurre en un tiempo y lugar específicos. De ahí que el círculo C incluye el uso misiológico de todas las disciplinas de las ciencias sociales, que nos ayuden a entender el contexto en cual tiene lugar la misión de Dios. Comenzamos tomando prestado de la sociología, la antropología, la economía, la urbanología, el estudio de la relación de las iglesias cristianas con otras religiones, la psicología, el estudio de la relación de la iglesia y el estado y de una cantidad de otras disciplinas afines, para comprender el contexto específico en el cual estamos haciendo nuestra reflexión de la teología de la misión. Tal análisis contextual continúa, en segundo lugar, con una comprensión particular del contexto en términos de una hermenéutica del entorno en el cual estamos ministrando. A su vez, en tercer lugar, nos llama a oír los gritos, ver las caras, entender las historias y responder a las necesidades y esperanzas vitales de las personas que son parte integrante de ese contexto.

Una parte de este análisis hoy en día incluye la historia de la manera en que la iglesia y su misión se ha relacionado con un contexto particular a lo largo de la historia. Las actitudes, acciones y eventos de la misión de la iglesia que ocurrieron en ese contexto, antes de nuestra reflexión, coloreará de modos profundos y sorprendentes el presente y el futuro de nuestros propios esfuerzos misionales. Así es que encontraremos algunos eruditos que tratan la historia de la teología de la misión.[8] Mientras que éstos no están especialmente interesados en las cuestiones teológicas en sí mismas, sí están preocupados por los efectos de la teología de la misión sobre la actividad misionera en un contexto particular. Con frecuencia examinarán los varios pronunciamientos hechos en encuentros eclesiásticos y misioneros (católicos romanos, ortodoxos, ecuménicos, evangélicos, pentecostales y carismáticos) y formularán preguntas, algunas veces polémicas, acerca de los

---

[8] Ver, e.g., Bassham 1979; Bosch 1980; Scherer 1987; 1993a; 1993b; Glasser y McGavran 1983; Glasser 1985; Utuk 1986; Stamoolis 1987; y Van Engen 1990.

resultados de la acción misional.⁹ Los documentos resultantes de estos encuentros llegan a ser parte de la disciplina de la teología de la misión.

Tercero, la teología de la misión está especialmente orientada hacia y para la *misión*, por parte de la comunidad de fe (círculo B). La reflexión más básica en este campo se encuentra en muchos libros, revistas y otras publicaciones que tratan sobre la teoría de la misiología misma.¹⁰ No obstante, ni a la misiología ni a la teología de la misión se les puede permitir restringirse a sí mismas sólo a la reflexión. Tal como Johannes Verkuyl (1978: 6, 18) lo ha afirmado: "La misiología nunca puede llegar a ser un sustituto para la acción y la participación. Dios llama a participantes y voluntarios en su misión. En parte, la meta de la misiología es transformarse en una 'estación de servicio' a lo largo del camino. Si el estudio no conduce a la participación, ya sea en casa o afuera, la misiología ha perdido su humilde llamado. . . . Cualquier buena misiología es también una *missiologia viatorum*: 'misiología peregrina'."¹¹

Entonces, la teología de la misión eventualmente debe resultar en una acción bíblicamente informada y contextualmente apropiada. Si nuestra teología de la misión no deviene en una acción informada, somos meramente "metal que resuena o un platillo que hace ruido" (1 Cor 13:1). La conexión íntima de la reflexión con la acción es absolutamente esencial para la misiología. Al mismo tiempo, si nuestra acción misiológica misma no transforma nuestra reflexión, nuestras grandes ideas pueden resultar inútiles y algunas veces incluso destructivas o contraproducentes.

Así que la orientación misional que surge como fruto de nuestra teología de la misión debe traducirse en acción. Y la acción misional siempre ocurre en un contexto. Esto nos retrotrae al círculo C, y nuestro peregrinaje de la misión en el camino comienza otra vez a reflejarse en una hermenéutica del contexto, la cual a su vez demanda

---

⁹ Ver, e.g., McGavran 1972a; 1972b; 1984; Johnston 1974; Hoekstra 1979; Hedlund 1981; y Hesselgrave 1988. Una de las compilaciones recientes más útiles de tales documentos es Scherer y Bevans 1992.

¹⁰ Ejemplos de algunos trabajos al alcance inmediato de todos en inglés incluyen Sundkler 1965; J. H. Bavinck 1977; Verkuyl 1978; Bosch 1980; 1991; Padilla 1985; Scherer 1987; Verstraelen 1988; Phillips y Coote 1993; y Van Engen et al. 1993. Claramente, la obra más comprehensiva, la cual será considerada fundacional para la misiología en las próximas décadas es Bosch 1991 (en español, 2000).

¹¹ Nota del traductor: todas las citas de autores publicados en inglés han sido traducidas por N.C.D. salvo algunas pocas obras que han sido publicadas en español.

una relectura de las Escrituras, que fluye en nuevas percepciones y acciones misionales.

Una de las maneras más útiles de relacionar reflexión y acción es por medio del proceso conocido como "praxis." Entre las diferentes comprensiones de este proceso,[12] la formulación de Orlando Costas (1976, 8) es una de las más constructivas:

> La misiología es fundamentalmente un fenómeno praxiológico. Es una reflexión crítica que tiene lugar en la praxis de la misión. . . . [Ocurre] en la situación misionera concreta, como parte de la obediencia misionera de la iglesia a la misión de Dios y su participación en ella, y es en sí misma actualizada en esa situación. . . . Su objeto es siempre el mundo, . . . hombres y mujeres en sus múltiples situaciones de vida. . . . Con referencia a esta acción de testimonio saturada y conducida por la acción soberana y redentora del Espíritu Santo, . . . se usa el concepto de praxis misionera. La misiología surge como parte de un compromiso de testimonio con el evangelio en las múltiples situaciones de la vida.

El concepto de praxis nos ayuda a entender que no sólo la reflexión, sino que también la acción en forma profunda, es parte de una teología en el camino, que procura descubrir la manera en que la iglesia puede participar en la misión de Dios en el mundo de Dios. La acción es teológica en sí misma y sirve para informar a la reflexión, la cual a su vez interpreta, evalúa, critica y proyecta la nueva comprensión en una acción transformada. Así es que el entretejido de la reflexión y la acción, en un peregrinaje constante que sigue un curso en forma de espiral, ofrece una transformación de todos los aspectos de nuestro compromiso misiológico con nuestros múltiples contextos.

El teólogo de la misión toma el texto bíblico (círculo A) con absoluta seriedad. Tal como lo ha dicho Johannes Verkuyl (1978, 6), es igualmente cierto que "si el estudio no conduce a la participación . . . la misiología ha perdido su humilde llamado." De ahí que encontramos que la teología de la misión es un proceso de reflexión y de acción que involucra un movimiento que va del *texto bíblico* hacia la *comunidad*

---

[12] Ver, e.g., Robert McAfee Brown 1978, 50-51; Vidales 1979, 34-57; Spykman et al. 1988, xiv, 226-31; Schreiter 1985, 17, 91-93; Costas 1976, 8-9; Boff y Boff 1987, 8-9; Scott 1980, xv; Leonardo Boff 1979, 3; Ferm 1986, 15; Padilla 1985, 83; Chopp 1986, 36-37, 115-17, 120-21; Gutiérrez 1984a, 19-32; 1984b, vii-viii, 50-60; y Clodovis Boff 1987, xxi-xxx.

de fe en su *contexto*. Al enfocar nuestra atención sobre un tema integrador, descubrimos nuevas percepciones, a medida que releemos las Escrituras desde el punto de vista de una hermenéutica contextual. Luego, estas nuevas percepciones pueden volver a ser afirmadas y vividas como acciones misionales de la comunidad de fe, bíblicamente informadas y contextualmente apropiadas, dentro de las particularidades del tiempo, la cosmovisión y el espacio de cada contexto en el cual tiene lugar la misión de Dios.

La teología de la misión claramente definida

Una de las tareas más cruciales y aun así frustrantes de la teología de la misión es asistir a la misiología en la definición de los términos que usa. Y dentro de esta empresa, la pregunta más central tiene que ver con cómo uno definiría la palabra "misión" misma. ¿Qué es la misión? ¿Y qué no es? El lector notará que casi todos los capítulos en este libro, de una manera o de otra, tratan esta pregunta y sus implicaciones.

A los efectos de ser breve y con la esperanza de ayudar al lector a entender más acabadamente los capítulos siguientes, permítanme ofrecer mi propia definición preliminar de misión:

> La misión consiste en el pueblo de Dios cruzando barreras
> intencionalmente de iglesia a no-iglesia y de fe a no-fe,
> para proclamar por palabra y obra
> la venida del reino de Dios
> en Jesucristo;
> esta tarea se logra por medio de la participación de la iglesia
> en la misión de Dios de reconciliar a las personas
> con Dios, con ellas mismas, unas con las otras y con el mundo,
> y reuniéndolas en la iglesia
> a través del arrepentimiento y la fe en Jesucristo
> por la obra del Espíritu Santo
> con la visión de transformar al mundo
> como una señal de la venida del reino
> en Jesucristo.

La teología de la misión como analítica

Ya sólo en términos de su práctica, la empresa de la misión es lo suficientemente compleja. Se hace más compleja cuando comenzamos a examinar la cantidad de hipótesis, relaciones y significados teológicos que impregnan esa práctica. Por esta razón, los teólogos de la misión han encontrado útil la división de su tarea en segmentos más pequeños. Hemos notado que la definición de misión de Gerald Anderson usa los términos: "fe, motivos, mensaje, método, estrategia y metas." De manera similar, al analizar *Eastern Orthodox Mission Theology Today* (1987), James Stamoolis organiza su trabajo alrededor de lo siguiente: "el trasfondo histórico, el propósito, el método, los motivos y la liturgia" de la misión, según ocurre entre y a través de los ortodoxos orientales.

No obstante, hay otra manera en que los teólogos de la misión han clasificado los diferentes aspectos de su tarea. Este método acentúa que la misión es *missio Dei*, es la misión de Dios. De modo que uno encuentra teólogos de la misión preguntando acerca de la misión de Dios (*missio Dei*),[13] de la misión que ocurre entre seres humanos y usa instrumentos humanos (*missio hominum*), de las misiones que toman formas diversas a través de los esfuerzos de las iglesias (*missiones ecclesiarum*),[14] y de la misión en cuanto se basa y causa impacto sobre la civilización humana global (*missio politica oecumenica*).[15]

La *missio Dei*, la cual es singular, es pura en su motivación, medios y metas, dado que deriva de la naturaleza de Dios. La *missio hominum* es simultáneamente justa y pecadora, relacionada con la caída de la humanidad y siempre mixta en cuanto a sus motivaciones, medios y metas. Las *missiones ecclesiarum* son plurales debido a la multiplicidad de las actividades de las iglesias, a la falta de unidad entre ellas y a la mezcla de actividades centrípetas (reuniendo) con centrífugas (enviando). Otro factor es que su forma está fuertemente influida por lo que está ocurriendo dentro de las iglesias y por los cristianos que las integran. Finalmente, la *missio politica oecumenica* pertenece a la preocupación de Dios por las naciones, a la interacción de Dios a través del pueblo de Dios, con las civilizaciones, culturas, políticas y estructuras humanas de este mundo, y a la manera en que la misión del reino de Cristo siempre cuestiona a los reinos de este mundo.

---

[13] Georg Vicedom llamó la atención de la iglesia mundial sobre la expresión *missio Dei*, antes y durante la reunión de la Comisión sobre Misión Mundial y Evangelismo del Consejo Mundial de Iglesias (CWME), en la ciudad de México en 1963. Ver su *Mission of God* (1965).

[14] La discusión en círculos conciliares sobre si usar "misión" o "misiones," y el cambio subsiguiente en el nombre de *International Review of Missions* a *International Review of Mission*, fueron el fruto de la confusión entre la misión de Dios, la cual es una, y las empresas de las iglesias ("misiones"), las cuales son muchas.

[15] Ver, e.g., Verkuyl 1978, 394-402.

Estas son distinciones importantes. Y es necesario hacer una más. La misión es tanto *missio futurorum* como *missio adventus*. *Missio futurorum* tiene que ver con los resultados predecibles de la misión de Dios, al tener lugar en la historia humana. Así es que *missio futurorum* extrapola al futuro los resultados humanos naturales de las misiones de las iglesias en medio de la historia mundial. Pero el relato de la misión es incompleto si es que se detiene allí. También debemos incluir a la *missio adventus*. *Adventus* es la irrupción de Dios, de Jesucristo en la encarnación, del Espíritu Santo en Pentecostés, del Espíritu Santo en y a través de la iglesia. Entonces, *missio adventus* es la misión de Dios en cuanto trae sorpresas inesperadas, cambios radicales, nuevas direcciones, una transformación casi increíble en medio de la vida humana a nivel personal, social y estructural. Dios obra en el mundo a través de ambas, la *missio futurorum* y la *missio adventus*. Y al elegir las cuestiones teológicas de la teología de la misión, el teólogo de la misión necesita preguntar constantemente acerca de su diferencia y de su interrelación.

	Missio Dei	*Missio Hominum*	*Missiones Ecclesiarum*	*Missio Politica Oecumenica*	*Missio Futurorum/ Adventus*
El contexto de la misión					
Agentes de la misión					
Motivos de la misión					
Medios de la misión					
Métodos de la misión					
Metas de la misión					
Resultados de la misión					
Actividades centrípetas/ centrífugas					
Esperanza utópica/ futura					
Presencia					
Proclamación					
Persuasión					
Incorporación					
Estructuras					
Asociaciones					
Poder					
Oración					
Alabanza					
¿Otro?					

Figura 9
Cuadrícula de la teología de la misión

Una vez que hemos visto las dos maneras de clasificar los aspectos de la teología de la misión, desearemos reunir los dos sistemas. He intentado hacer esto en una "Cuadrícula de trabajo de la teología de la misión" (ver figura 9). Noten que en cada nivel horizontal de la cuadrícula, hay por lo menos cinco tipos diferentes de preguntas para formular. Por ejemplo, con respecto a los motivos de la misión están: la motivación de Dios, la motivación humana, las motivaciones de las iglesias, las motivaciones en relación a la civilización global y la motivación en términos de *missio futurorum* que se distingue de *adventus*. Noten también que uno puede trabajar verticalmente preguntando, por ejemplo, sobre la manera en que la *missio Dei*, en contraste con las otras columnas verticales, informa los motivos, medios, métodos y metas de la misión. Es claro que ningún misiólogo puede hacer todo lo que está representado por esta cuadrícula. Eso no es necesario. Uno solo o dos de los muchos casilleros pueden representar el área para investigar en un contexto particular, en un momento particular y en relación con acciones de misión específicas. No obstante, he estado descubriendo que la cuadrícula puede tanto ofrecernos simplicidad de análisis al diferenciar los tópicos a explorar, como también apuntar a la complejidad de la empresa en su totalidad. Mis estudiantes y yo hemos comenzado a ver que casi todas las tesis de maestrías o las disertaciones doctorales en misiología, caen primordialmente, de manera natural, dentro de alguno de los casilleros. Aun así, cuando el investigador comienza a reflexionar en términos de la teología de la misión, en cuanto se relaciona con esa estrecha área específica, la investigación conduce naturalmente a preguntas acerca de muchas de las otras áreas representadas por la cuadrícula.

La teología de la misión como confiable y verdadera

En las ciencias sociales y en realidad en todas las empresas eruditas, una de las preguntas más importantes tiene que ver con la base sobre la cual podemos determinar la validez y la confiabilidad de nuestra investigación. En las ciencias sociales que han recibido un fuerte impacto de la misiología, normalmente el concepto de validez está relacionado con la pregunta: "¿cómo podemos estar seguros de que estamos recogiendo los datos correctos de la manera correcta?" Por otro lado, se supone que el concepto de confiabilidad trata la pregunta: "¿cómo podemos estar seguros de que si se usara otra vez el mismo abordaje, se descubrirían los mismos datos?"

No obstante, en la teología evangélica de la misión, estas preguntas no son las correctas, porque el teólogo de la misión no está particularmente preocupado por la calidad de los datos empíricos, ni por el carácter repetitivo del proceso, como para dar resultados idénticos. En realidad, lo cierto es lo opuesto. Dado que el teólogo de la misión estudia la misión de Dios, los datos debieran ser siempre nuevos (y algunas veces cuestionarán información anterior), y los resultados frecuentemente debieran ser sorprendentes.

Por lo tanto, la teología evangélica de la misión ofrece una manera particular de reconocer la investigación aceptable. La cuestión de la validez debe ser transformada en *confianza*, y el tema de la confiabilidad debe ser visto como *verdad*. Así es que éstos son los dos grupos más importantes de preguntas metodológicas que enfrenta el teólogo de la misión:

Confianza

¿Leyó el investigador a los autores correctos, las fuentes aceptadas?

¿Leyó el investigador lo suficiente como para ganar una amplitud de perspectivas sobre el tema?

¿Leyó el investigador otros puntos de vista correctamente?

¿Entendió el investigador lo que leía?

¿Hay contradicciones internas ya sea en el uso (y comprensión) de los autores, o en su aplicación del asunto entre manos?

Verdad

¿Hay un adecuado fundamento bíblico para las declaraciones expresadas?

¿Hay una continuidad apropiada entre las declaraciones del investigador y las afirmaciones teológicas hechas por otros pensadores a través de la historia de la iglesia?

Cuando surgen contradicciones o calificaciones de pensamiento, ¿respalda el trabajo del teólogo de la misión de manera adecuada las orientaciones teológicas particulares defendidas en el estudio?

¿Está permitido que las tensiones dialécticas y las contradicciones aparentes permanezcan en pie como debieran, dado lo que sabemos y lo que no sabemos del misterio del ocultamiento revelado de Dios, en cuanto éste causa impacto sobre nuestra comprensión de la *missio Dei*?

Estas preguntas metodológicas conducen a criterios específicos para evaluar si es que el resultado de la obra de la teología de la misión, al relacionarse con la misiología, es aceptable:

Reveladora—La teología de la misión aceptable está afirmada sobre las Escrituras.

Coherente–Se mantiene unida, está construida alrededor de una idea integradora.

Consistente–No tiene contradicciones deslumbrantes insuperables, y es consistente con otras verdades conocidas acerca de Dios, de la misión de Dios y de la voluntad revelada de Dios.

Simple–Ha sido reducida a los componentes más básicos de la misión de Dios, en términos de las cuestiones específicas que tiene entre manos.

Sustentable–Está afirmada y respaldada lógica, histórica, experimental y praxiológicamente.

Confirmable externamente–Otros pensadores significativos, otras comunidades teológicas u otras tradiciones prestan respaldo a la tesis que se ofrece.

Contextual–Se relaciona en forma apropiada con el contexto.

Factible–Sus conceptos pueden ser traducidos en una acción misional que a su vez es consistente con las motivaciones y metas de la teología de la misión que se está desarrollando.

Transformacional–Llevar a cabo la acción misional propuesta, resultaría en cambios apropiados en el *status quo* que refleja elementos bíblicos de la *missio Dei*.

Productora de consecuencias adecuadas–Los resultados de traducir los conceptos en acción misional serían consistentes con el empuje de los conceptos mismos, y con la naturaleza y la misión de Dios, tal como están reveladas en las Escrituras.

La teología de la misión es tanto prescriptiva como descriptiva. Es sintética (produce síntesis) e integradora. Busca percepciones confiables y verdaderas concernientes a la misión de la iglesia, que estén basadas sobre una reflexión bíblica y teológica. Procura interconectarse con la acción misional apropiada y crea una nueva serie de valores y prioridades, que reflejan tan claramente como sea posible las maneras en que la iglesia puede participar en la misión de Dios, en un contexto específico, en un tiempo particular.

Cuando la teología de la misión es abstraída de la práctica de la misión, parece extraña y demasiado alejada de los lugares concretos y las personas específicas que están en el corazón de la misión de Dios. La teología de la misión muestra lo mejor de sí cuando está íntimamente comprometida con el corazón, la cabeza y la mano (ser, conocer y hacer) de la misión de la iglesia. Es una búsqueda personal, corporativa, comprometida, profundamente transformacional, de una comprensión siempre nueva y más profunda, de las maneras en que el pueblo de Dios puede participar más fielmente en la misión de Dios en el mundo de Dios.

PARTE I

LA TEOLOGÍA DE LA MISIÓN Y LA BIBLIA

Capítulo 1

La relación de la Biblia y la misión

Uno de los aspectos más básicos de la teología de la misión tiene que ver con la relación de la Biblia con la teoría y la práctica de la misión. Inicialmente, uno podría pensar que esto es obvio. No es así. En cada generación, hay una necesidad de reflexionar otra vez sobre la manera en que la iglesia usa o abusa de la comprensión escrituraria de la misión.

La necesidad de abordar la Biblia como un todo

Determinar la comprensión escrituraria de la misión no es tan simple como uno podría pensar. De acuerdo a David Bosch (1978, 33), "generalmente, damos por sentado con demasiada facilidad que podemos emplear la Biblia como una clase de árbitro objetivo en caso de diferencias teológicas, sin darnos cuenta de que [todos] nosotros abordamos la Biblia con [nuestra] propia serie de ideas preconcebidas acerca de lo que dice. . . . Esto significa que sirve para poco embarcarnos en una discusión sobre los fundamentos bíblicos de la misión, a menos que primero hayamos clarificado algunos de los principios hermenéuticos implicados." En una línea similar, Donald Senior y Carroll Stuhlmueller concluyen su magnífico trabajo sobre *The Biblical Foundations for Mission* (1983, 332) con una afirmación de que ellos no tuvieron la intención de implicar "que el estilo bíblico de misión es absolutamente normativo para la misión de hoy en día. No hay ninguna receta bíblica definida para proclamar la Palabra de Dios. . . . No obstante, hay un valor en reflexionar sobre los patrones bíblicos de la evangelización."

Los eruditos bíblicos y los practicantes de la misión han contribuido a la confusión, ignorándose unos a otros por demasiado tiempo. Lesslie Newbigin (1986; 1989a) ha observado que la preocupación de la cultura occidental por el origen del orden creado y de la civilización humana, ha traído consigo un grado de ceguera para con las cuestiones de propósito, designio e intención. En gran manera, los eruditos bíblicos han seguido este mismo sendero al examinar el texto bíblico. Con notables excepciones, en el análisis que han hecho de las Escrituras, poca veces han formulado las preguntas misiológicas con respecto a las intenciones y el propósito de Dios.

Por otra parte, los practicantes activistas de la misión, han impuesto demasiado fácilmente sus agendas por sobre las Escrituras, o directamente han ignorado la Biblia. Así es que Arthur Glasser (1992, 26-27) demanda una reflexión misiológica más profunda sobre el mensaje bíblico: "De una manera o de otra, toda la Escritura hace su contribución a nuestra comprensión de la misión. . . . En nuestros días, los evangélicos están encontrando que la base bíblica para la misión es mucho más amplia y compleja que lo que parece haber imaginado cualquier generación anterior de misiólogos. . . . En nuestros días, hay una impaciencia creciente por todos los enfoques individualistas y pragmáticos de la tarea misionera, que surgen de un uso de la Escritura basado en textos de prueba, a pesar de la popularidad que tengan entre la presente generación de activistas evangélicos."[16] Johannes Verkuyl (1978, 90) aboga por un cambio similar en el enfoque hermenéutico: "En el pasado, el método usual era extraer una serie de textos de prueba del Antiguo y del Nuevo Testamento, y luego considerar que la tarea se había logrado. Pero más recientemente, los eruditos bíblicos nos han enseñado la importancia de leer estos textos en su contexto y a darle debida atención a varios matices. . . . Uno debe considerar la estructura misma de todo el mensaje bíblico."[17]

Los contornos básicos de una hermenéutica más amplia fueron explorados hace más de 40 años atrás en la parte 1 de *The Theology of the Christian Mission*, editada por Gerald Anderson (1961, 17-94). Aquí, G. Ernest Wright, Johannes Blauw, Oscar Cullmann, Karl Barth, Donald Miller y F. N. Davey estudiaron una vasto espectro de material bíblico, derivando de la Biblia lo que debiera ser la misión de la iglesia.[18] Alrededor del mismo tiempo, la reflexión misiológica del Concilio Vaticano II sobre el papel de la Escritura (e. g., en *Lumen gentium* y *Ad gentes divinitus*) siguió de cerca este modelo (Flannery 1975, 350-440, 813-62). Encíclicas papales subsiguientes como *Evangelii nuntiandi* y *Redemptoris missio* han apelado a la Escritura, aunque tal apelación por momentos ha parecido ser una lectura de

---

[16] Ver también Bosch 1980, 42-49; Verkuyl 1978, 89-100; y Scherer 1987, 243.
[17] Verkuyl señala dos obras como ejemplos de este enfoque: Blauw 1962 y De Groot 1966. Podríamos agregar a Boer 1961; Berkhof y Potter 1964; Vicedom 1965; Sundkler 1965; De Ridder 1975; Stott 1975b; Bosch 1980, 42-49; Senior y Stuhlmueller 1983; Conn 1984; Gilliland 1983; Padilla 1980; 1985; Glasser 1992; y Ray Anderson 1991.
[18] El acercamiento a la Biblia que ellos hacen representa un paso adelante con respecto a intentos anteriores de darle una "base bíblica" a la misión, como el de Robert Glover 1946 y el de H. H. Rowley 1955.

textos de prueba para apuntalar agendas eclesiásticas predeterminadas (Bevans 1993). De modo que, durante varias décadas, ha ido surgiendo un consenso global significativo con respecto a la Biblia y la misión. David Bosch (1978, 44-45) explica este fenómeno: "Nuestra conclusión es que tanto el Antiguo como el Nuevo Testamento están impregnados con la idea de la misión. . . . [Pero] no todo lo que llamamos misión es en realidad misión. . . . Es la tentación perenne de la Iglesia, llegar a ser [un club de folklore religioso]. . . . El único remedio para este peligro mortal yace en desafiarse permanentemente a sí misma con el verdadero fundamento bíblico de la misión."

Maneras de abordar la Biblia como un todo

Es claro que los misiólogos están en necesidad de un método hermenéutico, que les permita tratar toda la Escritura como una unidad diversa. No podemos tener misión sin Biblia, ni podemos entender la Biblia aparte de la misión de Dios. La *missio Dei* es la misión de Dios. Aun así, la *missio Dei* ocurre en lugares y tiempos específicos dentro de nuestros contextos. Su contenido, validez y significado se derivan de la Escritura, aunque su acción, significación y poder transformador ocurren en nuestro medio. Incluso cuando afirmamos que tomamos en serio toda la Escritura, todavía necesitamos una manera de relacionar los numerosos contextos de la Biblia con el aquí y el ahora de nuestra empresa misionera de hoy. El resto de este capítulo hará un repaso de cuatro sugerencias conocidas de cómo puede hacerse la conexión, y luego introducirá una quinta para consideración del lector.

Desde arriba

Uno de los nexos más comunes entre la Biblia y la misión involucra una "teología desde arriba." En la misión católica romana al igual que en la misión de las denominaciones protestantes troncales, esto ha implicado el uso de la tradición de la iglesia como eslabón. La iglesia interpreta las Escrituras y a través de su autoridad para enseñar o de sus estructuras denominacionales de misión, deriva su acción misional de lo que ve en la Escritura. La extensión de la iglesia institucional y sus agendas llegan a ser el corazón de la misión.

Pero hay un segundo método que cae dentro de la categoría de la misión "desde arriba." Éste implica ver a la Biblia como una fuente de mandatos para la misión. William Carey fue un campeón de este método, al ver a la Gran Comisión de Mateo 28:18-20 como el nexo básico. Este tipo imperativo de respaldo bíblico es común en la misiología protestante evangélica, y especialmente en la teoría de iglecrecimiento, tal como fuera popularizada por la apelación incansable de Donald McGavran al pasaje de Mateo 28:18-20.

El problema básico con ambos acercamientos es que a las Escrituras mismas no les está permitido interactuar con los contextos presentes de nuestra misión. Están mediadas, reducidas y filtradas ya sea por las agendas de la iglesia institucional, como por la apelación que hacen los que interpretan los mandamientos basados en la culpa. Curiosamente, este abordaje hace que los protestantes que defenderían ávidamente un evangelio de gracia caigan en el pozo del legalismo, cuando se trata de la misión. Cuando interponemos la tradición de la iglesia o el mandato misional entre la Biblia y el contexto de nuestra misión, reducimos el impacto que la Escritura puede tener para transformar la manera en que entendemos, ejercitamos y evaluamos nuestra acción misional.

Desde abajo

Después de la Segunda Guerra Mundial, muchas iglesias y misiones protestantes, especialmente las asociadas al Consejo Mundial de Iglesias, comenzaron a preocuparse por la relevancia. Aunque ésta sea meritoria de muchas maneras, la hermenéutica de la relevancia empujó a gran parte de la reflexión sobre la misión hacia una perspectiva casi puramente "desde abajo." Esta hermenéutica, la cual ha dominado al Consejo Mundial de Iglesias, fue ejemplificada en el fuerte énfasis sobre "actos de fidelidad" en el encuentro de la Comisión sobre Misión Mundial y Evangelismo (CWME) llevado a cabo en San Antonio, en 1989. El punto de partida no es la Biblia, sino más bien las agendas contextuales particulares.[19] Una vez que estas agendas se han determinado, se busca en la Biblia casos a modo de ejemplos y textos de prueba útiles para ilustrar y validar el curso de acción predeterminado.

Pero los evangélicos no debieran juzgar el enfoque ecuménico con demasiada dureza. Cuando los evangélicos necesitan encontrar una justificación para las actividades misioneras relacionadas con el desarrollo, la salud, la plantación de iglesias, la educación o con los

---

[19] Esta perspectiva también fue dominante en la reunión de la Asociación Internacional de Estudios sobre la Misión, realizada en Hawai en 1992. En parte, la razón fue la fuerte influencia ejercida en el encuentro, de parte de misiólogos conciliares provenientes de iglesias protestantes troncales de Europa y de Norteamérica.

ministerios urbanos, invariablemente escarban las páginas de la Biblia para encontrar casos ilustrativos (algunas veces textos diminutos elegidos al azar de manera literal y biblicista), para legitimar sus agendas ya determinadas.

Mientras que el lado positivo de este acercamiento es su compromiso contextual, la cara opuesta es su pérdida de la normatividad de la Escritura. A la Biblia no le está permitido criticar las hipótesis, motivaciones o corrección de la acción misma. Sólo se usa como una justificación para lo que ya se ha predeterminado. Esta misión no es la de Dios. Pertenece a los practicantes. El texto se usa principalmente como justificación de la actividad.

El círculo hermenéutico de la teología de la liberación

La idea del "círculo hermenéutico" ha estado dando vueltas desde los comienzos del siglo XIX y con frecuencia se asocia tanto con Friedrich Schleiermacher como con Wilhelm Dilthey, Edmund Husserl, Martin Heidegger, Rudolf Bultmann y Hans-Georg Gadamer.[20] Pero los teólogos de la liberación latinoamericanos han transformado el concepto en una metodología intencional, creativa y revolucionaria.

Quizás la mejor articulación liberacionista del círculo hermenéutico, en un esfuerzo por ligar la Biblia con la misión, es la de Juan Luis Segundo (1976).[21] Segundo bosquejó cuatro pasos específicos en el proceso del círculo hermenéutico. Primero, experimentamos la realidad, la cual nos conduce a una sospecha ideológica. Segundo, aplicamos esta sospecha ideológica a nuestra comprensión de la realidad en general, y a la Escritura y la teología en particular. Tercero, experimentamos una nueva manera de percibir la realidad, que nos lleva a una sospecha exegética en cuanto a que la interpretación prevaleciente de la Biblia no ha tomado en cuenta partes importantes de la información. Esto nos llama a volver a leer el texto bíblico. Cuarto, desarrollamos una nueva hermenéutica, es decir, encontramos una nueva manera de interpretar la Escritura con las nuevas percepciones de nuestra realidad que tenemos a nuestra disposición. Esto nos conduce a mirar la realidad una vez más, con lo cual comienza de nuevo el proceso.

---

[20] Ver Mueller-Vollmer 1989; Muller 1991, 186-214; y Branson y Padilla 1986.
[21] Ver también Gutiérrez 1974; Cook 1985; Clodovis Boff 1987; Boff y Boff 1987; Padilla 1985; Branson y Padilla 1986; Escobar 1987; Míguez-Bonino 1975; y Haight 1985.

A través de su formulación intencional y positiva del círculo hermenéutico y agregando a la ecuación información contextual particular, los teólogos de la liberación latinoamericanos le ofrecen a la misiología una manera muy creativa de ligar a la Biblia con la misión. (Ver Cook 1985.) Pero en parte, debido a lo mucho que toma prestado de la teoría sociopolítica europea y marxista, la teología de la liberación latinoamericana tiende a reducir este nuevo método hermenéutico a estrechas agendas socioeconómicas y políticas. (Ver Chopp 1986.) Esto, a su vez, limita la base sobre la cual se lee la Biblia. El método luciría diferente, si el análisis de la realidad fuera en sí gobernado por las perspectivas bíblicas.

Hermenéutica crítica a través de paradigmas de misión

Antes de su muerte prematura, David Bosch pudo terminar lo que sería considerada como su *opus magnum*: *Misión en transformación*. Una de las partes más útiles de la obra monumental de Bosch es la metodología hermenéutica que él ilustra.

Bosch (2000, 40) comienza afirmando:

> No podemos reflexionar con integridad sobre el significado de la misión hoy sin fijarnos en el Jesús del Nuevo Testamento, precisamente porque nuestra misión encuentra "su ancla en la persona y ministerio de Jesús." . . . Afirmar esto no implica que la tarea se limita a establecer simplemente el significado de la misión para Jesús y la Iglesia primitiva y luego definir nuestra práctica misionera en los mismos términos, como si el problema se resolviera aplicando directamente la Escritura. . . . [Debido a brechas tanto históricas como socioculturales entre aquel entonces y ahora] un estudio histórico-crítico puede ayudarnos a comprender en qué consistía la misión para Pablo, Marcos o Juan, pero no nos va a revelar inmediatamente lo concerniente a la misión en nuestra propia situación concreta.

Luego, Bosch ofrece un nuevo abordaje del problema, tomando ideas de la teoría de la construcción de paradigmas de Hans Küng y David Tracy (1989), adaptada de la filosofía de la ciencia.[22] La sugerencia de Bosch es reconocer que se ofrecen definiciones propias

---

[22] Ver Barbour 1974; Kuhn 1962; 1977; Lakatos 1978; Toulmin 1972; y Murphy 1990.

tanto en el texto bíblico, como en nuestros contextos modernos. Así es que "un acercamiento adecuado requiere una interacción entre la definición de los autores cristianos de la época y la propia definición del creyente moderno que busca inspiración y guía en aquellos testigos antiguos" (2000, 40). Esto, a su vez, nos movería a releer el texto bíblico, incorporando el análisis sociológico más nuevo de la Biblia en sus variados contextos, para luego ir más allá hacia una serie de definiciones propias de misión para los contextos de hoy. Bosch llama a esto "hermenéutica crítica":

>Sin embargo, el acercamiento hermenéutico crítico va más allá del ejercicio (por más interesante que sea históricamente) de hacer explícitas las definiciones propias de los primeros cristianos. Busca establecer un diálogo entre aquellas definiciones propias y todas las subsiguientes, incluyendo las nuestras y las de nuestros contemporáneos. . . . A la luz de esto, el desafío para el estudio de la misión se puede describir . . . como el proceso de relacionar el siempre relevante evento de Jesús de hace veinte siglos con el futuro del reino prometido por Dios, por medio de iniciativas significativas emprendidas aquí y ahora. . . .
>
>El punto es que no hay pistas obvias o simplistas a seguir para llegar desde el Nuevo Testamento hasta una práctica misionera contemporánea. La Biblia no funciona en forma tan directa. Puede existir, en cambio, toda una gama de alternativas, en profunda tensión las unas con las otras, pero todas a la vez válidas. [2000, 41-42][23]

Siguiendo este método, Bosch examina lo que él llama los "paradigmas misioneros" de Mateo, Lucas y Pablo. Bosch no trata de reconciliar los distintos paradigmas de misión que encuentra en el Nuevo Testamento. Aunque demuestra la coherencia y consistencia internas de cada paradigma, no muestra ninguna compulsión a demostrar coherencia o consistencia entre los paradigmas. En realidad, parece sentir que la amplitud de sus diferencias puede ofrecer nuevos nexos entre los paradigmas del Nuevo Testamento y los otros cinco paradigmas de misión que Bosch descubre a lo largo de la historia de la misión de la iglesia.[24]

---

[23] El pensamiento de Bosch en términos de la teología de la misión parece repetir lo que Paul Hiebert, desde un perspectiva antropológica, llama "contextualización crítica." Ver, e.g., Hiebert 1978; 1987; y 1989.

[24] Para una crítica amistosa del enfoque de Bosch, ver Du Plessis 1990.

Al final, Bosch nos provoca al sugerir una cantidad de "elementos de un nuevo paradigma misionero ecuménico," pero no nos ayuda a construirlo. Así es que necesitamos encontrar una forma de construir sobre el trabajo de Bosch y dar un paso adelante.

La Biblia como un tapiz de la acción de Dios en el mundo

Una manera de construir sobre el método hermenéutico de Bosch es acercarse a la Escritura desde la perspectiva de una cantidad de temas y subtemas (o motivos) sobre la acción de Dios en el mundo.

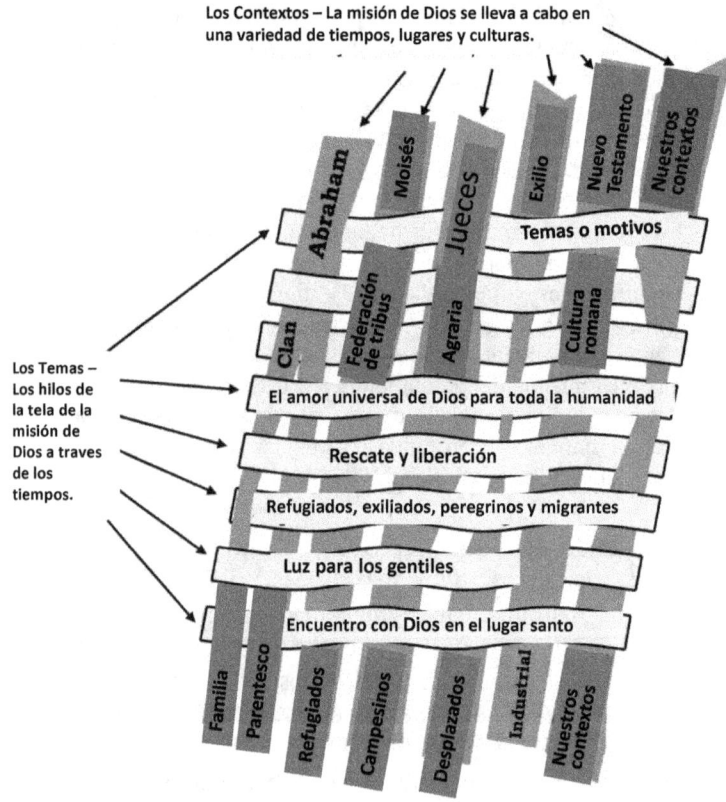

Figura 10
La Biblia como un tapiz de temas de la acción de Dios en el mundo

La figura 10 tiene una visión de la Biblia como de un tapiz, con la trama (hilos horizontales) de varios temas y motivos entretejidos en la urdimbre (vertical) de cada contexto histórico. Esto resulta en una perspectiva que involucra simultáneamente una visión "desde arriba" y "desde abajo." Estos temas pueden ser abordados desde arriba porque son la acción de Dios en la historia. El acercamiento también puede ser desde abajo, porque ocurren en medio de la historia humana en el contexto de las vidas de hombres y mujeres. Tal vez Johannes Verkuyl (1978, 91-96) tenía en mente un enfoque similar, cuando sugirió el Motivo Universal, el Motivo del Rescate y la Liberación, el Motivo Misionero y el Motivo del Antagonismo, como los lugares para comenzar a formular un fundamento bíblico para la misión.

Al ver a las Escrituras como un tapiz entretejido, podemos afirmar la Biblia como un todo unificado y también tratar intencionalmente con la diversidad de la historia y de las culturas de la Biblia (Glasser 1992, 9; Van Engen 1981, 160-66). Este abordaje no es alegórico ni puramente literalista. No estamos abogando por una simple correspondencia uno a uno de la respuesta bíblica a nuestras necesidades sentidas, ni tampoco es estrictamente una cuestión de descubrir una equivalencia dinámica (Kraft 1979). Más bien, estamos buscando una interrelacion íntima del texto con nuevos contextos, a través del vehículo de temas o motivos particulares, que hacen de puente entre el contexto inicial del texto, con los contextos de la misión de hoy en día. Luego, esto provee una interacción creativa de palabra y acción a través de la historia de la acción misionera de Dios. Tal hermenéutica crítica nos ayuda a apartarnos de buscar unos pocos textos de prueba o unos trocitos aislados en la Biblia, para apuntalar nuestras agendas misionales. Ésta va más allá de la búsqueda de unas pocas palabras claves del evangelio, que se puedan prestar para una reflexión misiológica (Berkhof y Potter 1964). Y es más amplia y profunda que una serie de mandamientos que pueden ser externos al pueblo de Dios y a su contexto, tanto antiguo como nuevo.

Abordar la Biblia como un tapiz nos llama a tomar seriamente el carácter único de cada contexto bíblico en términos de su historia, sociología, antropología y peculiaridades gramaticales. Por lo tanto, debemos poder usar todo lo que hasta el momento hemos aprendido de la crítica de la fuente, de la forma, de la redacción, de la crítica histórica, retórica y del canon (Muller 1991, 194-96). Pero debemos ir más allá de todo eso para formular la pregunta misiológica de la intención de Dios en términos de la *missio Dei*, tal como ocurre en palabra y acción en cada contexto particular (Bosch 2000, 38). Este método implica una hermenéutica crítica que intenta descubrir la propia definición particular (Bosch 2000, 41) del pueblo de Dios en un tiempo y lugar particulares, y luego desafía a todas las definiciones propias subsiguientes, incluyendo la nuestra propia.

Daniel Shaw (1988, 31-33) ha demostrado desde la antropología, que los variados contextos en la historia bíblica caen dentro de un "modelo de tres culturas": de parentesco, campesina y de sociedades industriales. Así y todo, entretejidos en una conjunción de palabra y acción a lo largo de estos contextos radicalmente diferentes, hay temas y motivos claramente identificables de la propia definición de Dios en cuanto a la revelación misional a lo largo de la historia humana. Para descubrirlos, debemos descomponer la información bíblica, para enfocarnos en temas y motivos específicos que cursan su camino a través del tapiz de la misión de Dios. Como se verá en el capítulo 3, el concepto de la relación de pacto entre Dios y su pueblo elegido ("yo seré su Dios, y ustedes serán mi pueblo," Lev 26:12) es un tema que, aunque siempre el mismo, es radicalmente diferente en cada contexto.

Pero esto es sólo la mitad de la historia. Estos temas y motivos provenientes de la narrativa bíblica son elegidos precisamente porque se relacionan con temas o motivos específicos, de estructura profunda, de la cosmovisión del pueblo en un contexto misional específico (Shaw 1988, 193-94). Al ahondar más en los significados de nivel profundo de una cultura, encontraremos ciertos temas y motivos que son centrales para la cosmovisión de esa cultura. Estos temas de la cosmovisión proveen los nexos de unión por los cuales la propia definición del pueblo de Dios, en un tiempo particular en la historia bíblica, se puede asociar con la propia definición de la misión del pueblo de Dios en ese nuevo contexto. La variedad de contextos bíblicos donde el tema o motivo puede aparecer provee una cantidad de comparaciones (algunas cercanas, otras remotas) con las maneras en que el tema puede ser elaborado en el contexto moderno. Tales manifestaciones nuevas de motivos antiguos parecen ser lo que Lamin Sanneh (1989, 215) quiere significar por la "traducibilidad del cristianismo."

A modo de ilustración, podríamos mencionar los siguientes temas: la misión del remanente; la misión a través de la dispersión de los refugiados; la misión de Dios como un árbol de la vida cuyas hojas sirven para sanar a las naciones; el encuentro humano con lo divino; la misión y el agua que lava, perdona y refresca; la misión y la sanidad integral; la misión y los profetas verdaderos (o falsos); la misión y el Reino de Dios sobre todas las naciones; la misión y el monoteísmo (versus el politeísmo y el henoteísmo); la misión y la riqueza y la pobreza; la misión y el extranjero en nuestro medio; la misión como luz en la oscuridad, "una luz a los gentiles"; la misión y la comida, el comer, la mesa de la comunión; la misión como reconciliación, regreso, re-creación.[25]

Al seleccionar sólo ciertos temas como hebras a partir tanto del tapiz bíblico como de la cosmovisión del contexto, podemos estrechar demasiado el evangelio. Por otra parte, si terminamos con una lista demasiado larga de temas aparentemente no relacionados, no podemos lograr una misiología cohesiva y consistente. Pero no es necesario que surja ninguno de estos problemas. Más bien, si podemos descubrir una idea integradora que mantenga unida a una cantidad de temas y motivos, podremos construir una base verdaderamente bíblica de misión para un contexto particular (Van Engen 1987, 523-25). El concepto de Bosch del Dios misionero de la historia y de la compasión, quien transforma radicalmente a la humanidad, fue para él simplemente una idea central tan integradora, que le permitió a la misiología bíblica causar un impacto en el contexto sudafricano (1978, 44). Para Verkuyl y Glasser, junto con muchos otros, el reino de Dios provee la idea unificadora necesaria. El concepto de pacto o la gloria de Dios también podrían servir como una idea integradora viable. El punto es que los temas seleccionados, su interacción y la idea integradora particular que se presenta para mantenerlos unidos, todas estas cosas deben surgir de las propias definiciones tanto en los contextos bíblicos como en el nuevo contexto misionero. Tal como Glasser (1992, 23) lo ha dicho: "Muy deliberadamente, hemos elegido el reino de Dios como el tema diacrónico particular más seminal para entender la matizada misión del pueblo de Dios tocando a las naciones."

¡La Biblia y la misión! Que todos los que estamos comprometidos con la reflexión misiológica continuemos explorando nuevos métodos, mediante los cuales podamos preservar la autoridad única de la Escritura, como nuestra única regla de fe y práctica. Que le permitamos a ella cuestionar, modelar, dirigir y profundizar nuestra comprensión de nuestra participación continuada en la misión de Dios y nuestro compromiso con ella.

---

[25] Para una exploración reciente de este tema en el contexto sudafricano ver Wielenga 1992.

Capítulo 2

La importancia de la teología narrativa

Nos volvemos ahora hacia un abordaje hermenéutico de la Biblia y sus implicaciones, para permitir que la Biblia moldee nuestra teología de la misión. Nuestra tesis es que la teología narrativa, tal como se ve desde una perspectiva evangélica, ofrece un modo creativo y fructífero de integrar las afirmaciones de la Biblia sobre la misión de Dios, con nuestra comprensión de la teología de la misión y sus múltiples horizontes de texto, comunidad y contexto que interactúan dinámicamente.[26]

---

[26] Basándose en Friedrich Nietzsche y en Edmund Husserl antes que él, Hans-Georg Gadamer, profesor de filosofía en Heidelberg desde 1949 hasta 1968, sugirió la noción de "horizontes," como una manera de describir y relacionar la perspectiva de una persona dentro de un contexto particular de la historia, con un contexto histórico en el pasado, el cual esa persona puede estar estudiando. Ésta fue una manera de ir más allá del historicismo del pensamiento europeo (especialmente alemán) del siglo XIX. Gadamer procedió a establecer que los estudios históricos involucran una "fusión de horizontes," ninguno de los cuales es el horizonte presente de la persona ni el horizonte a partir del cual la persona estudia el contexto histórico pasado (ver Mueller-Vollmer 1989, 269-73). Jürgen Habermas critica a Gadamer desde el punto de vista de lo que él llama "la construcción ontológica de la consciencia hermenéutica" (cf. Mueller-Vollmer 1989, 294-319). Para un resumen y crítica cuidadosos del énfasis de Gadamer y sus implicaciones para una perspectiva evangélica que preserva el "significado original que el texto tuvo como propósito," ver Osborne 1991, 369-71.

Una de las obras más útiles en el área de la hermenéutica filosófica es *Two Horizons* de Anthony Thiselton (1980). Thiselton criticó y adaptó la perspectiva de los "dos horizontes" en relación con la historia, la teología y los significados lingüísticos y semánticos. "La meta de la hermenéutica bíblica," escribe Thiselton, "es lograr un compromiso activo y significativo entre el intérprete y el texto, de tal manera que el propio horizonte del intérprete se remodele y amplíe" (1980, xix). Thiselton procuró encontrar maneras tanto de afirmar el horizonte del significado intencional del autor, el cual interactúa con la comunidad y contexto originales del texto, como de reconocer el argumento de los filósofos de la lengua (encabezados por Ludwig Wittgenstein, entre otros), en el sentido que el horizonte del intérprete influye sobre el significado.

Grant Osborne 1991, 386 resume el punto de vista de Thiselton: "Thiselton encuentra cuatro niveles en los cuales la 'ilusión del objetivismo textual' se hace evidente. (1) Hermenéuticamente, el fenómeno de precomprender ejerce

La visión de la Escritura como un tapiz de la acción de Dios toma en serio tanto la multiplicidad vertical de los contextos y culturas históricas en los que ocurre la revelación bíblica, como la continuidad horizontal de la autorrevelación de Dios en la historia, con un énfasis particular en la misión de Dios (*missio Dei*). También debe tomarse con seriedad la estructura narrativa de una gran parte de la Biblia, un hecho que ha sido reconocido a lo largo de la historia de la iglesia. Recientemente, ha habido una mayor toma de consciencia de que "los relatos bíblicos contienen tanto historia como teología, . . . y se unen por vía de la forma de un 'relato.' La base histórica para los relatos es crucial, pero la representación de ese relato en el texto es el objeto real de interpretación."[27] Así que la pregunta es: ¿de qué modo los temas

---

una gran influencia sobre el acto interpretativo. Este elemento subjetivo no se puede negar. (2) Lingüínsticamente, la comunicación demanda un punto de contacto entre el emisor y el receptor del mensaje y este distanciamiento provee una barrera importante para la recuperación del significado del texto. Las diferentes situaciones de los oyentes remueven cualquier posibilidad de una interpretación puramente objetiva. (3) Estos problemas se magnifican en el nivel de la comunicación literaria, donde otros factores tales como el tiempo del relato, el desarrollo del argumento, la caracterización y el diálogo entran en escena. . . . (4) Filosóficamente, el significado nunca está libre del contexto, pero se basa en una larga lista de conjeturas inconscientes entre el emisor y el receptor. Cuando estos eslabones conectores no están presentes, el 'significado literal' se hace extremadamente difícil si no imposible, dado que el significado nunca puede estar libre del contexto." Osborne mismo se basa fuertemente en Thiselton al desarrollar lo que él ha llamado *The Hermeneutical Spiral* de la interpretación bíblica, una espiral que va más allá de la perspectiva de los "dos horizontes" y reconoce que hay una interacción dinámica y constante entre el texto, la comunidad y el contexto a través del tiempo, en relación con el significado. Osborne 1991, 366-415 hace una presentación general clara, concisa y útil de las cuestiones de significado en relación con el problema del autor, el texto y el lector. Yo he dependido del trabajo de Osborne en una cantidad de instancias en la preparación de este capítulo.

Tomando prestado de Thiselton, D. A. Carson señala que "cualquier cristiano que da testimonio de manera transcultural debe preocuparse no sólo por *dos* horizontes, sino por *tres*. Debe intentar fundir su propio horizonte de comprensión, con el horizonte de comprensión del texto. Luego, habiendo hecho eso, debe tratar de hacer un puente sobre la brecha entre su propio horizonte de compresión, tal como ha sido informado e instruido por el texto, y el horizonte de comprensión de la persona o pueblo a quien él está ministrando" (1984, 17).

[27] Osborne 1991, 153, señala a Marshall 1970, Martin 1972 y Stephen Smalley 1978 como comentaristas bíblicos que reconocen esto. Podríamos agregar a Knight 1976; Tannehill 1986; 1990; y Witherington 1994 que

(como partes) y la narrativa bíblica (como un todo), los cuales emergen de las comunidades en sus contextos, nos revelan la misión de Dios tal como ocurrió "muchas veces y de varias maneras" (Heb 1:1)? Más aún, ¿de qué modo estos temas en la narrativa, interactúan con los motivos y temas de la narrativa del peregrinaje de fe de nuestras comunidades de fe en misión en diversos contextos del día de hoy? La teología narrativa es un intento por construir puentes tanto entre los varios horizontes en la Escritura, como entre la Escritura y nuestro tiempo. La teología de la misión puede aprender de este movimiento. De acuerdo con Alister McGrath, la teología narrativa es "uno de los movimientos más importantes que se haya desarrollado en los últimos veinte años" (1991, 22; 1994, 170-71).[28] Una teología narrativa reconfigurada evangélicamente nos puede ofrecer una manera de extraer más ricamente tanto de la urdimbre de la particularidad contextual de la revelación de Dios en tiempos y lugares específicos, como de la trama de universalidad temporal de la misión de Dios, el "YO SOY" que fue, que es y que vendrá.

Una descripción de la teología narrativa

Este capítulo primero describirá la teología narrativa y observará de cerca sus elementos. Segundo, evaluará la teología narrativa desde el punto de vista evangélico y, en el proceso, resumirá la manera en que una adaptación evangélica de esto procurará preservar la historicidad de los actos de Dios, la autoridad de la Escritura, cuestiones de verdad y revelación y el significado intencional del autor. Tercero, sugerirá varios modos en que la reflexión misiológica podría enriquecerse usando esta forma adaptada de la teología narrativa.

El surgimiento de la teología narrativa

Grant Osborne (1991, 153) señala que "el interés corriente en la crítica literaria en los estudios bíblicos fue generado en gran parte por el fracaso de la crítica de la forma y de la redacción para interpretar

---

también reconocen la interacción de la historia y de la teología en la naturaleza narrativa del relato bíblico.

[28] Aunque aparentemente él define a la teología narrativa de manera algo diferente a como lo hacen algunos, Gary Comstock se hace eco del sentimiento de McGrath cuando dice que "la teología narrativa, la reflexión de las declaraciones teológicas insertadas en los relatos, es una de las corrientes más significativas del pensamiento de fines del siglo veinte" (1987, 687).

el texto. La tendencia a segmentar el texto en unidades aisladas se percibe en general como contraproducente. Por lo tanto, los eruditos se han volcado hacia el campo, mucho más literariamente consciente, de la crítica narrativa, a los efectos de construir un puente sobre la brecha." John Hayes y Frederick Prussner (1985, 263-64) también han descrito el surgimiento de la teología narrativa:

> A la luz del estancamiento en la discusión sobre la historia confesional y crítica, dos desarrollos en el debate reciente son dignos de ser notados. (1) Primero de todo, buena parte de la atención se ha enfocado sobre la tradición y sobre la manera en que las tradiciones y las corrientes de la tradición han sido moldeadas en el Antiguo Testamento. . . .
> (2) Un segundo desarrollo es tratar al material narrativo como un relato, más que como historia, aunque pueda parecer historia en muchos lugares. . . .
> Todavía tiene que demostrarse en la teología del Antiguo Testamento cómo podrá exactamente operar tal abordaje del Antiguo Testamento como relato. . . . ¿Es recurrir al relato como una descripción meramente un medio de evitar las cuestiones sobre las cuales los debates acerca de la historia, de la historia de la salvación y de los actos de Dios en la historia y otros asuntos han versado por tanto tiempo?[29]

---

[29] Hayes y Prussner 1985, 241-44, mencionan siete argumentos diferentes en contra de ligar estrechamente los eventos históricos con la revelación, crítica hecha por John Priest, Langdon Gilkey, James Barr, David Kelsey, J. J. Finkelstein, Franz Hesse y Harmut Gese. (Para información bibliográfica relevante, ver Hayes y Prussner 1985, 239-40.)

Hayes y Prussner (pp. 263-64) también sugieren cinco contribuciones significativas a la teología narrativa. "Las consecuencias de leer la narración como relato o como forma literaria son varias. (a) Le permite a uno pasar por alto o mantener en suspenso la cuestión de si los eventos ocurrieron tal como se narraron. (b) El *locus* o la dinámica de la revelación, si es que uno elige usar esta palabra, puede verse asociado principalmente con la gente y con el proceso que dio lugar al relato y en segundo lugar con el relato más que con los eventos que narra. (c) El relato puede verse como una de las maneras en que Israel escogió darle orden y cohesión a su vida, produciendo un contexto simbólico para su presente y una base para su futuro. (d) El relato, no la historia de Israel en sí, puede verse como lo que Israel deseaba expresar acerca de su propia comprensión personal. (e) El relato del Antiguo Testamento puede ser leído por la persona contemporánea como paradigmático y como fuente de información, tal como cualquier otro relato significativo en la literatura mundial."

Michael Goldberg remonta los comienzos de la teología narrativa a la obra de H. Richard Niebuhr y G. Ernest Wright:

> Aunque muchos pensadores religiosos habían notado que gran parte de lo que la Biblia tiene para decir se presenta en forma de relato, Niebuhr estaba entre los primeros que explícitamente abordaron la significación de tal característica para la teología. . . . [En Niebuhr] la historia llega a ser no simplemente cualquier relato, sino *nuestro* relato. En la visión de Niebuhr, una teología justificable de última no *lee* meramente el relato bíblico: lo *confiesa*. . . . [30]
>
> Muy probablemente, ese es el tema que resuena a través de la obra de G. E. Wright, quien vio una teología basada en la Biblia "primero y principal [como] una teología de narración, en la cual el hombre bíblico confiesa su fe, narrando los eventos formativos de la historia, como la obra redentora hecha por la mano de Dios."[31]
>
> Para Wright, tal como lo había sido para Niebuhr, esa narración es esencialmente un relato histórico, cuyo significado se extiende a toda la historia. . . . Wright cree que en el último análisis, la justificabilidad tanto de la fe como de la teología depende de la justificabilidad del contexto interpretativo desplegado por los relatos bíblicos históricos. . . . No obstante, tan atractivos o poderosos como parecían ser los puntos de vista de vista de Wright y de Niebuhr, . . . [ellos] nunca realmente aclararon si ese mensaje residía en el texto bíblico mismo, en un fenómeno "detrás" del texto, o en alguna combinación de texto más evento. Así es que debido a su falta de claridad en este punto, Wright y Niebuhr quedaron expuestos a la crítica aun más contundente de James Barr [1966], quien afirma que "mientras que ellos pueden haber tenido éxito en tomar a la historia seriamente,

---

Para un estudio general excelente de tendencias anteriores en la hermenéutica del Antiguo Testamento (e.g., la teoría de la fuente de Julius Wellhausen, el enfoque de la historia de la tradición de Gerhard von Rad y Martin Noth, el desarrollo de las tradiciones y fuentes del Pentateuco de Hans Walter Wolff y Walter Brueggemann), ver Hayes 1979, 159-97. Para una discusión soberbia del tiempo de esas tendencias ver Wolff 1963.

[30] Goldberg está citando a Niebuhr 1941, 47-61.
[31] Aquí Goldberg está citando a G. Ernest Wright 1952, 38.

> de todos modos fracasaron en tomar *el texto bíblico* seriamente."³²
>
> Al permitir de manera no crítica que la categoría de la narrativa bíblica colapsara en una noción vaga de "revelación en la historia," Niebuhr y Wright habían fijado el escenario para el colapso de mucho del fundamento teórico usado para respaldar sus afirmaciones. Mientras que una buena parte de la narrativa bíblica sí despliega ciertas características y elementos históricos, una verdadera teología narrativa no debe olvidar que lo que tiene primacía es *la narración* y *no* las múltiples partes componentes que la narración contiene. [Goldberg 1981, 147-54]

Estas dificultades llevaron a que se ofreciera una cantidad de opciones. La crítica de las fuentes, la crítica de la forma, la crítica de la redacción, la crítica retórica, la hermenéutica estructuralista, el desconstruccionismo, la crítica del canon, la hermenéutica del lector-respuesta, cada enfoque trató de luchar con la naturaleza del texto, con la intención del autor (o la falta de ella), con la cuestión de la historicidad de los eventos y con las implicaciones (si es que había alguna) para la teología del Antiguo Testamento. Todo esto ha profundizado la crisis de la teología del Antiguo Testamento. Como Robert Hubbard (1992, 31) ha dicho: "Aunque tiene varios siglos de vida, la teología del AT ahora no está segura de su verdadera identidad. En el corazón de la crisis yace una incertidumbre sobre la manera apropiada de hacer la teología del AT. . . . No obstante, la iglesia desea, en realidad necesita, escuchar hoy de nuevo la voz teológica del AT."

Definiciones de teología narrativa

La teología narrativa es difícil de definir.³³ Tal como Gabriel Fackre lo ha señalado:

---

[32] Goldberg se refiere al trazado del desarrollo del movimiento de la teología bíblica de Brevard Childs 1970, 52. Childs lo sigue desde que emerge a comienzo de los años de 1940 hasta su declinación a mediados de los años de 1960. En su momento cumbre, el movimiento abrazó a figuras como Niebuhr, Wright, Floyd V. Filson, Otto Piper, John A. Mackay, H. H. Rowley y James D. Smart. En su centro estaba la convicción compartida de que los relatos bíblicos proveen el *locus* apropiado para una reflexión teológica significativa. De acuerdo a Goldberg 1981, 267, Childs 1970, 65 aparentemente creía que la crítica de Barr "fue el golpe final para el movimiento de la teología bíblica."

[33] Irónicamente, aunque el notable teólogo evangélico Donald Bloesch comienza su *Theology of Word and Spirit* (1992, 16-18) con una discusión

La variedad e imprecisión de la terminología en la discusión de la narrativa son llamativas. La conversación teológica sobre el "relato" está influida por campos tan diversos como la crítica literaria, la psicología, la lingüística, la ética social y la teoría de las comunicaciones, con formulaciones que muestran las marcas de estos intentos y los partidarios dentro de ellos. El carácter interdisciplinario del estudio narrativo es una de sus fortalezas, pero la transferencia demasiado simplificada de categorías o de una ideología provenientes de un sector favorito, como clave para el tema teológico, puede excluir las percepciones de otras disciplinas, y más importante aún, puede oscurecer las características únicas de la *teología* narrativa. [1983, 340-41]

Fackre define la teología narrativa en términos de relato:

Como forma literaria, la historia o narración se refiere, en el sentido más amplio, al relato de eventos y participantes que se mueven en algún patrón a lo largo del tiempo y el espacio, llevado a cabo por un narrador. En este sentido inclusivo, un libro de historia y el informe de un accidente en un diario son manifestaciones de la narrativa. Pero la palabra "relato," tal como se usa en la investigación teológica, está ligada a un significado literario más estrecho: una narración de personajes y eventos, dentro de un argumento que se mueve a lo largo del tiempo y del espacio, a través del conflicto hacia la resolución. [1984, 5]
La teología narrativa es un discurso acerca de Dios dentro del contexto de un relato. La narración (en su sentido estrecho) llega a ser la imagen decisiva para entender e interpretar la fe. La descripción de la realidad, en su sentido último y penúltimo, en términos de argumento, coherencia, movimiento y clímax está en el centro de todas las formas de esta clase de conversación acerca de Dios. [1983, 343]

Como contraste, James Gustafson (1988, 19-20) define a la teología narrativa en relación a su rol en la vida de la comunidad: "la narrativa sirve para sostener la identidad moral particular de una comunidad religiosa (o secular), repitiendo su historia y sus significados tradicionales, tal como están descritos en la Escritura y en otras fuentes. Los relatos sostienen y le dan forma al *ethos* de la

---

perceptiva, concisa y significativa sobre los peligros latentes de la teología narrativa, no ofrece ninguna definición de la misma.

comunidad. . . . Los relatos tienen la función de sostener y confirmar la identidad religiosa y moral de la comunidad cristiana, y evocan y sostienen la fidelidad de sus miembros a Jesucristo."[34]

George Stroup (1981, 72) define la "narrativa" en términos de expresión religiosa: "'la narrativa' se usa para describir y explicar la ubicación de la religión en la experiencia humana y el significado de la 'fe' en relación con el encuentro de una persona con otras personas y con el mundo. La 'dimensión religiosa' de la experiencia humana se interpreta como teniendo algo que ver con las narraciones que la gente repite acerca de sí misma, o con la narración que usa para estructurar el mundo de modo que tenga sentido."

David Tracy (1988, 207) hace notar que "los seres humanos necesitan relato, símbolo, imagen, mito y ficción, a los efectos de revelar ante sus imaginaciones, algunas posibilidades genuinamente nuevas para la existencia, posibilidades que el análisis conceptual, comprometido como está con la comprensión de realidades presentes, no puede proveer de manera adecuada."[35]

Tipologías de la teología narrativa

Ha habido una cantidad de intentos de clasificar los variados autores y pensadores que usan la teología narrativa. Michael Goldberg (1981, 156-83) considera que el campo abarca tres actividades: (1) "estructurar el relato" (e.g., Hans Frei, Sallie McFague), donde la estructura misma provee parte del contenido y significado teológico de la narrativa; (2) "seguir el relato" (e.g., Paul Van Buren e Irving Greenberg), donde se enfatiza la conexión de la narrativa con la vida; y

---

[34] Robert Schreiter 1985, 82, coloca la "narrativa" dentro del marco de la "teología como variaciones sobre un texto sagrado: comentario, narración y antología. . . . La narración difiere del comentario," dice Schreiter, "en que las señales dentro de un texto se extienden mediante una serie de transformaciones, las cuales no sólo extienden el significado del texto original, sino que también interesan al oyente, haciendo que él o ella se identifique con algunos de los agentes de la narración. . . . Volver a narrar los relatos bíblicos entreteje sutilmente la narrativa bíblica y del comentario, para abrir las posibilidades semánticas del texto bíblico."
[35] Alister McGrath 1991, 22, enfatiza la contribución que puede hacer la teología narrativa "para volver a forjar el eslabón frecuentemente olvidado entre la teología sistemática y el estudio de la Escritura."

(3) "actuar el relato" (e.g., Stanley Hauerwas y John Howard Yoder), donde se acentúan las dimensiones éticas.[36]

Ronald Grimes (1986) ofrece una tipología de seis puntos: (1) un grupo de biografía sagrada; (2) un grupo de desarrollo de la fe (e.g., James Fowler); (3) un grupo psicobiográfico; (4) un grupo de personaje y comunidad—eticistas teológicos (e.g., Stanley Hauerwas; James McClendon, Jr.; y Michael Novak); (5) un grupo de narrativa bíblica (e.g., Hans Frei, John Dominic Crossan); y (6) un grupo de mito y ritual. La tipología de Grimes es útil por su espectro inclusivo, aunque también sirve para apuntar a la variedad confusa dentro de la teología narrativa.

Gary Comstock reduce su tipología a dos categorías. Rechazando otras posibles clasificaciones duales,[37] Comstock sugiere que un grupo de pensadores se llame los "teólogos narrativos puros: antifundacionalistas, culturales-lingüísticos" ligados a los descriptivistas wittgensteinianos de Yale. En este grupo, Comstock incluye a Hans Frei, a George Lindbeck, a Stanley Hauerwas y a David Kelsey. "Ellos creen que la narrativa es una forma literaria autónoma, particularmente apropiada para el trabajo de la teología. Se oponen al uso excesivo de la prosa discursiva y de la razón abstracta, insistiendo que la fe cristiana se entiende mejor captando las reglas y conceptos gramaticales de sus textos y prácticas. La narrativa es una manera privilegiada de hacer esto" (1987, 688).

Comstock le ha dado al segundo grupo la denominación de "teólogos narrativos impuros: revisionistas, hermenéuticos, correlacionistas inspirados por Gadamer." Aquí él incluye a Paul Ricoeur, a David Tracy, a Julian Hartt y a Sallie McFague. Un mejor nombre para el segundo grupo podría haber sido: "teólogos de la narrativa aplicada." De acuerdo a Comstock (1987, 688), los miembros de este grupo "niegan la condición teológica única de la narrativa. Creyendo que los relatos cristianos sagrados están irreductiblemente infectados con preocupaciones históricas, filosóficas y psicológicas,

---

[36] Paul Lauritzen 1987 ofrece una comparación útil de J. B. Metz y Stanley Hauerwas, la cual reedita algunos aspectos de la tipología de Goldberg.

[37] Comstock presenta y luego rechaza las clasificaciones siguientes: "Chicaguenses-Yalenianos" (el problema es dónde colocar a la gente de Berkeley); "fundacionalistas-antifundacionalistas" (esta clasificación es demasiado estrecha para abarcar la variedad de asuntos involucrados); "experiencial-expresivista/cultural- lingüística" (hay más en juego que lo que esto describe). Comstock comenta: "las etiquetas corrientes son engañosas, en el mejor de los casos" (1987, 688).

ellos procuran aplicar los métodos de estas disciplinas a la interpretación que hacen. Para ellos, la narrativa no es ni pura ni autónoma."[38] Comstock declara con firmeza que estos dos grupos son muy diferentes en su visión de la teología narrativa y en su metodología. En realidad, hay una "desagradable tensión en las filas" (1987, 687).

El enfoque de dos campos de Comstock parece forzado y deja a un grupo significativo de personas fuera del cuadro. Una tipología más útil para nuestros propósitos fue desarrollada por Gabriel Fackre. Fackre (1983, 343; 1984, 6-7) habla de tres categorías: (1) "el relato canónico" (análisis literario del material bíblico); (2) "relato de la vida" (recursos psicosociales usados en la explicación de la experiencia personal); y, (3) "relato de la comunidad" (saber popular de la comunidad y la sedimentación de la tradición). Fackre considera que su propio trabajo cae dentro del tercer grupo, relato de la comunidad. Desafortunadamente, a medida que Fackre desarrolla su teología en *The Christian Story* (1984), las cualidades narrativas (en términos de fuentes narrativas, formas de pensamiento narrativas y articulación narrativa de la comunidad de fe) parecen disiparse.

Estudiando las tipologías anteriores, uno comienza a darse cuenta de que es prácticamente un error hablar de un "movimiento" de teología narrativa. Las presuposiciones, metodologías, agendas y estilos de los participantes en la teología narrativa son demasiado diversos como para aglutinarlos en un movimiento único y cohesivo. No obstante, hay algunos énfasis que todos tienen en común, tal como veremos inmediatamente.

Es necesaria una observación final sobre la tipología. Al intentar comprender la teología narrativa, necesitamos ser cuidadosos para no confundirla con una crítica del canon.[39] Aunque los dos

---

[38] Ver, e.g., Mitchell 1981. Avery Dulles 1992, 82-83, ubica a Frei, a Lindbeck y a Ronald Thiemann dentro del grupo de Yale.

[39] Sin necesidad de enredarnos con todas las complejidades de la discusión contemporánea de la teología y hermenéutica del Antiguo Testamento, podemos caracterizar la idea que está detrás de la crítica del canon, como que trata al Antiguo Testamento como un documento entero, siguiendo la forma en que el canon ha sido recibido, sin segmentarlo en pequeñas partes de acuerdo con los orígenes y las fuentes, ni imponiendo una idea dentro de la cual tratar de insertar toda la revelación del Antiguo Testamento. Ver, e.g., James Sanders 1984; 1987; Childs 1985; Brueggemann 1992; 1-44; 95-117; Clements 1978; Hubbard 1992; 31-46; y Bush 1992. Ver también Glasser 1992, 13-14, donde discute la obra de Childs 1970.

enfoques se han influido mutuamente y ambos acentúan tratar con el texto entero como texto, son dos métodos muy distintos. James Barr, Brevard Childs y James Sanders, para mencionar a algunas de las principales figuras en la crítica del canon, han enfatizado la manera en que factores contextuales y comunitarios particulares han dado origen al texto canónicamente recibido. Y viceversa, también han señalado el modo en que la forma canónica del texto ha influido sobre la comunidad. No obstante, la crítica del canon no se restringe a estudiar la dinámica de la narración. Tampoco ve al proceso narrativo como necesariamente influyendo sobre la manera en que opera la hermenéutica del canon.

Los elementos básicos de la teología narrativa: relato, dogmática y más

La teología narrativa como más que un relato

La teología narrativa es un relato. Tal como vimos a partir de las definiciones dadas anteriormente, "la teología narrativa es un discurso sobre Dios dentro del contexto de un relato," (y por "relato" entendemos) "una narración de personajes y eventos dentro de un argumento, que se mueve a lo largo del tiempo y el espacio, a través del conflicto hacia una resolución" (Fackre 1983, 343; 1984, 5). Así que, por ejemplo, para entender la relación de pacto de Dios con Abraham, debemos permitir que nuestra teología emerja de toda la narración de la vida de Abraham (Gén 11:27—25:11). Por lo tanto el "relato" de Jonás no es meramente un recitado de eventos en la vida de un hombre, sino más bien y profundamente una revelación de la manera cómo es Dios (misericordioso, lleno de gracia y de compasión), una descripción de la misión de Dios (la salvación de Nínive), y un llamado al arrepentimiento y a la transformación por parte de todos los que eran

---

Aunque no parece haber una relación directa entre la teología narrativa y la crítica del canon, aun así los dos desarrollos paralelos han influido uno sobre otro, particularmente al afirmar la totalidad y unidad del texto en su forma canónica como fue recibido. Esta forma incluye mucho de narración. Y el modo en que ocurrió la canonicidad en la vida diaria de la comunidad de fe es en sí mismo un desarrollo narrativo. Así es que el énfasis reciente sobre un abordaje narrativo del Antiguo Testamento ha encontrado necesario tratar con el texto en su forma canónica presente a nivel del discurso. Ver, e.g., Fackre 1983, 340-53; Goldberg 1981; Gunn 1987; Gustafson 1988; Hauerwas y Jones 1989; Long 1987; Osborne 1991. Brueggemann 1991 habla de un "recitado canónico."

parecidos a Jonás en Israel, quienes encapsulaban la gracia de Dios dentro de los confines estrechos de su propio egoísmo.

Entonces, la narrativa de la Escritura es más que un relato. Es más que ficción, más que moralismos míticos (en el uso común de la palabra) como las fábulas de Esopo, sin ninguna conexión con el mundo real excepto por vía del moralismo que se defiende. La narrativa bíblica es tan poderosa, precisamente debido a que está afirmada sobre la historia, ocurre en medio de la historia humana y tiene que ver con los actos tangibles de Dios. Pero la narrativa no es meramente el recitado de eventos en secuencia histórica. Más bien, en medio del recitado, la narrativa bíblica procura transmitir un significado más profundo, una revelación de nivel profundo de la naturaleza y propósitos de Dios, quien irrumpe en la historia humana. "La Biblia es el relato de Dios para nosotros. . . . La Biblia misma es un gran relato cósmico" (Robert Paul Roth 1985, 174).

Más aún, el basamento histórico de la narrativa bíblica es esencial porque el relato nació en medio de una comunidad de fe. La narrativa le da forma a la comunidad, es moldeada por las experiencias en la historia de la comunidad de fe (Israel y la iglesia), y tiene la intención de enseñarles a los que están adentro y afuera de la comunidad, la naturaleza, los actos y propósitos del Dios de Israel. "La teología sistemática compromete el intelecto; la narración de historias compromete el corazón y en realidad a toda la persona" (Bausch 1984, 16, 27). En otras palabras, la narrativa bíblica es tanto descriptiva de eventos como preceptiva de la fe en el Dios de Israel (y de la iglesia), el cual se presenta como íntimamente asociado a los eventos. Así es que, por ejemplo, los sermones de Pablo en Hechos, aunque recitaciones autobiográficas, son más profundamente una articulación de la fe de Pablo. Del mismo modo, la historia de Ester no es meramente una recitación de eventos que condujeron a una joven israelita a desempeñar el rol de reina de Persia. También es una profunda y reveladora confesión de fe sobre un Dios que obra misteriosamente y en silencio (aunque cuidadosa e intencionalmente), en las aparentes coincidencias de la vida, a través de instrumentos escogidos como Ester, para preservar y salvar al pueblo de Dios, incluso en medio del exilio.

David Duke acentúa que la narrativa bíblica tiene dimensiones más allá del relato. "La teología necesita de historias de vida no simplemente con propósitos ilustrativos, y no simplemente para dar ejemplos personales de doctrina y de moral. Más bien, la teología que uno tiene 'debe estar adecuada a la intensidad y a la seriedad espiritual' de estas historias de vida" (1986, 140).⁴⁰ Luego, él presenta nueve "criterios para una biografía (teológicamente) valiosa" (*Ibid*., 141-45) y concluye diciendo que "una de las funciones más significativas de la narrativa, especialmente de la biografía, es la capacidad de graficar un significado verosímil *a través* del proceso de narración" (*Ibid*., 147). Una vez que la narrativa bíblica se lee bajo esta luz, llega a ser una influencia poderosa en nuestra teología. Porque "en términos generales, un reconocimiento del valor del relato puede ser un correctivo valioso de la tendencia dominante en la teología occidental a abstraer y analizar" (Moberly 1986, 77).⁴¹

Habiendo reconocido la significación teológica de la narrativa bíblica (es más que un relato), debemos apresurarnos a agregar algunas advertencias importantes. Cuando la narrativa bíblica es tomada en su

---

⁴⁰ Duke cita aquí a McClendon 1974. "Estoy de acuerdo con McClendon," afirma Duke, "en que tanto la biografía como la teología no pueden y no debieran reemplazar a la teología proposicional, sino complementarla, desafiarla y mejorarla" (1986, 139).

⁴¹ Moberly 1986, 78-79, sugiere siete maneras en que la narrativa nos ayuda a teologizar. "Primero, un interés en el relato alertará al lector con respecto a elementos en el texto que son característicos de un relato: argumento, anticipación, ironía, eco, repetición, contraste, tensión, resolución, etc. Estos elementos están claramente presentes en muchos de los relatos más famosos y memorables del Antiguo Testamento. . . . Segundo, está el hecho que algunas verdades pueden transmitirse mejor o solamente en forma de historia, debido a la importancia del símbolo y de la imagen en la comprensión humana. . . . Tercero, un relato puede comunicar a través de lo que no dice, tanto como a través de lo que sí dice. . . . [Cuarto], un relato puede comunicar mediante hipótesis y sugerencia. . . . Quinto, un relato puede deliberadamente dejar sin decir algo vital para su comprensión. Esto significa que los lectores [están] obligados a usar [su] comprensión e inteligencia si es que [van a] entender el relato de manera apropiada. . . . Sexto, un relato puede proveer un patrón o un marco para entender la vida y la experiencia. . . . Finalmente, un relato puede actuar como un espejo para ayudar a las personas a verse ellas mismas con más claridad." Ver también Crites 1971.

Bausch 1984, 195-99, ofrece diez proposiciones con respecto a la importancia del relato en la teología y en la iglesia. "(1) Los relatos nos introducen a presencias sacramentales. . . . (2) Los relatos son siempre más importantes que los hechos. . . . (3) Los relatos permanecen como normativos. . . . (4) Las tradiciones se desarrollan a partir de relatos. . . . (5) Los relatos preceden a la iglesia y la producen. . . . (6) Los relatos implican censura. . . . (7) Los relatos producen teología. . . . (8) Los relatos producen muchas teologías. . . . (9) Los relatos producen rituales y sacramentos. . . . (10) Los relatos son historia."

valor nominal como texto canónico, claramente intenta revelar una verdad acerca de Dios.[42] Demasiados "teólogos puramente narrativos" (especialmente el grupo de Yale) tienden a reducir la narrativa bíblica a un relativismo individual e histórico (*un* relato y no *el* relato), a un mero horizontalismo (el relato de la autopercepción y el pensamiento sociocultural de Israel, de donde estaba ausente un Dios ontológicamente separado), a una mera descripción (lo que ocurrió y cómo operó el relato en la comunidad, más bien que cómo debiera haber sido la respuesta de pacto de Israel para con Dios) y a mayormente una imagen etérea, un símbolo, una metáfora y una ficción (como cualquier otro relato humano y no el relato de la irrupción de Dios en la historia humana). Esto reduce la narrativa bíblica a historias de vida inspiradoras, en lugar del revelador peregrinaje de fe del pueblo de Dios. No obstante, en última instancia, la teología narrativa debe enfrentar la cuestión de la verdad (Moberly 1986, 80-81).[43]

Cuando el significado de la narración se elabora demasiado, todo lo que puede quedar es la respuesta del lector, la cual atribuye significado al texto sobre la base del horizonte particular del lector y sobre su agenda personal. Esto viola el intento más básico de la narrativa bíblica misma, tal como es moldeada y fue moldeada por la comunidad de fe en el horizonte original del texto. Con una hermenéutica de lector-respuesta, ya no tenemos una narrativa bíblica, sino simplemente una imposición del horizonte del lector. La cualidad narrativa del texto y el significado intencional más profundo del texto, quedan eclipsados por la repuesta del lector. Llegamos a saber algo acerca del lector, pero perdemos de vista la narración misma.

La teología narrativa como más que dogmática

Así como la teología narrativa es un relato pero es más que relato, así la *teología* narrativa es teología, pero es más que dogmática proposicional. En contra de los horizontalistas "puramente narrativos"

---

[42] Gabriel Fackre 1983, 351, enfatiza este asunto.

[43] "Estamos diciendo," expresa Robert Paul Roth (1985, 178, 182), "que no podemos tener verdad sin significado, ni significado sin verdad. . . . Los criterios por los cuales evaluar esta verdad del Espíritu son los dones de fe, esperanza y amor dados por gracia, en cuanto éstos operan en la comunidad de creyentes. . . . La secuencia, tal como Pablo relata la historia, involucra una sucesión de pecado, ira, ley y muerte, que se enfrentan, otra vez en secuencia, con el sufrimiento de Cristo en la cruz, con el don de la gracia, con el Espíritu dando vida, y con la resurrección." Roth cita a Paul Ricoeur en este punto, con referencia a su "hermenéutica del testimonio."

de Yale, el texto de la Escritura, tomado a valor nominal y leído en sus formas más obvias, claramente intenta hablar sobre Dios para articular una teología. Al discutir "el aspecto teológico de la narración," J. B. Metz ha afirmado que la narración, como un "medio de salvación y de historia," implica una "conexión inseparable entre la narración y el argumento [teológico]" (1989, 256). En realidad, Metz sostiene que para explicar asuntos como la historia de la salvación y el sufrimiento humano, la teología realmente necesita de la narrativa (*Ibid.*, 258-59).

La narrativa de la Escritura tiene la intención de ser teología. Quiere señalar y significar la realidad de Dios, cuya existencia y naturaleza son ontológicamente distintas del lenguaje usado para referirse a Dios y no están determinadas por el mismo. Y hasta donde se refiere de manera veraz y ajustada a la realidad de Dios, la narrativa es teológica. Wentzel Van Huyssteen (1989, 147) habla de "la representación de la realidad en afirmaciones teológicas. . . . La naturaleza relacional del lenguaje religioso, en última instancia, está fundada sobre el hecho de que nunca es una mera expresión de sentimientos religiosos, sino que en realidad es referencial." Continúa hablando del enfoque crítico-realista de hacer teología, una metodología que le ofrece a la teología una manera de tratar con la naturaleza referencial, característica que ésta comparte con la investigación científica. "La fortaleza de la posición crítico-realista yace en su insistencia en que tanto los objetos de la ciencia como los objetos de la creencia religiosa están más allá de la esfera de acción de la descripción literal" (1989, 156).[44]

Nos encontramos con el problema difícil de cómo el lenguaje humano puede hablar acerca de Dios.[45] En última instancia, confrontamos la cuestión de la naturaleza referencial del lenguaje teológico, un asunto que influye mucho sobre la manera en que entendemos la narración como *teológica*. Paul K. Jewett (1991, 34-35, 39) sugiere que el lenguaje acerca de Dios es análogo en un sentido a la *analogia fidei*, analogía de la fe,

> porque todas las verdades de la revelación nos vienen por la fe en el que es la fuente de la revelación. . . .

---

[44] Para una discusión excelente sobre el uso de modelos para hacer teología, ver Dulles 1992, 46-52.
[45] En una cantidad de lugares en su *Church Dogmatics*, Karl Barth ofrece algunas percepciones sobre el misterio de la Palabra divina en las palabras humanas. Éste es el corazón de la dificultad a la que nos estamos refiriendo aquí.

Por esta razón, las afirmaciones que hace el teólogo son afirmaciones de fe, porque la tarea del teólogo . . . es reflejar la fe en pensamientos. . . .

Dios no se alcanza mediante nuestras analogías basadas, como están, en nuestra experiencia del mundo creado finito. Aunque necesariamente hablamos de Dios en analogías, metáforas, símbolos y parábolas tomadas del mundo, no lo descubrimos a Él *por* estas cosas. Más bien, lo encontramos *en* estas cosas porque Él se inclina para revelársenos en ellas.

Verdaderamente, *todo* lenguaje acerca de Dios es *analogia fidei*, y habla tanto de lo que *no* sabemos de Dios como de lo que sabemos. Aun así, debido a los actos de Dios en la historia, debido a su revelación última y final en Jesucristo, y debido a la iluminación de Dios por y en el poder del Espíritu Santo, nosotros creemos (confiamos en fe y respondemos en obediencia) que las Escrituras en realidad están haciendo lo que pretenden hacer: se *refieren* y nos muestran la naturaleza del Dios de la Biblia. Y una de las maneras más profundas en que esta actividad referencial ocurre en la Escritura es a través de la narración.

Pero la teología narrativa es más que dogmática proposicional. Consideremos brevemente cuatro maneras importantes en que la teología narrativa, mientras que es teológica, es más amplia y profunda que las proposiciones dogmáticas. En primer lugar, la teología narrativa está basada sobre la comunidad de fe. Aunque no es aceptable reducir la narrativa a una extrapolación horizontalista de la consciencia de sí misma que tiene la comunidad, aun así la narrativa bíblica es inevitablemente comunitaria. A partir de la historia de Abraham en adelante, la articulación de la revelación de quién es Dios ocurre en y a través de la vida de Israel y de la iglesia. Tal como la crítica del canon lo ha mostrado tan bien, el texto no se puede separar de la comunidad de fe en la que nació, fue moldeado, transmitido y explicado. La teología narrativa enfatiza con propiedad el lugar y el rol de la comunidad en dar forma al significado del texto (Hauerwas 1981, 15).

En segundo lugar, la teología narrativa es más que dogmática en que está entrelazada con la historia humana. La teología narrativa ubica la autorevelación de Dios en medio de la historia humana. Esto no es para apresar la teología dentro de las categorías historicistas del Iluminismo, tal como se hizo en el siglo XIX, ni tampoco para reducir toda teología a una discusión sobre la historia de la salvación, ni para insertar a la teología dentro de un proceso histórico, tal como se hizo en la teología de proceso de Alfred North Whitehead y sus seguidores. Más bien, esto implica un reconocimiento de que nuestra comprensión de quién es Dios debe estar fundamentada históricamente, ocurre en la historia, transforma nuestra historia y re-forma la manera en que participamos en la historia.

Esto significa que la teología no puede y no debe ser una especulación etérea, teórica y remota, sino que siempre debe interactuar con la historia humana y ser moldeada por ella. También significa que nosotros debemos reconocer el desarrollo histórico de la teología. Cuando Dios hace cosas nuevas en la historia humana, debemos repensar la manera en que entendemos a Dios. Así es que en Hechos 15, los líderes de la iglesia primitiva en Jerusalén tuvieron que repensar su teología, debido a lo que Dios había hecho al enviar al Espíritu Santo en medio de los gentiles en casa de Cornelio (Hechos 10). De modo similar, el apóstol Pablo dedicó años a reconfigurar y rearticular su teología sobre la base de su encuentro (dentro de la historia humana) con Jesucristo en el camino a Damasco. Y en nuestro tiempo, esta cuestión ha estado en primer plano en la discusión teológica católica romana, a partir del Concilio Vaticano II.[46] Así es que Karl-Otto Apel habla de la teología como "una nueva narración de una historia" (1989, 329) y Paul Ricoeur ha acentuado que "la narratividad y la temporalidad están estrechamente relacionadas" (1981, 165). La narración nos ayuda a entender que la autorrevelación de Dios está íntimamente conectada con el carácter histórico del pueblo de Dios. (Ver Hendrikus Berkhof 1985, 57-73).[47]

En tercer lugar, la teología narrativa es más que dogmática, en que involucra un peregrinaje de fe a lo largo del tiempo. Ya sea que la teología narrativa se aborde desde el punto de vista de la ética (Stanley Hauerwas), de la crítica del canon (James Sanders y Brevard Childs), de la educación (Thomas Groome 1991), de las etapas de la fe (James Fowler 1981) o de cuestiones relacionadas con las mujeres (Phyllis Trible 1984), la narración del peregrinaje de fe del pueblo de Dios a lo

---

[46] Para una discusión excelente sobre esta cuestión desde un punto de vista protestante, ver Berkower 1965. Berkower fue uno de los pocos teólogos protestantes invitados como huéspedes oficiales al Concilio Vaticano II.
[47] Robert Hubbard, Jr., dice: "En realidad, leída directamente, la Biblia sí presenta a Dios como muy comprometido con el mundo de todos los días. Sólo un método que tome en cuenta las dimensiones de 'fe' del Antiguo Testamento puede ser verdaderamente una 'exégesis histórica,' es decir, una que haga completa justicia con todos los niveles de significado presentes en el texto" (1992, 35).

largo del tiempo, involucra una cuestión más importante. Esto impide una reducción de la naturaleza reveladora de la Escritura a un elemento puramente confesional de la idea de Israel sobre Dios, como si Dios existiera sólo en relación a lo que Israel decía o pensaba acerca de Él. Más bien, la teología narrativa reconoce que hay desarrollo en la manera en que la Escritura retrata la comprensión profunda de la autorrevelación de Dios por parte de Israel y de la iglesia. De esta manera, la autorrevelación de Dios es vista como ocurriendo en medio de un peregrinaje de fe, es decir, a medida que el pueblo de Dios caminaba con Él. Por supuesto, debemos tener cuidado de no extrapolar nuestra propia experiencia espiritual (ni la de Israel o la de la iglesia) para definir la naturaleza, el propósito y la misión de Dios. Con todo, la teología narrativa nos ayuda a darnos cuenta de que la teología mayormente fluye a partir de las experiencias de la comunidad de fe en su encuentro con Dios. Aquí es donde la teología se relaciona estrechamente tanto con la confesión individual como con la corporativa, con el credo y con la tradición de la iglesia (Hendrikus Berkhof 1985, 28-56; 74-89). La teología narrativa nos da un medio para integrar la espiritualidad y la dogmática de manera muy fructífera.

Finalmente, la teología narrativa es más que dogmática en que integra la palabra y el hecho. Tomada a su valor nominal, la narrativa de la Escritura no separa la persona de la acción de Dios, tal como se ha hecho con demasiada frecuencia en la teología tradicional, por ejemplo, con la cristología. Más bien, las obras de Dios sirven para proveer una plataforma para las palabras, y las palabras dan significado, significación y normatividad al encuentro entre Dios y la humanidad, que ocurre en los actos de Dios. Tal como lo expresa Carl Henry (1987, 8): "la Biblia transmite el significado de los actos redentores de Dios; dado que lo que interpreta son los actos salvíficos divinos, los actos son presuposiciones indispensables de tal significado." Así, por ejemplo, en Éxodo, la liberación de manos de Egipto (hechos) es el telón de fondo para el Decálogo (palabras), y juntos proveen el escenario para el tabernáculo, donde la estructura de esta "tienda de reunión," el ritual sacerdotal y las palabras de la revelación de Dios, todo junto se une en el pacto del tabernáculo de Dios en medio de su pueblo.[48]

---

[48] La misma clase de integración de acción y palabra se puede ver en Juan 6, donde la alimentación de los cinco mil por parte de Jesús provee el escenario para las palabras: "yo soy el pan de vida." Separar la acción de las palabras es claramente una violación del texto de Juan 6. La teología narrativa provee una herramienta importante para la integración de estos dos aspectos de la autorrevelación de Dios. Éstas son dos caras de la misma moneda, que han

De modo que vemos que la teología narrativa es altamente integradora, permitiendo que la comunidad, el contexto, la historia, la cultura, las relaciones, el peregrinaje de fe y las conjunciones de palabras y hechos sean datos aceptables para la teología. Estas cosas no sólo contribuyen a la tarea teológica, sino que son transformadas en sí mismas al ser incluidas en la narrativa. No obstante, en el análisis final, son todas cosas secundarias con respecto al tema de la articulación de la autorrevelación de Dios en la relación de pacto establecida entre Dios y el pueblo de Dios. Esta cuestión de fondo es la preocupación primaria de los teólogos evangélicos, con respecto a la teología narrativa.

Valuaciones evangélicas de la teología narrativa

Los asuntos que acabamos de explorar están en el corazón de la valuación que los eruditos evangélicos (bíblicos, dogmáticos y misiológicos) han hecho de la teología narrativa.[49] Carl Henry (1987, 7) comenta: "Se está llevando a cabo un debate vivaz en algunos círculos evangélicos con respecto a si la hermenéutica narrativa debiera ser bien recibida como una aliada que es esencialmente ortodoxa. Algunos eruditos conservadores ven un parentesco entre el énfasis de los que proponen la narrativa en el sentido de que el Libro entero es importante para el significado, y el énfasis ortodoxo sobre la autoridad y la plena inspiración de todo el texto escriturario." Mark Wallace (1986, 169) ha dicho que él "encuentra que la alternativa posliberal de Yale [sobre la teología narrativa] es un desarrollo bien recibido en la medida en que procura volver a orientar la visión de la comunidad cristiana hacia sus fuentes originales y hacia la visión bíblica de la realidad, que es distintiva e incluso única." Para ahorrar espacio, haremos una breve lista de cinco razones para el aprecio evangélico de la teología narrativa, y cinco preocupaciones que los evangélicos han expresado.

---

estado separadas por demasiado tiempo tanto en el método como en el contenido de la teología.

[49] Ver, e.g., Bloesch 1992, 17-23; Brueggemann 1992; Carson 1984a; Duke 1986; Fackre 1983; Finger 1987; Gottwald 1987; Grenz 1993; 1994; Groome 1991; Gunn 1987; Henry 1987; Herion 1988; Long 1987; Longman 1988; Mann 1991; McGrath 1991; Moberly 1986; Morgan 1988; Osborne 1991, 153-73; Stroup 1981; y Wallace 1989.

Elementos positivos

En primer lugar, los evangélicos han mostrado su profundo aprecio por la preocupación de la teología narrativa en tratar el texto como un todo.[50] Después de tanto tiempo durante el cual los estudios bíblicos segmentaron el texto en pequeños trozos (la práctica corriente de la crítica de la fuentes, de la crítica histórica, de tipos de críticas demitologizantes, de la crítica de la forma, de la crítica de la redacción y de algunos de los abordajes hermenéuticos más nuevos), los evangélicos le han dado la bienvenida a una abordaje que, reconociendo que gran parte de la Biblia se presenta en forma de relato, toma con seriedad el texto entero. En realidad, "la narrativa es el principal tipo literario que se encuentra en la Escritura. . . . Afirmar la fe en Jesús es afirmar la fe en el relato de su nacimiento, crucifixión, muerte, resurrección y ascensión, un relato continuo" (McGrath 1991, 23).

Segundo, los evangélicos afirman el interés de la teología narrativa en la interacción del texto con la comunidad.[51] Dada la inclinación de la modernidad de reducir la fe a una cuestión puramente individual, como también a reducir las preguntas sobre las fuentes y el autor a temas puramente individuales, los evangélicos por largo tiempo han acentuado el énfasis de la Reforma Protestante sobre el sacerdocio de todos los creyentes, particularmente en términos de la naturaleza comunal de Israel y de la iglesia, del rol de la Escritura en la iglesia y del lugar específico de la Biblia dentro de la vida de la comunidad de fe. El acento de la teología narrativa sobre la significación de la comunidad de fe en la formación del texto se ve como positivo. Además, la teología narrativa es vista positivamente en la medida en que nos ayuda ver la compresión confesional que la comunidad de fe tenía de la autorrevelación Dios en su medio. Así es que Alister McGrath (1991, 24) comenta que "el reconocimiento del carácter narrativo de la Escritura transmite con efectividad la tensión entre el conocimiento limitado de parte de los personajes humanos en el relato y la omnisciencia de Dios."

Tercero, los evangélicos han estado preocupados por la relación de lo que Anthony Thiselton llama los dos horizontes (el del texto y el del intérprete) de su enfoque hermenéutico de la Escritura.[52]

---

[50] Ver Bloesch 1992, 17; Finger 1987, 213-17; Gottwald 1987, 61; Gunn 1987, 67; Henry 1987, 7, 15; Longman 1988, 31-32, 42; y Wallace 1989, 169.
[51] Ver, e.g., Henry 1987, 15; Fackre 1983; 1984; Morgan 1988, 72, 79-80.
[52] Ver,e.g., Osborne 1991; Longman 1988, 35; Morgan 1988, 79.

La preocupación evangélica por un abordaje gramatical e histórico del texto es un reconocimiento de que el texto emergió en contextos particulares. Aquí los evangélicos han tomado prestado con aparente aprecio, de la teología narrativa y también de la crítica del canon de Brevard Childs y James Sanders. Donn Morgan (1988, 77-79) comenta que "la importancia del canon para la teología del Antiguo Testamento es que establece una perspectiva desde la cual la literatura fue entendida por el Israel histórico. . . . La apelación a la forma canónica de las Escrituras, por lo menos procura establecer un texto común como terreno para la reflexión teológica."[53]

Cuarto, los evangélicos han apreciado la manera en que la teología narrativa nos ayuda a leer la Escritura desde una perspectiva integral, que reconoce que toda la vida es confrontada en la revelación de Dios y necesita ser tenida en consideración en nuestra lectura del texto. La narración de historias bíblicas "apela al ser humano total, involucra a todo nuestro ser (intelecto, voluntad, emociones) en mayor grado que digamos la Confesión de Westminster. . . . ¿Qué cosa comunica de manera más vívida: la declaración 'amarás a tu prójimo' o la historia del Buen Samaritano?" (Longman 1988, 42).

La lectura integral de la Escritura armoniza con la afirmación evangélica de que la fe en Jesucristo debería interactuar con *todos* los aspectos de la vida de una persona y transformarla. La teología narrativa "evita el sentido aburridor de la abstracción, lo cual es una característica de muchos de los escritos teológicos académicos. . . . Parte del atractivo de la teología narrativa es su habilidad para poner la fe cristiana en contacto estrecho con la vida diaria de los que están fuera de sus límites, así como Jesús pudo hacer tal conexión mediante su uso de parábolas" (McGrath 1991, 23). Una lectura narrativa de la Escritura también tiene un poder transformador. "El evangelio no es principalmente una serie de principios éticos; tiene que ver con el efecto de un encuentro con Dios en las vidas de individuos y en las historias de naciones. Al relatar tales historias, los escritores bíblicos pueden declarar: '¡Miren! ¡Esto es lo que ocurre cuando alguien es transformado por la gracia de Dios!' ¡Así debe ser la conducta cristiana!" (McGrath 1991, 24).[54]

Quinto, los evangélicos aprecian la teología narrativa por la contribución metodológica que ésta ofrece para abordar la teología

---

[53] El lector necesita tener en mente lo que se dijo antes: la crítica del canon no debe confundirse con la teología narrativa, aunque hay conexiones íntimas entre ellas, como en este caso. (Ver Henry 1987, 4.)

[54] Ver también, e.g., Osborne 1991, 172; Longman 1988, 41.

bíblica. "La teología narrativa muestra realmente prometedora como técnica. Nos recuerda que la Escritura narra la historia del trato de Dios con su pueblo y nos invita a relacionar nuestra propia historia de vida con esta narración mayor. . . . La teología narrativa nos recuerda el poder de los relatos bíblicos para transmitir el evangelio, y nos desafía a ser comunicadores más fieles de la conmovedora noticia de que Dios ha entrado en la historia de su creación y de sus criaturas, a los efectos de producir cambios: la historia se transforma en 'su historia'" (McGrath 1991, 24; ver también Longman 1988, 41). Esta cuestión de técnica metodológica se relaciona con los abordajes evangélicos del estudio bíblico inductivo, de la evangelización y la predicación, de la contextualización y la conversión.[55] Además, en las misiones transculturales, la teología narrativa ha probado ser muy útil para hacer el análisis estructural semántico de los significados de un texto a nivel del discurso, un abordaje de la Escritura usada en forma amplia por los traductores bíblicos en el día de hoy.

Preocupaciones profundas

Aunque los evangélicos manifiestan un respaldo significativo para con la teología narrativa, aun así en algunos puntos se sienten profundamente incómodos con ella. Primero, los evangélicos muestran un amplio consenso en su preocupación acerca de preservar la intención del autor del texto.[56] Tremper Longman (1988, 36) dice que "si hay algo que une la teoría secular desde el advenimiento de la Nueva Crítica a mediados del siglo XX es la negación del autor. La crítica tradicional invertía mucho en el autor." Carl Henry (1987, 10) comenta que "los evangélicos insisten en que la intención del autor y la interpretación gramatical e histórica no excluyen a un único Autor divino y a un único sentido que penetra los diversos géneros y constituyen una unidad que fundamenta y cubre. No obstante, lo hacen sobre la premisa de que la Biblia es un libro singularmente inspirado."

La alternativa presente para reconocer la intención del autor en la Escritura es movernos hacia un abordaje "lector-respuesta" en el cual los lectores modernos esencialmente le atribuyen significado al texto, en términos del significado que descubren mientras se encuentran con él. Para los evangélicos esto es inaceptable. Grant Osborne (1991, 165)

---

[55] Ver, e.g., Osborne 1991, 171-73; Morgan 1988, 72-73.
[56] Ver, e.g., Henry 1987, 8-9; Long 1987, 105; Longman 1988, 36; Gunn 1987, 69. Grant Osborne hace de esto un tema central en su tratamiento de la narrativa en el capítulo 6 de *The Hermeneutical Spiral* (1991).

lo expresa de esta manera: "La crítica lector-respuesta es la etapa final de un prolongado alejamiento del autor, en el esquema autor-texto-lector, el cual está en el corazón del debate hermenéutico. La mayoría de los defensores de esta escuela aceptan alguna forma de la teoría de la autonomía, que dice que el texto llega a ser autónomo de su autor, tan pronto como se escribe. . . . Así y todo, esta dicotomía es innecesaria. . . . No hay necesidad de desterrar al autor bíblico de su obra."[57] David Gunn (1987, 69) concluye que "la teoría orientada hacia el lector legitima la relatividad de las lecturas diferentes y así amenaza con desalentar las comprensiones tradicionales de la autoridad bíblica [en términos del significado intencional del autor]."

Segundo, los evangélicos "están preocupados acerca de la tendencia que tiene la teología narrativa a negar o a limitar severamente cualquier función referencial con respecto a la literatura" (Longman 1988, 37).[58] Aunque reconocemos la dificultad para entender la manera en que el lenguaje puede hablar acerca de Dios, aun así, a lo largo de la Escritura hay una hipótesis articulada de que lo que se dice acerca de Dios, de hecho se refiere en forma apropiada a lo que Dios realmente es. Pero, Carl Henry (1987, 13) señala que "la hermenéutica narrativa remueve del proceso interpretativo a cualquier referente trascendente del texto y nubla la relación de la narrativa con una realidad divina que no se agota con la presencia literaria. Para Calvino, lo distintivo de la Escritura no está en una cierta forma o estilo literario, sino por sobre toda otra cosa en que el mismo Dios trascendente nos está hablando en su Palabra." Por consiguiente, una adaptación evangélica de la teología narrativa necesitará preservar cuidadosamente la clara afirmación de la Biblia de que la narrativa de la Escritura no es ficción, ni una extrapolación de ideas particulares de una comunidad acerca de Dios. Más bien, tiene la intención de referirse en forma realista a la naturaleza, propósito y misión de Dios, tal como están revelados en la historia humana, en medio del pueblo de Dios. La cualidad referencial de la Escritura no es negociable.

---

[57] Osborne, quien les ha hecho a los evangélicos un real favor al luchar con esta cuestión de manera acabada y cuidadosa, nota con aprobación que Thiselton ofrece una manera tanto para preservar el lugar del autor como para reconocer el impacto del punto de vista del lector.

[58] Ver, e.g., Henry 1987; Osborne 1991, 75-81, 366-415. Donald Bloesch y Paul K. Jewett (1991, 25-39) están entre los que han luchado con esta cuestión desde una postura evangélica. Por supuesto que todo el tema de la naturaleza referencial del lenguaje en sí es parte de este asunto, y tiene tantas implicaciones para áreas como la filosofía de la ciencia y la epistemología posmoderna, como para la teología. Ver, e.g., MacIntyre 1989a.

Tercero, los evangélicos están inquietos acerca de la manera en que la teología narrativa tiende a restarle importancia a la base contextual del texto.[59] A pesar de su énfasis sobre la manera en que el texto y la comunidad de fe se han interactuado a lo largo del tiempo, la teología narrativa, desafortunadamente, ha tendido a ignorar el impacto del contexto de las comunidades particulares sobre la formación y el significado del texto. Con todo, el texto mismo claramente emerge de una amplia variedad de contextos culturales. A partir de un ambiente nómada de una familia o clan pastoril en el Pentateuco, la narrativa bíblica se desplaza progresivamente hacia una comunidad de esclavos en Egipto, una federación de tribus sueltas migrando a través del desierto, una cultura agraria en la Palestina antigua, una cultura de ciudad-estado en tiempos de David y una cultura de refugiados y de gente desplazada durante el exilio. El contexto de Palestina en tiempos de Jesús es diferente de cualquier cosa que haya venido antes, y difiere de modo marcado de las múltiples culturas posteriores de la iglesia, cuando ésta se esparció por todo el Imperio Romano. La situación contextual de la comunidad de fe afecta claramente el significado de la narrativa, tanto como lo hace la naturaleza misma de la comunidad. Aun así, este elemento se ve limitado severamente en la empresa hermenéutica de la crítica del canon y en la teología narrativa.

Se admite que el movimiento evangélico también ha tendido a ignorar las características únicas de la dinámica cultural, sociopolítica, económica y de la cosmovisión del entorno del texto.[60] Los evangélicos probablemente podrían fortalecer su insistencia en la integridad gramatical e histórica de la tarea hermenéutica, si ellos tomaran más seriamente otros elementos de los contextos de la narrativa bíblica.

Cuarto, probablemente la objeción más común que los evangélicos han expresado acerca de la teología narrativa, tiene que ver con el tema de la historicidad del texto:

> La teología narrativa enfoca su atención en la estructura literaria de la Escritura. Así es que tiende a ignorar

---

[59] Ver, e.g., Finger 1987, 214-19; Gottwald 1987, 64-67; y Henry 1987, 7, 11.

[60] Stanley Grenz 1993, 70-71, menciona este fracaso. Él cita a John Jefferson Davis con aparente aprobación, como reflejando "la opinión de muchos cuando considera equivocado al enfoque evangélico más antiguo, por no tomar 'adecuadamente en cuenta el contexto social de la tarea teológica y la historicidad de toda reflexión teológica.' Davis afirma que este enfoque 'tiende a promover una repetición de formulaciones tradicionales de la doctrina bíblica, en lugar de una recontextualización apropiada de las doctrinas, en respuesta a las cambiantes condiciones culturales e históricas.'"

> La fortaleza de la teología narrativa es su foco sobre la Escritura más bien que sobre conceptos filosóficos abstractos. Su debilidad yace en su tendencia a oscurecer o desmerecer las implicaciones metafísicas de la fe. Se le otorga a la Biblia una significación principalmente funcional más que ontológica.... La esencia de la obra teológica no es recitar una narración o dilucidar la experiencia religiosa o generalmente humana, sino promulgar un evangelio que es tanto la verdad como el poder para la salvación.

Los evangélicos insisten en que la teología narrativa sea probada usando los criterios de las nociones bíblicas de la verdad. ¿Cuál es precisamente su proximidad o distancia con respecto a Jesucristo, quien es "el camino y la verdad y la vida" (Juan 14:6)?[63]

---

[63] Aquí tenemos lo que Paul Hiebert 1994, 122-31 describe como el abordaje de hacer teología con base en conjuntos centrados. En este abordaje, categorías tales como "cristianos" e "iglesia" se forman no sobre la base de la naturaleza esencial de los miembros, sino sobre la base de la relación. Hiebert hace una lista de cuatro características de los conjuntos centrados.

> Primero, un conjunto centrado se crea definiendo un centro o punto de referencia y la relación de las cosas con ese centro. Las cosas relacionadas con el centro pertenecen al conjunto y las que no se relacionan con el centro no pertenecen.... Segundo, mientras que los conjuntos centrados no se crean estableciendo límites, *sí tienen límites definidos* que separan las cosas que están adentro del conjunto de las que están afuera, es decir, las cosas que están relacionadas con el centro o que se mueven hacia él y las que no. Los conjuntos centrados se ... forman definiendo el centro y cualquier relación con él. Entonces, el límite emerge automáticamente. Las cosas relacionadas con el centro naturalmente se separan de las que no lo están.... Tercero, hay dos variables intrínsecas en los conjuntos centrados. La primera es la membresía. Todos los miembros de un conjunto son miembros plenos y comparten de manera completa sus funciones. No hay miembros de segunda clase. La segunda variable es la distancia del centro. Algunas cosas están lejos y otras están cerca del centro, pero todas se mueven hacia él. ... Cuarto, los conjuntos centrados tienen dos tipos de cambios inherentes a su estructura. El primero tiene que ver con entrar al conjunto o salir de él. Las cosas que se alejan del centro pueden dar la vuelta y moverse hacia él. ... El segundo tipo de cambio tiene que ver con el movimiento de acercamiento al centro o de alejamiento de él. Los miembros distantes se pueden mover hacia el centro y los que están cerca pueden replegarse mientras todavía se dirigen hacia él.

Hiebert demuestra que la cultura hebrea estaba estructurada como un conjunto centrado: estaba basada sobre relaciones, especialmente la relación de pacto del pueblo de Israel con el Dios de Abraham, de Isaac y de Jacob. Luego, él explica cómo se definiría el concepto de "cristiano" en términos de un conjunto centrado:

a más figuras históricas. Al concentrarse sobre la estructura literaria de las narraciones, las preguntas históricas simples (¿es cierto? ¿realmente ocurrió?) tienden a ser ignoradas. ¿Cómo podemos señalar la diferencia entre la ficción y la historia? Ambas poseen estructuras narrativas, y con todo tienen un nivel histórico y teológico muy diferente. Por ejemplo, la narración de la resurrección de Jesús tendrá un significado si es tratada como ficción ¡y uno muy diferente si es tratada como historia! [McGrath 1991, 24][61]

Vimos anteriormente que una de las fortalezas de la teología narrativa es que ofrecía una vía de salida del historicismo del siglo XIX. Pero esto puede ir demasiado lejos, por lo menos tal como los evangélicos ven la situación:

> Las representaciones de la historia bíblica por parte de muchos teólogos narrativos, lo dejan a uno con la sensación incómoda de que sus objeciones aceptables acerca del método histórico se correlacionan con una visión de que los aspectos importantes de la historia bíblica pertenecen a una categoría histórica diferente de la historia que investigan los historiadores contemporáneos. . . . Pero si la lectura narrativa de los relatos bíblicos requiere dejar de lado los eventos narrados como revelación histórica, el sentido de los relatos se diluye llamativamente. . . . El teísmo evangélico insiste en que Dios se revela a sí mismo en la historia externa y en la naturaleza, y en forma suprema en la historia redentora. [Henry 1987, 11-12]

La adaptación evangélica de la teología narrativa demandará transitar el camino duro de la distancia histórica entre los horizontes de la Escritura y del lector moderno, y no tomar la ruta de eliminar las tensiones entre los horizontes, simplemente ignorando la "realidad histórica" del texto mismo (Henry 1987, 12).

Quinto, los evangélicos están preocupados acerca del concepto de verdad en la teología narrativa.[62] Donald Bloesch (1992, 17, 23) centra su crítica de la teología narrativa en este punto:

---

[61] Ver también Longman 1988, 35; Henry 1987, 10; Osborne 1991; y Jewett 1991, 145.
[62] Ver, e.g., Henry 1987, 8, 19; Finger 1987, 217-33; Bloesch 1992, 16; Herion 1988; Wallace 1989, 169-81; Gunn 1987, 69; McGrath 1991, 24; y Osborne 1991.

Esto es crucial para la teología evangélica de la misión. No importa cuánto trabajemos con la narrativa, con la naturaleza de la comunidad, con un estudio cuidadoso del contexto y con el fluir de los personajes, el argumento y la estructura de la narrativa, la base para la teología evangélica de la misión es si la narrativa de la Escritura nos ha llevado a una fe más profunda en alianza con Jesucristo, nuestro Señor. En las palabras de Juan, debemos "probar los espíritus" (1 Juan 2:20-23; 4:1-3, RVR). Una adaptación evangélica de la teología narrativa se probará a sí misma continuamente para ver si está centrada en la visión de la verdad de Pablo, articulada narrativamente: "que si confiesas con tu boca que Jesús es el Señor, y crees en tu corazón que Dios lo levantó de entre los muertos, serás salvo" (Rom 10:9). Entonces, la teología evangélica de la misión debe ser cuidadosa en su adaptación de la teología narrativa a los efectos de ser fiel a la intención del autor del texto. Esto debe ser así, en tanto el texto procura referirse de manera ajustada a la naturaleza, propósito y misión de Dios a través del relato de la interacción de Dios con la humanidad, en medio del pueblo de Dios, en contextos específicos de la historia humana e intenta comunicar verdaderamente (de manera referencial y realista) la voluntad de Dios en Jesucristo para con el pueblo de Dios en el mundo de Dios.

> Primero, los cristianos se definirían como seguidores del Jesucristo de la Biblia, como los que lo hacen a él centro o Señor de sus vidas. . . . Segundo, habría una clara separación entre cristianos y no cristianos, entre los que son seguidores de Jesús y los que no lo son. No obstante, el énfasis estaría en exhortar a las personas a seguir a Cristo, más bien que en excluir a otros para preservar la pureza del conjunto. . . . Tercero, habría un reconocimiento de una variedad entre los cristianos. . . . Cuarto, se reconocerían dos tipos importantes de cambios en el pensamiento de los conjuntos centrados. Primero está la conversión, entrar al conjunto o salir de él. . . . El segundo cambio es el movimiento hacia el centro, o el crecimiento en una relación. Un cristiano no es un producto terminado en el momento en que él o ella se convierte. Por lo tanto, la conversión es un evento definido seguido por un proceso continuo. La santificación no es una actividad separada, sino el proceso de justificación que continúa a lo largo de la vida.

Luego, Hiebert procede a considerar la iglesia y las misiones como conjuntos centrados.

El abordaje de Hiebert, en forma de conjuntos centrados, es especialmente útil como una guía hermenéutica para la lectura de la Escritura en la teología evangélica de la misión. Provee un medio por el cual podemos estar firme y estrechamente anclados a la verdad en Jesucristo, y aun así simultáneamente abiertos a cosmovisiones diferentes, a lentes culturales diferentes, con las cuales leer la Escritura, todo dentro de la misma iglesia mundial, que abarca a los discípulos del único centro, Jesucristo.

Este abordaje a la Escritura implica lo que David Bosch llamó "hermenéutica crítica" (2000, 41; 1978; 1993).[64] La hermenéutica crítica de Bosch, tal como él la desarrolla en *Misión en transformación* (2000), provee un puente útil entre, de un lado, asuntos hermenéuticos y teológicos que hemos estado enfrentando y, del otro lado, maneras bíblicamente fieles y culturalmente apropiadas en que la teología de la misión puede adaptar la teología narrativa a la reflexión misiológica.

Áreas en las cuales la teología narrativa puede contribuir a la teología de la misión

La misión trinitaria de Dios

En lo que sigue, exploraremos cinco maneras en que la teología narrativa puede ser de utilidad para hacer una teología bíblica de la misión. Primero, nos ayuda a entender que la narrativa de la Escritura es el relato de la misión trinitaria de Dios. Cuando tomamos seriamente la narrativa de la Escritura, quedamos impresionados con el hecho de que la misión en la Biblia es profundamente la misión de *Dios*. Tal como vimos antes, la misión de Dios ocurre simultáneamente a través de la palabra y de la acción. Ocurre en horizontes múltiples porque, aunque Dios es siempre el mismo, su autorrevelación irrumpe en contextos múltiples en diferentes tiempos. Por lo tanto, cuanto más nos sumergimos en la narrativa de palabra-acción de la misión de Dios, tal como está articulada en la Escritura, entenderemos más claramente la manera en que podemos participar en la misión de Dios.

Además, la narrativa de la Escritura demuestra la manera en que Dios el Padre, Dios el Hijo y Dios el Espíritu Santo, obra a través de instrumentos humanos para la redención de la humanidad. En realidad, la unidad narrativa misma integra profundamente la manera en que el carácter triple de nuestra percepción trinitaria de Dios opera en unicidad en la autorrevelación de Dios en medio de la humanidad. Así es que la misión de Jesucristo es siempre en el poder del Espíritu y tiene que ver con el anuncio de la venida del reino de Dios en Jesús (Luc 4). Cuando hemos visto a Jesucristo, hemos visto al Padre (Juan 14). Y este mismo Jesús prometió enviar al Espíritu Santo (Juan 16:5-15). Por la obra del Espíritu Santo, los discípulos aprendieron el amor *agapē*; cuando se demostraron unos a otros este amor que se da a sí

---

[64] Notar la similitud entre el abordaje de la hermenéutica de Bosch y lo que, desde una perspectiva antropológica, Paul Hiebert ha denominado "contextualización crítica."

mismo, Jesús y el Padre vinieron a estar en medio de ellos (Juan 14:23) de tal manera que otros supieron que eran discípulos de Jesús (Juan 13:35). El propósito era "para que el mundo crea" que el Padre había enviado a Jesús (Juan 17:21). Así es que, en las palabras de Juan: "éstas [palabras acerca de las acciones de Jesús] se han escrito para que ustedes crean que Jesús es el Cristo, el Hijo de Dios, y para que al creer en su nombre tengan vida" (Juan 20:31). La naturaleza trinitaria de la misión de Dios une a modo de puente los horizontes múltiples de la narrativa bíblica y, además, se extiende sobre el abismo entre el horizonte de la Escritura y el nuestro.

La misión integral de Dios

Segundo, la teología narrativa nos da una manera para hablar acerca de Dios, la cual une e integra tanto el lenguaje proposicional acerca de Dios correspondiente al hemisferio izquierdo del cerebro (así llamado "objetivo"), con el lenguaje experiencial acerca de Dios correspondiente al hemisferio derecho del cerebro (así llamado "subjetivo"). De esta manera, el ser, el conocer y el hacer se unen en la vida real. La misión de Dios implica la transformación radical de todos los aspectos de nuestra vida y de nuestro ser. Y a la vez, la participación en la misión de Dios involucra todos los aspectos de la vida del pueblo de Dios, el instrumento humano de esa misión.

Aquí la teología narrativa nos ayuda a integrar un número de áreas de la existencia y del pensamiento humano, que tradicionalmente han estado separadas. Diversos escritores han demostrado el potencial integrador de la narrativa en términos de, por ejemplo, construir teologías locales (Schreiter 1985), impulsar la educación religiosa (Groome 1991), y transmitir valores (Higgins 1992). Lo que es llamativo, a pesar de estos énfasis dispares, es el acuerdo con respecto a la manera en que la narrativa puede traer totalidad a nuestra comprensión de la naturaleza de la persona humana y también puede traer totalidad con respecto a la manera en que la fe involucra un proceso narrativo que transforma todos los aspectos de la vida humana.

Si la teología narrativa nos puede ayudar a ver la misión de Dios como orientada hacia la totalidad de la persona en su carácter humano, entonces puede ser que la teología narrativa nos pueda ofrecer una herramienta para conectar la dicotomía evangelización-acción social, que ha plagado la misiología evangélica durante la mayor parte del siglo XX. El abordaje narrativo para integrar la palabra y la acción, que hemos notado anteriormente, nos puede ayudar a desarrollar una teología de la misión que no separe a la evangelización de la acción social. Se puede hacer que esa conjunción de palabra y acción se relacione con nuestra misiología, sólo si descubrimos maneras por las cuales la narrativa pueda enfatizar que la totalidad de la persona humana recibe el impacto de la misión de Dios y luego, a su vez, participa en la narración de la misión de Dios.

La misión universal de Dios

Una tercera contribución que la teología narrativa puede hacer a la teología evangélica de la misión, involucra el tema de la universalidad temporal y cultural. La narrativa nos ayuda a construir un puente entre asuntos en el texto y temas de la vida en contextos de hoy en día. El capítulo 1 terminó con la sugerencia de que ver a la Escritura como un tapiz puede ofrecernos una manera de ligar temas escriturarios de nivel profundo con temas similares en la cosmovisión de los nuevos contextos misioneros en los cuales nos encontramos. Les Henson (1992a, 1992b) explica cómo la teología narrativa puede unir temas de la Escritura con temas contextuales específicos. A medida que llegamos a ser participantes en la narrativa de la Escritura y somos confrontados por Dios en y a través de la narrativa bíblica, comenzamos a descubrir que este mismo Dios se revela a sí mismo en nuestro tiempo y en nuestros contextos hoy en día. Esto no tiene el propósito de sugerir un canon abierto, dado que en nuestro caso no es cuestión de revelación sino de iluminación. La "historia" llega a ser "la historia de él" y, por lo tanto, siendo el mismo ayer, hoy y para siempre, él puede causar un impacto en mi vida, de tal manera que "la historia de él" puede llegar a ser "mi historia en él." Llego a descubrir que mi propia narrativa está ubicada "en Cristo," para usar una frase de Pablo bien conocida.

Así es que la teología narrativa puede ofrecernos una manera de preservar una conexión estrecha entre la particularidad de la relación de pacto de Dios (siempre específica para tiempos, pueblos y culturas particulares) y la universalidad del señorío de Cristo sobre todos los tiempos, pueblos y culturas. Tal narrativa es tanto culturalmente particular como transculturalmente universal. Éste es el evangelio que es infinitamente "traducible," para usar la frase de Lamin Sanneh (1989). En la teología narrativa, no acentuamos tanto la distancia cultural como afirmamos que a pesar de la distancia cultural y de horizontes múltiples, hay una proximidad profunda de todas las culturas en Jesucristo, en quien "vivimos, nos movemos, y existimos" (Hech 17:28).

La misión corporativa de Dios

Cuarto, la teología narrativa puede ayudarnos a descubrir la manera de conectar el texto, el contexto y la comunidad de fe. Ha sido común para la teología, acentuar uno de estos tres elementos, en detrimento de los otros dos. No obstante, cuando Dios se revela a sí mismo, invariablemente queda involucrada una interacción simultánea de estos tres elementos. La teología narrativa puede ayudarnos a pensar en los modos altamente integradores y multidisciplinarios, que son esenciales para una buena misiología. Y una de las integraciones más profundas que necesitamos comprender es el entretejido de las realidades del texto, de la comunidad de fe y del contexto.

La misión contextual de Dios

Finalmente, la teología narrativa puede proveernos imágenes, figuras, metáforas y relatos que son necesarios para redondear los aspectos proposicionales, textuales e históricos de las conversaciones teológicas globales de hoy en día en misiología. Ahora que la iglesia da la vuelta al globo, y que el centro de gravedad del cristianismo se ha desplazado a África, Asia, América Latina y Oceanía, necesitamos nuevas herramientas para hacer teología de la misión en medio de contextos múltiples alrededor del mundo. Estamos en peligro de atomizar el evangelio en teologías plurales, olvidándonos que hay "un solo cuerpo y un solo Espíritu . . . un solo Señor, una sola fe, un solo bautismo; un solo Dios y Padre de todos, que está sobre todos y por medio de todos y en todos (Ef 4:4-6). Los múltiples contextos no necesariamente acarrean narrativas múltiples o teologías múltiples. Más bien, la teología narrativa puede ofrecernos una vía para afirmar que, mientras las diversas culturas pueden expresar su comprensión de Dios de maneras variadas, al mismo tiempo participan de una sola narrativa: el relato de que "tanto amó Dios al mundo, que dio a su Hijo unigénito" (Juan 3:16).

En las culturas antiguas de África, Asia y América Latina, la sabiduría acerca de lo divino con frecuencia ha sido expresada en proverbios, dichos, fábulas y relatos. Estas formas transmiten una comprensión antigua corporativa de parte de una cultura particular, con respecto a algunos de sus valores más profundos. Un abordaje narrativo a la Escritura puede proveernos de puentes culturales tanto de forma como de contenido, que pueden conectar la antigua sabiduría de la Escritura con la sabiduría que se encuentra en los proverbios, dichos y relatos de esas culturas antiguas. A los efectos de hacerlo así, la teología narrativa debe contribuir con un espectro de posibilidades, en términos de método teológico. La teología narrativa es especialmente útil para unir, en el contexto de la vida, las varias imágenes, figuras, metáforas y relatos que nos pueden ofrecer una nueva conversación global, en medio de múltiples contextos. En su obra *Images of the Church in the New Testament* (1960), Paul Minear habló sobre el rol de las imágenes para producir, de parte de la comunidad de fe, una conciencia de sí misma no sólo descriptiva, sino también normativa, visionaria y motivacional. Tales imágenes llegan a ser motivadores sorprendentemente poderosos para la misión, cuando forman parte de un relato narrativo de la comunidad de fe, en la medida en que ésta participa en la misión de Dios en el mundo de Dios.

La historia del trato de Dios con el género humano no está terminada. Y la narración de la participación del pueblo en la misión de Dios, en el mundo de Dios, también es incompleta. En un sentido profundo, los actos del Espíritu Santo en la misión hacia el mundo, a través de la iglesia, todavía continúan hasta que Jesucristo vuelva. La teología narrativa nos provee de una herramienta permanente por la cual podemos explorar más profundamente el misterio maravilloso que dice que "los gentiles son, junto con Israel, beneficiarios de la misma herencia, miembros de un mismo cuerpo y participantes igualmente de la promesa en Cristo Jesús mediante el evangelio" (Ef 3:6). El relato antiguo llega a ser nuestro relato y el de los que vienen después de nosotros. La narración de la misión de Dios incluye a "los que han de creer en [Jesucristo] por el mensaje de [los discípulos]" (Juan 17:20). Así es que la narrativa continúa en este tiempo intermedio entre la ascensión de Cristo y su regreso. Es el relato de la misión *de Dios*. ¡Y nosotros somos parte del relato!

PARTE II

LA TEOLOGÍA DE LA MISIÓN EN CONTEXTO

Capítulo 3

El nuevo pacto: la teología de la misión en contexto

La tesis de este capítulo es que el pacto de gracia, en el Antiguo y en el Nuevo Testamento, provee claves para nuestra comprensión de cómo el ocultamiento revelado de Dios puede expresarse en nuevas (*kainos*) maneras que son diferentes de todos los momentos pasados de la autorrevelación de Dios a través de la historia humana, y aun así son una continuación de ellos. Esto, a su vez, nos ofrece un nuevo paradigma epistemológico de contextualización, que nos puede informar tanto sobre el contenido como sobre el método para contextualizar el evangelio en el mundo de hoy.

La falta de ajuste del evangelio con las culturas humanas ha sido un problema perenne que ha enfrentado la iglesia en su misión. El apóstol Pablo se refirió a la autorrevelación oculta de Dios, tanto en términos del orden creado como en relación con la revelación especial de Dios en Jesucristo (Rom 1:20; 11:33-34). El ocultamiento revelado es la paradoja de la autorrevelación divina en la conciencia humana y la parte más difícil de la teoría de la contextualización.[65] El hecho mismo de conocer a Dios a través de la *fe* debiera decirnos que no conocemos todo lo que hay para conocer acerca de Dios. En realidad, sólo vemos como en un espejo, de manera velada (1 Cor 13:12). Textos como Job 36:26; Salmo 139:6; Hechos 14:16-17; Romanos 11:25, 33-36; 1 Corintios 2:7; Efesios 3:3; Colosenses 1:15, 26; 1 Timoteo 1:17; 3:16; y Apocalipsis 10:7 enfatizan el misterio de la imposibilidad de conocer de Dios. Muchos teólogos han afirmado esta característica básica de la revelación de Dios.[66] Así que la primera contextualización del evangelio implica el misterio de la autorrevelación de Dios en las culturas humanas.

---

[65] Ver Karl Barth, *Church Dogmatics* (1936-69), 2.1:184. Barth dedica una sección entera (27; pp. 179-254) de este volumen a la discusión sobre conocer a Dios, la cual divide en dos partes: el *terminus a quo* (el punto desde el cual nuestro conocimiento procede de la gracia de la autorrevelación de Dios a nosotros) y el *terminus ad quem* (el punto al que conduce nuestro conocimiento, la fe en el Dios oculto). Es importante comparar esta sección de la obra de Barth con 1.2, sección 17 (pp. 280-361); 4.1:478-501; y 4.3: 135-65.

[66] Ver, e.g., Louis Berkhof 1932, 1:17-19; Berkouwer 1955, 285-332; Brunner 1949, 117-36; y Hendrikus Berkhof 1979, 41-56, 61-65.

Un segundo y más complejo sentido de falta de ajuste de evangelio a la cultura humana es el desajuste que vino como resultado del movimiento misionero cristiano.[67] A medida que el evangelio cruzaba barreras culturales a lo largo de varios siglos, las afirmaciones de fe de la cristiandad no parecían adaptarse a las nuevas culturas que se enfrentaban al evangelio. De modo que se sugirió una progresión en los intentos de solución, con una sucesión acompañante de palabras como "persuasión," "cristianización," "imposición," "acomodación," "adaptación," "realización," "sincretismo," "indigenización," "transformación," "inculturación," y "diálogo."[68] Una palabra reciente, "contextualización," implica algunos asuntos teológicos difíciles como la encarnación, la revelación, la verdad, la interacción divina-humana y la forma de la experiencia religiosa corporativa. La contextualización toma seriamente la diferencia entre evangelio y cultura, y acepta que "el evangelio siempre permanece como el juicio divino sobre la cultura humana" (Hiebert 1979a, 63).

Modelos de contextualización

La teoría de la contextualización ha generado una cantidad de modelos para explicar cómo el evangelio puede moldearse dentro de variados contextos culturales. Krikor Haleblian (1983), por ejemplo, señala la diferencia entre el "modelo de traducción" de la contextualización ejemplificada por la obra de Charles Kraft, y el "modelo semiótico" desarrollado por Robert Schreiter.[69] Stephen Bevans (1985) describe seis modelos distintos de teología contextual: el antropológico, el de traducción, el de la praxis, el sintético, el semiótico y el trascendental. David Hesselgrave (1984, 694) habla del impacto de la contextualización sobre "la traducción de las Escrituras, la interpretación de las Escrituras, la comunicación del evangelio, la instrucción de los creyentes, la encarnación de la verdad en el individuo y las vidas corporativas de los creyentes, y la sistematización de la fe

---

[67] Richard Niebuhr resaltó este tema en su famoso libro *Christ and Culture* (1951). Charles Kraft dio un paso importante más allá de Niebuhr en *Christianity in Culture* (1979).

[68] Cada una de estas palabras representa un enfoque particular al relacionar el evangelio con una nueva cultura. Cada una también acarrea una comprensión particular de la autorrevelación de Dios en medio de las culturas humanas, y la habilidad o inhabilidad de esas culturas de "conocer" a Dios en el contexto de sus propias formas culturales.

[69] Haleblian se refiere principalmente a Kraft 1979 y a Schreiter 1985. Ver también Haleblian 1982; Gilliland y Huffard, n.f.

cristiana (teologizar)."[70] Para nuestros objetivos, distinguiremos cuatro modelos principales de contextualización, sobre la base de sus propósitos primarios: comunicación, relevancia cultural, liberación y diálogo interconfesional.[71] Luego sugeriremos un quinto.

Contextualización como comunicación

El primer abordaje a la contextualización encarnacional surgió con el advenimiento de la revista *Practical Anthropology* e incluyó una combinación de la lingüística, la traducción y la teoría de la comunicación (aquí se mencionan nombres como William Wonderly, William Smalley, Louis Luzbetak, Marvin Mayers, Eugene Nida, Jacob Loewen y Charles Kraft).[72] La visión de la contextualización como un proceso de comunicación da por sentado que los comunicadores conocen y entienden el mensaje, pero pueden no conocer ni entender de manera acabada, ya sea a los receptores o los medios por los cuales los receptores podrían comprender ese mensaje y ganar una comprensión "dinámicamente equivalente."[73] Luzbetak (1981) señala que el modelo comunicacional es particularmente importante cuando el evangelio está

---

[70] Hesselgrave continúa discutiendo en detalle cuatro precomprensiones epistémicas o modelos de epistemología revelacional: la demitologización de Rudolf Bultmann y Paul Tillich, la equivalencia dinámica de Charles Kraft, la preservación providencial de Edward Hills y los centros relacionales de Bruce Nicholls. Ver también Hesselgrave y Rommen 1989, 128-43.

[71] Para un excelente repaso de la literatura sobre los diferentes modelos dentro del acercamiento encarnacional, ver Conn 1977.

[72] Se puede encontrar una recopilación a mano de algunos de estos primeros escritos en William Smalley 1978.

[73] En una discusión concerniente a la contextualización, David Hesselgrave 1988, 161 fundamenta su propia perspectiva sobre el modelo de la comunicación, pero siente que Charles Kraft ha ido demasiado lejos. Hesselgrave sugiere una "contextualización apostólica" que vaya más allá de las formas estrictamente verbales de Bruce Nicholls, pero que deje intacto el mensaje bíblico básico. Ver también Hesselgrave y Rommen 1989, 144-96. Notar la predominancia de la teoría de la comunicación, del lenguaje comunicacional y de temas de lingüística/traducción en el Informe de Willowbank y en los trabajos que lo acompañan en Coote y Stott 1980. Se puede encontrar más trasfondo en Nida 1960, 33-61; McCurry 1976; y Nicholls 1975. El movimiento de Lausana también define la contextualización en términos fuertemente comunicacionales. (Ver Douglas 1975, 1226-27). Bruce Fleming 1980, 13 distingue entre aspectos supraculturales, transculturales y culturales de la contextualización del evangelio; cf. Buswell 1978.

echando raíces por primera vez en una nueva cultura. La contextualización comunicacional demuestra una seria y cuidadosa sensibilidad cultural en relación a los receptores, mientras que también busca ser fiel a la comprensión del evangelio que tiene el emisor.

Contextualización como relevancia cultural

Un segundo modelo de contextualización encarnacional tiene que ver con la relevancia cultural de la iglesia, una vez que el evangelio ha echado raíces en terreno extraño. Esto fue una preocupación importante para Shoki Coe y otros comprometidos con el Fondo de Educación Teológica. El tema de la relevancia cultural es también central para la dialéctica triple de Robert Schreiter (1985) de "construir teologías locales," lo cual implica un movimiento entre el evangelio, la iglesia y la cultura local. El amplio espectro de posiciones teológicas posibles dentro del modelo de relevancia cultural es resaltado por Bong Rin Ro (1984), quien habla de cuatro tipos de contextualización en Asia: "sincretismo, acomodación, teología situacional y teología asiática bíblicamente orientada." Dean Gilliland (1989, 52) sugiere cuatro preguntas básicas: ¿cuál es el trasfondo general (específico en cuanto a la cultura, contextual)? ¿cuáles son los problemas que se presentan? ¿qué cuestiones teológicas surgen? y ¿qué direcciones apropiadas debiera tomar la teología?

Contextualización como liberación

La teología de la liberacion en América Latina es un tercer tipo de contextualización encarnacional, pero en este caso, la relevancia del evangelio se expresa principalmente en términos de categorías sociopolíticas y económicas.[74] Las cuestiones hermenéuticas son diferentes de las que se encuentran en los dos primeros modelos, pero incluso aquí se da por sentada la comprensión del evangelio básico. No obstante, las realidades económicas, sociales y políticas del contexto

---

[74] La imposición de las culturas española, portuguesa y (en menor grado) francesa sobre una miríada de culturas locales ha creado una multitud de capas culturales en la urdimbre y la trama de la sociedad latinoamericana. Esto ha resultado en un contexto donde temas como compartir el poder, la equidad económica y la justicia social llegan a ser cruciales para producir cambio en América Latina.

demandan el examen de nuevos textos, la construcción de nuevas afirmaciones y la vivencia de la ética nueva del reino.[75]

Contextualización como diálogo interconfesional

Un cuarto modelo surge de la fenomenología de la fe experiencial y de la búsqueda común de lo santo. Basando su teología principalmente sobre conceptos de creación y de humanidad, este modelo se desarrolló en relación con el diálogo interconfesional según éste se vertió dentro de la contextualización. Aquí la fe cristiana fue vista como la postura de una de las religiones del mundo, al lado de otras religiones del mundo. Dentro del contexto de culturas donde el islamismo, el hiduismo, el budismo y otras religiones fueron aceptadas, los cristianos tuvieron que comparar sus experiencias de fe con la de gente de otras confesiones. En un mundo cada vez más pluralista, muchos han procurado, de manera correcta, demostrar su aceptación de formas culturales radicalmente diversas. Pero la creciente conciencia de la diversidad cultural algunas veces también ha contribuido con la aceptación de la relatividad religiosa.[76]

La relativización de la fe como producto de la diversidad de culturas es una idea con una larga historia. En el siglo XX esta perspectiva recibió su mayor ímpetu de parte de William Hocking (1932) y de la investigación hecha por la Laymen's Foreign Missions Inquiry, titulada *Re-Thinking Missions*. Más recientemente, Wilfred Cantwell Smith, Paul Knitter, John Cobb, John Hick y Raimundo Panikkar están entre los que siguen una senda similar, aunque procuran refinamientos y redefiniciones importantes en el pensamiento de los años de 1930.[77]

---

[75] Para un ejemplo bastante reciente de una contextualización socioeconómica del evangelio en el contexto norteamericano, ver Lowell Noble 1987. Ver también Luzbetak 1981, 53.

[76] Ver Visser't Hooft 1963, 85-86. La discusión subsiguiente sobre "universalismo cristiano" (96-103) es muy útil. Ver también Neill 1964, 455-56; Bosch 1980, 161-64; y Gerald H. Anderson 1988, 106-8.

[77] Ver, e.g., Knitter 1985; y Hick y Knitter 1988. En una revisión de la obra de este último, Carl Braaten (1988, 136) afirma que "la esencia de esta teología pluralista no es tan nueva como estos autores lo imaginan. Ninguna de la ideas principales (relativismo, misterio, justicia) como médula de la empresa religiosa es nueva." Una discusión esclarecedora sobre este tema puede encontrarse en el *Journal of Ecumenical Studies* 24.1 (Winter 1987). Cf. Verkuyl 1986. Los esfuerzos de personas como Phil Parshall, Johannes Verkuyl, Kenneth Cragg y J. Dudley Woodberry en relación con el islamismo,

Contextualización como conocimiento de Dios en el contexto

¿Es tiempo de que el debate de la contextualización se mueva hacia adelante en el proceso de entender el evangelio en la cultura? ¿No podría haber otro modelo más importante desde el cual entender la tarea de la contextualización? El resto de este capítulo examinará la teología bíblica del pacto, como modelo para conocer a Dios en contextos culturales múltiples.[78]

El nuevo pacto: un modelo bíblico para conocer a Dios en el contexto

El misterio del ocultamiento revelado de Dios no se expresa de manera más intensa, en ninguna parte, que en el marco conceptual de la teología bíblica del pacto. No trataremos aquí los extensos y complicados aspectos de la teología bíblica del pacto. Ni tampoco estamos considerando la teología del pacto tal como se desarrolló en la tradición reformada durante los dos siglos posteriores a la Reforma Protestante. Más bien, estamos interesados en usar los nuevos métodos de exégesis, que examinan el texto tal como fue recibido, viéndolo como una articulación narrativa de las perspectivas teológicas del pueblo de Dios a través de los siglos. Nuestra mayor preocupación es la perspectiva del pacto, como posible paradigma para conocer la revelación oculta de Dios en diversos contextos.

Harvie Conn está entre los que han reclamado una perspectiva del pacto como nuevo centro teológico para la hermenéutica contextual.[79]

> Emergiendo del debate [alrededor de la hermenéutica evangélica] está la demanda evangélica de ver a la teología como la reflexión/acción discipulada (y no simplemente disciplinada) de "conocer a Dios." Este proceso puede llamarse hermenéutica contextual, la conscientización del pacto de todo el pueblo de Dios a las obligaciones hermenéuticas del evangelio en su cultura. . . . La médula de

---

por ejemplo, representan abordajes que difieren marcadamente de los de Smith, Knitter y Hick.

[78] Las primeras alusiones de Harvie Conn a este concepto (1978) fueron refinadas aún más en 1984, 211-60.

[79] Ver, e.g., Conn 1978; Glasser 1979b, 403-9; Archer 1979; y Lind 1982.

esta hermenéutica contextual es la recuperación de la dimensión del pacto de hacer teología, una dimensión modelada de la manera más hermosa por el método expositivo de Juan Calvino, de la *teologia pietatis*.[80]

El desarrollo histórico del pacto

El pacto se refiere a las acciones de Dios en la historia en relación con su pueblo a través del tiempo y el espacio, acciones que revelan el ocultamiento eterno de Dios. Pero esto presenta un problema real, tal como Martin Noth lo ha expresado (1963, 77). "En el testimonio bíblico tratamos con una revelación de Dios que ha ocurrido dentro de la historia, mientras que después de todo, Dios no puede limitarse a la historia y el tiempo." Para suavizar la dialéctica entre la eternidad de Dios y la temporalidad humana, Noth habla de la "re-presentación" continua y de la nueva realización constante por parte del pueblo de Israel, es decir, de la re-participación del pueblo de Dios, tanto en eventos pasados como futuros, en los que Dios irrumpe en la historia en relación con su pueblo. "Como en toda historia, también esta historia está especialmente involucrada en la tensión entre el curso del tiempo y la presencia de Dios que no está limitado por el tiempo, entre la 'mediatez' y la 'inmediatez' de Dios, de lo cual habla Karl Barth al discutir las creaciones interminables de Dios. La 're-presentación' está fundada sobre el hecho de que Dios y su acción están siempre presentes, mientras que el ser humano en su temporalidad inevitable no puede llegar a entender esta condición de presencia, excepto por la 're-presentación' de la acción de Dios una y otra vez en su adoración" (Noth 1963, 85).

El pacto: un mismo significado, muchas formas

En el pacto encontramos una relación históricamente condicionada (o mejor dicho, históricamente contextualizada) entre un Dios eternamente presente y una humanidad temporalmente específica. La historicidad de la formas del pacto también significa una tremenda variedad de contextos culturales, políticos y sociales, en los que se puede encontrar el pacto. Así es que en el pacto tenemos esencialmente la misma relación en todos los tiempos y en todos los lugares, y aun así una relación que toma formas radicalmente diferentes en cada tiempo y

---

[80] Conn 1978, 43; ver también Conn 1984, 229-34; Hohensee 1980, 131-45.

lugar. Refiriéndose a esta relación como "el pacto de la gracia," Herman Bavinck (1956, 274-76) enfatizó su similaridad eterna.

> El pacto de la gracia es, en todas partes y en todo tiempo, uno en esencia, pero siempre se manifiesta en nuevas formas y pasa por dispensaciones diferentes. . . . Dios permanece primero y último en todas las dispensaciones del pacto de la gracia, con respecto a Noé, a Abraham, a Israel o a la iglesia del Nuevo Testamento. La promesa, el don y la gracia son y permanecen siendo su contenido. . . . La gran promesa del pacto de la gracia, que incluye todo es "seré tu Dios, y el de tus descendientes" (Gén 17:7). Hay una línea recta trazada entre la promesa madre de Génesis 3:15 y la bendición apostólica de 2 Corintios 13:13. . . . Es siempre el mismo evangelio (Rom 1:1-2 y Gál 3:8), el mismo Cristo (Juan 14:6 y Hech 4:12), la misma fe (Hech 15:11 y Rom 4:11) y siempre confiere los mismos beneficios de perdón y de vida eterna (Hech 10:43 y Rom 4:3).[81]

Eruditos bíblicos como Norman Gottwald (1979, 95),[82] Lucien Cerfaux (1959, 31-32),[83] y Gerhard von Rad (1962, 1:129-33)[84] han enfatizado la continuidad del concepto del pacto a lo largo de la historia de Israel. Aunque no podamos incluir dentro del concepto del pacto la gran diversidad de perspectivas escriturarias, con tanta precisión como lo ha hecho Walther Eichrodt (1961; 1967), es imposible entender la continuidad y el significado de la revelación de Dios al género humano, aparte del concepto del pacto. El significado más fundamental y esencial del pacto podría expresarse como: "yo seré su Dios, y ustedes

---

[81] Para un perspectiva similar reciente, ver Klooster 1988, 150.

[82] Gottwald apunta a Ex 19:3-8; 24:1-11; 34:2-28; Deut 26:16-19; y Jos. 24 como ejemplos de "textos de teofanía y de pacto [los cuales fueron] incluidos como fuentes para el Israel premonárquico, porque contienen reflexiones sobre la manera en que las relaciones entre Yahvéh e Israel fueron concebidas en tiempos antiguos" (1979, 57). Ver también Gottwald 1959, 102-44; y Newsome 1984, 40-43, 57, 120-23, 210.

[83] Ver también Jocz 1968, 283. Fred Klooster 1988, 149, llama al pacto "básicamente una relación de promesa ligada por un juramento." Ver también Watson 1986.

[84] Von Rad señala a Deuteronomio 26:5-10 como un ejemplo de los resúmenes históricos que articulan esta perspectiva unificada del pacto. Ver también Patrick 1987.

serán mi pueblo" (Lev 26:12).[85] Llamativamente, las expresiones de esta relación eterna en épocas diferentes tienen elementos similares:

1. Hay una recitación de los actos poderosos de Dios.
2. La Palabra de Dios expresa la relación de pacto.
3. Las promesas están asociadas con la relación de pacto.
4. La adoración y el sacrificio son llevados a cabo por el pueblo.
5. YHWH da una señal o símbolo físico del pacto.[86]

La gracia, la revelación, la ley, la práctica cúltica, el sentido de identidad comunitario, la respuesta corporativa y el significado y meta de los actos de YHWH en la historia, todos se incorporan a esta relación de pacto y le dan expresión. Citando a W. van der Merwe, John Kromminga hace el siguiente resumen: "el pacto debe ser entendido como esa relación entre Dios y la criatura, ordenada en la eternidad, instituida en la historia y dirigida hacia su consumación" (Dekker 85, 1).

Y aun así, todos somos conscientes de los contextos radicalmente diferentes en los cuales se ha expresado esta relación eterna. Esta diversidad increíble se puede ilustrar resumiendo el pacto en por lo menos seis manifestaciones contextuales:

1. *Adán*: el pacto y la victoria última sobre el maligno (Gén 3:9-21).
2. *Noé*: el pacto y la preservación de todas las cosas vivientes (Gén 6:17-22; 9:1-17).
3. *Abraham*: el pacto y la elección de la simiente de Abraham para bien de las naciones (Gén 12, 15, 17 y también debemos incluir aquí la re-presentación de esa relación de pacto, tanto de manera heredada como personal, con Isaac [Gén 26:3-5] y con Jacob [Gén 28:13-15]).

---

[85] Comparar, e.g., Gén 17; Ex 19, 24, 29, 34; Lev 26; Jos 24; 1 Sam 12; 2 Sam 23:5; Sal 89; Jer 31; 2 Cor 6; y Apoc 21. Ver Roth y Ruether 1978, 2-3; Jocz 1968, 23-31; y Cerfaux 1959, 31-32. Sobre la significación universal de la teología del pacto de Israel ver Van Engen 1981, 116-60 (las notas al pie que acompañan proveen respaldo bibliográfico). Ver también *diathēkē* en Kittel y Friedrich 1964-76, 2:106-34; Bright 1959, 128-60, 356-59, 440-42; y Hendrikus Berkhof 1979, 229-30, 339-40, 423-26.

[86] Para los detalles concernientes a las formas estructurales del pacto ver Van Engen 1981, 123-24; Hayes 1979, 195-97, 303-4.

4. *Moisés*: el pacto y la ley, la formación de una nación (Ex 2:24; 19:4-6; 20:1-17; 24:1-10; 25:10-22; 31:16-17; 32; 34:1-10; 40:18-38; Lev. 26:6-12; Núm 14; Deut 9:15). En Éxodo 32 y Números 14, Dios ofrece hacer de Moisés una "gran nación," en cada ocasión con referencia específica a promesas anteriores hechas a Abraham. (Con Josué, el pacto se relaciona con la posesión de la Tierra Prometida, pero está íntimamente conectado con Moisés y el éxodo [Deut 29-30; Jos 5, 24].)
5. *David*: el pacto y el reinado davídico, un reino (1 Crón 16:15-17; 17 [paralelos en 2 Sam 7; 23:5]; Sal 89:34-37; 105:8; 106:45; 111:5; Isa 42:6; 55:3; 59:21).
6. *Jesucristo*: el pacto y el Espíritu Santo, la redención obrada una vez para siempre, la iglesia, el reino que vino y el por venir (Isa 54:10; 55:3; Jer 4:3-4; 31:31; 32:36-41; Ezeq 34:24; Mat 3:11, 16; 26:28; Mar 14:24; Luc 22:20; Hech 3:25-26; Rom 11:27; 1 Cor 11:25; 2 Cor 3:6; Heb 7:22; 8:6, 8; 9:15, 19-20; 10:12,29; 13:20-21).[87]

El pacto: un mismo significado, un conocimiento más pleno

Así es que vemos la continuidad de la relación de pacto de Dios con los hijos de Dios en todos los tiempos y en todos los contextos. Pero también hay algo maravillosamente progresivo acerca de esta historia, lo cual nos fuerza a nosotros a aceptar que lo que Adán, Noé, Abraham, Moisés y David sabían acerca de la naturaleza de Dios y de su voluntad revelada era incompleto. Precisamente porque vemos la continuidad de la revelación progresiva, también vemos que la autorrevelación de Dios es más profunda, más plena y más completa a medida que avanza la historia. Esto parece ser la intención del escritor de Hebreos cuando dice: "Dios, que muchas veces y de varias maneras habló a nuestros antepasados en otras épocas por medio de los profetas, en estos días finales nos ha hablado por medio de su Hijo. A éste lo destinó heredero de todo, y por medio de él hizo el universo" (1:1-2).

Ya sea que haya sido una comprensión de la naturaleza de Dios, la actividad redentora de Dios, el cuidado providencial de Dios por el mundo, el amor de Dios por todas las naciones o el plan último de Dios para toda la creación, en cada manifestación del pacto hubo algo revelado más profundamente, algo entendido más plenamente.

---

[87] Ver Van Engen 1985, 41-51; *NIV Study Bible* (Grand Rapids: Zondervan, 1985), 19; G. Ernest Wright 1950, 54-59; y Rowley 1955, caps. 2-4.

Esto es lo esencial de la cuestión. Dentro de una similiaridad fundamental en la relación, cada contexto histórico-cultural-político subsiguiente reveló algo más concerniente a la naturaleza de Dios y a su relación con su pueblo.

El pacto: una serie de círculos hermenéuticos

Una manera en que nosotros podemos comprender la naturaleza progresiva de la revelación del pacto es verla como una serie de círculos hermenéuticos, los cuales en conjunto forman una espiral hermenéutica a través del tiempo. (Cf. Osborne 1991.) El concepto de círculo hermenéutico no es nuevo, pero ha recibido un énfasis renovado en la metodología praxiológica de los teólogos de la liberación latinoamericanos (e.g., Segundo 1976, 8; Míguez-Bonino 1975). La metodología también está probando ser útil para muchos que no son teólogos latinoamericanos (Bosch 1983, 493, 496).

Con respecto a nuestro conocimiento de Dios, el pacto nos da una oportunidad para entender cómo cada círculo hermenéutico sirvió en cada contexto para revelar algo más profundo y más pleno acerca de la naturaleza de Dios. Pablo se refirió a esto como "el misterio" que "me dio a conocer por revelación" (Ef 3:3). ¿Qué pudo haber sido más discontinuo, más misterioso para Pablo que la salvación de los gentiles? Aun así, precisamente en contextos históricos radicalmente nuevos (a través de Jesucristo, después de Pentecostés, en la iglesia y por la expansión del evangelio por todo el mundo gentil), Pablo vio que los propósitos reveladores de Dios tomaron un significado más profundo y más pleno. La intención de Dios era que "la sabiduría de Dios, en toda su diversidad, se dé a conocer ahora, por medio de la iglesia, a los poderes y autoridades en las regiones celestiales, conforme a su eterno propósito realizado en Cristo Jesús nuestro Señor" (Ef 3:10-11).

Las variadas manifestaciones del pacto, históricamente contextualizadas, pueden representarse como una espiral hermenéutica mediante la cual, con el tiempo, el Dios eterno llega a ser, en forma progresiva, conocido más completamente al pueblo de Dios (ver figura 11). Por supuesto, la autorrevelación de Dios realmente nunca llega más allá de los asuntos más básicos del triunfo de Dios sobre el mal (Adán), y de la elección de un pueblo para el servicio como una bendición para todas las naciones (Abraham) (ver 1 Ped 2). La ley de Dios nunca es abrogada, ni tampoco son anuladas las promesas del reino eterno de David. Y aun así, en cada nuevo contexto, se revela algo más profundo y más pleno. La afirmación de Pablo que así como en Adán todos murieron, del mismo modo en Cristo todos revivirán (Rom 5:12-21), ejemplifica esta continuidad discontinua.

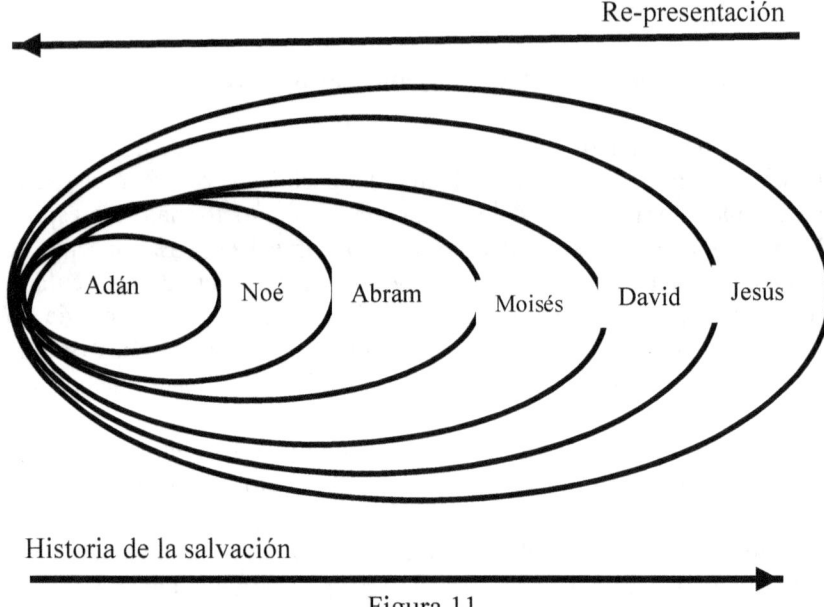

Figura 11
La re-presentación en la historia de la salvación

La contextualización revelacional del pacto

Una vez que hemos visto la revelación de pacto de Dios como una progresión continua a lo largo del tiempo, necesitamos volver y mirarla contextualmente. No solamente hay una expansión y una profundización a través del tiempo, sino que en cada contexto donde el pacto se manifiesta, éste es moldeado precisamente para ese contexto particular.

El pacto como contextualización histórica

Consideremos a los primeros seres humanos, creados a la imagen de Dios, viviendo en perfección en el Edén y aun así con la posibilidad de desobedecer al creador. La pregunta crucial en ese contexto particular es si continuarán obedeciendo o, de otro lado, permitirán que el mal entre al mundo. Con su caída viene una pregunta más urgente: ¿triunfará el mal sobre lo bueno de Dios? La fórmula del pacto en Génesis 3:15 claramente habla de este asunto, aunque la promesa es oscurecida por las espantosas consecuencias que el pecado de Adán y de Eva tuvo sobre ellos y sobre sus descendientes.

En el caso de Noé, el contexto es la pecaminosidad en aumento de la humanidad, narrada en forma de crónica en Génesis 4-6. Tal era la distancia de los seres creados respecto de su creador, que Dios "se arrepintió de haber hecho al ser humano en la tierra, y le dolió en el corazón" (Gén 6:6). Aquí, la cuestión crucial tiene que ver con la existencia continuada de todas las cosas vivientes, incluyendo a la humanidad, cuyo pecado ha manchado a toda la creación. La revelación de Dios en este contexto contiene todos los elementos básicos de la fórmula del pacto (recitación de los actos de Dios, mandamientos, promesas, adoración/sacrificio y una señal), y transmite un conocimiento específico de Dios para la situación particular.

La contextualización de la revelación del pacto de Dios siguió un patrón similar en relación con Moisés, David y Jesucristo. La particularidad de cada contexto condujo a la revelación de un conocimiento más profundo y más pleno acerca del ocultamiento de Dios. Cada contexto trajo aparejado un grado y contenido de la revelación hasta el momento desconocido.

Desarrollo del pacto a un nuevo pacto

La combinación de la particularidad de los contextos revelacionales con la acción de Dios a lo largo del tiempo, parece ser el trasfondo de la teología bíblica del "nuevo pacto," articulada en los profetas y más tarde en el Nuevo Testamento. Este desarrollo de la idea de pacto está ligada a la terminología en la Septuaginta (Kittel y Friedrich 1964-76, 2:126-27).

A medida que nos movemos de las perspectivas de Isaías y Jeremías, a través del período intertestamentario hacia el tiempo del Nuevo Testamento, vemos un entretejido intrincado de dos términos que se aplican al concepto de pacto: *kainos* y *neos*. Y precisamente en la diferencia entre estos dos términos podemos encontrar un acercamiento a la contextualización epistemológica, que preserva la continuidad de la revelación de Dios así como también profundiza el conocimiento del ocultamiento de Dios, como está revelado en cada nuevo contexto.

El pacto y la discontinuidad neos

"De las dos palabras más comunes para 'nuevo' desde el período clásico, es decir *neos* y *kainos*, la primera significa 'lo que no estaba antes allí,' 'lo que acaba de surgir o aparecer,' y la segunda se refiere a 'lo que es nuevo y distintivo' comparado con otras cosas. *Neos* es nuevo en tiempo y en origen; es decir, joven, con una sugerencia de inmadurez o de falta de respeto por lo antiguo. *Kainos* es lo que es nuevo en naturaleza, diferente de lo usual, impresionante, mejor que lo antiguo, superior en valor o atractivo" (Kittel y Friedrich 1964-76, 3:447).

Neos representa la idea de una discontinuidad radical, lo que normalmente asociamos con el concepto de "nuevo," en español. Pero es muy rara en el Nuevo Testamento (Mat 9:17; Luc 5:39; 1 Cor 5:7; Ef 4:23; Col 3:10; y Heb 12:24).[88] En cada caso, el énfasis está sobre una ruptura completa con el pasado, algo totalmente disyuntivo en su tipo, de lo que hubo antes. Sólo en Hebreos 12:24 está el término usado específicamente con respecto al pacto.

Con el Nuevo Testamento viene una ruptura radical entre "la ley y los profetas" y la completa y única revelación de Dios en Jesucristo. Pablo enfatiza esta discontinuidad radical cuando habla del pacto en términos legales, como siendo un pacto de matrimonio, que se cancela al morir una de las partes (Rom 6:1-7:6). La misma disyunción es enfatizada por Pablo en 2 Corintios 3:6-18, contrastando el pacto anterior (escrito) con el nuevo pacto (del Espíritu) (Kittel y Friedrich 1964-76, 4:896-901). Earl Ellis (1978, 166-67) habla de esta discontinuidad en términos del uso "tipológico" que los escritores del Nuevo Testamento hicieron del Antiguo Testamento, marcando la consumación del antiguo pacto en Jesucristo.[89]

El carácter único del evento de Cristo tiene una significación de dos puntas para la contextualización. En términos del pasado, afirma la naturaleza radicalmente diferente de la nueva era inaugurada en Jesucristo, la era del Espíritu, la iglesia, la gracia mediante la fe y la circuncisión del corazón. Pero esta discontinuidad también causa impacto en el futuro. La secuencia de Adán, Noé, Abraham, Moisés, David, Jesucristo, en realidad se interrumpe con Jesucristo, porque no hay nada más para ser cumplido, agregado o completado. En términos de la contextualización del evangelio, nunca podemos ir más allá del evento de Cristo. Nunca podremos agregarle otro evangelio (en la terminología de Pablo) o quitarle el carácter de completo que se

---

[88] Otros textos donde el término significa "joven, más joven," no se relacionan con esta discusión.

[89] Ver también Gottwald 1959, 370-71; Geerhardus Vos 1979, 23-26; Van Ruler 1971, 75-79.

encuentra en Jesucristo. Hacer eso es anatema (Apoc. 22:18-19). Esto nos fuerza a mirar al pacto otra vez.

| Adán | Noé | Abram | Moisés | David | Jesús |

Figura 12
Una serie de contextos bíblicos

El pacto y la continuidad kainos

La idea predominante de "nuevo" en el Nuevo Testamento está representada por *kainos*, y habla de la continuidad en medio del cambio (ver Mar 16:17; Luc 22:20; Juan 13:34; Rom 6:4; 1 Cor 11:25; 2 Cor 3:6; 5:17; Gál 6:15; Ef 4:24; Heb 8:8; 9:15; 2 Ped 3:13; 1 Juan 2:8, Apoc 2:17; 3:12; 21:1) (Kittel y Friedrich 1964-76, 2:130-32, 3:447-54).

Jesús usó este concepto en el contexto de su discurso de despedida (Hendrikus Berkhof 1979, 302-3). Con referencia a la venida de una era radicalmente diferente, Jesús dio un "nuevo" (*kainos*) mandamiento: amar (Juan 13:34). Pero esto no era realmente nuevo. Los discípulos de Jesús entendían el *agapē* como simplemente un enriquecimiento de ese amor al que el pueblo de Dios se había unido desde tiempos muy antiguos. El amor por el prójimo "ya se encuentra en el Antiguo Testamento (Lev 19:18; Prov 20:22; 24:29). En realidad, el amor por Dios y por el prójimo es el resumen de la ley (Mar 12:29-31)" (Hendriksen 1954, 2:253).[90] C. H. Dodd (1953, 405) señaló el tema de la continuidad en la enseñanza de Juan sobre el amor. Pero Jesús lo llamó un mandamiento *kainos*. C. K. Barrett (1955, 452) explica que "el mandamiento es nuevo en tanto corresponde al mandamiento que regula la relación entre Jesús y el Padre (Juan 10:18; 12:49s.; 15:10); el amor de los discípulos unos por otros es no meramente edificante, sino que revela al Padre y al Hijo." Este es el factor revolucionario inyectado por Jesús. "Sus seguidores deben reproducir, en su amor mutuo, el amor que el Padre mostró al enviar al Hijo, el amor que el Hijo mostró al dar su vida" (Dodd 1953, 405). Este mandamiento antiguo de amar, ahora es dado a aquellos seguidores que vivirán "entre los tiempos," después de la partida de Jesús y antes de su regreso. El concepto es el mismo que el que se encuentra en Deuteronomio, pero ahora es más pleno, más completo y más

---

[90] Ver también C. K. Barrett 1955, 451.

significativamente revelador de la naturaleza y la voluntad de Dios que nunca antes. Es un mandamiento *kainos*, que da una expresión viviente al pacto *kainos*, sellado en la sangre derramada de Jesús, y representado en la copa de la comunión (Luc 22:20; 1 Cor 11:25).

Adán	Noé	Abram	Moisés	David	Jesús
1^c	2^c	3^c	4^c	5^c	6^c

Figura 13
Una serie de revelaciones de pacto en su contexto

El pacto es siempre el mismo, pero enfrenta contextos siempre nuevos. Se ha hecho referencia a esta perspectiva como "el principio del peregrinaje" (Bosch 1983, 501, citando a Walls 1981, 45). En cada contexto se revela algo más profundo y más pleno, pero sólo en relación con lo que ha ocurrido antes y como continuidad de ello. Donald Senior y Carroll Stuhlmueller (1983, 20-21) enfatizaron esto con respecto al "nuevo" pacto de Hebreos. Richard De Ridder (1975, 176-79) señalaron el impacto de este concepto sobre nuestra comprensión de la Gran Comisión (Mat 28:18-20).

Esta perspectiva del nuevo pacto en peregrinaje continuo a partir del anterior, que se profundiza constantemente, podría ser representada como una serie de contextos etiquetados como Adán, Noé, Abraham, Moisés, David y Jesús (ver figura 12). A esta representación podríamos agregar la revelación de pacto por parte de Dios, en cada contexto (1c, 2c, 3c, 4c, 5c y 6c en la figura 13). Entonces podríamos entender que el pacto *kainos* en Jesucristo está relacionado con contextos anteriores, por medio de una fórmula casi matemática que describe una relación que no es sumatoria o acumulativa, sino que acarrea una comprensión que se profundiza y un mayor cumplimiento de la que previamente estaba allí (ver figura 14). Lo que aparece debajo de la línea califica y le da significado a lo que está por encima de la línea. Lo que está encima de la línea es (1) la revelación dada en un tiempo particular, en un contexto específico y (2) una función, extensión, profundización y cumplimiento de lo que está debajo de la línea. Tomadas en conjunto, las dos cosas representan la totalidad del ocultamiento revelado de Dios en la plenitud del tiempo. Tal como lo dice Hebreos 1:2, han sido completadas en Jesucristo "en estos días finales."

$$\frac{6^c}{1^c/\ 2^c/\ 3^c/\ 4^c/\ 5^c} = \text{la revelación oculta de Dios}$$

Figura 14
Revelación en Jesucristo

El nuevo pacto: un modelo de contextualización hoy

Ahora podemos volver a nuestro problema original. La pieza cuadrada de la revelación de Dios, no encaja bien dentro de los agujeros redondos de las culturas de hoy. Es claro que si en cada cultura nosotros forzamos el evangelio para que adopte un contenido radicalmente diferente (en el sentido de *neos*), estamos siendo infieles a la continuidad de la revelación de Dios en Jesucristo.[91] Por otro lado, forzar a los agujeros redondos de nuestras culturas mundiales, para conformarlos a una comprensión específica del evangelio, violaría el carácter único y la riqueza de los contextos en los cuales Dios desea ser conocido.[92] Porque Dios sólo puede ser conocido en el aquí y en el ahora de nuestra existencia histórica y culturalmente condicionada. Tal como Roger Haight (1985, 8-9, 56) nos recuerda, "la revelación siempre ha sido considerada por los cristianos como la palabra de Dios. Pero esa palabra de Dios debe 'aparecer' en la conciencia humana, para ser oída."[93] En medio de una dialéctica tan compleja, parece ser que el concepto *kainos* del pacto es más prometedor para un evangelio que es tanto revelacionalmente continuo, como contextualmente relevante.

Sugerencias nuevas para problemas antiguos

Entender la revelación de pacto como *kainos* puede ayudarnos a evitar algunos de los escollos comunes enfrentados por la contextualización. Puede llevarnos más allá de lo que Paul Hiebert (1987, 108) ha llamado "contextualización no crítica." Nos puede estimular a comenzar a reconocer que las cuestiones sobre la verdad

---

[91] Para una advertencia en contra de tan "aberrante contextualización" ver Hesselgrave 1988, 153-58
[92] Ver Loewen 1986; Netland 1988.
[93] Taylor 1963, 75-84, ha destacado los efectos en África de la enseñanza misionera acerca de un Dios trascendente que no está en el aquí y en el ahora de la experiencia africana.

son refutaciones importantes y legítimas de la inaceptable relatividad religiosa (Conn 1984, 210).

La comprensión *kainos* del pacto proveerá una continuidad con la historia de la revelación, lo cual protege a la iglesia del sincretismo, en todos los contextos. Tal como Saphir Athyal (1976), Gleason Archer (1979, 202) y Bruce Nicholls (1980) lo han señalado correctamente, la mezcla sincretista de la verdad de Dios con la falsedad humana ha sido uno de los mayores peligros de la contextualización. La comprensión *kainos* del pacto puede proveer un criterio importante por el cual la revelación de Dios en cada cultura, aunque contextualmente relevante, puede ser revelacionalmente consistente con lo que previamente se ha sabido acerca de Dios.

Tal criterio resultará en una contextualización saludable. "Mientras los conversos estudian y obedecen juntos las Escrituras, y mientras su testimonio comienza a penetrar el contexto más amplio, el propósito de la contextualización es realmente promocionar la transformación de los seres humanos y de sus sociedades, culturas y estructuras, no en una imagen de una iglesia o sociedad occidental, sino en una representación embrionaria del reino de Dios, localmente apropiada y localmente revolucionaria, como señal del reino que todavía está por venir" (Taber 1979a, 150). Más aún, Stephen Knapp parece tener en mente la comprension *kainos* de la revelación del pacto cuando dice que "todo mandamiento de Cristo a través de la Escritura es también de hecho un mandamiento para contextualizar" (1976, 15). Esta comprensión está también en vista cuando Conn (1978, 43) habla de "testimonio del pacto" y de "vida según el pacto." "En términos de la hermeneútica, este patrón divino de hablar conforme al pacto nos prohibe aislar al testimonio del pacto de la vida según el pacto. No permite una separación entre pensamiento y acción, entre verdad y práctica. El testimonio del pacto afirma la palabra divina que fue dada y llama a la criatura a un vida según el pacto delante del Creador en el mundo de la historia y sus culturas. La sumisión incondicional al pacto permanece siendo la responsabilidad del ser humano del pacto en su contexto."

Nuevas contribuciones en contextos cambiantes

Hemos visto que la comprensión *kainos* del pacto implica una continuidad con una esencia básica de la revelación bíblica, que es dinámicamente relevante para los múltiples contextos del mundo de hoy. En medio de la diversidad cultural, el pueblo de Dios es guiado por el pacto de Dios que nunca cambia. Él dice: "yo seré su Dios, y ustedes serán mi pueblo," ahora en un contexto totalmente nuevo. No obstante, en la percepción *kainos*, el pacto también adopta un significado más profundo y más completo, y algunas veces un significado muy inesperado que no se había entendido antes. Esto demanda que los teólogos en cada cultura acepten una tarea de lo más difícil, tal como Daniel von Allmen (1979, 335) lo ha esbozado: "Se verá que la cualidad principal requerida de un teólogo es prestar una atención cuidadosa a la expresión viviente de la fe, en conjunción con un ojo agudo para detectar en esa expresión de la fe tanto dónde se encuentran los esfuerzos promisorios, como dónde pueden estar sus tendencias fatales y sus inclinaciones heréticas." Charles Taber (1979b) sugiere que los criterios para la teología en esta empresa deberían ser bíblicos, trascendentes, cristológicos, proféticos, dialogados (con la comunidad y con el mundo), abiertos y sujetos al Espíritu Santo.

Por lo tanto, hay un sentido, en el cual la contextualización *kainos* del pacto no nos permitiría hablar de "teologías." Además, si por "teología" queremos decir el conocimiento de Dios en el *contexto*, haríamos mejor en hablar de la autorrevelación de Dios en el aquí y ahora culturalmente condicionado, mediante una relación de pacto con el pueblo de Dios. No obstante, si por "teología" queremos decir el conocimiento de *Dios* en el contexto, también debemos permitir que la autorrevelación de Dios en cada nuevo contexto influya sobre toda otra comprensión, sobre toda otra teología que surja en otros tiempos y culturas. Es claro que aquí dependemos del Espíritu Santo. Durante su discurso de depedida, Jesús enfatizó el rol didáctico del Espíritu Santo al decir que "el Espíritu de verdad. . . . el Consolador, el Espíritu Santo, a quien el Padre enviará en mi nombre, les enseñará todas las cosas, y les hará recordar todo lo que les he dicho" (Juan 14:17, 26). Otra vez, hay una clara unidad de la verdad, la verdad de Jesucristo, la cual no es una verdad *neos*. Es una verdad *kainos*, la cual es tanto continua con la revelación previa, como discontinua en su contextualización radical.

Nueva metodología para un evangelio que no cambia

Así es que recorriendo la historia de la iglesia, comenzando en Hechos, encontramos un desarrollo del conocimiento de Dios, que se parece a lo que vimos antes. Podemos ver, a lo largo de la historia de la iglesia, la obra del Espíritu Santo desarrollando una comprensión más profunda de todo conocimieto previo de Dios. Podríamos, por ejemplo, representar la comunidad judío-cristiana como "M," y los contextos subsiguientes (griego, romano, ortodoxo oriental, síntesis medieval europea, la Reforma Protestante, la Revolución Industrial) como "N,"

M	N	O	P	Q	R	S
M^c	N^c	O^c	P^c	Q^c	R^c	S^c

Figura 15
Una serie de contextos históricos

"O," "P," "Q," "R," y "S" respectivamente. La autorrevelación de pacto de parte de Dios en cada uno de estos contextos podría entonces representarse como M^c, N^c, O^c, P^c, Q^c, R^c, y S^c (ver figura 15). Estos variados contextos no son independientes unos de otros. A lo largo del tiempo, cada uno está relacionado con los otros en una espiral hermenéutica, como puede verse en la figura 16.[94]

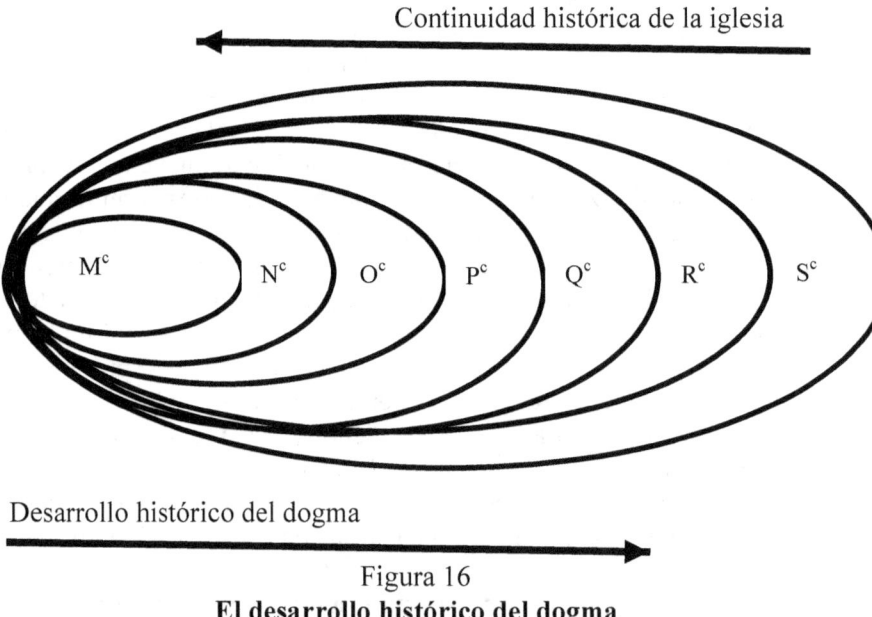

Figura 16
El desarrollo histórico del dogma

Pero también es importante ver la relación de esta espiral con la fórmula del pacto por la cual describimos la perspectiva *kainos* (ver figuras 13 y 14). El conocimiento de Dios en contextos en permanente cambio a través de la historia de la iglesia debe incorporar de inmediato

---

[94] El concepto del círculo hermenéutico tal como se transforma en una espiral hermenéutica de una comprensión que se profundiza ha sido explorado en Padilla 1980, 76; 1985, 83-94; Schillebeeckx 1987, 103-4; y Osborne 1991.

el cierre del canon de las Escrituras, y la siempre nueva inspiración, guía y enseñanza del Espíritu Santo.

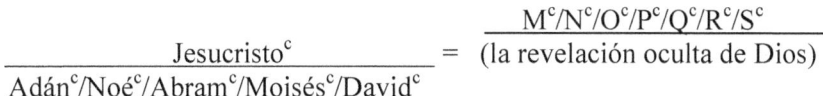

$$\frac{\text{Jesucristo}^c}{\text{Adán}^c/\text{Noé}^c/\text{Abram}^c/\text{Moisés}^c/\text{David}^c} = \frac{M^c/N^c/O^c/P^c/Q^c/R^c/S^c}{(\text{la revelación oculta de Dios})}$$

Figura 17
Una comprensión de la revelación que se profundiza

Esta relación está descrita en la figura 17. Lo que aparece sobre la línea a la derecha es una extensión, una profundización y un cumplimiento, una mayor comprensión del ocultamiento revelado de Dios, el cual a su vez es la revelación de Dios desde Adán hasta Jesucristo, la cual está completa pero no se entiende plenamente. Noten que esta comprensión de la contextualización *kainos* a través de la historia no implica un proceso acumulativo. Las nuevas opiniones no se apilan en una suma sin fin del pensamiento teológico. Ni tampoco estamos tratando con un conocimiento de Dios que difiere esencialmente del que ha habido antes, lo contradice o lo sustituye (eso sería una sustracción). Lo que tenemos aquí es más como una fotografía tomada con una cámara Polaroid, la cual necesita tiempo y luz para ser revelada. La fotografía ya está registrada, pero verla toma tiempo y estudio. Cada contexto es comprendido con referencia a (dividio por) toda otra revelacion que haya habido antes. Aquí podemos preservar el carácter único de la autorrevelación de Dios en un contexto particular, y afirmar su relación *kainos* con la autorrevelación de Dios acerca de la misma relación de pacto en contextos anteriores.

Asia	Africa	América Latina	Norte América	Europa Occidental	Europa del Este
I^c	II^c	III^c	IV^c	V^c	VI^c

Figura 18
Una serie de contextos culturales

Ahora acabamos de entrar en el siglo XXI, una nueva situación en relación a la iglesia mundial, y tratamos con una multitud de contextos que luchan por conocer a Dios. Podríamos representar el conocimiento de Dios expresado en el pacto, en los contextos de Asia, África, Latinoamérica, Norteamérica, Europa Occidental y Europa del

Este, mediante I^a, II^a, III^a, IV^a, V^a, y VI^a (ver figura 18). Y el conocimiento *kainos* de Dios en estos contextos puede relacionarse con todo lo que ha ocurrido antes, suplementando la fórmula ya introducida (ver figura 19). Es claro que necesitamos evitar volver a inventar la rueda teológicamente hablando. Nuestra teología contextual presente no es ni una adición ni una sustracción de la teología histórica. Más bien, está dividida por lo que ha ocurrido antes; es una función de lo precedente. Y esa teología histórica se ha desarrollado a sí misma como una reflexión, una comprensión más profunda y una extensión de la única autorrevelación de pacto por parte de Dios en la Escritura, tal como fue cumplida en Jesucristo.

$$\frac{\text{Jesucristo}^c}{\text{Adán}^c/\text{Noé}^c/\text{Abram}^c/\text{Moisés}^c/\text{David}^c} = \frac{\frac{I^c/II^c/III^c/IV^c/V^c/VI^c}{M^c/N^c/O^c/P^c/Q^c/R^c/S^c}}{(\text{la revelación oculta de Dios})}$$

Figura 19
Una teología contextual en desarrollo

Aun así, también necesitamos afirmar la naturaleza especial de la autorrevelación de Dios en cada nuevo contexto. Hay algo único y en ese sentido discontinuo, acerca de las culturas, lenguas y pueblos radicalmente diferentes, que forman los nuevos contextos de la autorrevelación de pacto por parte de Dios. Esto nos permite formular nuevas preguntas, desarrollar una comprensión más profunda y reunir percepciones nuevas y sorprendentes, las cuales son especial y únicamente relevantes para esos nuevos contextos. Noten que toda la iglesia mundial en la figura 19 está al mismo nivel, y que cada contexto se relaciona con los otros no mediante un signo "+," sino mediante una "/." Esto significa que tenemos la reponsabilidad de aprender unos de otros la naturaleza y voluntad de Dios para con todo su pueblo. Un buen ejemplo de esta metodología es el trato misiológico que P. J. Robinson le da a la Confesión de Belhar (1984, 42-52), de acuerdo al cual "conocer a Dios" en el contexto sudafricano supone llamar a toda la iglesia mundial a hacer preguntas *kainos* acerca de ellos mismos, de su fe, de sus Escrituras y de su obediencia a Dios.[95]

Tal vez trabajando juntos como una sola iglesia, podamos llegar a conocer a Dios en el contexto, a través del modelo de

---

[95] El número creciente de confesiones religiosas que están siendo elaboradas por iglesias alrededor del mundo, constituye un signo muy positivo de que el tipo de contextualización *kainos* está comenzando a encontrar un lugar.

revelación de pacto. Sobre la base de una perspectiva *kainos* del pacto, podemos entrar a una nueva era de contextualización. En esta nueva edad de la iglesia mundial, la perspectiva *kainos* puede abrir el camino para que conozcamos el ocultamiento revelado de Dios. Tal como Morris Inch (1982, 16) lo ha expresado: "La revelación de Dios yace en el corazón de nuestra empresa teológica. Estrictamente hablando, no hay muchas verdades, sino una verdad considerada desde perspectivas diferentes. El cristianismo no es capaz de una reinterpretación radical. Más bien, es una sola fe comunicada a todos [la humanidad]. Ignorar la herencia común en la comunión cristiana es un error tanto . . . como no apreciar su rica diversidad."

A medida que el evangelio comienza a echar raíces en nuevas culturas, y el pueblo de Dios crece en su relación de pacto con Dios en esos contextos, se le dará a la iglesia mundial una comprensión de la revelación de Dios más amplia, más completa y más profunda. Al final, llegaremos a apreciar lo que Agustín de Hipona (354-430) afirmó en su conflicto con los donatistas: la verdad es aquélla que todos y en todas partes siempre han creído acerca del evangelio.[96]

---

[96] Ver Pelikan 1971, 1:292-307; Bettenson 1970, 240; y Schaff 1974, 1:391.

Capítulo 4

Construyendo la teología de la misión en la ciudad

> *¡Jerusalén, Jerusalén, que matas a los profetas y apedreas a los que se te envían! ¡Cuántas veces quise reunir a tus hijos, como reúne la gallina a sus pollitos debajo de sus alas, pero no quisiste! Pues bien, la casa de ustedes va a quedar abandonada. Y les advierto que ya no volverán a verme hasta el día que digan: "¡Bendito el que viene en el nombre del Señor!"* [Lucas 13:34-35]

¿Fueron estas palabras de Jesús un suspiro patético profundo, un grito de agonía extrema, o un pronunciamiento de juicio exasperado? Mateo 23:37-39 las ubica después de la entrada triunfal. Estrechamente unidas a los siete ayes pronunciados sobre los líderes de los judíos,[97] son parte integrante del largo discurso de Mateo sobre asuntos escatológicos relacionados con el final del tiempo. En Lucas, Jesús pronuncia estas palabras en el camino a Jerusalén, antes de su entrada triunfal (19:28-44). Él está respondiendo a advertencias de que Herodes está planeando matarlo.

Ya sea que se vea a través del paradigma de Mateo o del de Lucas,[98] el grito de Jesús "¡Jerusalén, Jerusalén!" puede ser tomado como una declaración profunda (¿hermenéutica?) de parte de Jesús, concerniente a la misión de Dios en la ciudad.[99] Entre los elementos obvios que hay aquí, está el compromiso amoroso de Dios de estar involucrado y relacionado con la ciudad; la iniciativa de Dios de enviar (misión) mensajeros a la ciudad; y la respuesta de Jerusalén (mayormente negativa) al amor de Dios. Pero la imagen dominante es la de una ternura dolorosa, amorosa y salvífica: una gallina cacareando furiosamente para recoger bajo sus alas a sus pollitos descarriados.

---

[97] Notar que estos ayes no pueden de ninguna manera ser considerados como antisemitas. Por el contrario, denuncian a los líderes del pueblo por haber conducido erróneamente a la nación judía, por la que Dios se preocupa profundamente.

[98] Ver Bosch 2000, 81-158.

[99] Comparando a Babilonia con Jerusalén, Greenway 1992 ofrece un análisis provocativo de Jerusalén, como una imagen de misiología urbana. Extrañamente, omite referirse a este pasaje. Ver también Olley 1990.

Aunque Jerusalén mata a los profetas, Dios no huye de ella ni se rinde. Más bien, Dios envía a su Hijo, quien viene como un descendiente del rey David y "en el nombre del Señor." Viene montado sobre un asno, de camino a la cruz y a una tumba vacía, eventos que ocurren en medio de Jerusalén y para su bien.

En realidad, todo el ministerio de Jesús podría ser visto desde la perspectiva de su encuentro con Jerusalén. No sabemos, a partir de su llanto sobre Jerusalén, si es que él tenía consciencia de la destrucción inminente del templo en el año 70 d. C. Aun así, tenemos la seguridad, a partir de la estructura del texto, tanto en Mateo como en Lucas, de que en última instancia, a través de su muerte y resurrección, Jesús ofrece la redención y la transformación de la vieja Jerusalén en una nueva ciudad de Dios, a la cual se refirió más tarde Juan en Apocalipsis 21. Conforme a la manera de responder que tuvo Dios a través de la historia de Israel, simpre hay gracia en medio del juicio. Al final, se vuelve a escribir la historia de Jerusalén. "El último capítulo en la historia de Jerusalén está a la espera del futuro. . . . Es llamada la Ciudad Santa y su Esposo es el Cordero. La vida en la nueva Jerusalén es pacífica. No hay lágrimas ni causas para ellas. La muerte y el duelo se han ido, de la misma manera que el dolor y el sufrimiento. Lo mejor de todo es que en esta ciudad Dios en Cristo habita para siempre con su pueblo en una relación perfecta. La gracia ha triunfado y la *shalom* se ha establecido" (Greenway 1992, 10-11).

Cuando oigo esas palabras de Jesús acerca de Jerusalén, oigo el dolor profundo de un misionero urbano. Y me parece que Jesús está ofreciendo algunas verdades teológicas profundas que son simultáneamente históricas, contextuales, relacionales y misiológicas. ¿No es posible que estas palabras también constituyan un desafío y un llamado a buscar de nuevo una teología de la misión para la ciudad? Necesitamos buscar lo que Ian Bunting, misionero por más de treinta años en las áreas urbanas del norte de Inglaterra reclamó: "un método integrado de entrenamiento [de misioneros urbanos] que verdaderamente pueda ser descrito como global en su alcance, orientado a la misión y acabadamente contextual." Aquí es especialmente importante buscar una correlación de reflexión con acción, de valores con programas, de teología con práctica:

> Mientras que hay un acuerdo general sobre un método para aprender teología, el cual incluye ver, juzgar y actuar, no hay tal acuerdo acerca de la manera de correlacionar teología y práctica. En realidad, hay un agudo desacuerdo entre los que buscan correlaciones más

teológicas o sistemáticas (con frecuencia los que enseñan en universidades, colegios y cursos) y los que procuran correlaciones más teológico-prácticas (normalmente se encuentran en centros de entrenamiento e institutos urbanos). El tema tiene tanto que ver con dónde aprendemos nuestra teología, como con la manera en que lo hacemos. No hay mucha evidencia de que esta división entre lo académico y lo práctico ha sido sorteada más que por unos pocos. [Bunting 1992, 25]

¿Por qué construir una teología de la misión para la ciudad?

Muchos misiólogos urbanos están buscando maneras mejores de construir sobre e interactuar con la literatura y los programas referidos a la misiología urbana. Aunque recientemente ha aparecido una masa impresionante de pensamiento reflexivo acerca de la misión urbana,[100] muchos de nosotros sentimos la inquietud de encontrar nuevas maneras de integrar esas percepciones con nuestra teología y misiología.

Parece que en misiología urbana, ha sido difícil tratar con todo el sistema de la ciudad. Por un lado, los que están comprometidos con el microministerio tratan con personas individuales y con sus necesidades dentro de la ciudad, pero con frecuencia se agotan en el proceso. En parte, esto se debe a que no abordan el sistema en su totalidad. Por otro lado, los que gastan mucha energía haciendo macroestudios en sociología, antropología, economía, etnicidad, política y religión en la ciudad, pocas veces parecen bajar al nivel de las calles y de la gente de la ciudad. Sus recomendaciones a favor de una acción concreta parecen débiles, y su activismo se ve mayormente opacado por la amplitud del alcance de su investigación. La complejidad tambaleante de una metrópolis como Los Ángeles, hace casi imposible que los estudiosos de las macroestructuras conviertan sus descubrimientos en un ministerio específico, oportuno, compasivo y personal.

---

[100] E.g., Cone 1991; Felder 1989; Steele 1990; Linthicum 1991a; 1991b; Bakke 1987; Tonna 1985; Rose y Hadaway 1984; Frenchak y Keyes 1979; Frenchak y Stockwell 1984; Grigg 1984; 1992; Conn 1987; Greenway y Monsma 1989; Greenway 1973; 1976; 1978; 1979; 1992; Claerbaut 1983; Gmelch y Zenner 1988; Garreu 1991; Michael Peter Smith 1988; Recinos 1989; Elijah Anderson 1990; Whyte 1989; Gulick 1989; Pannell 1992; Sample 1984; 1990; Meyers 1992. Entre las obras relacionadas están Cox 1965; 1984; Ellul 1970a; DuBose 1978; Sheppard 1974; Schaller 1987; y Elliston 1992.

Luego, también, muchos parecen estar atrapados dentro de una u otra agenda. La organización comunitaria es un área que necesita más reflexión y acción por parte de la iglesia en la ciudad, un énfasis que Robert Linthicum ha demandado.[101] William Pannell (1992, 6-22) señala que la evangelización masiva con frecuencia ha estado ciega a las cuestiones sistémicas de la ciudad, y rara vez ha procurado una transformación integral de las ciudades, en la cuales tienen lugar sus empresas evangelizadoras. John McKnight (1989, 38, 40) resalta esta tensión:

> Cuando estoy con personas de las iglesias, siempre compruebo si es que están mal guiadas por una visión secular moderna. ¿Han sustituido la visión del servicio por la única cosa que hace íntegras a las personas: la comunidad? ¿Ofrecen servicios o construyen la comunidad? Ofrecer servicios no es cristiano, incluso si usted está bien determinado a ayudar a las personas. Ofrecer servicios en lugar de construir comunidades es la única manera en que usted puede estar seguro de no ayudar. . . . Los sistemas de servicios le enseñan a la gente que su valor está en sus deficiencias. Están construidos sobre "faltas de adecuación" denominadas analfabetismo, problemas en la vista y embarazos de adolescentes, etc. Pero las comunidades se construyen sobre las *capacidades* para abandonar el analfabetismo, la mala visión, el embarazo de adolescentes, las mujeres golpeadas. . . . Si la iglesia tiene que ver con la comunidad y no con el servicio, tiene que ver con capacidades y no con deficiencias.

Además, mientras hay un interés creciente en la plantación y el crecimiento de iglesias en las casas dentro de la ciudad,[102] muy pocas

---

[101] Linthicum 1991b, 109, dice: "La participación en la organización comunitaria provee a la iglesia de los medios más bíblicamente orientados y más efectivos para producir la transformación de una comunidad, a través de la toma de responsabilidad por parte de los residentes de la comunidad en la resolución corporativa de sus propios problemas." Por varios años, Alfred Krass (1978) también ha expresado esta preocupación, aparentemente con el deseo de mantener unidas a la evangelización, la misión, la organización comunitaria y la misiología urbana, en un estilo más integrado. Ver también Messer 1992.

[102] Ver e.g., Sheppard 1974; Neighbour 1990; Birkey 1988; Hadaway et al. 1987; Lois Barrett 1986; Lee y Cowan 1986; Banks y Banks 1989; y John Noble 1988. Sería interesante estudiar el movimiento de las comunidades

de ellas parecen tener una fuerte intención misional de ser agentes de Dios para la transformacion de la ciudad misma.

A pesar de que generalizaciones como éstas son peligrosas, la impresión general es que las deficiencias son penetrantes. En un extremo del espectro, muchas agencias de servicio social dan asistencia a individuos, pero tienen poca consideración por los sistemas de la ciudad (mucho menos por reunir gente dentro de comunidades de adoración). En el otro extremo, muchos esfuerzos evangelísticos de plantación de iglesias no tratan con todo el mal en la ciudad de manera completa. Vemos activistas quienes rara vez se detienen para hacer una reflexión más amplia, y a investigadores reflexivos, quienes con poca frecuencia se ponen a hacer algo para cambiar la realidad de la ciudad que están estudiando.

Mientras tanto, las iglesias urbanas continúan luchando para encontrar la manera de ser comunidades misionales de fe viables en la ciudad. Para la iglesia de Jesucristo, la vida y el ministerio en la ciudad implica tensiones profundas. La iglesia no es una agencia social, pero es de significación social en la ciudad. La iglesia no es el gobierno de la ciudad, pero está llamada a anunciar y a vivir conforme al reino de Dios, en toda su significación política. La iglesia no es un banco, pero es una fuerza económica en la ciudad y debe procurar el bienestar económico de la ciudad. La iglesia no es una escuela, pero está llamada a educar al pueblo de la ciudad, en lo concerniente al evangelio de amor, de justicia y de transformacion social. La iglesia no es una familia, pero es la familia de Dios, llamada a ser un prójimo para todos los que aman a Dios. La iglesia no es un edificio, pero necesita edificios y posee edificios para llevar a cabo su ministerio. La iglesia no es exclusiva ni única, pero está especialmente llamada por Dios para ser diferente en la manera en que sirve a la ciudad. La iglesia no es una institución, pero necesita estructuras institucionales para efectuar cambios en las vidas de las personas y de la sociedad. La iglesia no es

---

eclesiales de base en América Latina, como una nueva forma posible para la iglesia en un contexto urbano. Pero esto está fuera del alcance de este libro. La sorprendente multiplicidad de pequeñas iglesias pentecostales que funcionan en locales a la calle, que encontramos en ciudades de todo el mundo, es otro fenómeno bien conocido que ha recibido demasiada poca atención de parte de los que estudian el ministerio de la iglesia en la ciudad. Las megaiglesias que surgieron por todo el mundo durante los años de 1980 pueden haberse ofrecido como otro modelo nuevo para la iglesia en la ciudad (excepto por el hecho de que pocas de ellas han mostrado alguna intención de contribuir a la transformacion integral de las ciudades en que se encuentran).

una organización de desarrollo comunitario, pero el desarrollo de la comunidad es esencial a la naturaleza de la iglesia.

Necesitamos procurar una teología de la misión que nos provea de nuevos ojos para percibir a nuestra ciudad, informar nuestro activismo, guiar nuestro trabajo en red y dar energía a nuestra esperanza de transformación para nuestra ciudad.

¿Cómo podemos construir una teología de la misión para la ciudad?

El resto de este capítulo presenta un breve resumen de los pasos que se consideran útiles para construir una teología de la misión para la ciudad. El lector notará una dependencia del abordaje a la misiología en tres áreas, el uso de la narrativa y una aproximación misiológica de la Escritura. Estos tópicos han sido desarrollados anteriormente en este libro. Es claro que la metodología que aquí se sigue no es la única manera de proceder. Tampoco sus pasos representan la última palabra en esta materia. Esta sección meramente resaltará el bosquejo más amplio, dejando a los lectores imaginar el camino por el cual el proceso pudiera tomar forma en su contexto. Un descubrimiento de lo más significativo ha sido que la manera en que el proceso se aplica a cada contexto urbano es *contextual en sí misma*. En otras palabras, no sólo el contenido, sino también el método en sí debe ser transformado para que se adapte en forma crítica y apropiada a los asuntos, estilos, agendas y temas particulares que surjan en cada contexto.

Abordando la ciudad

Como puede verse a partir de la figura 20, nuestro método para construir una teología de la misión para la ciudad implica desplazarse por los tres círculos interdisciplinarios que vimos anteriormente, y adaptar a un contexto urbano particular lo que hemos aprendido de cada círculo y acerca de cada uno de ellos. Así es que el primer paso en nuestro proceso es ser autoconscientes y autocríticos al acordar la ciudad.

Comenzamos estableciendo el escenario, preguntando acerca de las percepciones, imágenes y lentes que usamos para hacer una exégesis de la ciudad. Algunos (principalmente en los Estados Unidos) verán a la ciudad como una serie de círculos concéntricos, perspectiva que dio origen a expresiones como "ciudad interior" y "suburbio." Otros (primordialmente europeos) podrán ver a la ciudad en términos de "ciudad vieja" y "ciudad nueva." Las personas del Tercer Mundo ven a la ciudad como un distrito central de negocios y a su alrededor *barrios*, *favelas*, "distritos," "acantonamientos," o "villas miseria." La ciudad también podría ser vista como una red de relaciones de familias extendidas, o como un conjunto de subsistemas étnicos. Los encargados del planeamiento de la ciudad ven calles y edificios, los políticos ven votantes, la policía ve violencia, los educadores ven escuelas, los banqueros y economistas ven nogocios y lo viajeros ven tránsito. Los medios ven a través de una lente angosta, selectiva y restringida,

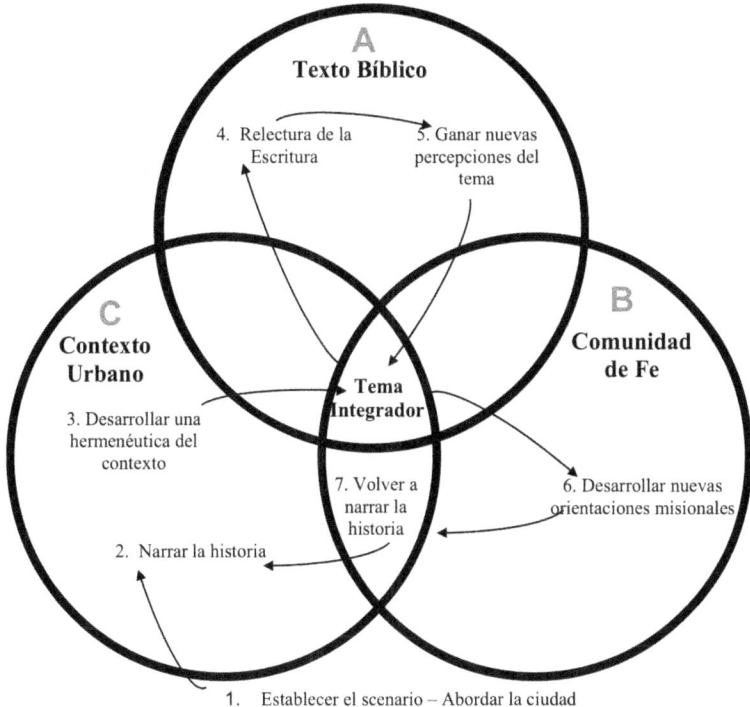

Figura 20
Componentes metodológicos de una teología bíblica de la misión de la ciudad

buscando historias sensacionalistas para vender.[103]

---

[103] Generalmente se tiene la opinión de que los medios contribuyeron de modo significativo a hacer que las revueltas de Los Ángeles del año 1992 aparentaran ser peores de lo que realmente fueron. Una cobertura televisiva irresponsable casi fue una invitación a más saqueos y revueltas.

Aun otros miran a la ciudad a través de la trama de la guerra espiritual y ven fuerzas del bien y del mal batallando para conseguir la alianza de las personas y de las estructuras de la ciudad. Todos nosotros "vemos de manera indirecta y velada, como en un espejo" (1 Cor 13:12). Todos nosotros somos perceptivos en lo que vemos y ciegos en lo que nos perdemos. Aun así, una teología de la misión para la ciudad, totalmente desarrollada, nos llamará a mirar más allá de los límites de nuestra visión periférica, para ganar alguna comprensión de la complejidad de los sistemas y subsistemas (entrecruzados e independientes) que conforman el complejo metropolitano.

Una imagen útil aquí es la de una rosa. Cada pétalo (subsistema) es diferente de los otros, y aun así está interconectado con ellos. Un pétalo solo no hace una rosa. No obstante, una rosa no puede existir excepto como la suma de sus pétalos. Al mismo tiempo, la rosa toma ventaja de todo un sistema de respaldo que incluye al rosal, así como una ciudad toma ventaja de una cantidad de elementos de soporte de origen cultural, geográfico, nacional, global e histórico que ayudan a sostenerla. Como la rosa, la ciudad también tiene elementos intangibles de belleza y de aroma, que no pueden identificarse específicamente con cualquier pétalo dado. Es el entretejido de los varios pétalos lo que le da a la ciudad su sabor único. También, al igual que la rosa, la ciudad está llena de espinas y debe ser tratada con cuidado y delicadamente. Finalmente, la ciudad es similar a la rosa en su fragilidad. Corten la rosa y se marchita rápidamente. Lo mismo ocurre con la ciudad. La vida en la ciudad es frágil, la muerte con frecuencia está demasiado cerca.[104]

1. Establecer el escenario

Así es que el primer paso en nuestro método incluye el compromiso de ver a la ciudad de manera sistémica, integral y crítica, mientras buscamos valores bíblicos y percepciones que puedan darnos información para nuestra vida y ministerio allí. Esto a su vez nos fuerza a estar dispuestos a mantenernos en contacto con la complejidad del todo, mientras que, al mismo tiempo, mantenemos nuestros pies

---

[104] En Lausana II en Manila, en 1989, Fletcher Tink presentó una visión de la ciudad bajo la forma del "perfil de la jungla," que muchos encontraron útil. Entre los muchos aspectos de una jungla primitiva que son análogos a las ciudades modernas están su vida subterránea, su vida en la superficie, sus plantas pequeñas, sus varios niveles de follaje (inferior, medio y superior), sus variaciones diurnas y nocturnas, y sus sistemas simbióticos ecológicos.

afirmados sobre la especificidad del aquí y el ahora de las personas que viven en la ciudad. Una buena manera de hacer esto es comenzar en las aceras de nuestras ciudades relatando una historia.

2. Narrar la historia

El segundo paso implica pararse en el círculo C (el contexto urbano) y no simplemente relatar cualquier anécdota o momento histórico, sino una tipo específico de relato. Este método de alguna manera se basa en la técnica antropológica de la observación del participante, y también en el acercamiento del estudio de casos de la sociología y la consejería. No obstante, dado que la nuestra es una tarea específicamente teológica, nuestros relatos tomarán prestado más fructíferamente de las percepciones de la teología narrativa. Aunque la teología narrativa ha estado típicamente asociada con un desarrollo hermenéutico reciente en la manera en que los eruditos abordan la Biblia, el método en sí mismo contribuye poderosamente para ver los macrotemas de la ciudad, a través de las micropreocupaciones de las personas.[105]

La teología narrativa es un método que va más allá de la narración puramente histórica y secuencial de un episodio. Al mismo tiempo, del otro lado del espectro, es necesario evitar un enfoque totalmente subjetivo, que le atribuiría al evento cualquier significado que uno se sienta llevado a darle. Más bien, estamos buscando relatos particularmente apropiados que sirvan como ventanas específicas de tiempo y lugar, que se abran a cuestiones macroestructurales más amplias. Dado que las historias se ven dentro del contexto social, cultural, religioso, relacional y personal del entorno urbano original, sus significados iluminarán nuestro entendimiento de la praxis misiológica en la ciudad.

La selección de los relatos es un paso crítico en el proceso reflexivo, porque queremos enfocarnos sobre narrativas que sean de alguna manera representativas para nuestros ministerios, centrales para nuestros contextos y ricas en significado hermenéutico para una comprensión más profunda de las ciudades donde ellas transcurren. Cuando la historia es apropiada, naturalmente nos conduce a ampliar

---

[105] Para una discusión sobre este abordaje hermenéutico desde una cantidad de perspectivas diferentes, ver e.g., Comstock 1987; Duke 1986; Fackre 1983; Goldberg 1981; Grimes 1986; Gunn 1987; Tracy 1988; Hauerwas y Jones 1989; Lauritzen 1987; Long 1987; MacIntyre 1989b; Moberly 1986; Mueller-Vollmer 1989; Muller 1991; y Osborne 1991.

nuestras perspectivas, a ver a través de ella como si fuera una ventana que mira hacia afuera más allá de la particularidad del evento y nos ayuda a entender mejor el tercer paso en el proceso: desarrollar una hermenéutica del contexto.

3. Una hermenéutica del contexto

El tercer paso del proceso implica escuchar con oídos nuevos, ver con nuevos ojos, permitiendo que la imaginación reciba el impacto de la ciudad de manera diferente a otras ocasiones anteriores, y así produciendo una nueva hermenéutica de la ciudad. Este uso de la palabra *hermenéutica* no se refiere a derivar el significado de un texto de la Escritura.[106] Tampoco se refiere a leer las señales de los tiempos,[107] como era común en la misiología del Consejo Mundial de Iglesias de los años de 1960 y de los primeros años de la década de los años de 1970, cuando se hablaba de permitir que el mundo estableciera la agenda. Más bien, este tipo de hermenéutica, implica releer el contexto urbano en términos de los símbolos, significados y perspectivas que han estado allí, pero que frente a las cuales podemos haber estado ciegos previamente.[108] Probablemente, el mejor tratamiento metodológico de este tipo de hermenéutica se encuentra en *Liberation Theology* de Juan Luís Segundo (1976). Aunque yo no adoptaría la manera como los teólogos de la liberación latinoamericanos han reducido su método hermenéutico a agendas socioeconómicas y políticas estrechas, aun así el proceso que Segundo describe parece ayudarnos a reflexionar sobre la nueva realidad que nos enfrenta en las ciudades de hoy (ver págs. 38-39).

4. Releyendo la Escritura

El tercer paso naturalmente conduce al cuarto. Habiendo mirado el contexto urbano con nuevas sospechas, nuevas preguntas y

---

[106] Ver, e.g., Lucas 4:14-30; 24:27, 45; Hechos 2:14-39; 8:30-31; y 15 como ilustraciones del Nuevo Testamento de este tipo de hermenéutica con respecto al Antiguo Testamento. Los escritos de Pablo, Hebreos y 1 Pedro son también lugares excelentes para investigar.

[107] Ver, e.g., Mat 16:1-4.

[108] Ejemplos de esto se pueden encontrar en Números 13 y en Deuteronomio 1 (los diferentes informes de los espías con respecto a Canaán), Salmo 137:1 y Daniel 1:19-21 (las diferentes actitudes de los exiliados en Babilonia), y Juan 1:36 y 4:35 (las diferentes percepciones que Juan y Jesús tenían, en comparación con los que estaban alrededor de ellos).

nuevos ojos, levantamos nuestra vista y encontramos que ahora también tenemos nuevas preguntas para hacerle a la Escritura. El lector verá en la figura 20, que el movimiento del paso tres al paso cuatro se hace por medio de un tema integrador que constituye la idea central que interrelaciona a los tres círculos. Debido a la complejidad de la tarea interdisciplinaria y multidisciplinaria, el teólogo de la misión en la ciudad debe enfocarse sobre una idea integradora específica que pueda servir como canal a través del cual abordar una relectura de las Escrituras. Es claro que tratamos de evitar traer nuestras propias agendas a la Escritura e imponerlas sobre ella. Éste fue el error cometido por los teólogos de la liberación, del cual no se han recuperado. Más bien, debemos encontrar una manera de formularle al texto una nueva serie de preguntas, las cuales podrían ayudarnos a ver en las Escrituras lo que antes se nos ha pasado. Este nuevo acercamiento a la Escritura es lo que David Bosch (2000, 41) llamó "hermenéutica crítica."

5. Nuevas percepciones sobre el tema

A medida que releemos la Escritura, nos encontramos con nuevas percepciones, nuevos valores y nuevas prioridades que nos llaman a volver a examinar las motivaciones, medios, agentes y metas de nuestra misiología urbana. Esto, a su vez nos llamará a volver a pensar en cada uno de los *loci* teológicos. De esta manera, estaremos involucrados en una relectura contextual de la Escritura, para descubrir de nuevo lo que significa conocer a Dios en la ciudad. Los temas de la creación y el caos, la revelación, la cristología, la soteriología, la neumatología, la eclesiología y la escatología, por ejemplo, adoptan tintes muy significativamente únicos, cuando son coloreadas por la realidad que nos confronta en el contexto urbano. Robert McAfee Brown llama a este tipo de reflexión "teología en clave nueva" (*Theology in a New Key*, 1978) y "noticias inesperadas" (*Unexpected News*, 1984). En la teología latinoamericana, este proceso teológico se ha enfocado especialmente sobre temas de cristología y eclesiología. En la ciudad, necesitamos permitir que nuestra relectura nos ofrezca nuevas percepciones del campo y el contenido de nuestra misiología. Éstas se derivan de volver a pensar en profundidad todos los *loci* teológicos tradicionales.[109]

---

[109] Conn 1993a, 102-3, presenta este proceso de manera resumida.

6. Nuevas orientaciones misiológicas

El próximo paso, desarrollar nuevas orientaciones misiológicas, implica un movimiento del círculo A hacia el círculo B. Debido a la naturaleza compleja de la empresa, parece mejor en este paso volver a enfocarse sobre el tema integrador, lo cual puede ayudar a mantener unidas las variadas ideas.

¿Cómo intentamos dar nuevas orientaciones? Aquí es relevante una larga discusión hecha por la Association of Professors of Mission (Asociación de Profesores de Misión) en 1987, con respecto a lo que es la misiología y cómo hace su reflexión:

> El teólogo de la misión hace teología bíblica y sistemática de manera diferente al erudito bíblico o el dogmático, en el sentido que el teólogo de la misión está en la búsqueda del "habitus," la manera de percibir, la comprensión intelectual ligada a la percepción espiritual y a la sabiduría, lo cual conduce a ver las señales de la presencia y el movimiento de Dios en la historia y a través de su iglesia de una manera tal, como para ser afectado espiritualmente y en sus motivaciones, y así comprometerse a una participación personal en ese movimiento. . . .
>
> Esa búsqueda del "por qué" de la misión fuerza al teólogo de la misión a procurar articular el centro vital integrador de la misión de hoy en día. . . . Cada formulación del "centro" tiene implicaciones radicales para cada una de las disciplinas afines de las ciencias sociales, el estudio de las religiones y la historia de la iglesia, en la manera en que son corregidas y modeladas teológicamente. Cada formulación respalda o cuestiona los diferentes aspectos de las otras disciplinas. . . . Por lo tanto, el centro sirve a modo de contenido teológico y de proceso teológico, como una reflexión disciplinada sobre la misión de Dios en contextos humanos. De ahí que el rol del teólogo de la misión sea articular y "custodiar" el centro, y al mismo tiempo explicar en forma clara y de manera integradora, las implicaciones del centro para todas las otras disciplinas afines. [Van Engen 1987, 524-25]

Conceptualmente, aquí estamos envueltos en algo que la filosofía de la ciencia ha dado en llamar construcción de un paradigma o cambio de paradigma.[110] Sabemos que un cambio de paradigma normalmente es entendido (especialmente en la filosofía de la ciencia) como un fenómeno corporativo que ocurre a lo largo de un período de tiempo bastante largo e involucra la interacción reflexiva de la comunidad con una cuestión particular. No obstante, David Bosch nos ha iniciado a muchos de nosotros para ver la formación de un paradigma como una manera poderosa de ayudarnos a volver a conceptualizar nuestra misión, con referencia a comunidades específicas en contextos específicos. En estos términos, un paradigma llega a ser "una herramienta conceptual usada para percibir la realidad y ordenar esa percepción en un patrón comprensible, explicable y algo predecible" (Van Engen 1992b, 53). Es "una constelación entera de creencias, valores y técnicas . . . compartida por los miembros de una comunidad particular" (Küng y Tracy 1989, 441-42). Así es que un paradigma consiste en "un conjunto compuesto y total de valores, cosmovisión, prioridades y conocimiento, que hace que una persona, un grupo de personas o una cultura miren a la realidad de una cierta manera. Un paradigma es una herramienta de observación, de comprensión y de explicación" (Van Engen 1992b, 53). Al formular nuestro paradigma para la misión urbana, tomamos las nuevas percepciones ganadas a partir de releer la Escritura y, enfocándonos en la mediación del tema integrador, las afirmamos de manera distinta, como orientaciones misionales apropiadas de la iglesia en la ciudad.

Muchas personas han procurado describir las variadas y posibles orientaciones misionales de la iglesia. David Moberg (1962), por ejemplo, analizó el impacto de la iglesia como institución social. Lesslie Newbigin, por otro lado, ha hablado de la congregación como "una hermenéutica del evangelio," queriendo decir que las personas y las instituciones en el ambiente contextual circundante leen el evangelio a través de la mediación de la iglesia local. Newbigin expresó lo siguiente: "Confieso que he llegado a sentir que la realidad primaria de lo que debemos tomar en cuenta al procurar un impacto cristiano sobre la vida pública, es la congregación cristiana" (Newbigin 1989a, 227).[111]

---

[110] Ver, e.g., Hempel 1965; 1966; Toulmin 1961; 1972; Barbour 1974; 1990; Kuhn 1962; 1977; Fetzer 1992a, 147-78; 1992b; Küng y Tracy 1989, 3-33; y Bosch 2000, 427-443.

[111] El último capítulo de *Gospel in a Pluralist Society* escrito por Newbigin contiene algunos puntos de inicio fascinantes para una nueva reflexión sobre lo que podría significar para la iglesia, ser intencional acerca de su orientación misiológica hacia la ciudad. Newbigin resalta la congregación local como (1)

Una de las maneras más creativas de abordar esta materia fue desarrollada por David Roozen, William McKinney y Jackson Carroll, en su estudio de la variedad de la presencia religiosa (*Varieties of Religious Presence*, 1984). El estudio de casos que hacen de diferentes congregaciones en Hartford, Connecticut, reveló cuatro tipos diferentes de orientación de la misión: (1) la congregación como activista; (2) la congregación como ciudadana; (3) la congregación como santuario; y (4) la congregación como evangelista. Es claro que estas cuatro caracterizaciones no agotan las variadas dimensiones, intenciones y relaciones misionales de las comunidades de fe (la iglesia) con la ciudad. No obstante, podría ser interesante para los lectores, examinar sus propias comunidades de fe para descubrir cuántas congregaciones y situaciones misionales pueden en realidad ser encapsuladas dentro de cada una de estas cuatro orientaciones misionales.

7. Volviendo a narrar la historia

El paso final, pero al mismo tiempo el inicial, en el proceso involucra sugerencias para una acción misional contextualmente apropiada y bíblicamente informada. Este paso se llama "volviendo a narrar la historia," porque nos lleva otra vez al aquí y al ahora de la persona en las calles de nuestras ciudades, y pregunta muy específicamente acerca de las acciones que necesitan llevarse a cabo dentro y fuera de la comunidad de fe, para responder a la situación confrontada inicialmente.

Aquí nos encontramos en un terreno intermedio entre la teoría misiológica bíblicamente informada y la acción misiológica contextualmente apropiada. Como vimos en la introducción (p. 20), una de las maneras más útiles de entrecruzar reflexión y acción es a través del proceso conocido como praxis. En *The Praxis of Pentecost* (1991), Ray Anderson presenta el concepto de praxis a través de una reflexión sobre el ministerio de Jesús y específicamente la historia de la mujer encontrada en adulterio (Juan 8:1-11). Sobre la base de esta historia, Anderson presenta una hermenéutica del ministerio de Jesús como "un pradigma de cristopraxis" (1991, 48). Anderson luego continúa hablando de "praxis de liberación," "praxis de santificación" y "praxis de empoderamiento" (1991, 49-62).

---

una comunidad de alabanza, (2) una comunidad de verdad, (3) profundamente comprometida con las preocupaciones de su vecindario, (4) preparada para el ejercicio del sacerdocio hacia el mundo y apoyada en él, (5) una comunidad de responsabilidad mutua y (6) una comunidad de esperanza.

En la praxis, no sólo la reflexión sino profundamente la acción llegan a ser parte de una teología en el camino, que procura descubrir cómo la iglesia puede participar en la misión de Dios en la ciudad. Para reiterar lo dicho en la introducción: la acción es teológica en sí misma y sirve para darle información a la reflexión, la cual a su vez interpreta, evalúa, critica y proyecta la nueva comprensión en una acción transformada. Así es que el entretejido de la reflexión y la acción en un peregrinaje constantemente en espiral ofrece una transformación de todos los aspectos de nuestro compromiso misiológico con la ciudad. Esto nos lleva de regreso a un empeño de fe, a un compromiso de amor y a una visión esperanzada de las maneras en que oramos para que la historia pueda volverse a narrar. De esta forma volvemos a donde empezamos y audazmente proclamamos la nueva narración de la historia.

¡Jerusalén, Jerusalén!

"Vi además la ciudad santa, la nueva Jerusalén, que bajaba del cielo, procedente de Dios, preparada como una novia hermosamente vestida para su prometido. Oí una potente voz que provenía del trono y decía: '¡Aquí, entre los seres humanos, está la morada de Dios! Él acampará en medio de ellos, y ellos serán su pueblo; Dios mismo estará con ellos y será su Dios'" (Apoc. 21:2-3).

PARTE 3

LA TEOLOGÍA DE LA MISIÓN Y LA IGLESIA

Capítulo 5

La iglesia misionera en Efesios

Para construir una nueva imagen de la naturaleza misionera de la iglesia y de la congregación local, comenzaremos examinando la esencia de la iglesia. Una de las fuentes bíblicas más importantes para esto es la Carta de Pablo a los Efesios. Un estudio cuidadoso de Efesios, desde la perspectiva de una eclesiología dinámica, revelará la visión que Pablo tenía de la naturaleza misionera de la congregación local. Lo que sigue no pretende ser una exégesis detallada ni una hermenéutica completa de Efesios. Más bien, queremos considerar a Efesios como una ventana a la eclesiología misionera de Pablo. El apóstol vio a la congregación local como un organismo que debía crecer continuamente en la expresión misional de su naturaleza esencial en el mundo. La frase "una, santa y católica" aplicada a la naturaleza esencial de la iglesia puede remontarse hasta el Credo de los Apóstoles, donde el término *una* está implicado en el sustantivo singular *iglesia*. El Credo de los Apóstoles mismo está basado en las confesiones cristianas más antiguas. De modo que no debiera sorprendernos que Pablo ya estuviera trabajando con estas ideas básicas en sus imágenes de la iglesia en Efesios.

Al tratar la eclesiología misionera de Efesios, podríamos pasar una cantidad excesiva de tiempo examinando las varias palabras que se refieren a la iglesia. Martían Lutero detestaba la antigua palabra alemana *Kirche* debido a sus asociaciones institucionales y jerárquicas, y prefería palabras como multitud (*Haufe*), convocación (*Versammlung*), asamblea (*Sammlung*) y congregación (*Gemeinde*). En realidad, las palabras mismas no son tan importantes como lo es el énfasis de la Reforma sobre la naturaleza de la iglesia, tal como está expresado en el Credo de los Apóstoles: la comunión de los santos. Este énfasis sobre al iglesia como congregación, comunión o compañerismo fue central en la definición paulina de la iglesia, la cual estaba basada en el concepto de pueblo de Dios del Antiguo Testamento (Hanson 1986). El Nuevo Testamento usa la palabra *ekklēsia* más de cien veces, e invariablemente el significado implica la idea de una asamblea, ya sea la reunión o los individuos reunidos (Kittel y Friedrich 1964-76, 3:501-13).

Pero, en general, un estudio semántico hace poco para enriquecer nuestra comprensión de la naturaleza de la iglesia. Los antropólogos lingüistas han sugerido que para entender un concepto dado en su ambiente cultural, es útil buscar equivalentes dinámicos de pensamiento, imagen y sentimiento. Un aspecto de este método incluye imágenes de palabras que transmiten significado gráficamente. Paul Minear (1969) encontró 96 imágenes diferentes de la iglesia en el Nuevo Testamento. Un análisis cuidadoso de las imágenes de la iglesia en Efesios puede ser particularmente de ayuda para entender la visión de Pablo sobre la misión de la iglesia.

En Efesios encontramos que la palabra *ekklēsia* aparece sólo nueve veces. Esto es sorprendente en vista del hecho que muchos eruditos reconocen a Efesios como el punto álgido del pensamiento de Pablo acerca de la iglesia. La ausencia de la palabra *ekklēsia* en Efesios debería hacernos tomar conciencia de que, en esta epístola, Pablo desarrolla su pensamiento no tanto con proposiciones lógicas griegas, sino con una representación o imágenes pictóricas al estilo hebreo. Una mirada más de cerca a la epístola, revela por lo menos quince imágenes en forma de palabras, concernientes a la naturaleza de la iglesia. Las más importantes de éstas son santos, el cuerpo, soldados usando la armadura de Dios y la esposa de Cristo. Luego hay una serie de imágenes menos importantes, usadas para embellecer a las principales: el pueblo elegido de Dios, los hijos o la familia de Dios, la hechura de Dios, la construcción del templo de Dios, una canción de alabanza o una ofrenda, y una nueva humanidad o nuevo ser. Y finalmente, un espectro de imágenes que fulgura una sola vez en la epístola: la anchura, largura, altura y profundidad del amor de Cristo; los imitadores de Dios; el reino de Cristo; los hijos de luz; los sabios; y los embajadores. Estas claras fotografías nos ayudan a entender la naturaleza de la iglesia, tal como Pablo la vio. En la exposición que viene a continuación vamos a entretejer estas imágenes con las antiguas palabras del credo: "una, santa y católica." Esto significa que debemos comenzar en el corazón mismo de la epístola, con el concepto de la unidad del cuerpo de Cristo.

La misión de la iglesia como unidad (Ef 4:1-16)

El apóstol Pablo declara categóricamente: "Hay un solo cuerpo y un solo Espíritu, así como también fueron llamados a una sola esperanza; un solo Señor, una sola fe, un solo bautismo; un solo Dios y Padre de todos, que está sobre todos y por medio de todos y en todos" (4:4-6). No confesamos ser "santas iglesias católicas," o "familias de Dios," o "pueblos de Dios," o "cuerpos de Cristo," o "nuevos pueblos de Israel." En la visión bíblica de la iglesia, el plural sólo se refiere a la ubicación geográfica y no al ser existencial. En su esencia, hay una sola iglesia y nunca puede haber más de una. En Efesios, la palabra *ekklēsia* aparece sólo en singular. Aceptamos por fe el hecho de la unicidad de la iglesia. Esta unicidad es algo dado por Dios y no fabricado por los seres humanos. Es una unicidad ligada por el Espíritu de Dios, quien reúne a la iglesia. La iglesia permanece como la misteriosa *creatio Deo*, creada por la presencia del Consolador en medio de pecadores escogidos y justificados. Pablo habla de que la iglesia llega a existir, de la misma manera en que un edificio es construido. Y Dios, a través del Hijo y del Espíritu Santo, es el constructor divino (Ef 2:10, 21-22). El medio de la actividad constructora de Dios es la misión. Nosotros recibimos de Dios el fruto de su actividad constructora, como un regalo de su parte en la unidad del cuerpo de Cristo. Como Karl Barth lo ha expresado: "La Iglesia es su Cuerpo, creado y continuamente renovado por el poder avivador del Espíritu Santo. No hay justificación teológica, espiritual o bíblica para la existencia de una pluralidad de iglesias genuinamente separadas de esta manera y mutuamente excluyéndose unas a otras internamente y por lo tanto externamente. Una pluralidad de iglesias en este sentido, significa una pluralidad de señores, una pluralidad de espíritus, y una pluralidad de dioses."[112]

Como un artículo del credo, la unicidad de la iglesia es una afirmación de fe. Pero en medio de nuestro resquebrajamiento y división, la unicidad de la iglesia no es obvia. Somos gentiles, extranjeros, ajenos divididos por el muro de enemistad (Ef 2:11-14). Aun así, aceptamos por fe el hecho de ser un cuerpo, porque creemos en un Dios, en un Jesucristo, en un Espíritu.

Esta confesión tiene una significación práctica. Dado que aceptamos con base en la fe la unicidad de la iglesia, por lo tanto, luchamos para lograr esa unidad (Ef 4:1-3). Pablo nos exhorta a caminar como es digno de nuestra vocación (hacia la unidad), a que seamos humildes, mansos, pacientes, tolerantes, precisamente porque debemos esforzarnos por "mantener la unidad del Espíritu mediante el vínculo de la paz (v. 3). Esta unidad del cuerpo no es sólo una unidad externa, institucional, organizacional, sino que implica más profundamente una unanimidad interna. Pablo habla de este espíritu unificado en Filipenses 2:1-11 y en 1 Corintios 1:12-13. Esta es una cuestión de ser miembros unos de otros (1 Cor 12). Las alegrías y los honores, los duelos y los dolores de cada miembro tienen repercusiones

---

[112] Barth 1936-69, 4.1:661, 675. En esta sección, Barth va aún más allá, para afirmar la obra de Cristo y del Espíritu Santo al crear la iglesia como su cuerpo.

sobre todos los miembros, porque todos son *un* cuerpo. En Efesios, Pablo no habla de denominación ni de consejo ni de asociación. Pablo habla de cuerpo. Él quiere que nosotros aceptemos con base en la fe, la unicidad de la iglesia y que luchemos para lograrla *en el ejercicio de nuestros dones en el servicio al mundo.*[113] La admonición de Pablo en Efesios 4:1-6 de que seamos uno, se explica más completamente en 4:7-16, donde se presenta la idea de un cuerpo con miembros que ejercitan sus dones como parte de ese cuerpo. A cada miembro le ha sido dado un don (4:7). El dador es el Cristo cósmico, quien ha llenado el universo (4:8-10). Los dones en sí mismos incluyen las capacidades de ser apóstoles, profetas, evangelistas, pastores y maestros (4:11-12). El propósito de los dones es equipar a los santos para el servicio diaconal y para la edificación del cuerpo de Cristo (4:12).

Así es que la idea de unicidad no incluye reunir a muchos individuos o denominaciones como piezas de un rompecabezas, para obtener un todo más grande. El concepto de Pablo es que el todo define la identidad de las partes y es más que la suma de las partes. Ésta es una perspectiva de clan y de tribu. Los individuos tienen significación en sí mismos, pero derivan su significado último del lugar que tienen en el todo. Tal como Pablo lo expresó en 1 Corintios 12, una mano, una oreja o un ojo no tienen ningún significado, ninguna tarea, ninguna identidad en sí. Adquieren importancia como parte del cuerpo entero.

Este concepto del cuerpo cuestiona al individualismo occidental, tanto como al conformismo marxista. Las personas son extremadamente importantes y únicas, pero sólo en y mediante su participación especial en el todo, ejercitando sus dones únicos, de acuerdo a la gracia que les es dada. Éste es el sentido con el que entender el antiguo dictum cipriánico, *extra ecclesiam nulla salus* (fuera de la iglesia no hay salvación). Aparte del cuerpo, ningún miembro puede mantener su vida, su identidad o su propósito.

La unicidad de la iglesia es extrovertida. Los dones son dados con un propósito. Los dones son para equipar a los santos, de modo que puedan llevar a cabo la *ergon diakonias* (la obra de servicio, 4:12). Y en este esfuerzo, los santos unidos trabajan *eis oikodomēn tou sōmatos tou Xristou* (para la edificación del cuerpo de Cristo). Esta es la unidad de la iglesia de adentro para afuera (*The Church Inside Out*, Hoekendijk, 1964; 1966a). Los miembros ejercitan sus variados dones para prepararse unos a otros para la misión y el ministerio en el mundo. Esta unicidad no es un club introvertido de entusiastas que piensan

---

[113] Barth 1936-69, 4.2:614-41, acentúa este punto. Su frase a este respecto es "ser para el mundo."

igual. Aquí hay un cuerpo de apóstoles, profetas, evangelistas, pastores y maestros, que se asisten y habilitan unos a otros en la proclamación del evangelio al mundo a su alrededor. Es el cuerpo que explotó en acción en aquellos primeros años, yendo a todas las naciones para hacer discípulos predicando, enseñando y bautizando (Mat 28:19-20). Este cuerpo era conocido por compartir todas sus posesiones (Hech 4:32), por preocuparse por los enfermos y por cuidar de las viudas, de los huérfanos y de los pobres. Esta es una unicidad externalizada, la cual recorre las carreteras y los caminos secundarios del mundo con una invitación para la gran fiesta. Jesús enfatizó esta perspectiva externalizada de unicidad, en su oración como sumo sacerdote: "Yo les he dado la gloria que me diste, para que sean uno, así como nosotros somos uno: yo en ellos, y tú en mí. Permite que alcancen la perfección en la unidad, y así el mundo reconozca que tú me enviaste, y que los has amado a ellos tal como me has amado a mí" (Juan 17:22-23).

El propósito dominante aquí es que la iglesia puede crecer para ser una: "De este modo, todos llegaremos a la unidad de la fe y del conocimiento del Hijo de Dios, a una humanidad perfecta que se conforme a la plena estatura de Cristo. . . . Más bien, al vivir la verdad con amor, creceremos hasta ser en todo como aquel que es la cabeza, es decir, Cristo. Por su acción todo el cuerpo crece y se edifica en amor, sostenido y ajustado por todos los ligamentos, según la actividad propia de cada miembro" (Ef 4:13, 15-16). El crecimiento es el punto de Pablo.[114] Esto es crecimiento en mayor unidad, mediante la incorporación de otros miembros dentro del cuerpo (crecimiento numérico); crecimiento mediante el desarrollo espiritual de los miembros del cuerpo, a medida que ellos ejercitan los dones para el bien del mundo (crecimiento orgánico y espiritual); crecimiento mediante el impacto creciente del cuerpo de Cristo en el mundo, al cual ha sido enviado (crecimiento en servicio diaconal); y, crecimiento mediante una comprensión incrementada del señorío de Cristo en la iglesia, lo cual nos impedirá ser "llevados de aquí para allá por todo viento de doctrina" (4:14, crecimiento teológico).

Entonces, la misión y la unidad están ligadas en la visión que Pablo tiene de la iglesia. Un día habremos crecido hasta tal punto que Cristo se la presentará a sí mismo "como una iglesia radiante, sin mancha ni arruga ni ninguna otra imperfección, sino santa e intachable" (Ef 5:27; ver también Apoc 21:9-10, 25-26).

---

[114] Barth dedica una sección importante en su *Dogmatics* (1936-69, 4.2:641-60) a la edificación de la comunión.

La misión de la iglesia como santidad
(Ef 1:1-14; 4:17-5:5; 5:6-6:20; 3:14-21)

Hablar de la santidad de la iglesia es profundamente perturbador. En eclesiología hemos tenido que crear algunas distinciones cuidadosas tales como visible/invisible, forma/esencia, real/ideal, institución/comunidad, perfecta/imperfecta a los efectos de obtener algún sentido del dolor que sentimos con respecto a la falta de santidad de la iglesia. En Efesios, la idea de santidad fluye de manera profunda y fuerte. Como hemos visto, la comunidad de los santos en una imagen muy dominante en Efesios. Más aún, el llamado a una vida santa, el llamado a ser luz en la oscuridad, la exhortación de batallar contra el mal y contra las potestades del aire como un soldado preparado para la guerra, todo esto constituye un refuerzo de nuestra confesión en el credo concerniente a la santidad de la iglesia.

Aceptamos con base en la fe el hecho de la santidad de la iglesia (Ef 1:1-14). Lo aceptamos porque la santidad es un don de Dios, afirmado por Dios como su propósito para nosotros. Pablo comienza su carta con un himno antiguo exaltando diez bendiciones. El himno es un canto de alabanza a la obra de las tres personas de la Trinidad. ¿Qué ha hecho Dios por nosotros?

> Por el Padre somos (1) escogidos (2) para ser santos, (3) predestinados, (4) adoptados,
> *Coro*: para la alabanza de su gloriosa gracia;
> Por el Hijo somos (5) redimidos, (6) perdonados, (7) conocedores del misterio, (8) reunidos en Cristo y (9) herederos con él,
> *Coro*: para la alabanza de su gloriosa gracia;
> Por el Espíritu somos (10) sellados,
> *Coro*: para la alabanza de su gloriosa gracia.

Esto es lo que somos como pueblo santo de Dios. Aceptamos con base en la fe el hecho de la santidad de la iglesia, porque no la podemos ver. Cuando miramos a nuestras vidas individuales, no vemos mucha santidad. Con la boca confesamos que somos santos (como en Ef 1:1), con el corazón sentimos que somos pecadores (Ef 4:17).

Así es que debemos batallar de manera individual y corporativa, para lograr la santidad de la iglesia (Ef 4:17-5:5). Pablo, el apóstol a los gentiles, cuestiona toda una serie de prácticas de los gentiles. Hace brillar el reflector de la Palabra sobre el maquillaje cultural de sus seguidores, y señala las prácticas humanas que deben modificarse precisamente porque ahora sus conversos constituyen una nueva persona, una cultura transformada (4:24). Aquí Pablo trata algunas cosas muy personales: sensualidad, lascivia, inmoralidad (4:19, 22; 5:3); avaricia (4:19; 5:3, 5); hurto (4:28); indolencia en el trabajo (4:28); malas palabras (4:29; 5:4); amargura y enojo (4:31); y mentira (4:25).

Pablo quiere que nosotros sepamos que la iglesia se ve directamente afectada por cómo hablamos, cómo trabajamos en nuestros empleos, cómo usamos (o abusamos de) nuestros cuerpos, cómo pensamos y evaluamos, cómo nos relacionamos con los que están en necesidad. La santidad de la iglesia está directamente relacionada con la vida de la nueva persona en el mundo. Cómo pagamos nuestros impuestos, cómo manejamos las finanzas familiares y de nuestro negocio, cómo votamos políticamente y lo que decimos en público y en privado, todo afecta directamente a la santidad de la iglesia. Cuando como miembros de la iglesia confesamos creer en la santidad de la iglesia, nosotros hacemos un compromiso de santidad propia. Esto implica una conducta recta que demanda la transformación de nuestra cultura, nuestra economía, nuestra política, nuestra educación, e incluso de nuestros estilos de vida (Sider 1977; 1980).

En otras palabras, Pablo quiere que nosotros reconozcamos que ejercitamos nuestra santidad como una expresión de la santidad de la iglesia (Ef 5:6-6:20). Integrada por hijos de luz (5:8), de manera individual y corporativa, la iglesia lleva iluminación a los extremos más alejados de la oscuridad del mundo mediante la santidad de sus miembros (Mat 5:14). Más aún, la santidad de la iglesia incluye la adoración (Ef 5:19-20), la organización de la iglesia y el rendir cuentas dentro de ella (5:21), las relaciones sexuales (5:22-23), la familia (6:1-4) y el trabajo 6:5-9).

La iglesia debe ser santa en la sociedad, "porque nuestra lucha no es contra seres humanos, sino contra poderes, contra autoridades, contra potestades que dominan este mundo de tinieblas, contra fuerzas espirituales malignas en las regiones celestiales" (6:12). En medio de gran maldad individual y corporativa, la iglesia nunca debe pensar que la fuerza política y económica puede reemplazar a la fuerza de la santidad en el Señor. La iglesia debe tener la verdad como cinturón, debe colocar la justicia en el corazón de todas sus relaciones, debe ponerse el evangelio como calzado, la fe como defensa contra la opresión y el pesimismo, la salvación como su yelmo, debe usar la Palabra de Dios como una espada contra el mal y la oración como consigna que presenta ante Dios las necesidades del mundo. Una vez que la iglesia está vestida con la armadura descrita en Efesios 6:10-20, está lista para comenzar a cambiar al mundo mediante el ejercicio de una verdadera santidad misionera.

La verdadera santidad es crecer en amor (Ef 3:14-21). Aquí Pablo describe la santidad como "poder en el hombre interior por [el] Espíritu" (RVR), como "Cristo [viviendo] por la fe en vuestros corazones" (RVR), como siendo "llenos de toda la plenitud de Dios" (RVR). ¿Y qué es lo que está en el mismo centro de esa presencia santa de Dios en su iglesia? *El amor.* "De este modo todos sabrán que son mis discípulos," había dicho Jesús (Juan 13:35; ver también 15:10-12). No hay ninguna otra actividad que identifique más completamente a los cristianos (y mediante ellos a la iglesia) con su Señor como lo hace el amor. ¿Cuál es el resumen de toda la ley y los profetas? El amor a Dios y el amor al prójimo. La iglesia en Éfeso es llamada a la santidad por estar "arraigados y cimentados en amor," por "comprender, junto con todos los santos, cuán ancho y larg, alto y profundo es el amor de Cristo" (Ef 3:17-19). El amor es el poder radicalmente transformador de la iglesia en el mundo. Como lo ha mostrado Kenneth Scott Latourette (1953, 105-8; 1970, 163-69), el amor liberó una energía tan tremenda en los discípulos de Jesús, que eventualmente conquistó el Imperio Romano. "Nadie tiene amor más grande que el dar la vida por sus amigos" (Juan 15:13). Y aquí dentro yace la santidad misionera de la iglesia. "Este es mi mandamiento: que se amen los unos a los otros," dijo Jesús (v. 17). Es un pensamiento sensato decir con el credo: "Creo en la santa iglesia católica, la comunión de los santos."

**La misión de la iglesia como universalidad
(Ef 1:15-23; 2:1-22; 3:1-13)**

Efesios comienza con un canto de redención y luego continúa en 1:15-23 con una de las cristologías más cósmicas (aparte de Col. 1, la cual se equipara con ésta) que se encuentran en el Nuevo Testamento. Pablo quiere que nosotros conozcamos acerca de la iglesia, conociendo acerca de la cabeza de la iglesia, porque la iglesia deriva su vida, su naturaleza y su misión de la persona de Jesucristo. Como Karl Barth (1936-69, 4.1:663) lo ha expresado:

> No es la comunidad la que es llamada cuerpo o comparada con él, sino Cristo mismo. Él es el cuerpo. Por naturaleza, Él no es simplemente uno (porque un cuerpo es la unión de muchos miembros), sino uno en muchos. No es que el σωμα [cuerpo] sea una buena imagen de la comunidad como tal, sino que Jesucristo es σωμα por naturaleza. . . . La

comunidad no es σωμα porque es una agrupación social, la cual como tal tiene algo de la naturaleza de un organismo. . . . Es σωμα porque en realidad deriva de Jesucristo, porque debido a Él existe como su cuerpo.

De modo que cuando leemos la cristología acabada de Efesios 1, los ojos de nuestro corazón debieran iluminarse (1:18) para reconocer que nos están diciendo algo acerca del cuerpo, la iglesia. ¡Y lo que nos dicen es fantástico! Lo que fue hecho en Cristo es precisamente la "incomparable . . . grandeza de su poder a favor de los que creemos" (1:19). Cristo ha sido levantado de los muertos, sentado a la diestra del Padre en el cielo, colocado muy por encima de todo gobierno y autoridad, poder y dominio, y de todo nombre que se invoque en todo tiempo. Todas las cosas han sido puestas en sujeción debajo de sus pies. Él es entregado a la iglesia como gobernante sobre todas las cosas y es la cabeza del cuerpo, la iglesia. En él se manifiesta la plenitud. Él lo llena todo en todos.

Ahora, si esta cristología cósmica es aplicada al cuerpo del cual Cristo es la cabeza, nos confrontamos con una universalidad de largo alcance. Fundados en la fe, aceptamos el hecho de la universalidad de la iglesia, porque la reconocemos como una expresión de la intención universal de Dios en Jesucristo (Ridderbos 1975, 387-92). Al escoger un pueblo, Dios tuvo la intención de alcanzar al mundo entero. Tal como Johannes Verkuyl (1978, 91-92) nos ha recordado con respecto a Israel: "Al elegir a Israel como un segmento de toda la humanidad, Dios nunca quitó su mirada de las otras naciones; Israel fue la *pars pro toto*, una minoría llamada a servir a la mayoría. La elección de Abraham y de Israel por parte de Dios concierne a todo el mundo."

Fundados en la fe, aceptamos el hecho de la catolicidad de la iglesia, porque todavía no la vemos. En realidad, hay más de mil millones de personas alrededor del mundo, quienes pueden ser contadas dentro de la iglesia cristiana de una u otra manera. Y aun así, hay otros varios miles de millones que están fuera del redil del Pastor. Si la iglesia es para todos, ¿por qué no están todos en la iglesia?

Dado que confesamos la universalidad de la iglesia en Jesucristo, debemos luchar para lograrla en el mundo (Ef 2:1-13). Pablo nos recuerda que en un tiempo todos estábamos lejos de Dios, "muertos en pecados," pero hemos sido levantados con él "para mostrar [a todos los demás] en los tiempos venideros la incomparable riqueza de su gracia, que por su bondad derramó sobre nosotros," quienes hemos sido traídos cerca (2:5-7). Pablo dice que debemos acordarnos de que "en ese entonces [i.e., cuando éramos gentiles de acuerdo a la carne] "ustedes estaban separados de Cristo, excluidos . . . ajenos . . . sin esperanza . . . y sin Dios." Pero ahora "a ustedes que antes estaban lejos, Dios los ha acercado mediante la sangre de Cristo" (2:11-13).

Dado que es para todas la personas, la iglesia nunca puede dejar de llamar, de invitar, de atraer a todos a Cristo. Es apropiado que la iglesia católica recorra todo tipo de caminos, como la mensajera que lleva una invitación especial. La iglesia católica es una comunión completamente abierta, con sus puertas siempre abiertas de par en par, cuyos miembros tienen sus mentes y corazones abiertos a todos. La iglesia católica no debe disminuir su universalidad mediante el exclusivismo, ya sea social, económico, racial, de género, cultural o nacional. La iglesia católica es misionera por su naturaleza misma, enviada a todas las personas precisamente porque la cabeza de la iglesia es "aquel que lo llena todo por completo" (1:23).

Dado que aceptamos la universalidad de la iglesia por fe y luchamos para lograrla en el mundo, entendemos que nuestras vidas cristianas son una expresión de la catolicidad de la iglesia (Ef 2:13-22). Ahora comenzamos a vernos a nosotros mismos como cristianos del mundo. Cristo en su carne (v. 15) ha derribado la pared intermedia de separación (vv. 13-14). Ahora todas las distinciones étnicas y sociales han sido abolidas en la plenitud de un cuerpo, cuyos miembros han sido reconciliados mediante la participación en la muerte y la resurrección de Cristo (2:16-18). Ya no somos "extraños ni extranjeros, sino conciudadanos de los santos y miembros de la familia de Dios" (2:19), el edificio que Dios está construyendo (2:20-22).

Todos nosotros hemos sido atraídos hacia la iglesia católica, de modo que la iglesia llegue a ser cada vez más universal. Luego somos enviados a hacer discípulos de los demás. La iglesia no es un club de privilegio exclusivo. Tampoco es la iglesia un lugar para venir y descansar de nuestras labores. Hemos sido traídos adentro de ella para que podamos reunir a otros dentro de este reino de gracia. Hemos sido atraídos "para mostrar [a todos los demás] . . . la incomparable riqueza de su gracia, que por su bondad derramó sobre nosotros en Cristo Jesús" (2:7).

A medida que la universalidad de la iglesia se abre camino a través de los miembros del cuerpo, el cuerpo crece hacia la universalidad venidera de la iglesia católica (Ef 3:1-13). La exposición que hace Pablo de la naturaleza misionera de la iglesia en la epístola a los Efesios es a la vez profunda y simple. Reconocida por fe, la universalidad de la iglesia llega a ser algo por lo cual la iglesia lucha a través de la vida de cada miembro del cuerpo. La consecuencia natural es el crecimiento. Como casa de Dios, templo santo (2:19, 21), la iglesia continúa creciendo geográfica, cultural, numérica, étnica y socialmente. Y aquí yace el misterio concerniente a los gentiles, que le fue revelado a Pablo como siervo del evangelio (Ef 3:2-12).

Tomado prisionero por la universal intención de Cristo Jesús, Pablo es enviado "por el bien de ustedes los gentiles" (3:1). Pablo es hecho mayordomo del misterio: "los gentiles son, . . ., beneficiarios de la misma herencia, miembros de un mismo cuerpo" (3:6). El misterio revelado a Pablo es en realidad la catolicidad de la iglesia. Él debía "predicar a las naciones las incalculables riquezas" del señorío cósmico de Cristo (3:8), "el fin de todo esto es que la sabiduría de Dios, en toda su diversidad, se dé a conocer ahora, por medio de la iglesia . . ., conforme a su eterno propósito [universal] realizado en Cristo Jesús nuestro Señor" (3:10-11). Viviendo en la encrucijada de Asia Menor, en una ciudad cosmopolita, llena de personas de muchas razas, colores y lenguas, los cristianos efesios, aunque anteriormente extraños, ahora son parte de esa gran muchedumbre del Padre, "de quien recibe nombre toda familia en el cielo y en la tierra" (3:15; ver también Fil 2:9-11).

Hemos estudiado la naturaleza misionera de la iglesia a través de las imágenes que nos fueron provistas por Pablo en Efesios, y hemos relacionado esas imágenes con el credo. Al hacer esto, nos hemos confrontado con una visión poderosa de la congregación local en misión. Por el mismo hecho de confesar nuestra fe en la una "santa iglesia católica, la comunión de los santos," intencional e inevitablemente nos hemos comprometido a participar en la misión de Dios en el mundo.

Capítulo 6

La iglesia misionera en perspectiva histórica

La visión energizante que Pablo tiene de la iglesia misionera como una, santa y católica pasó por una modificación significativa durante los siglos siguientes. Aunque fueron afirmadas las tres palabras y fue agregada una cuarta ("apostólica") en Nicea, la iglesia luchó con bastante poco éxito, durante el milenio siguiente, para mantener una visión de sí misma orgánica, dirigida hacia fuera y misional.

Pablo había demostrado que en su apertura hacia Dios, la humanidad y el futuro, la iglesia está en tensión entre lo que es y lo que debiera ser. Pero esta tensión misma puede ser la fuerza de empuje que mueva a la iglesia para que llegue a ser lo que realmente es, para emerger de una semilla y transformarse en un árbol completamente crecido. Como cristianos que reflexionamos sobre la naturaleza y misión de la iglesia, aquí estamos preguntando acerca de la esencia de la iglesia.

Uno pensaría que esto en una tarea fácil. Por lo menos Martín Lutero (1955, xi) parecía pensar así cuando escribió en los Artículos de Esmalcalda en 1537: "Gracias a Dios, un niño de siete años sabe qué es la iglesia, es decir creyentes santos y ovejas que oyen la voz de su pastor (Juan 10:3). Así es que los niños oran diciendo: ´Creo en la única iglesia cristiana.´ Su santidad no consiste en sobrepellices, tonsuras, albas, ni otras ceremonias que [los papistas] hayan inventado por encima y más allá de las Sagradas Escrituras, sino que consiste en la palabra de Dios y en la verdadera fe." Más recientemente, Hendrik Kraemer se acercó a la simplicidad de la definición de Lutero cuando dijo: "Donde hay un grupo de cristianos bautizados, allí está la Iglesia."[115]

Aun así, la cuestión no es fácil. Incluso Lutero pareció sentirse obligado a incluir la antigua fraseología confesional: "*Creo* en la iglesia." El elemento de "creer en la iglesia" nos dice que la iglesia es más de lo que puede verse, más de lo que existe en el momento, más que lo que nuestra débil fe puede abarcar y más que lo que una lista de sus atributos pueda decirnos sobre la iglesia (Van Engen 1981, 48-94). Como señala G. C. Berkouwer (1976, 7):

---

[115] Cf. International Missionary Council 1952.

La persona que se sienta urgida a reflexionar sobre la Iglesia, sobre su realidad para la fe (*credo ecclesiam*), se encuentra cara a cara con una serie de variadas preguntas, todas estrechamente ligadas al hecho de que hay muchas iglesias, así como muchas visiones diferentes de la esencia de la Iglesia. Especialmente en nuestros días, se asoma otra pregunta por detrás de estas preguntas: en vista del lugar de la Iglesia en el mundo hoy, ¿es tal reflexión realmente relevante? . . . Cuanto más pretende ser la Iglesia, tanto más aparece la pregunta con respecto a lo obvias que realmente son las declaraciones hechas acerca de la Iglesia. ¿Son esas declaraciones realmente creíbles?

Aun cuando uno enfatice que la Iglesia nunca puede ser explicada a partir de sus componentes históricos, psicológicos y sociales, uno todavía no puede negar que la intención del *credo ecclesiam* es señalar a ninguna otra cosa fuera de lo que se acostumbra llamar la Iglesia "empírica."

De Nicea al Vaticano I

En el Credo de los Apóstoles la iglesia confesó: "Creo en el Espíritu Santo, la [una] santa iglesia católica, la comunión de los santos." Con el agregado de "apostólica" en Nicea y Constantinopla, estas cuatro palabras ("una," "santa," "católica," "apostólica") han hablado de la esencia de la iglesia desde sus más antiguos comienzos.

La iglesia siempre ha entendido que cuando estas palabras se refieren a su naturaleza, "deben ser cualidades visibles de la Iglesia como existe en realidad (Dulles 1974, 126). No podemos capturar la esencia de la iglesia con ideas abstractas fuera de contacto con su vida en esta tierra. Y aun así, tampoco procuraremos describir la institución puramente como es. Más bien debemos buscar las marcas de la verdadera comunidad en su naturaleza como una comunión organizada institucionalmente. "La única manera en que podemos medir a una iglesia es por lo que podemos ver" (Getz 1979, 16). Y aun así, paradójicamente, también podemos saber que la iglesia no es lo que vemos: es santa pero pecadora, una pero dividida, universal pero particular, apostólica pero siempre impregnada de las estructuras de pensamiento de su propio tiempo.

Originalmente, la iglesia no hacía ninguna distinción entre el significado lógico de las cuatro palabras y la realidad visible hacia la que apuntaban. Así es que J. N. D. Kelly (1960, 190) señala: "El término 'santo,' el epíteto troncal de la Iglesia, expresa la convicción de que es el pueblo escogido de Dios y está habitada por su Espíritu. Con respecto a 'Católica' su significado original era 'universal' o 'general,' y en este sentido Justino puede hablar de 'la resurrección católica.' Aplicada a la Iglesia, su significado primario era subrayar su universalidad, en oposición al carácter local de las congregaciones individuales." Los teólogos antiguos no hacían ninguna distinción entre la iglesia visible y la invisible. Esta fraternidad o comunión universal casi siempre era concebida como una sociedad visible empírica. Esta era la verdadera y existente fraternidad de Cristo, llamada por el Espíritu, abierta a todas las personas en todo el mundo.[116] En la percepción de sí misma que tenía la iglesia primitiva, la unicidad, santidad, catolicidad y apostolicidad eran medios por los cuales medir errores a medida que aparecían. Eran puntos de referencia por los cuales detectar la herejía.

No obstante, con el tiempo, los cuatro términos comenzaron a ser considerados propiedades, luego criterios y finalmente *notae*, las particularidades reconocibles de la iglesia romana, las cuales constituyeron la base para defender el *satus quo*. Fueron usadas para señalar la santidad, la perfección, el carácter acabado y la condición de ser de la sede romana establecida por Dios, y constituyeron la base para defender una institución llamada "iglesia" en contraste con otra.

Para el año 1400, la iglesia romana creía que los dones de unidad, santidad, catolicidad y apostolicidad debían ser celebrados como su propiedad exclusiva. La función última de las cuatro palabras llegó a ser la autojustificación, en lugar del autoexamen. Numerosos apologistas usaron los cuatro atributos clásicos principalmente como respaldo para la autenticidad de la iglesia romana. Eventualmente, el Vaticano I iba a declarar que la iglesia es en sí misma "un motivo grande y duradero para su credibilidad y su misión divina" (Küng 1968, 266).

De la Reforma Protestante al siglo XX

Debido a la apropiación estática y auto-justificada de los cuatro términos por parte de la iglesia romana, los reformadores sintieron que era importante hacer una distinción entre *atributos* y *notae*. G. C. Berkouwer (1976, 14) explica:

---

[116] Kelly 1960, 190-91, cita a Clemente de Roma, a Justino, a Ignacio, a 2 Clemente y a Hermas con respecto a esto.

Al estudiar la historia de la Iglesia, encontramos una distinción sorprendente . . . entre los atributos y las particularidades de la Iglesia. A primera vista, la distinción es muy poco clara, dado que uno podría esperar que la Iglesia pueda ser conocida y demarcada con precisión por medio de sus "atributos." No obstante, una inspección más de cerca muestra que hay una motivación explícita subyacente para esta distinción, la cual jugó un papel de gran alcance en la controversia entre Roma y la Reforma, y que estaba relacionada con la pregunta de cómo debiera uno ver los atributos de la Iglesia . . . Al hablar de las marcas de la Iglesia, las *notae ecclesiae*, la Reforma introdujo un criterio por el cual la Iglesia podía ser y debía ser probada para ver si era verdaderamente la Iglesia. Este motivo de probar en eclesiología agrega una perspectiva enteramente nueva e importante a la doctrina de los atributos de la Iglesia, y es de significación decisiva para la naturaleza de la iglesia y sus atributos.

El tema en discusión en esta muy importante distinción es la función de las cuatro palabras. En la visión de los reformadores, la iglesia romana las trataba como atributos, como conceptos estáticos que reflejaban una eclesiología en la cual todo se decidía simplemente sobre la base de que existía una iglesia y que necesariamente poseía un número específico de atributos, sin considerar que pudieran realmente ser vistos en la vida de la iglesia. Los reformadores encontraron que este uso de las palabras era totalmente inaceptable. Ellos sintieron la necesidad de sugerir algo más profundo, una prueba que pudiera demostrar la proximidad o lejanía de la iglesia de su centro en Jesucristo (Hendrikus Berkhof 1979, 409). Esto impulsó a los reformadores a buscar un nuevo paradigma que los pudiera ayudar a verificar si la esencia de la iglesia en realidad estaba presente. Berkouwer (1976, 14-15) explica:

> Es llamativo en conexión con esto, que las cuatro palabras en sí mismas nunca fueron discutidas, dado que los reformadores no optaron por otros "atributos." Hay una adhesión común en todas partes a la descripción de la Iglesia en el Credo de Nicea: una, santa, católica y apostólica. . . . Si la Iglesia es verdaderamente una y católica, apostólica y santa, es algo que no se cuestiona. Más bien se menciona una cantidad de particularidades, *viz.*, la predicación pura del evangelio, la administración pura de los sacramentos y el ejercicio de la disciplina de la iglesia. . . . El punto decisivo es

este: la Iglesia es y debe permanecer sujeta a la autoridad de Cristo, a la voz del Señor. Y en esta sujeción, es probada por Él. Ese es el motivo común de la Reforma, que subyace a las *notae*.

Así es que para los reformadores, las tres marcas de la iglesia eran modos por los cuales la iglesia podía cerciorarse de su proximidad o distancia de Jesucristo, el único y solo centro de la esencia de la iglesia. La predicación pura de la Palabra, la correcta administración de los sacramentos y el ejercicio apropiado de la disciplina eran pruebas por las cuales la iglesia podía ser medida con respecto a su fidelidad a su Señor. La presencia del Señor en medio de la iglesia probaría todas sus actividades, dogmas y posturas en cuanto a disciplina. Los reformadores quisieron señalar algo detrás y más allá de los cuatro atributos, es decir el centro, Jesucristo, a quien la iglesia debía su vida y naturaleza. Dado que los cuatro atributos habían perdido su función probatoria, se necesitaban la Palabra y los sacramentos para volver a establecer un foco sobre la base del ser y la verdad de la iglesia, Jesucristo. Jesucristo sería el punto de enfoque, mientras el evangelio era proclamado en palabra y obra en la vida y adoración de la iglesia. Tal enfoque también reorientaría a la iglesia otra vez hacia la función probatoria de los cuatro atributos. Como lo expresa Avery Dulles (1974, 126-27): "Con seguridad, el evangelio es uno y santo. Al ser dirigido a todos los hombres, es católico. Dado que nunca puede cambiarse en un 'evangelio diferente' (cf. Gál 1.6), permanece 'apostólico.' La Iglesia, en tanto viva conforme al evangelio, compartirá estos atributos. No obstante, la Iglesia no se proclama a sí misma. . . . Se considera que la Iglesia debe estar bajo del evangelio y ser juzgada por él."[117] Los reformadores sintieron que la iglesia no hacía ningún bien si pretendía ser una, santa, católica y apostólica y aun así no estaba orientada hacia la cabeza del cuerpo, Jesucristo, la base y meta de las cuatro palabras antiguas.[118]

Desafortunadamente, para el siglo XVII las mismas marcas de la Reforma se transformaron en medios para destruir la unidad, la verdadera santidad y la catolicidad. Ellas también llegaron a ser herramientas dogmáticas y polémicas para diferenciar a una iglesia como verdadera, en contraposición con otra. En un sentido, ellas también terminaron funcionando como atributos, porque perdieron su

---

[117] Ver también Küng 1968, 268.
[118] Ver Calvino 1960, 282-86: Van Engen 1981, 237-39.

función probatoria, de autoexamen y dinámica. La lucha por una eclesiología viva y dinámica se perdió otra vez:

> Primero, es claro que todas las definiciones de la iglesia escritas durante el siglo XVI estuvieron influidas por factores sociales y religiosos prevalecientes en ese tiempo. . . . Segundo, las marcas de la iglesia lo llevan a uno sólo hasta cierta distancia, dado que su interpretación puede variar considerablemente. Los luteranos difieren de los calvinistas, algunos luteranos de otros luteranos, y algunos calvinistas de otros calvinistas, precisamente porque cada grupo coloca su propia connotación sobre tales palabras como "correctamente" y "puramente."
> Tercero, aunque las definiciones de la Reforma tienen su punto de partida en las Escrituras, no son necesariamente "escriturarias," porque las descripciones escriturarias de la Iglesia surgen del contexto de la misión, mientras que las definiciones de la Reforma surgen de una situación dada en la sociedad. . . . Por último, el efecto del pensamiento de la Reforma sobre el presente debe ser visto por lo que es y reconocido donde sea que aparezca. Un efecto es que cualquiera que adhiere en forma rígida a los conceptos de la Reforma sobre la iglesia está en peligro de tener una visión de la Iglesia estanca o estática. . . . La Iglesia debe mirar a Dios y al mundo y encontrar su razón de ser como pueblo de Dios en el mundo de Dios. [Piet 1970, 28-29.]

El tiro por elevación de este desarrollo en la eclesiología es que para el siglo XX, ni los católicos romanos ni protestantes estaban muy seguros de la medida en que ellos encarnaban la esencia de la iglesia. La iglesia había perdido la habilidad de mantener una eclesiología dinámica en constante reforma. Agregado a esto, los cristianos continuaban teniendo problemas con el hecho de que no reconocían la unicidad, santidad, catolicidad y apostolicidad en la experiencia real. Había también una sospecha creciente acerca de lo inadecuado de una perspectiva monofisita de la iglesia, la cual veía a la iglesia teniendo una sola naturaleza, ya sea divina o humana.[119] De modo que los

---

[119] E.g., la Tercera Conferencia Mundial sobre Fe y Orden (1952) afirmó: "Acordamos en que no hay dos iglesias, una visible y otra invisible, sino *una Iglesia la cual debe encontrar una expresión visible sobre la tierra.*" Ver Vischer 1963, 103. Mucho antes, Abraham Kuyper 1883, 7-8 había defendido un perspectiva similar en una sección intitulada "Waarom de ééne zelfde kerk op aarde tegelijk onzichtbaar en zichtbaar zij."

eclesiólogos comenzaron a buscar una manera de ver a la iglesia tanto divina como humana, tanto un organismo como una organización, tanto una comunión como una institución. Esto, a su vez, demandó que volvieran a considerar los atributos nicenos y las marcas protestantes para encontrar una manera de percibirlas tanto como dones y tareas.

Una nueva mirada a las cuatro palabras

Para remediar la situación, Hans Küng y G. C. Berkouwer, junto con Avery Dulles, Hendrikus Berkhof y Karl Barth llamaron a volver a examinar los atributos, en procura de una manera de inyectar dentro de los cuatro un elemento de prueba y autocrítica que hiciera de ellos tanto dones como tareas. Así es que el don de la naturaleza de la iglesia de ser una acarrea la tarea de luchar hacia la unidad, viviendo como una, uniéndose en el Señor. El don de la naturaleza de la iglesia de ser santa acarrea la tarea de luchar hacia la santidad en sus miembros, en su organización, en su vida en el mundo, en su recepción y expresión de la Palabra de Dios. El don de la iglesia de ser católica acarrea la tarea de crecer en catolicidad, es decir en universalidad geográfica, cultural, racial, espiritual, numérica y temporal, alrededor del Señor de señores que pronuncia su Palabra a todas las criaturas. Finalmente, el don de la iglesia de ser apostólica acarrea la tarea de descubrir el evangelio apostólico, viviendo de manera apostólica, y siendo enviada como apóstoles al mundo.

Al adoptar esta perspectiva, la iglesia que confesamos por fe llegará a ser reconocible a través de su vida real en el mundo. También habrá nuevas posibilidades estimulantes para la iglesia en misión:

> Lo que parece claro es que [tenemos] tanto una conciencia profunda de la absoluta futilidad de la vida sin Dios, como a la vez un hambre y una sed por la realidad espiritual completamente nuevos. Lo que es igualmente claro es que el viejo orden de la iglesia establecida y organizada, recostada sobre sus estructuras y tradiciones en lugar de hacerlo sobre la renovación del Espíritu Santo, ya no sirve. Los rituales y credos de la iglesia, desprovistos de vida espiritual, nunca satisfarán a los que de maneras propias y diferentes están buscando al Dios viviente.
>
> No obstante, si la iglesia tiene la habilidad de redescubrir su identidad, como le fue dada originalmente por Dios en las Escrituras y como fue hecha viva y relevante por el Espíritu de Dios para todas las generaciones, podríamos estar en el tiempo más excitante y estimulante de la historia

de la iglesia que jamás haya habido. Humanamente hablando, todo depende de nuestra habilidad de capturar una nueva visión de la iglesia, tal como debiera ser, con base en nuestra voluntad de cambiar donde sea necesario, y por sobre todo con base en nuestra determinación de mantener nuestras vidas continuamente abiertas a la renovación espiritual. [Watson 1979, 37-38.]

En otras palabras, debemos movernos de nuestra concepción de lo que la iglesia es, a un compromiso con lo que la iglesia debe llegar a ser (Moltmann 1977, 2).

Una vez que vemos las cuatro palabras como dones y también como tareas, encontramos que ya no estamos restringidos, encerrados, comprimidos dentro de los confines de una institución, la cual puede no reflejar las cualidades esenciales de la iglesia.

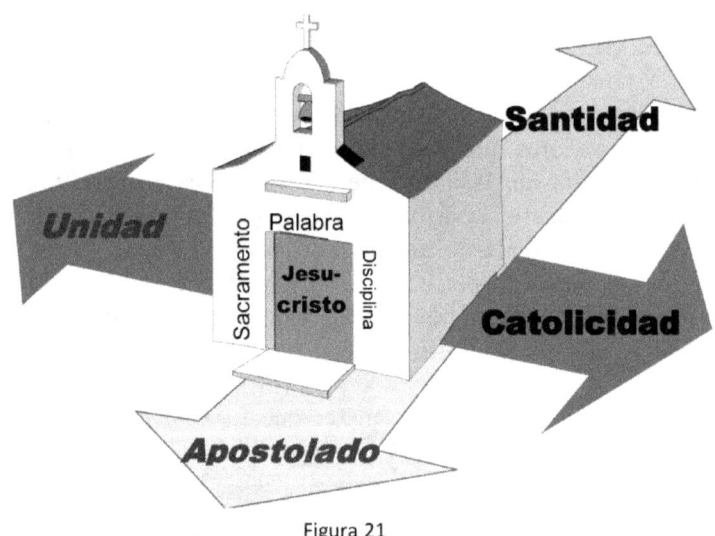

Figura 21

Una visión dinámica de los cuatro atributos de la iglesia

Ahora somos disparados más allá de nosotros mismos, hacia los confines de lo que podría ser, pero todavía mantenemos un contacto íntimo con la médula central de la naturaleza de la iglesia. En realidad, el centro mismo comienza a expandirse. En su esencia, la iglesia comienza a extenderse más allá de sí misma. La iglesia verdaderamente comienza a darse vuelta desde adentro hacia afuera, tal como Johannes Hoekendijk ha abogado (1964, 1966a).

La figura 21 retrata el movimiento dinámico hacia afuera de los atributos de la iglesia. Jesucristo está en el centro mismo de la definición de la iglesia, lo cual es reconocido en las marcas de la Reforma y expresado a través de los cuatro atributos. No obstante, esos atributos no pueden expresar la presencia de Cristo en la iglesia, a menos que les sea dada una dirección expansiva como dones y también tareas de la vida de la iglesia. Cuando esto ocurre, se expanden hacia fuera, hacia la periferia donde la iglesia y el mundo se encuentran (Newbigin 1954, 47-60).

Las cuatro palabras como acción misional

Pero misiológicamente no podemos detenernos aquí. Debemos buscar una manera de mantener una comprensión misional dinámica de las cuatro palabras. La perspectiva Küng-Berkouwer de don y tarea es deficiente en este respecto, porque tiende a mirar a la iglesia mayormente hacia adentro e ignora al mundo en el cual la iglesia vive, para el cual la iglesia existe y al cual la iglesia es enviada. Jürgen Moltmann (1977, 341-42) está entre un número de eclesiólogos más recientes que demandan una mirada hacia el mundo de afuera en el cual la iglesia debe ser la iglesia:

> El tema . . . se torna difícil . . . cuando la una, santa, iglesia católica reunida alrededor de la palabra y el sacramento considera su situación en nuestro mundo dividido, injusto, inhumano, y por el que se pelea. ¿No es el Cristo proclamado en la iglesia el que predicó el evangelio a los pobres? ¿No es el Cristo de su eucaristía también el hermano del que es perseguido fuera de la iglesia? . . . Por lo tanto, no podemos darle a las marcas de la iglesia meramente sentidos que tiendan en dirección hacia adentro, entendiéndolas a la luz de la palabra y el sacramento. Con el mismo grado, debemos darles una dirección hacia afuera y verlas con referencia al mundo. No son importantes meramente por las actividades internas de la iglesia; son incluso más importantes por el testimonio de la forma de la iglesia en el mundo.

De modo que Moltmann continúa demandando una perspectiva radicalmente misional de las cuatro palabras:

> La unidad de la iglesia es su unidad en libertad. La santidad de la iglesia es su santidad en pobreza. La apostolicidad de la iglesia lleva la señal de la cruz y su

catolicidad está ligada a su respaldo partidario de los oprimidos.

En *The Church and the Poor*, Jon Sobrino (1984, 98-121), siguiendo el pensamiento de Moltmann, desarrolla su propia visión más fuertemente misiológica siguiendo la línea de la unidad de la iglesia de los pobres, la santidad de la iglesia de los pobres, la catolicidad de la iglesia de los pobres y la apostolicidad de la iglesia de los pobres: "Yo creo que la Iglesia de los pobres es una iglesia auténticamente misionera dedicada a la evangelización. La misión es mucho más importante que en el pasado; ha cambiado el ser mismo de la Iglesia."[120]

Los católicos romanos latinoamericanos también han sido imitados por los protestantes. A través de un amplio espectro de pensamiento, hay un sentido creciente del deber de impregnar las cuatro palabras con un nuevo énfasis misiológico. Por ejemplo, Howard Snynder (1976, 133-34) lo hace al comentar acerca de la unidad de la iglesia: "(1) El propósito primario de la unidad de la Iglesia es que Dios pueda ser glorificado. (2) El propósito secundario de la unidad de la Iglesia es la comunicación auténtica de las Buenas Nuevas. (3) Unidad en verdad es unidad con Cristo y de la misma manera con la Trinidad. (4) Esta unidad en verdad significa tanto unidad de creencia como unidad de vida, tanto ortodoxia como ortopraxis."[121]

Tal vez sea tiempo de comenzar a ver las cuatro palabras no como adjetivos que modifican una entidad que conocemos como iglesia, sino como verbos que describen la acción misionera de la vida esencial de la iglesia en el mundo. Esto haría que estos cuatro términos fueran más que atributos estáticos, más que marcas probatorias, e incluso más que dones y tareas dinámicos. Los transformaría en órbitas planetarias de la vida misionera de la iglesia en el mundo.

---

[120] Sobrino 1984, 117-18. Ver también Leonardo Boff 1986a; 1986b; Segundo 1985; Torres y Eagleson 1981; y Gutiérrez 1974, 255-85.
[121] Ver también Míquez-Bonino 1981; Padilla 1987; Cook 1987; Costas 1982; Robert L. Wilson 1983; y Welsh 1986.

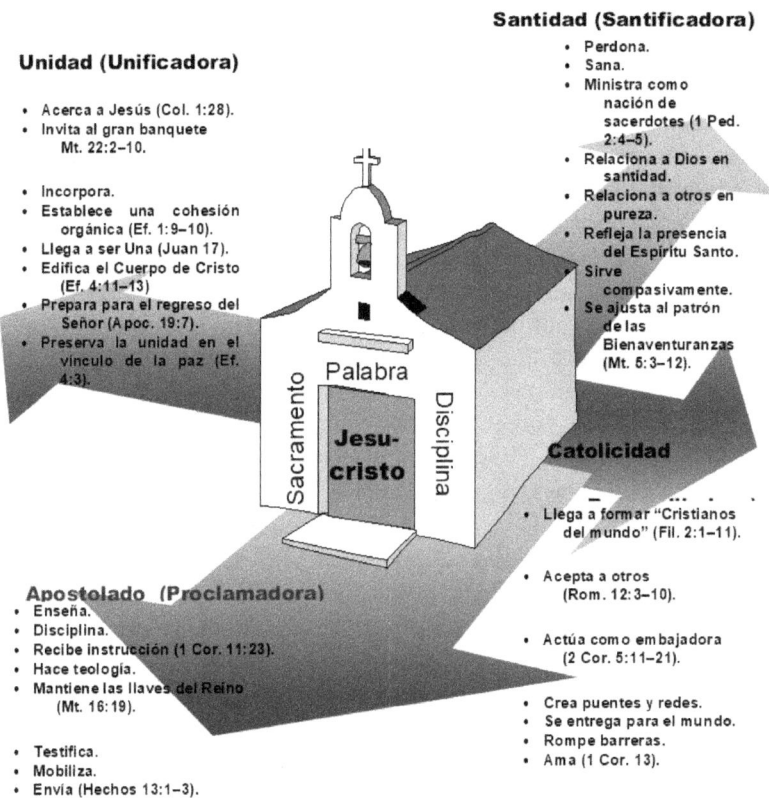

Figura 22
Los cuatro atributos antiguos como verbos misionales

Adoptar esta perspectiva nos proveería de una manera radicalmente nueva de afirmar la naturaleza misionera de la congregación, y nos daría medios muy concretos para entender a la iglesia como un evento, un movimiento de existencia misional en el mundo de Dios (ver figura 22). La iglesia de Jesucristo como "una" sería vista como una fuerza *unificadora*. Procuraría invitar, reunir e incorporar al mundo. Las imágenes bíblicas de cohesión orgánica, la vida del cuerpo y la fiesta de bodas serían transformadas en acción misionera que buscaría "mantener la unidad del Espíritu mediante el vínculo de la paz" (Ef 4:3). La iglesia de Jesucristo como "santa" sería entendida como un evento *santificador* en el mundo. Trabajaría en pro del perdón, la sanidad y la presencia de lo santo en medio de su pueblo. El tabernáculo en el desierto es aquí una imagen dominante, a la que se le da su expresión más plena en Jesucristo, Emanuel, Dios con nosotros. La iglesia de Jesucristo como "católica" sería entendida como un evento *reconciliador* en el mundo. Construiría puentes para reunir una humanidad fracturada y alienada en una comunión de creyentes común, renovada y cambiada. Aquí está la iglesia como embajadora, llamando al mundo a reconciliarse con Dios (2 Cor 5). Y la iglesia de Jesucristo como "apostólica" sería vista como un evento *proclamador* en el mundo, base de verdad y certeza, oferta de estructura y estabilidad, comunión de discípulos que se conocen, aman y sirven unos a otros porque conocen, aman y sirven a su Señor. Esta es la comunidad que testifica, moviliza y enseña, la cual, basada en la enseñanza de los apóstoles y los profetas, proclama la Palabra de Dios en el mundo.

Vistas como verbos, las cuatro palabras no son solamente actividades realizadas por la iglesia, sino que también son descripciones de la esencia de la iglesia tal como se encuentra en la congregación local. ¿Qué es la iglesia? Es la actividad unificadora, santificadora, reconciliadora y proclamadora de Jesucristo en el mundo. La misión aquí no es vista como algo separado de la esencia de la iglesia o agregado a ella. ¡No! La naturaleza esencial de la congregación local es la misión. Si no la congregación no es realmente la iglesia.

Noten que nuestra descripción está muy lejos del viejo dicho: "Todo lo que la iglesia hace es la misión." No es así. Tal como veremos en el capítulo 8, lo que la iglesia hace internamente, sin ninguna intención de causar un impacto en el mundo fuera de sí misma no es la misión. Pero cuando una congregación local entiende que es por naturaleza una constelación de actividades misionales en el mundo, e intencional y cuidadosamente vive su vida en el mundo como la encarnación de estas actividades, entonces no sólo se encuentra a sí misma como misionera, sino que descubre que ha comenzado a surgir para llegar a ser auténticamente la iglesia de Jesucristo.

PARTE IV

TEOLOGÍAS DE LA MISIÓN EVANGÉLICA Y CONCILIAR

Capítulo 7

Cuarenta años de la teología evangélica de la misión

La última parte del siglo XX vio el surgimiento explosivo de los evangélicos, como una fuerza religiosa en Norteamérica, moviéndose, como George Marsden (1975) lo ha expresado "del fundamentalismo al evangelicalismo."[122] Este crecimiento ha incluido un rol expansivo al enviar misioneros en combinación con desarrollos muy importantes en la manera en que los evangélicos han articulado su teología de la misión.[123]

A riesgo de simplificar demasiado, este capítulo presenta un cuadro interpretativo del desarrollo histórico de la teología de la misión evangélica, desde el nacimiento de Asociación Nacional de Evangélicos (National Association of Evangelicals, NAE) en 1942 hasta la conferencia trienal de la Asociación Interdenominacional de Misión Foránea (Interdenominational Foreign Mission Association, IFMA) y la Asociación Evangélica de Misiones Foráneas (Evangelical Foreign Missions Association, EFMA), la cual se encontró con la Asociación de Profesores Evangélicos de Misiones (Association of Evangelical Professors of Missions, AEPM) en Pasadena en 1984 (Allison 1985). Nuestra tesis es que los evangélicos norteamericanos al

---

[122] Para una ayuda en definir lo que significa "evangélico," ver Frank 1986; Wells y Woodbridge 1975; Marty 1970; 1984; Moberg 1972; Hoge 1976; Niebuhr 1937; Henry 1967; y James D. Hunter 1983. Para una descripción tipológica ver Quebedeaux 1978, 18-45, 53-54. Otras definiciones pueden encontrarse en Bosch 1980, 30. Bosch está citando a Beyerhaus 1975a, 307-8; también menciona a De Gruchy 1978, como dando una descripción paralela de cinco grupos principales dentro del evangelicalismo. Ver también Murch 1956, 13; Kik 1958; y Webber 1978.
Martín Marty 1981, 9-10 ofrece una excelente definición de los evangélicos. Ver también Ockenga 1960, citado y aumentado por Bassham 1979, 173-74.

[123] Algunos de los estudios más accesibles de la teología de la misión evangélica de este período pueden encontrarse en Bosch 1980; Handy 1984; Bassham 1979; Glasser y McGavran 1983; Glasser 1985; y Utuk 1986. Ver también Knapp 1977, 146-209; Harrell 1981; y Wagner 1981.
Uno de los tratamientos más útiles de este período y de sus raíces históricas, particularmente con sus 25 páginas de bibliografía, es Forman 1977. No obstante, notar la crítica de James Scherer, la cual continúa después del análisis de Forman. Ver también Costas 1982, 135-61.

experimentar (1) nuevas fuerzas y confianza sociocultural, (2) cambios en la teología ecuménica de la misión, y (3) desarrollos en las iglesias evangélicas asociadas en el Tercer Mundo, respondieron con una visión más amplia de una teología evangélica de la misión, la cual se tornó menos reaccionaria y más integral, sin comprometer la pujanza evangélica inicial de la Conferencia Misionera Mundial en Edimburgo en 1910. Esta ampliación tuvo lugar en cuatro etapas, que podríamos llamar reacción (en los años de 1940 y 1950), revalúo (en los de 1960), reafirmación (en los de 1970), y redefinición (en los de 1980). Para ver el desarrollo más claramente, resaltaremos cuatro aspectos de la teología de la misión en cada período histórico: el contexto, la motivación, la meta y la estrategia. Aunque la historia comienza mucho antes en la segunda mitad del siglo XIX, la tomaremos después que las dos guerras mundiales habían alterado drásticamente la percepción del mundo por parte de la gente.

Reacción en los años de 1940 y 1950

En los años de 1940 y 1950, la característica dominante de la teología de la misión evangélica parece haber sido una reacción continuada en contra de las décadas anteriores.[124] La guerra había solidificado cierto pesimismo en cuanto a la humanidad, la cultura, la relevancia de la iglesia cristiana para la sociedad, la condición del mundo y la vieja mentalidad del evangelio social. La amenaza del comunismo estaba siempre en el horizonte durante la era de la Guerra Fría.

La reacción evangélica se expresó en dos formulaciones muy diferentes de la teología de la misión. Las respuestas contrastantes a la crisis liberal[125] puede verse en los títulos de dos libros relacionados pero contrastantes, publicados con una diferencia de dos años: *Uneasy Conscience of Modern Fundamentalism* (1947), escrito por Carl Henry y *Christian Philosophy of Missions* (1949), de la pluma de Harold Lindsell. Los evangélicos revisionistas y mutualistas han diferido marcadamente de los fundamentalistas reaccionarios y separatistas

---

[124] Carl Henry 1957, 33, dice: "El movimiento fundamentalista llegó a ser una expresión distintiva del cristianismo del siglo XX, cada vez más caracterizado por sus marcas de reacción en contra del liberalismo."
[125] Lindsell 1962, 200, discute hasta qué punto el modernismo había impulsado el desarrollo de la misión fundamentalista.

hasta el presente.[126] Entonces, ¿cuál fue el contexto hacia el cual estos dos grupos estaban reaccionando al final de los años de 1940 y al comienzo de los de 1950?

El contexto de las misiones

Por un lado, las terribles guerras mundiales habían mostrado que el reino de Dios no se establecería inmediatamente sobre la tierra. Por otro lado, la era construccionista pasiva de Dwight Eisenhower fue un punto álgido para una renovada concurrencia a las iglesias y para esperanzas de crear un nuevo mundo perfecto, por lo menos en los Estados Unidos de América. Las iglesias y las misiones evangélicas en Norteamérica se vieron a sí mismas como una continuación histórica de Edimburgo 1910, de los primeros tiempos del Consejo Misionero Internacional (International Missionary Council, IMC) y del Movimiento Voluntario de Estudiantes (Student Volunteer Movement, SVM), cuyo lema había sido propuesto por John R. Mott: "la evangelización del mundo en esta generación"[127] Pero el tema dominante era de reacción, de definir el movimiento evangélico en categorías separadas.[128] Algunos fundamentalistas se referían al liberalismo protestante como "La Gran Apostasía" y concebían al desafío como "La Batalla del Siglo" (Murch 1956, caps. 2-3). David Moberg (1972) ha llamado a esta reacción fundamentalista en contra

---

[126] Un estudio sociológico significativo (Wilcox 1986) analizó estos dos componentes de la Moral Majority de Ohio en 1986 y encontró diferencias marcadas.

[127] Al final de los años de 1940 y 1950, los evangélicos tenían a su disposición los pensamientos misiológicos de algunos de los grandes como John Nevius, Robert Speer, Robert Glover, Samuel Zwemer, John R. Mott, y Rolland Allen.

[128] Joel Carpenter 1984, 267-68 escribe: "El fundamentalismo, de acuerdo a George Marsden, tiene una tensión paradójica en su carácter. Algunas veces, se identifica con el *'establishment'* y algunas veces con 'los de afuera.' Por momentos pretende hablar en nombre del cristianismo evangélico americano 'troncal,' viéndose a sí mismo como el guardián de la 'fe una vez entregada a los santos.' . . . Por otro lado, los fundamentalistas, como los grupos de santidad, las iglesias pentecostales y las denominaciones basadas sobre inmigrantes, con frecuencia actuaban como sectarios aislados dispuestos para la batalla." Carpenter tiene en vista a Marsden 1980, 6-7, 11-21, 124-31, 180-84, 192-93.

del liberalismo "la gran reversión" (*The Great Reversal*).[129] Esto produjo lo que Carl Henry (1957, cap. 2) denominó "La Reducción Fundamentalista," descrita por Charles Forman (1977, 103) como "un tipo de misiología nuevo y muy conservador . . . una reacción defensiva en contra del liberalismo y de la Comisión de Laicos [Laymen's Commission]."[130]

Después de la guerra, el reclutamiento de una multitud de nuevos misioneros que regresaron de las trincheras desafió al fundamentalismo para unirse a ellos a fin de construir un nuevo evangelicalismo conservador, el cual era más amplio que el fundamentalismo (Donald Dayton 1976, 139-40). El resultado fue "el surgimiento de un nuevo evangelicalismo autoconsciente, a partir de la tradición fundamentalista original y de ahí la división clara de esa tradición en dos movimientos principales: el evangelicalismo y el fundamentalismo separatista" (Marsden 1975, 128). Anteriormente, cuando se formó la NAE (Asociación Nacional de Evangélicos) en 1942, Harold Ockenga había señalado que la NAE no sería, en sus palabras, "un tipo de organización reaccionaria, negativa o destructiva."[131] Aun así, Harold Lindsell (1962, 192) ha descrito la creación de la NAE como una reacción evangélica a la formación del Consejo Mundial de Iglesias (CMI). Tres años más tarde, cuando la EFMA (Asociación Evangélica de Misiones Foráneas) fue organizada, el énfasis cayó sobre una nota más constructiva, la "primacía de la evangelización en la autocomprensión de la NAE" (Bassham 1979, 181).

Mientras tanto, los protestantes ecuménicos estaban procesando las consecuencias del evangelio social de la posguerra. La obra de Richard Niebuhr, *Kingdom of God in America* (1937), el informe de Hocking sobre la Investigación de los Laicos, las reuniones del Consejo Misionero Internacional (Jerusalén, 1928; Madras, 1938; Whitby, 1947; Willingen, 1952), y la organización oficial del CMI en 1948 habían

---

[129] Moberg atribuye esta expresión al historiador Timothy Smith (1962), aunque Moberg lo usa como título de su libro. Ver también James D. Hunter 1983, 30.

[130] Forman aquí se refiere al trabajo de William Ernest Hocking con la Investigación de los Laicos sobre las Misiones Foráneas (Laymen's Foreign Missions Inquiry) y su informe subsiguiente titulado *Re-Thinking Missions: A Layman's Inquiry after One Hundred Years* (1932), el cual reflejó las tendencias más liberales en el protestantismo público norteamericano. Ver Neil 1964.

[131] Citado en Marty 1984, 411. Con respecto a la formación de la NAE, ver Carpenter 1984, cap. 9.

convencido a los evangélicos de que el movimiento ecuménico no compartía la visión de la misión que ellos tenían.[132] La fuerte influencia de Johannes Hoekendijk en Willingen alejó a la teología ecuménica de una teología de la misión eclesiocéntrica y enfatizó que el mundo debía establecer la agenda misional para la iglesia, un énfasis que fue particularmente influyente en los estudios concernientes a "Las estructuras misioneras de la congregación" (Consejo Mundial de Iglesias 1968). Los fundamentalistas y los evangélicos reaccionaron vigorosamente, dando forma y articulando su teología de la misión en categorías estrechas, claramente definibles. Ellos plantearon cuidadosamente su motivación, metas y estrategia para la misión en los años de 1950.

La motivación para las misiones

La reacción en los años de 1950 no disminuyó el compromiso de los evangélicos de predicar el evangelio a toda criatura (Marsden 1980, 181-82). La obediencia al imperativo del evangelio llegó a ser una cuestión principal para ellos (David Johnson 1961, 152-54). Consistente con la perspectiva evangélica de ese tiempo, la obra de Harold Lindsell, *Missionary Principles and Practice* (1955, 28-50) sugirió que la motivación para la misión debía incluir la Gran Comisión, la elección de Israel, el propósito de la iglesia, una escatología realista y la necesidad del mundo no cristiano.[133]

En medio de estos imperativos, dos motivos dominantes sobresalieron: la Gran Comisión (Mat 28:18-20) y el milenio inminente (Sandeen 1970). Enfocándose en Mateo 24:14, los premilenialistas pensaban que una vez que la iglesia hubiera predicado el evangelio del reino a todas las naciones, comenzaría el milenio. Sus esperanzas en la segunda venida de Cristo y en el nuevo reino que él establecería sobre la tierra le dieron una urgencia fuerte y casi desesperada a la proclamación del evangelio.

---

[132] Ver Bassham 1979, 15-36; Johnston 1974; Hoekstra 1979; Bosch 1980, 159-78; y Glasser y McGavran 1983, 113-19.

[133] Ver también Lindsell 1961. Comparar también con los temas presentados en la conferencia de Chicago de la IFMA (Asociación Interdenominacional de Misiones Foráneas) en 1960, e.g., Walvoord 1961, 251-56, y con Bassham 1979, 177-79.

La meta de las misiones

Los evangélicos articularon sólo una meta principal para la misión: la salvación de almas individuales. Harold Lindsell (1962, 228) señaló que este énfasis fue específicamente una respuesta a los aspectos sociales de la misiología de la División de Ministerios Extranjeros del Concilio Nacional de Iglesias (National Council of Churches-Division of Overseas Ministries, NCCC-DOM) de ese tiempo. Lindsell había dicho anteriormente (1961, 245): "Es fundamental para una filosofía conservadora de las misiones, asumir que el ser humano es un pecador." Ya sea que estos individuos vivieran en Los Ángeles, en Londres o en Lusaka, el destino eterno de sus almas era de extremada importancia. Los aspectos sociales, políticos, económicos y culturales de las vidas de los no salvos no tenían relativamente importancia, en comparación con la cuestión del cielo y del infierno.

La estrategia de las misiones

La agencias interdenominacionales de misión surgieron con gran fortaleza y velocidad, y formaron una fuerza significativa en la misiología evangélica conservadora después de la Segunda Guerra. Cuando se formó la EFMA en 1945, las comunicaciones, los medios de transporte, las finanzas y las estructuras organizativas estaban lo suficientemente en su lugar apropiado, como para que los evangélicos comenzaran a desempeñar un rol importante enviando misioneros. Pero hubo poca reflexión teórica. Como Arthur Glasser (1985, 9) expresó sobre el período: "una elaborada teología de la misión no se sintió necesaria."[134] La estrategia se concentró en un mandamiento fundamental de Jesús a sus discípulos: ¡Vayan!

No obstante, es instructivo notar que las misiones fundamentalistas y evangélicas realmente llevaron a cabo proyectos educativos, médicos, agrícolas y sociales en el Tercer Mundo, durante este tiempo.[135] Aunque la meta principal era en teoría la salvación de las almas, los misioneros encontraron que a medida que se enamoraban de las personas a quienes habían sido enviados, anhelaban ayudarlas de

---

[134] Ver también Lindsell 1962, cap. 7.
[135] Harold Lindsell escribió en 1955 que los "medios" para la evangelización, la educación, la medicina y la literatura (1) "deben estar en armonía con el fin" y (2) "deben mostrarse como válidos pragmáticamente" (p. 189).

cualquier manera posible, y terminaron trabajando en áreas tales como educación, medicina, agricultura y traducción.[136]

Carl Henry dio en el blanco cuando habló de "la conciencia inquieta del fundamentalismo moderno." En el campo misionero, muchos fundamentalistas interdenominacionales y agencias misioneras evangélicas se encontraron mucho más activos socioeconómica y políticamente de lo que hubieran pensado estando en Norteamérica. ¿Fue esto porque el ambiente norteamericano los forzó a una "reducción fundamentalista" que pudo ser superada en otras partes del mundo? La visión cada vez más ampliada continuó llamando a los evangélicos a una reflexión mayor y más profunda, y eventualmente los llevó a hacer un cuidadoso revalúo de su teología de la misión.

Revalúo en los años de los 1960's

Arthur Glasser ha señalado que "el año 1966 fue verdaderamente crucial" para la teología de la misión. "Antes de su terminación," dice, "una tremenda explosión de dinamismo había sido liberada desde adentro del área evangélico de la iglesia."[137] Harold Lindsell (1971, 91) escribió: "La abundancia, común a la mayoría de las iglesias, ha alcanzado a los evangélicos. Nunca habían tenido tanto."[138] Pero los años de los 1960's fueron también un tremendo desafío para las agencias misioneras evangélicas que estaban "procurando alcanzar a un mundo revolucionario."[139]

El contexto de las misiones

A pesar de la paz, la prosperidad y el creciente amor por la tecnología en Norteamérica, los eventos mundiales estaban clamando por nuevos análisis y por una nueva visión. Uno de los factores más importantes fue el crecimiento de las naciones africanas durante los años de 1960. De acuerdo a Charles Forman (1964, 17), sólo en 1960 nacieron diecisiete nuevas naciones africanas. El nacionalismo se tornó

---

[136] Christian Weiss (1961) de "Back to the Bible Broadcast" señaló esto en el congreso de Chicago de la IFMA en 1960.

[137] Glasser y McGavran 1983, 119. De manera similar, Erling Jorstad 1981 ha llamado a los años de 1960 "un cambio fundamental" en el desarrollo del evangelicalismo norteamericano.

[138] Ver también Shelley 1967, 132.

[139] Bassham 1979 usa esto como título de su capítulo (5), que trata con este período.

en un tema candente alrededor del mundo, aunque no todavía entre los teólogos y estadistas del Tercer Mundo.

El mundo católico romano estaba en conmoción. El Concilio Vaticano II se reunió desde 1962 hasta 1965, produciendo documentos como *Unitatis redintegratio, Lumen gentium*, y *Ad gentes divinitus* (Flannery 1975). Estos documentos llegaron a ser de lectura indispensable para los protestantes ecuménicos y evangélicos, quienes encontraron algunas de sus propias perspectivas articuladas y ampliadas por el Vaticano II.

La teología evangélica de la misión respondió a los cambios dramáticos que estaban ocurriendo en el movimiento ecuménico. Uno de los más influyentes ocurrió en Nueva Delhi en 1961, cuando el IMC se integró al CMI para transformarse en la Comisión de Misión Mundial y Evangelismo (Commission on World Mission and Evangelism, CWME).[140] La integración fue considerada tan importante por sus propulsores que en 1961 Henry Van Dusen escribió un libro entero (*One Great Ground of Hope*) dedicado a poner los fundamentos históricos y teológicos para la integración. Alrededor del mismo tiempo, Gerald Anderson editó *The Theology of the Christian Mission*,[141] que iba a proveer más fundamentos para la teoría de la misión ecuménica en Nueva Delhi y más tarde.

El impacto de la integración sobre los evangélicos fue sorprendente (Costas 1982, 136). En 1966, cuando tanto la IFMA como la EFMA convocaron el Congreso sobre la Misión Global de la Iglesia, los delegados declararon: "El nacimiento del Consejo Mundial de Iglesias y las presiones para integrar el Consejo Misionero Internacional dentro del marco de esa organización pusieron en primer plano el problema de la cooperación misionera teológica conservadora."[142] De modo que los fundamentalistas y los nuevos evangélicos descubrieron que tenían que dejar de lado sus diferencias y

---

[140] Concerniente a los efectos de esta unión muy controversial, ver, e.g., *International Review of Missions* 70, no. 280 (oct. 1981); Bassham 1979, 40-42, 210-12; Winter 1978; Warren 1974, 156-58; 1978; Neill 1964, 554-58; Nissen 1974. Las evaluaciones evangélicas del evento se pueden encontrar en Fife y Glasser 1961, 126-28; Johnston 1974, 240-42; Hoekstra 1979, 35-48; Costas 1982, 136; Henry 1967; y Lindsell 1966.

[141] En su introducción (p.4), Anderson liga la publicación de este volumen al movimiento hacia la integración.

[142] Lindsell 1966, 2. El nexo entre la integración de Nueva Delhi y el movimiento para un revalúo unido de la teología evangélica de la misión ha sido mencionado por otros: Henry 1967, 85; Costas 1982, 136; y Shelley 1967, 103.

reunirse para reevaluar su teología de la misión. Tenían que "despertarse para que los fundamentos no se corroyeran completamente," como George Peters (1972, 28) lo expresó. Llevaron a cabo dos conferencias principales en 1966: el Congreso sobre la Misión Global de la Iglesia (en Wheaton), y el Congreso Mundial de Evangelización (en Berlín). Aunque estas conferencias estuvieron lejos de ser idénticas, las trataremos aquí como partes complementarias de un desarrollo mayor de la teología evangélica de la misión. Efiong Utuk (1986, 209) llama a la reunión de Wheaton un "milagro menor," considerando que sólo seis años antes, la IFMA se había reunido en Chicago y había excluido al Consejo Americano de Iglesias Cristianas (American Council of Christian Churches, ACCC), a la EFMA, a la NCCC-DOM y a los pentecostales. Tal como Harold Lindsell lo expresa: "Quizás quien ha sido dejado de lado es tan significativo como quien ha sido incluido."[143]

La motivación para las misiones

Las motivaciones para la misión fueron revaluadas en 1966. En Berlín, John Stott presentó un estudio exegético de la Gran Comisión en Mateo y en pasajes relacionados en Lucas y Juan, pero la declaración hecha por el congreso de Berlín sólo menciona la Gran Comisión al pasar. La Declaración de Wheaton se refiere en forma tangencial al "mandato evangelístico," y también cita el tema escatológico, pero ya no más con una intensidad frenética.

Lo que se pone en primer plano con más fuerza en 1966 es una continuidad intencional con la conferencia de Edimburgo de cincuenta años antes, y el lema del SVM. Los evangélicos en Berlín dijeron: "A nuestra meta no le falta nada con respecto a la evangelización de la raza humana en esta generación, por todos los medios que Dios ha dado a la mente y a la voluntad de los hombres." En Wheaton dijeron: "El evangelio debe ser predicado en nuestra generación, a los pueblos de toda tribu, lengua y nación. Esta es la tarea suprema de la iglesia." Pero los evangélicos estaban equivocados en presentarse como los únicos

---

[143] Lindsell 1966, 229. Es interesante notar que en este artículo, Lindsell declaró proféticamente: "Es lamentable que cincuenta años después de Edimburgo (1910), no pueda haber un congreso mundial para la misión, el cual trascienda algunas de las diferencias sin importancia que dividen a los que tienen propósitos misioneros similares. . . . Tal vez las misiones de fe puedan ampliar esta visión y proveer un liderazgo creativo y dinámico para una nueva era de avance misionero" (p. 230).

descendientes viables de Edimburgo 1910. También lo era el movimiento ecuménico.

En Wheaton y en Berlín, los evangélicos comenzaron a descubrir otras motivaciones para la misión. Las buenas nuevas para la humanidad perdida (Un Evangelio), la unidad y la reconciliación traídas a toda la humanidad en Cristo, a través de su señorío sobre la iglesia (Una Raza), el llamado a proclamar la Palabra de Dios en un mundo quebrado (Una Tarea), estos fundamentos motivacionales más amplios y más integradores, fueron extraídos de las Escrituras.[144]

La meta de las misiones

Los documentos de 1966 muestran un desplazamiento importante de las categorías fuertemente individualistas de décadas anteriores hacia un énfasis mayor sobre la iglesia y su encuentro con una multiplicidad de culturas en el mundo. Berlín definió a la evangelización como proclamación para la conversión, junto con "servir al Señor en cada aspecto de la vida" y a participar en la "comunión de su iglesia." Éstos fueron nuevos pasos significativos hacia la ampliación de la meta de las misiones, en línea con los nuevos énfasis misioneros de la época.

Cuando se comenzó a publicar *Practical Anthropology* en 1953, Jacob Loewen, Eugene Nida y Alan Tippett llamaron a la fuerza misionera evangélica a tomar en serio la relación de la iglesia con la cultura. En el mismo año, Melvin Hodges (1953) animó a los evangélicos a revaluar la importancia de la "teoría de los tres 'auto'" (autogobierno, autosostén, auto propagación), de Venn-Anderson, y a comenzar a pensar en la iglesia indígena como una meta legítima para las misiones. Más aún, la influencia en expansión del movimiento de Iglecrecimiento,[145] con su énfasis sobre "movimientos de pueblos," junto con la formación de nuevas iglesias nacionales, significó una serie de metas enteramente nuevas para la misión evangélica. En medio del optimismo de una unidad de visión y cooperación en la misión recién descubierta, no obstante había una actitud de arrepentimiento,

---

[144] Ver Lindsell 1966, 217-37 ("The Wheaton Declaration"); Henry 1967, 3-6; y Henry y Mooneyham 1967, 1:5-7.

[145] En 1965, Donald McGavran mudó el Instituto de Iglecrecimiento, de Eugene, Oregon al Fuller Theological Seminary en Pasadena. La aceptación de la Declaración de Iberville le dio gran esperanza al movimiento (McGavran 1977, 171-76; *International Review of Missions* 57, no. 227 [julio 1968]).

humildad y preocupación por un nuevo impacto del evangelio en el mundo.

La estrategia de las misiones

Las nuevas metas fueron tanto el producto como el incentivo para desarrollar nuevas estrategias de la misión, y en Wheaton y Berlín hubo disposición para experimentar con formas no probadas de cooperación misionera, con una cuidadosa asociación con iglesias nacionales y una tímida apertura a una metodología innovadora. Los nuevos evangélicos estaban experimentando una confianza creciente en su rol en la misión en el mundo, y estaban articulando cada vez más su propia teología de la misión, tal como puede verse en sus publicaciones. *Evangelical Missions Quarterly* comenzó en 1964 y en el mismo año, el *Church Growth Bulletin* hizo su primera aparición. El congreso de Berlín fue co-patrocinado por *Christianity Today* (junto con Billy Graham), en parte para celebrar el décimo aniversario de su fundación.

La visión que se ampliaba cada vez más, trajo una nueva preocupación por la unidad en empresas misioneras cooperativas, entre agencias misioneras y con las iglesias nacionales más jóvenes. Kenneth Strachan de la Misión Latinoamericana y el programa de Evangelismo a Fondo fueron influyentes en este respecto, no sólo en Norteamérica sino también en África y Asia (George Peters 1970). Más allá de esto, hubo una fuerte afirmación en ambas conferencias, con respecto al uso de la psicología, la antropología, la sociología, la administración de empresas y los avances tecnológicos en pro de las misiones. Los delegados de Wheaton declararon: "Los mejores resultados llegan cuando, bajo el Espíritu Santo, se aplican buenos principios de patrones culturales y sociales a la proclamación del evangelio" (Lindsell 1966, 232).

Y así y todo, en medio del nuevo avivamiento, los vestigios del viejo reaccionismo fundamentalista también estaban presentes. Mientras que se expresaba un muy fuerte sentimiento en contra del catolicismo romano, a pesar del Vaticano II, el movimiento ecuménico recibió el ataque más agudo. Un observador del CMI en Wheaton, Eugene Smith, señaló que nueve de los quince trabajos principales incluyeron ataques sobre el movimiento ecuménico. En Berlín, la búsqueda de una cooperación evangelística global, estuvo claramente divorciada de cualquier cosa que pudiera parecerse a una unidad visible al estilo del CMI (Bassham 1979, 210-30).

Este fuerte negativismo coloreó el revalúo evangélico de la misión para los años siguientes. Fue especialmente evidente en la manera en que los teólogos y misiólogos evangélicos reaccionaron frente a la Cuarta Asamblea del CMI en Uppsala en 1968, y en menor escala frente a la reunión de la CWME en Bangkok en 1973.[146] La necesidad de tratar con este negativismo condujo a la conferencia misionera evangélica más significativa de estos cuarenta años: el Congreso Internacional de Evangelización Mundial convocado por Billy Graham en Lausana en 1974 (Costas 1982, 136).[147] Fue crucial que en Lausana los nuevos evangélicos pudieran ir más allá de la reacción y el revalúo, hacia una reafirmación de la teología evangélica histórica de la misión.

Reafirmación en los años de 1970

Cuando los delegados se reunieron en Lausana, el mundo había sido dado vuelta, y parecía imperativo para los evangélicos afirmar su fe tradicional. Los hippies y los chicos de la flor habían estado cuestionando los valores americanos más básicos. Un éxodo sin precedentes de la iglesia había causado un impacto principalmente en las denominaciones troncales.[148] El mundo que había parecido tan grande en 1966 se había transformado en una villa global en peligro de sobrepoblación y contaminación. La guerra de Vietnam arrojó serias dudas sobre la habilidad de los Estados Unidos para salvar al mundo. Martín Luther King y el movimiento por los derechos civiles habían inspirado varios cambios en los Estado Unidos.

El contexto de las misiones

Las cuestiones de los años de 1970 crearon un contexto enteramente nuevo, en el cual los evangélicos necesitaban reafirmar su teología de la misión. El mundo evangélico estaba experimentando lo que Donald Bloesch llamó "el renacimiento evangélico" (*The*

---

[146] Ver McGavran 1968; Beyerhaus 1971; 1972. La Declaración de Frankfurt, de la cual Beyerhaus fue punta de lanza en 1970 en respuesta a Uppsala, fue una reacción significativa de parte de los evangélicos alemanes y norteamericanos. Ver, e.g., McGavran 1977, 266-72; Glasser 1971.

[147] Efiong Utuk 1986, 212 afirma: "Lausana fue para los evangélicos, lo que Nueva Delhi fue para los conciliares: un punto decisivo."

[148] Dean Kelley 1972, caps. 1-2 preguntó: "Are the Churches Dying? (¿Están muriendo las iglesias?)" y "Is Religión Obsolete? (¿Es la religión obsoleta?)"

Evangelical Renaissance, 1973),[149] un tremendo crecimiento y desarrollo en todos los niveles. Los veteranos de Vietnam estaban sufriendo, pero sus hermanas y hermanos evangélicos estaban inundando las convenciones misioneras de Urbana y proveyendo una multitud de nuevas personas reclutadas para las florecientes agencias misioneras evangélicas (Coote 1982). La influencia en aumento de escritores, predicadores y evangelistas televisivos estaba comenzando a captar la atención de la gente.

Por otra parte, los evangélicos norteamericanos, de repente se estaban enfrentado a cientos de líderes evangélicos muy capaces, en las iglesias del Tercer Mundo. De los 2473 participantes en Lausana, casi la mitad provenía de países no occidentales. Los teólogos del Tercer Mundo que no habían heredado la reducción fundamentalista, convocaron a Lausana a una reafirmación más integral de la teología evangélica histórica de la misión (Douglas 1975, 28-30).[150]

Lausana marcó el comienzo de un nuevo día. Como C. Peter Wagner (1981, 90) lo expresa: "La 'gran reversión' estaba llegando a su fin."[151] Aunque algunas de las tensiones evangélicas y ecuménicas de los años anteriores todavía eran evidentes, una atmósfera de gran tolerancia y de reconciliación dubitativa con los evangélicos se había hecho evidente en la reunión de Bangkok del CWME en 1973.[152] Aunque *Evangelii nuntiandi*, una exhortación católica romana importante sobre la evangelización en el mundo moderno, no apareció hasta fines de 1975, la reacción de los evangélicos a los documentos del Vaticano II había sido lo suficientemente positiva, de modo que la retórica anti-católica romana del pasado estuvo prácticamente silenciosa en Lausana (Átala 1975). René Padilla (1976, 10-11) comentó: "El evangelicalismo en general, ya no desea ser identificado como un movimiento caracterizado por una tendencia a aislar la evangelización, tanto en la teoría como en la práctica, del contexto más amplio representado por la naturaleza del evangelio y de la vida y

---

[149] Cf. Bernard Ramm, *The Evangelical Heritage* 1973.
[150] Ver también Padilla 1976, 8-11; y Pierard 1970.
[151] En Urbana 1970, se había hecho evidente una creciente conciencia de las dimensiones socioculturales y políticas del evangelio en los temas principales y en los discursos más importantes. Ver también Stott 1971.
[152] Arthur Glasser (1977) dijo que se sentía un poco alentado y un poco desalentado, pero lo suficientemente animado como para querer trabajar para construir un puente sobre la brecha, escuchando y aprendiendo, siendo testigo y sirviendo.

misión de la Iglesia." John Stott llamó a esta perspectiva ampliada "evangelicalismo con el rostro en alto" (Padilla 1976, 6).

Dada la terrible conmoción de la década anterior, no es ninguna sorpresa que el congreso de Lausana haya sido convocado intencionalmente con el propósito de la reafirmación. En la convocatoria inicial Billy Graham explicó:

> Este congreso se reúne para volver a enfatizar aquellos conceptos bíblicos que son esenciales para la evangelización. Hay cinco conceptos que tanto el mundo evangélico como el no evangélico han estado estudiando y debatiendo durante los últimos años, conceptos que nosotros creemos son esenciales para la evangelización verdadera y que yo espero reafirmemos en este congreso. . . . Primero, estamos comprometidos con la autoridad de la Escritura. . . . Un segundo concepto que esperamos reafirmar es la condición de perdido que tiene el hombre, si está alejado de Jesucristo. . . . Tercero, esperamos reafirmar en esta conferencia que la salvación está sólo en Jesucristo. . . . Cuarto, . . . esperamos reafirmar que nuestro testimonio debe ser por palabra y por obra. . . . El último concepto que debemos reafirmar en este congreso [es] la necesidad de la evangelización. [Douglas 1975, 28-30.]

La motivación para las misiones

La ampliación dubitativa de los fundamentos motivacionales para la misión en Wheaton y en Berlín llegaron a ser misión integral plena en Lausana. La figura principal en Lausana en la construcción de una motivación bíblica amplia para la misión fue John Stott. Mientras que mantuvo la continuidad con los años de 1940 y 1950 al centrarse en la Gran Comisión, Stott mismo amplió su comprensión de ella. Anteriormente en Berlín, él había argumentado "que la misión de la Iglesia . . . es exclusivamente una misión de predicar, convertir y enseñar." Pero después de Lausana, Stott (1975b, 23) escribió: "Hoy . . . me expresaría de manera diferente. . . . Ahora veo más claramente que no sólo las consecuencias de la comisión, sino también la comisión misma debe ser entendida como incluyendo una responsabilidad social tanto como evangelística."[153] Stott no estuvo solo en esto. Peter Wagner (1981, 91), por ejemplo, habiendo escuchado a oradores tales como

---

[153] Ver también Henry 1974; Bassham 1979, 231-32.

René Padilla, Samuel Escobar y Orlando Costas en Lausana, comenzó a aceptar el concepto de misión integral.[154]

Una segunda motivación fundacional para la misión que fue de influencia en Lausana fue la respuesta evangélica a la teología de la *missio Dei* de la reunión del IMC en Willingen en 1952 y de la reunión de la CWME en la ciudad de México en 1961 (Vicedom 1965). John Stott lo articuló de esta manera: "La misión es una actividad de Dios que emerge de la naturaleza misma de Dios. El Dios vivo de la Biblia es un Dios que envía, que es lo que significa 'misión.' Envió a los profetas a Israel. Envió a su Hijo al mundo. Su Hijo envió a los apóstoles y a los setenta y a la Iglesia. También envió al Espíritu a la Iglesia y lo envía a nuestros corazones en el día de hoy. De modo que la misión de la Iglesia surge de la misión de Dios y debe modelarse en ella" (en Douglas 1975, 66).[155] Así es que se entendió que la motivación para la misión escanaba sobre la naturaleza trinitaria del carácter de Dios y, por extensión, sobre la naturaleza de la iglesia.[156] Con fundamentos tan vastos, la visión y metas de Lausana se hicieron más amplias y más integrales.

La meta de las misiones

En Lausana se reafirmaron tres metas principales: el crecimiento de la iglesia, el reino de Dios y la contextualización. La marca del movimiento de Iglecrecimiento en los procedimientos de Lausana es inequívoca (Douglas 1975, 32), siendo evidente no sólo en los trabajos sobre estrategia y en los estudios globales, sino también en los trabajos de las plenarias presentados por Donald McGavran y Ralph Winter. Para los entusiastas del Iglecrecimiento, la meta de la misión incluía el reconocimiento de unidades culturales homogéneas, y plantar la iglesia en medio de ellas. Esto significaba que se le debía dar más

---

[154] Costas 1982, 158-59, Wagner 1981, 91-96, y Johnston 1978, 300-306 mantuvieron una discusión continua sobre lo que significa la ampliación de la motivación para interpretar el Pacto de Lausana y la consiguiente inquietud de algunos evangélicos norteamericanos. Ver también Padilla 1976, 12; y Henry 1974.
[155] Ver también Anderson y Stransky 1975, 6.
[156] Ver Douglas 1975, 5; Snyder 1975; Runia 1975; Espinoza 1975; Newbigin 1963.

atención a la eclesiología y al lugar de la iglesia local como meta y como instrumento de la evangelización del mundo.[157]

En segundo lugar, la meta de las misiones en relación con el reino de Dios fue presentada por Peter Beyerhaus, Andrew Kirk, José Grau y Billy Graham, entre otros. Esta nota volvió a sonar en el Grupo *Ad Hoc* sobre Discipulado Radical, compuesto principalmente por personas del Tercer Mundo entre las que se incluían René Padilla y Samuel Escobar.[158]

La nueva teología evangélica del reino de Dios también llamó la atención sobre la contextualización como una meta de la misión. En Lausana, el concepto de contextualización como un paso natural hacia adelante de la indigenización no fue realmente cuestionado. Más bien, fue aceptado y asumido, y luego fuertemente calificado y cuidadosamente distinguido del sincretismo religioso y del protestantismo cultural (Douglas 1975, 1216-93).

La estrategia de las misiones

Aunque la agenda de Lausana trató con la reflexión y la teología misiológicas, fue dominada por cuestiones sobre estrategia. La actitud parecía ser pragmática: "todo vale, si funciona." El hecho de que el Centro Avanzado de Investigación y Comunicación de las Misiones (Missions Advance Research and Communication Center, MARC) de Visión Mundial fuera un consultor importante del congreso, fue una señal de que los evangélicos se estaban moviendo hacia la cultura tecnológica. Debido a la prominencia dada al movimiento de Iglecrecimiento, a través de los trabajos de Donald McGavran y Ralph Winter en las plenarias, las estrategias de Iglecrecimiento para la plantación transcultural de iglesias también recibieron una atención importante. Además, el propósito de Lausana de lograr una unidad organizativa evangélica sin precedentes, en pro de la evangelización del mundo, significó que la estrategia fuera predominante en la mente de todos (Costas 1982, 137).[159]

---

[157] Howard Snyder, Francis Schaeffer, Henri Blocher, Héctor Espinoza Trevino, y Jonathan T'ien-en Chao estuvieron entre los que enfatizaron esto en Lausana.

[158] Ver Beyerhaus 1975b; Kirk 1975; Grau 1975; Douglas 1975, 1294-96; cf. Escobar 1970.

[159] El volumen de referencia oficial para Lausana incluye más de 500 páginas de trabajos sobre estrategia y otras 150 páginas de análisis regionales.

Dado el énfasis sobre la estrategia, la relación de las misiones con las iglesias nacionales se tornó crucial, particularmente en vista de la madurez creciente y de la inquietud de las iglesias del Tercer Mundo asociadas con misiones y denominaciones norteamericanas. De modo que mientras el movimiento ecuménico estaba pensando en términos de moratoria, los evangélicos estaban procurando nuevas estrategias cooperativas en educación, en programas de alfabetización, campañas evangelísticas interdenominacionales e intermisionales, entrenamiento del liderazgo, programas de salud e incluso en diálogo. Esta "unidad visible" recibió asentimiento, pero todavía permaneció dentro de la arena de la "cooperación en la evangelización," la expresión usada en el párrafo 7 del Pacto de Lausana (Douglas 1975, 5).

No obstante, la nueva amplitud tenía un límite. La relación de la evangelización con la acción social continuó apareciendo como tema de discusión, pero no se resolvió. Lausana se movió más allá de Wheaton y de Berlín, al relacionar los dos conceptos de manera positiva y superar la perspectiva dicotómica sostenida antes. Siguiendo el liderazgo de John Stott, Lausana relacionó las dos ideas al ver la acción social como asociada a la evangelización. Pero Lausana calificó esa asociación al establecer en el párrafo 6: "En la misión de servicio sacrificial de la iglesia, el evangelismo es primario" (Douglas 1975, 5). Si esta primacía se relacionaba con la acción social como meta, como medio o como producto de la misión, no estaba claro. Esta vacilación para comprometerse con los problemas sociales globales fue censurada por los teólogos del Tercer Mundo en el grupo de Discipulado Radical (Douglas 1975, 1294-96).[160] Esta cuestión, más que ninguna otra, sirvió para resaltar la ambivalencia entre la perspectiva fundamentalista de los años de 1940 y 1950, y el nuevo punto de vista evangélico de fines de los años de 1960. Pero esta debilidad de Lausana no minimiza la importancia de la conferencia. "La reunión en sí misma simbolizó el surgimiento de una comunidad de evangélicos a nivel global, en la cual el 50% de los participantes . . . venían del Tercer Mundo. Lausana fue uno de los encuentros de cristianos geográficamente más representativos que alguna vez se haya hecho. . . . El Pacto es la declaración más madura y comprehensiva producida por los evangélicos" (Bassham 1979, 245).

Lausana, como un evento y como nacimiento de un pacto, demostró al mundo la unidad en desarrollo, la confianza creciente, el aumento del entusiasmo y la visión ampliada de los evangélicos en misión hacia el mundo. La década resultante sería de una actividad,

---

[160] Ver también Padilla 1976; Wagner 1981, 97-99.

creatividad y producción tremendas. Llevaría toda la década siguiente procesar las implicaciones de Lausana. Entonces, la parte cuarta de nuestra historia trata sobre el proceso de redefinir los temas básicos levantados en Lausana.

Redefinición en los años de 1980

Hemos llegado a la era de Ronald Reagan. La guerra de Vietnam ni se olvidó, ni se resolvió. Richard Nixon había sido derrocado, creando un desencanto nacional con la política. Luego, Jimmy Carter abrió el camino para un nuevo poder político evangélico, para llenar el vacío dejado por la desaparición del "establishment" del Este de los Estados Unidos (Robert Fowler 1982), a medida que los evangélicos jóvenes comenzaron a articular una síntesis activista de palabra y acción.[161]

El contexto de las misiones

Un aspecto importante de la era pos-Lausana fue el rápido crecimiento de la fuerza evangélica en todas las arenas de la vida norteamericana.[162] ¿Quién hubiera pensado en los años de 1940 ver evangélicos en la Casa Blanca (*Evangelicals in the White House*, Jorstad 1981)? Mordiéndole los talones a Lausana, el crecimiento de la influencia evangélica fue acompañado por algún pensamiento serio acerca de la misión. En marzo de 1976, se llevó a cabo una consulta sobre teología y misión en Trinity Evangelical Divinity School (Hesselgrave 1978). Al año siguiente, en Atlanta, se convocó a una Consulta sobre Preocupaciones Evangélicas Futuras, a los efectos de "identificar los problemas y las oportunidades que enfrentaría la iglesia evangélica en el último cuarto de siglo" (Hoke 1978). Luego, en 1979, una segunda consulta sobre teología y misión tuvo lugar en Trinity Evangelical Divinity School (Hesselgrave 1979).

---

[161] Ver, e.g., Quebedeaux 1974; y Marsden 1984, un excelente estudio en forma de simposio.

[162] Ver, e.g., Harrell 1981; Marsden 1984; Hutcheson 1981a; 1981b; Coote 1982; Henry 1980. En 1976, Carl Henry escribió una "continuación" de su *Uneasy Conscience of Modern Fundamentalism* (1947); en *Evangelicals in Search of Identity* él señala el tremendo renacimiento de la influencia evangélica y de su expresión en la Declaración de Chicago de 1974 (pp. 33-38).

Pero la gran influencia sobre la teología evangélica de la misión durante este tiempo provino de teólogos evangélicos del Tercer Mundo. Para 1975, los miembros provenientes del Tercer Mundo constituían la mayoría en la Fraternidad Evangélica Mundial (World Evangelical Fellowship, WEF) (Stott 1979, 52-53). Esa influencia fue muy clara en conferencias importantes como la de Pattaya, Tailandia, en junio de 1980, y más tarde tanto en la Consulta sobre la Teología del Desarrollo, llevada a cabo en 1980 en Hoddesdon, Inglaterra, como en la Primera Conferencia de Teólogos Evangélicos de la Misión del Mundo de los Dos Tercios, llevada a cabo en Bangkok en 1982.[163] Así es que los evangélicos se encontraron con que tenían que tratar de una manera nueva temas como neopentecostalismo, contextualización, catolicismo, el movimiento de Iglecrecimiento, el diálogo con religiones no cristianas y la estrategia de la misión y las situaciones políticas cambiantes.[164]

El año distintivo fue 1980, año de tres conferencias importantes. Cuando 850 pensadores de la misión evangélica se reunieron en Pattaya, las complejidades para hacer misión en el mundo moderno fueron resaltadas dado que el encuentro ocurrió en un país donde cientos de miles de refugiados indochinos habían buscado protección.[165] La teología de la liberación estaba creciendo en importancia y en influencia en cuestiones políticas en América Latina; África continuaba en su senda tortuosa en la construcción de naciones; y los teólogos asiáticos estaban comenzando a formular preguntas muy importantes y perturbadoras. La Comisión de Misión Mundial y Evangelización (CWME) se acababa de reunir el mes anterior en Melbourne,[166] y había reafirmado la prioridad de la opción preferencial del evangelio por los pobres. También había preparativos para la Consulta Mundial sobre Misión de Frontera (World Consultation on Frontier Mission), la cual, organizada por Ralph Winter y otros bajo el lema "Una iglesia para todos los pueblos para el año 2000," se llevó a cabo en Edimburgo en octubre de 1980 (Starling 1981).

---

[163] Ver e.g., Sider 1981; Samuel y Sugden 1984.

[164] Estos son algunos de los temas cubiertos en la Primera Consulta sobre Teología y Misión, Trinity Evangelical School, marzo 22-25, 1976 (Hesselgrave 1978).

[165] Se pueden encontrar reseñas generales de la conferencia de Pattaya en Douglas 1980; Scott 1981b, 57-75 (ver también las respuestas en las páginas subsiguientes); Stowe 1981, 23-25; Coggins 1980; "COWE: 200,000 by the Year 2000" 1980; y Winter 1980.

[166] Ver *International Review of Missions* 69, nos. 275, 276, 277 (julio 1980-enero 1981).

La motivación para las misiones

En Pattaya, las motivaciones para la misión representaban una mezcla curiosa de lo antiguo y lo nuevo. De alguna manera, Pattaya fue un paso hacia atrás de Lausana y una reafirmación del lema del SVM, que había figurado tan fuertemente en 1966 en Wheaton y en Berlín. Se aseveró la forma de la Gran Comisión que enfatiza la obediencia a Hechos 1:8, acentuando el elemento del testimonio. Los redactores de la Declaración de Tailandia (1981) dijeron: "Como siervos suyos [de Cristo] se nos ha ordenado proclamar sus buenas nuevas en el poder del Espíritu Santo a toda cultura y nación, y a convocarlas al arrepentimiento, a creer y a seguirlo a él." Este testimonio está motivado por cuatro verdades principales: la importancia de la evangelización, la urgencia de la tarea, la perdición de la humanidad y la venida de Cristo (Coggins 1980, 225-27).

Por otra parte, la Declaración de Tailandia también reafirmó a Lausana al decir: "También somos los siervos de Jesucristo, quien en sí mismo es tanto 'el siervo' como 'el Señor.' . . . Todo el pueblo de Dios 'debería compartir su preocupación por la justicia y la reconciliación en toda la sociedad humana, y por la liberación de los hombres de manos de toda clase de opresión'." Pero luego, Pattaya fue más allá que Lausana al enfatizar el amor, la humildad y la integridad como actitudes vitales para la evangelización del mundo. Otra vez, parece que fueron los teólogos del Tercer Mundo y los activistas sociales evangélicos norteamericanos, los que llamaron a una visión más amplia de la misión. Casi un cuarto de los 850 participantes firmó una "Declaración de Preocupaciones por el Futuro del Comité de Lausana para la Evangelización Mundial," llamando a una consideración seria de los asuntos sociales, políticos y económicos en relación con la evangelización mundial.[167]

La meta de las misiones

Waldron Scott (1981b, 70) señala que la consulta de Pattaya fue dominada por un tema: "Durante diez días, se mantuvo delante de un grupo representativo de líderes cristianos, a un mundo en el cual grupos de personas de un número estimado en 16.750 permanecían fuera del alcance (proclamación *o* servicio) de cualquier iglesia

---

[167] Ver, e.g., Douglas 1980, 44. Desde la perspectiva de un participante, Orlando Costas (1982, 134-61) presenta una reseña y crítica excelentes.

existente. Eran pueblos 'escondidos' que sólo serían evangelizados si se enviaran misioneros transculturales de un pueblo a otro." El asunto de los "pueblos no alcanzados" fue una progresión natural del énfasis de Iglecrecimiento sobre los "movimientos de pueblo" en Lausana. Pero el tema fue también controversial, con representantes del Tercer Mundo argumentando fuertemente en contra del "principio de unidades homogéneas." Su argumento se centró no tanto sobre la estrategia como sobre la meta de la misión. ¿Era apropiado sostener como meta de las misiones una serie de iglesias separadas, cada una para su propio grupo étnico-cultural? ¿Qué decía esto acerca de la unidad de la iglesia y de la unidad de la humanidad bajo el señorío de Cristo? Cuatro meses más tarde, en la Consulta sobre Misiones de Frontera de Edimburgo, sería enfatizado el otro lado del espectro.

El segundo asunto importante fue otra vez la relación de la evangelización con la acción social como metas de la misión. Pattaya reafirmó la posición de Lausana que sostenía que aunque la evangelización y la acción social están íntegramente relacionadas, la evangelización es primordial ("Declaración de Tailandia,"1981, 30). Pattaya resaltó las dimensiones sociales del evangelio, pero luego volvió a definirlas en términos de servicio. La última sección de la Declaración de Tailandia (1981, 31) expresa: "Nos comprometemos a SERVIR a los necesitados y a los oprimidos en el nombre de Cristo, para procurar alivio y justicia para ellos." Podemos decir que Pattaya no fue significativamente más allá de Lausana, dejando la cuestión de la "prioridad" para ser resuelta más tarde.[168]

La estrategia de las misiones

En el área de la estrategia, Pattaya quiso ponerse a la vanguardia de la empresa misionera. Los evangélicos norteamericanos estaban ansiosos por usar todas las herramientas etnolingüísticas, culturales, sociológicas, estadísticas y antropológicas a su disposición, para identificar a los 16.750 pueblos no alcanzados y movilizar a toda la iglesia para alcanzarlos. Esto condujo a un mayor acento sobre la unidad cooperativa, la cual era más amplia que en Berlín y en Lausana. Pattaya expresó: "Afirmamos con gozo la unidad del Cuerpo de Cristo

---

[168] La validez del concepto de prioridad mismo fue discutida en 1982 en la Consulta sobre las Relaciones entre la Evangelización y la Justicia Social, de Grand Rapids, patrocinada por el Comité de Lausana para la Evangelización Mundial (Lausanne Committee for World Evangelization, LCWE) (Nicholls 1985).

y reconocemos que estamos ligados unos con otros y con todos los creyentes verdaderos. Mientras que una verdadera unidad en Cristo no es necesariamente incompatible con la diversidad organizativa, no obstante debemos luchar por una expresión visible de nuestra unicidad" ("Declaración de Tailandia" 1981, 31). Este énfasis fue especialmente significativo dada la presencia en Pattaya de muchas agencias misioneras paraeclesiásticas especializadas y de una fuerza en aumento de las organizaciones del Tercer Mundo para enviar misioneros.[169]

Pero Pattaya también estrechó el enfoque. Los "pueblos no alcanzados" estaban definidos con demasiada estrechez, como grupos sin una iglesia en su medio. Había poca o ninguna referencia a la condición sociopolítica y económica de cada grupo de pueblo. ¿Fue esto una reacción al énfasis exagerado sobre asuntos socioeconómicos en Melbourne? Es claro que cada conferencia necesitaba a la otra, como Thomas Stransky (1981) observó correctamente.[170]

El foco de Pattaya fue más estrecho que las redefiniciones de la teología evangélica de la misión articulada en ese tiempo. Conferencias importantes habían cubierto un amplio espectro de asuntos relacionados: "Los evangélicos y la liberación" (Armerding 1977), "Un compromiso evangélico con un estilo de vida simple" (Sider 1982), "La iglesia y la pacificación" (una conferencia de 1983 en Pasadena), "Los evangélicos y las cartas pastorales de los obispos" (Curry 1984), la conferencia norteamericana de Glen Eyrie sobre la evangelización de los musulmanes (Glasser 1979a), y la conferencia sobre estudios referidos al cristianismo y la cultura en Willowbank (Coote y Stott 1980). Así es que Pattaya debe verse dentro del contexto de un evangelicalismo envejecido, con evangélicos jóvenes como Tom Sine, Ronald Sider, Howard Snyder y Jim Wallis llamando a un mayor compromiso social y político. Mientras tanto, los teólogos del Tercer Mundo estaban abogando por un enfoque más integral de la misión como, por ejemplo, en el libro de ensayos de René Padilla (1985) sobre el reino. La fuerza en aumento de las iglesias evangélicas en el Tercer Mundo demandaba una mejor cooperación de la iglesia y la misión, y se tradujo en el surgimiento de agencias del Tercer Mundo para enviar misioneros, particularmente desde Corea del Sur y desde Brasil.

Así es que cuando la IFMA, la EFMA y la AEPM se reunieron en Estados Unidos en el Centro para la Misión Mundial en Pasadena en septiembre de 1984, demostraron tanto continuidad como discontinuidad con su herencia. David Hesselgrave y Donald

---

[169] Ver, e.g., Wong et al. 1973; Marlin Nelson 1976; y Keyes 1983.
[170] Ver también Robinson 1984; Stott; y Bosch 1988b, 467.

McGavran llamaron a una continuación del gran empuje misionero de Edimburgo 1910, a un compromiso de proclamar el evangelio de una fe personal en Jesucristo y a la transformación radical de la orientación de cada persona hacia Dios, su persona, la sociedad y el mundo. Al mismo tiempo, Ray Badgero, John Gration y representantes del MARC resaltaron la necesidad de un análisis cultural cuidadoso, de la cooperación de la iglesia y la paraiglesia, y de la sofisticación tecnológica (Allison 1985; Gration 1985).

La historia continúa. En medio de las complejidades de la misión en el mundo de hoy, son posibles descubrimientos emocionantes para los evangélicos que están en diálogo con las perspectivas ecuménicas de la iglesia Católica Romana y Ortodoxa. Los evangélicos de Norteamérica probablemente encontrarán que uno de esos nuevos descubrimientos es la teoría del reino de Dios. Arthur Glasser (1985, 12), Howard Snyder (1983), René Padilla y John Stott (1985) están entre los que han llamado a un análisis del motivo del reino para la teología evangélica de la misión. El motivo del reino podría proveer un vehículo para una mayor expansión de la visión, incluidos el uso sabio y más cuidadoso de la tecnología, una mejor comprensión de otros cristianos y una cooperación incrementada entre las iglesias. Los evangélicos podrían encontrar que el evangelio es una fuerza transformadora en la sociedad, sin perder la pujanza misionera de Edimburgo 1910 y el impulso del Movimiento de Estudiantes Voluntarios, que han estado en el corazón de la teología evangélica de la misión por muchos años (Harder 1980).

Capítulo 8

Teología conciliar de la misión, años de los 1930's – 1990's

Este capítulo ilustrará la manera en que la teología ecuménica de la misión, durante estos sesenta años, ha probado la verdad del axioma de Stephen Neill. "Cuando todo es misión, nada es misión" (1959, 81). El propósito es llamarnos otra vez a procurar un balance dinámico y contextualmente apropiado entre la iglesia y la misión, tanto en la teoría como en la práctica. Aquí sólo hay espacio para tres pantallazos breves de estos sesenta años: (1) los años de 1930, reconocimiento de la necesidad de una relación estrecha entre iglesia y misión; (2) los años de 1960, la articulación de una relación estrecha entre iglesia y misión; y, (3) los años de 1990, la doble pérdida tanto de la iglesia como de la misión. Concluiremos con algunas implicaciones para la misiología ecuménica futura.[171]

La relación de la iglesia con la misión ha sido uno de los asuntos más difíciles, que ha hostigado a la misiología durante estos sesenta años.[172] Es esencial que seamos muy claros acerca de esta relación, porque afecta a todos los otros aspectos tanto de nuestra teología de la iglesia como de nuestra teología de la misión. Mi introducción a la importancia de esta relación vino a través del ministerio de John Piet en *The Road Ahead* (1970). Lo que Piet escribió afectó tanto a mi eclesiología como a mi misiología, desde entonces.

The Road Ahead contiene un prólogo por Stephen Neill, y deriva naturalmente del contexto de la iglesia en India de Piet y de

---

[171] Debido a los límites de espacio aquí, no intentaremos explicar o documentar muchas de las observaciones que vienen a continuación. El lector puede consultar, entre otros, a Bassham 1979, 15-121; Bosch 1980, 159-201; 2000, 427-475; Scherer 1987, 93-163; *International Review of Missions* 67, no. 267 (julio 1978); 70, no. 280 (octubre 1981); y 77, no. 307 (julio 1988); Gerald H. Anderson 1961; Anderson y Stransky 1974; y desde una perspectiva evangélica, Johnston 1974; Hoekstra 1979; McGavran 1977; Hedlund 1981; y Glasser y McGavran 1983.

[172] Notar que no nos estamos refiriendo aquí a la relación de una iglesia institucional o denominación con otra institución como una sociedad o agencia misionera. Este problema más estructural está afectado por el tema de este capítulo, pero es subsiguiente al mismo. La primera pregunta debe ser la manera en que relacionamos las dos *ideas* de iglesia y de misión. Subsiguientemente, podemos comenzar a ver el modo en que esta relación de ideas afecta la manera en que las instituciones reaccionan unas contra otras.

Neill. En dos direcciones, la conexión con la India le dio urgencia e ímpetu al tema de la relación de la iglesia y la misión. Primero, uno debe considerar la influencia que tuvieron personas como Neill y Lesslie Newbigin sobre el movimiento "ecuménico,"[173] asociado con el Consejo Mundial de Iglesias (CMI). Ambos ofrecieron su contribución a partir de lo que habían aprendido del contexto de la India y dentro de él. Especialmente significativo fue el impacto global del movimiento en pro de la unidad en la formación de la Iglesia del Sur de la India, un fenómeno que afectó a las denominaciones y agencias misioneras de Piet y de Neill. Segundo, debemos recordar que el significado misiológico de la relación de la iglesia con la misión fue articulado por primera vez en Madras, India, en la reunión del Consejo Misionero Internacional (IMC) en 1938.[174]

En *The Road Ahead*, Piet está preocupado por desarrollar una eclesiología que sea misionera. Así es que Neill dice en el prólogo que la intención de Piet es ofrecer "una interpretación dinámica de la naturaleza y el ser de la Iglesia, en contraposición a una estática" (1970, 5). En este esfuerzo, Piet se unió a un número de otros teólogos y misiólogos.[175] Compartió con ellos un "deseo de . . . sacar a la iglesia de su introversión para afuera, hacia una razón de ser, hacia su apostolicidad en el mundo y, en este sentido, hacia su 'camino hacia adelante'" (Van Engen 1984, 187; cf. Piet 1970, 12). Así es que Piet

---

[173] Aunque todos sabemos que la palabra *ecuménico* no excluye a los que sostienen una teología evangélica, en este capítulo usaremos las palabras *ecuménico* y *conciliar* para referirnos de manera predominante a personas y perspectivas asociadas con el Consejo Mundial de Iglesias. Esto no significa que el CMI tiene un monopolio del movimiento ecuménico o de la ecumenicidad. Es claro que los términos *evangélico* y *ecuménico* no son mutuamente excluyentes, y aun así, en general se entiende que nos referimos a perspectivas bastante distintas. Yo me considero a mí mismo como un ecuménico-evangélico: pertenezco a la Iglesia Reformada en América, soy un miembro del CMI y coopero, enseño y trabajo con miembros de una multiplicidad de otras iglesias de toda la *oecumene*. No obstante, sostengo una teología evangélica, mayormente articulada en el Pacto de Lausana de 1974. Bosch, 1980, 28-30, es una discusión útil de esta materia. Ver también VanEngen 1981, 379-85.

[174] Para el informe de esta conferencia, ver International Missionary Council 1938.

[175] Otros que han enfatizado preocupaciones similares son Küng 1968; Berkouwer 1976; Hendrikus Berkhof 1979; Segundo 1973; Moltmann 1977; Griffiths 1975; Dulles 1974; Leonardo Boff 1986b; Snyder 1977; Sobrino 1981; Van Engen 1984 y 1991b.

(1970, 9) comienza su obra citando a Neill (1959, 112). "Lo que necesitamos," había dicho Neill, "es una verdadera teología de la Iglesia. Todas nuestras eclesiologías son inadecuadas y desactualizadas. . . . El único propósito central por el cual la Iglesia ha sido llamada a existir es para que . . . predique el evangelio a toda criatura. Todo lo demás (ministerio, sacramentos, doctrina, adoración) es dependiente de esto."

Cuando leí por primera vez *The Road Ahead*, los asuntos eclesiológicos tenían sentido para mí. No tenía conciencia de que en el volumen que Piet había citado, Neill también había presentado una afirmación enigmática (puede decirse, un axioma) resaltando el dilema misiológico que habría de plagar el pensamiento sobre la misión ecuménica por décadas, una declaración que Neill repetiría con frecuencia en los años subsiguientes: "Cuando todo es misión, nada es misión."[176]

Este es el dilema incluido en el axioma de Neill: por una parte, encontramos necesario afirmar que la iglesia de Jesucristo encuentra su expresión más plena sólo si vive conforme a su naturaleza como pueblo misionero enviado por Dios, como embajadora para la reconciliación del mundo (2 Cor 5). Como Emil Brunner dijo: "La Iglesia existe por la misión, así como el fuego existe por la combustión" (citado en Griffiths 1975, 135). Pero, por otra parte, también sabemos que la iglesia y la misión no son sinónimas. Podemos definir a la iglesia como "la comunidad una, santa, universal y apostólica de discípulos de Jesucristo, reunidos de todas las familias sobre la tierra alrededor de la Palabra, de los sacramentos y del testimonio común." Y con Neill (1984) podríamos definir a la misión como "el cruce intencional de barreras desde la iglesia a la no iglesia, en palabra y acción, en pro de la proclamación del evangelio." Permanece el hecho de que en las mentes de muchos, iglesia y misión son ideas diferentes y a veces en conflicto. Como Lesslie Newbigin (1954, 164-65) dijo anteriormente:

> En el pensamiento de la vasta mayoría de los cristianos, las palabras "iglesia" y "misión" connotan dos clases de sociedad diferentes. Una es concebida como una sociedad dedicada a adorar y al cuidado espiritual y a la nutrición de sus miembros. . . . La otra es concebida como una sociedad dedicada a la propagación del evangelio,

---

[176] Neill repitió esta afirmación en una de sus últimas conferencias públicas, "How My Mind Has Changed about Mission," presentada en 1984 en el Centro de Estudios de Ministerios Extranjeros (Overseas Ministries Study Center), cuando todavía estaba en Ventnor, New Jersey.

pasando a sus convertidos al cuidado seguro de la "iglesia.". . . . Se da por sentado que la obligación misionera debe cumplirse DESPUÉS de haber satisfecho las necesidades del hogar; que las ganancias existentes deben ser consolidadas de manera acabada, antes de salir al campo; que la iglesia alrededor del mundo debe edificarse con la misma clase de prudencia empresaria.

Aunque las dos ideas son distintas, también somos concientes de la imposibilidad de entender una (o ser parte de una) sin ser parte de la otra. La actividad misionera está respaldada por la iglesia, llevada a cabo por gente de y en la iglesia; y los frutos de la misión son recibidos por la iglesia. Por otro lado, la iglesia vive conforme a su llamamiento en el mundo a través de la misión, encuentra su propósito esencial en su participación en la misión de Dios y se involucra en una multitud de programas cuyo propósito es la misión.

De modo que no podemos entender la misión sin entender a la naturaleza de la iglesia, y no podemos entender a la iglesia sin mirar a su misión. Como Newbigin (1954, 169) ha dicho: "Así como debemos insistir en que una Iglesia que ha dejado de ser una misión ha perdido el carácter esencial de una Iglesia, así también debemos decir que una misión que no es al mismo tiempo verdaderamente una Iglesia no es una verdadera expresión del apostolado divino. Una misión que no es Iglesia es tanto una monstruosidad como una Iglesia no misionera."[177] Pero debemos también apresurarnos a calificar la relación entre los conceptos de iglesia y misión, afirmando el axioma de Neill: "Cuando todo [en la iglesia] es misión, nada es misión."

Los años de 1930: el reconocimiento de la necesidad de una relación estrecha entre iglesia y misión

David Bosch (2000, 453) señala que "para comprender los cambios en el pensamiento protestante en cuanto a la relación entre la Iglesia y su misión son de capital importancia las contribuciones de los congresos mundiales convocados alrededor del tema." Y para nuestro tópico, probablemente la más importante del siglo XX fue la reunión del Consejo Misionero Internacional en el año 1938 en Tambaram, Madrás, India. En Tambaram, y por primera vez en la historia del movimiento misionero, comenzó a formarse un consenso global urgente que decía que la misión y la iglesia de alguna manera van

---

[177] Ver también Van Engen 1991b, 29-30.

juntas. Aunque Tambaram se recuerda en el presente mayormente por su impacto sobre la discusión concerniente a la fe cristiana y las otras religiones,[178] su contribución más significativa tuvo que ver con la relación entre iglesia y misión.

En ese momento, dos fuerzas importantes estaban uniendo a la iglesia y la misión. Primero, había una preocupación cada vez mayor porque el concepto de iglesia necesitaba algo más. Temprano en el siglo XX, las iglesias protestantes troncales norteamericanas (y en menor grado las europeas) se habían complacido en la euforia de un alto optimismo en cuanto al reino de Dios en América (*Kingdom of God in America*, Niebuhr 1937). Había una gran esperanza en la nueva creación que sería el gran resultado de la secularización, en la civilización occidental, y en el modo de ser americano. Pero después de la Primera Guerra Mundial, el optimismo disminuyó, y había una sospecha de que los cristianos necesitaban volver a pensar las perspectivas ofrecidas por el evangelio social (e.g., en Rauschenbusch 1917). Así es que ya en los años de 1930, la gente comenzó a cuestionar la estrecha identificación entre cultura y protestantismo en Europa y en Norteamérica. El corazón de la cuestión en realidad tenía que ver con la misión de la iglesia, su razón de ser y su relación con el mundo, si es que la iglesia ya no debía verse como un sinónimo de la civilización occidental.

El respaldo a Hitler por parte de las iglesias estatales alemanas, los esfuerzos de Karl Barth en la Declaración de Barmen para disociar a la iglesia de los movimientos políticos, el caos de la Segunda Guerra y el concepto de Dietrich Bonhoeffer de un cristianismo sin religión agregaron urgencia a la cuestión de la misión de la iglesia, que se había comenzado a explorar en Tambaram. La idea de iglesia necesitaba algún concepto de misión para poder completar su relación con el mundo. Para fines de los años de 1950, la búsqueda de relevancia reemplazaría la identificación optimista de cultura y cristianismo que prevaleció al comienzo del siglo.

Mientras tanto, del otro lado del alambrado, la gente involucrada en la misión estaban comenzando a sospechar que necesitaban de las iglesias. Durante la mayor parte del siglo XIX, la misión había sido predominantemente una cuestión voluntaria. Aunque involucraba a la gente de la iglesia, operaba paralela a (o incluso aparte

---

[178] E.g., los artículos en la publicación del *International Review of Missions* 77, no. 307, de julio de 1988, titulados "Tambaran Revisited," tratan casi exclusivamente con el diálogo interreligioso y contienen escasas referencias al tema de la iglesia y la misión. Ver también Hogg 1952, 290-353.

de) las estructuras denominacionales. Pero para los años de 1930, el movimiento misionero femenino fue lentamente copado por varones. Agencias misioneras autónomas o semi-autónomas comenzaron a ser controladas por sus estructuras denominacionales;[179] e iglesias más jóvenes en África, Asia y América Latina comenzaron a preguntarse cuál era su relación con una cristiandad mundial que parecía operar en dos planos: organizaciones misioneras y estructuras de iglesia.[180] Así es que el Consejo Misionero Internacional convocado en Tambaram, aunque mayormente un consejo de organizaciones misioneras, se relacionó cada vez más con denominaciones más antiguas en Europa y en Norteamérica y con iglesias más jóvenes en África, Asia y Latinoamérica.

Desde ambas perspectivas (la iglesia que necesitaba descubrir su misión y la misión que necesitaba lazos más estrechos con las iglesias), parecía urgente que se descubriera un nuevo paradigma de relación de la iglesia con la misión. Como Carl Hallencreutz (1988, 358) lo acota: "El tema integrador del informe de Tambaram es *Iglesia en misión* y esto refleja una convergencia poderosa con el tema principal de la Conferencia Mundial de Vida y Obra, en Oxford en 1937, la cual acuñó el slogan, 'que la Iglesia sea la Iglesia,' y con la Conferencia Mundial sobre Fe y Orden, en Edimburgo en el mismo año, la cual exploró *La unidad de la Iglesia en Cristo*."[181]

Las preguntas formuladas en los años de 1930 fueron correctas y necesarias. Las preocupaciones fueron apropiadas. Cincuenta años más tarde fuerzas paralelas estaban en operación en la misiología evangélica norteamericana. A medida que agencias misioneras paraeclesiásticas plantaban de manera exitosa nuevas iglesias por todo el mundo, y su personal llegaba a estar más personal y estructuralmente integrado en las iglesias de Norteamérica, estas agencias también sintieron la necesidad urgente de encontrar su propia naturaleza y relaciones eclesiológicas. Tanto es así, que el tema de Lausana II

---

[179] Una excelente ilustración de este desarrollo, aunque con una línea de tiempo un poco diferente, es la transformación de la Sociedad Misionera de Londres en el Consejo Congregacional para la Misión Mundial (1966) y luego en el Consejo para la Misión Mundial (1975); ver Thorogood 1994.

[180] Newbigin 1981b, 247, escribió sobre el impacto de estas fuerzas sobre él como ministro en una iglesia india. Estas dificultades existenciales lo llevaron a respaldar la integración del Consejo Misionero Internacional al CMI en 1961.

[181] En realidad, fue John A. Mackay (1935, 195) quien acuñó esta frase: "La necesidad suprema es que la iglesia cristiana sea una fraternidad. Que la iglesia sea la iglesia, que sea leal a su ser más íntimo."

(Manila, 1989) fue "Toda la iglesia llevando todo el evangelio a todo el mundo."[182] Pocos parecieron notar que una frase idéntica había sido usada casi 40 años antes (1951) por el Comité Central del Consejo Mundial de Iglesias reunido en Rolle, Suiza.[183]

El ímpetu original de hacer de toda misión, afirmando que la iglesia es misión fue una búsqueda apropiada y necesaria de una relación más estrecha entre iglesia y misión. Esta búsqueda, naturalmente condujo hacia un consenso bastante sorprendente, que se devino en la misiología ecuménica en los años de 1960.

Los años de 1960: la articulación de una relación estrecha entre iglesia y misión

El final de los años de 1950 y toda la década de 1960 fueron tiempos de cambio, exploración, revalúo y apertura sorprendentes. Para la teología de la misión ecuménica, este período fue una gran divisoria de aguas que cambió la dirección y el paradigma de la misión. Las implicaciones de este cambio radical todavía se ven. Podemos resaltar tres factores principales que buscaron acercar de tal manera la iglesia y la misión, como para hacer de ellas casi sinónimos.

La primera influencia importante fue aparentemente estructural, pero en realidad tuvo profundas raíces teológicas: la integración del Consejo Misionero Internacional con el Consejo Mundial de Iglesias.[184] La actitud prevaleciente tanto en el antiguo IMC como en el recientemente formado CMI fue que ninguna de las dos organizaciones (es decir, ni la misión ni la iglesia) estaba completa sin la otra. Este sentimiento fue probablemente ayudado porque un número significativo de individuos de Europa y de Norteamérica estuvieron personalmente involucrados en ambas organizaciones. Sea como sea, la unión nació en la Tercera Asamblea del CMI, en una reunión, otra vez,

---

[182] Para documentación sobre esta conferencia ver Douglas 1990.

[183] Para citas de las minutas e informes de esta reunión, ver Mackay 1963, 13. Ver también Hoekendijk 1966a, 108; Van Engen 1981, 382.

[184] El espacio es demasiado limitado aquí para una discusión de esta materia altamente controversial. La publicación de octubre de 1981del *International Review of Missions* (70, no. 280) contiene alguna reflexión excelente sobre el vigésimo aniversario del evento. Ver también Newbigin 1958; Van Dusen 1961; Warren 1974, 156-58; 1978, 190-202; Bosch 1980, 180-81; 2000, 453-54. Para evaluaciones evangélicas del evento ver Fife y Glasser 1961, 126-43; Bassham 1979, 40-42, 210-12; Winter 1978; Lindsell 1962, 200; 1966; Costas 1982, 136; Glasser y McGavran 1983, 113-25; Johnston 1974, 240-42; Hoekstra 1979, 35-48; Henry 1967; y George Peters 1972, 28.

en un contexto indio, en Nueva Delhi en 1961 (Consejo Mundial de Iglesias 1961).

Si esta unión significó realmente la muerte del IMC depende de cómo uno lee el resto de la historia. Una cosa es cierta. Esta unión le dio un tremendo impulso a la misiología evangélica norteamericana, dado que buena parte de la energía, el entusiasmo y el compromiso personal que una vez habían sido parte del IMC dejó el redil conciliar y aunó fuerzas con la misiología evangélica en la reunión del año 1966 (Wheaton) del Congreso sobre la Misión Mundial de la Iglesia. Desde ese punto en adelante, los misiólogos evangélicos se han considerado a sí mismos como los verdaderos herederos de la visión del IMC.

En el momento de la unión, tanto en el IMC como en el CMI, la mayoría pensaba que la integración era una expresión apropiada de convicciones teológicas profundamente sostenidas con respecto a la relación de la iglesia y la misión. Los efectos sobre las iglesias miembros del Consejo Mundial (siendo algunas de ellas la denominación de John Piet, la Iglesia Reformada en América) fueron amplios y de larga duración.[185] La evaluación que uno haga de esos efectos estará estrechamente relacionada con la visión que uno tenga sobre el surgimiento de dos ideas misiológicas principales, de modo paralelo a la integración: el concepto de *missio Dei* como motivación y base para la misión,[186] y el concepto de la naturaleza misionera de la iglesia.[187]

Entonces, la segunda influencia importante fue el nacimiento del concepto trinitario de la *missio Dei*. Fuertemente afirmada en la primera reunión (ciudad de México, 1963) del reconstituido IMC como la Comisión de Misión Mundial y Evangelización del CMI,[188] la perspectiva de la *missio Dei* fue articulada claramente en el libro de Georg Vicecom, *The Mission of God: An Introduction to a Theology of Mission* (1965). Esta perspectiva afirmaba que la misión, en el análisis

---

[185] El impacto sobre la Iglesia Reformada en América puede verse en la formación del Consejo del Programa General (1968), una agencia que integró a todos los programas denominacionales dentro de una estructura, la cual fue casi una copia carbónica del IMC-CMI, organización más grande. Ver Hoff 1965, 148-99.

[186] Para una reseña excelente de las implicaciones para la teología de la misión, ver Scherer 1993a.

[187] Para dos perspectivas contrastantes ver *Missionary Nature of the Church* por Johannes Blauw (1962) y *Church Inside Out* por Johannes Hoekendijk (1966). Lamentablemente, el primero fue ignorado en círculos conciliares y al segundo se le dio un lugar de privilegio.

[188] Para los documentos de esta conferencia ver Orchard 1964.

final, es la misión de Dios. Deriva del ser y accionar trinitarios de Dios. La decisión de Dios de usar una agencia humana (*missio hominum*) y la voluntad de Dios de obrar por medio de las misiones de las iglesias (*missio ecclesiarum*) son secundarias y derivan de la misión de Dios.[189] Así es que toda reflexión y acción humana, eclesiástica y estructural en el área de la misión debe primero ser probada con respecto a su proximidad a (o distancia de) la misión de Dios.[190] David Bosch (2000, 390-91) ha enfatizado la influencia penetrante que esta nueva perspectiva tuvo sobre la misiología en general:

> A partir de Willingen la comprensión de la misión como *missio Dei* ha sido abrazada prácticamente por todas las ramas del cristianismo: primero por el protestantismo conciliar,[191] pero subsiguientemente también por otras agrupaciones eclesiales, tales como la Ortodoxa Oriental[192] y muchas evangélicas).[193] Se la afirmó también en la teología católica de la misión, especialmente en algunos de los documentos del Concilio Vaticano II. . . . Para las *misiones ecclesiae* (las actividades misioneras de la Iglesia) la *missio Dei* tiene consecuencias importantes. La "misión," en singular, sigue siendo primordial; las "misiones," en plural, constituyen un derivado.

Trágicamente, el significado de "misión" y la comprensión teológica de *missio Dei* pasaron por un cambio radical, muy pronto después de su expresión inicial. Este cambio trajo aparejado lo opuesto de lo que se tuvo como propósito original. Pero nos estamos adelantando a nuestra historia.

La tercera influencia importante que se abrió cursó a través de la misiología ecuménica en este tiempo, tuvo que ver con una serie de grupos de estudio que examinaron la estructura misionera de la congregación. Estos grupos incluían representantes tanto del Consejo

---

[189] Junto con el libro de Vicedom, una de las mejores articulaciones de esta perspectiva puede encontrarse en Newbigin 1978. Para una reseña excelente de los orígenes de la perspectiva de la *missio Dei* (Karl Barth, Karl Hartenstein y la conferencia de Willingen), ver Bosch 2000, 453-453; ver también Goodall 1953; y West y Paton 1959.

[190] Esta es la hebra misiológica que teje su camino de tapa a tapa en *Church Dogmatics* de Karl Barth, vol. 4 (1958).

[191] Ver Bosch 1980, 179-80, 239-48; y Lutheran World Federation 1988, 5-10.

[192] Ver Anastasios de Androussa 1989.

[193] Ver Costas 1989, 71-87.

Nacional del Iglesias de Cristo en los Estados Unidos, como del Consejo Mundial de Iglesias en Europa (World Council of Churches 1968). Sus estudios acercaron estrechamente a la iglesia y a la misión.
Vino respaldo de dos fuentes con diferencia de una década. La primera fue la conferencia del IMC en Willingen en 1952, la cual casi identificó a la iglesia con la misión (International Missionary Council 1952). La segunda fue *Missionary Nature of the Church: A Survey of the Biblical Theology of Mission* de Johannes Blauw (1962), quien había sido comisionado por el IMC en su asamblea de Ghana de 1958. Los documentos de Willingen, junto con la agudeza bíblica de Blauw le ofrecieron a la misiología ecuménica un fundamento muy fuerte para acercar la misión y la iglesia de tal manera que casi se eclipsaran mutuamente. Este énfasis se fortaleció aún más debido a desarrollos paralelos en la misiología católica romana en el Vaticano II (Flannery 1975), en la perspectiva ortodoxa de la misión centrada en la iglesia,[194] y a la conciencia creciente de la iglesia mundial de la misiología pentecostal, en gran parte una misiología de la congregación local.[195]

Las tres influencias principales unidas (la integración del IMC y del CMI, el concepto de *missio Dei*, y los estudios sobre la naturaleza misionera de la iglesia) ayudaron a darle forma a un consenso que unió a la iglesia y la misión de manera nunca lograda antes. Tomadas en conjunto, las tres declararon: "La iglesia *es* misión." La intención de los actores de este drama fue loable. Pero 30 años más tarde nos encontramos con algunas consecuencias desastrosas de sus perspectivas. El axioma de Stephen Neill ha probado ser cierto. Nunca hubo un tiempo en el que uno pudo decir tan confiadamente que todo es misión. Pero de la misma manera, nunca ha habido un tiempo de una confusión tan masiva acerca de la misión. Lamentablemente, Neill tenía razón: "Cuando todo es misión, nada es misión." En tal situación, tanto la iglesia como la misión pueden perderse.

Los años de 1990: la doble pérdida de la iglesia y la misión

Casi tan rápido como los tres factores principales tuvieron un impacto apreciable, comenzaron a sufrir una reconceptualización

---

[194] Ver, e.g., Meyendorff 1962; 1974; Patelos 1978; Schmemann 1979; Bria 1980; 1991; Stamoolis 1987.
[195] Ver, e.g., Hodges 1953; 1972; 1977; 1978; McGee 1986b; 1989; 1993; y Dempster, Klaus y Petersen 1991.

radical.[196] La fuente primaria de este cambio fue la influencia de Johannes Hoekendijk sobre el pensamiento acerca de la misión ecuménica.[197]

El impacto del pensamiento de Hoekendijk sobre el CMI comenzó con la publicación en 1948 de su disertación, *Kerk en volk in de Duitse zendingswetenschap*. En este trabajo, Hoekendijk "probó radicalmente conforme a las normas bíblicas, la *volkstumideologie* que había sido tan prominente en la misiología germana, desde Gustav Warneck hasta Christian Keysser. . . . Principalmente rechazó cualquier idea de la iglesia basada en la *Volk*, o, como se lo denomina a veces en la literatura holandesa, una *taalkerk* (una iglesia cuya lengua es su identidad principal)" (Verkuyl 1978, 51). Considerando la poca cantidad de sus obras en inglés, la influencia de Hoekendijk sobre la misiología ecuménica es verdaderamente notable.[198] Ésta aumentó sustancialmente en 1950, cuando Hoekendijk estaba "a cargo del departamento de estudios sobre misión y evangelización del CMI" (Bockmuhl 1977, 351). Rodger Bassham (1968) ha señalado la marcada influencia de Hoekendijk en los documentos preparatorios del proyecto llamado "La obligación misionera de la iglesia," a través del cual su pensamiento pudo causar un impacto sobre las discusiones en Willingen en 1952.[199] Allí Hoekendijk comenzó a mover a la misiología ecuménica desde la misión eclesiocéntrica hacia una misión escatológica y orientada al mundo. Su influencia en Willingen es inequívoca.[200]

La perspectiva que cautivó a Willingen continuó desarrollándose, especialmente en el proyecto publicado más tarde como *The Church for Others and the Church for the World* (World Council of Churches 1968).[201] Recién en 1977, Klaus Bockmuhl percibió correctamente este documento como siendo todavía "el manual para entender la teología ecuménica" (1977, 352). En realidad,

---

[196] Para la redefinición radical del concepto de *missio Dei*, ver, e.g., Rocin 1972; Aagaard 1974; Scherer 1993a; y Shenk 1993b.

[197] Nuestra discusión sobre Hoekendijk está basada sobre el tratamiento completo en Van Engen 1981, 305-7.

[198] Para sus mejores escritos ver Hoekendijk 1950; 1952; 1961; 1964; 1966a; 1966b.

[199] Aquí Bassham se refiere al estudio que más tarde fue publicado como *The Missionary Obligation of the Church* (International Missionary Council 1952).

[200] Ver, e.g., Andersen 1961, 309; Horner 1968, 40-42; Bosch 1980, 179-80; 2000,476; Bassham 1979, 67-71; y Scherer 1987, 95-117.

[201] Ver, e.g., Hendrikus Berkhof 1979, 345; Newbigin 1978, 10, 20-23; y Bockmuhl 1977, 352.

la influencia de la eclesiología y la misiología de Hoekendijk como se expresa en este documento, se puede ver claramente en las publicaciones, por ejemplo, de Hans J. Margull (1971) y de Colin Williams (1963, 1964, 1966, 1968). También fue evidente en la reunión de la CWME en la ciudad de México en 1963 y de manera particularmente fuerte en "el reporte interino sobre la 'Estructura Misionera de la Congregación,' tal como fue presentado en 1965 al comité central del CMI" (Scherer 1987, 111). La perspectiva de Hoekendijk recibió un ímpetu agregado en la Cuarta Asamblea del CMI (Uppsala, 1968), tanto como en la reunión de Bangkok de la CWME, en 1973. Si bien todo en la misiología de Hoekendijk llegó a ser pensamiento oficial del CMI, aún así su influencia ha sido tan profunda como amplia hasta el presente. El énfasis, por ejemplo, en la conferencia de la CWME en San Antonio sobre "actos de fidelidad," es consistente con el pensamiento de Hoekendijk.

Pero el pensamiento de Hoekendijk hizo descarriar a la misión ecuménica. Le dio una nueva interpretación a la *missio Dei*, reorientó los resultados de la integración, y redefinió la misión de la congregación. Anteriormente, teólogos y misiólogos luteranos habían visto este peligro (Scherer 1987, 114-17; 1993a). En lugar de permanecer fiel a un concepto bíblico de la iglesia, de la misión, y de la iglesia y la misión, la teología ecuménica fue en realidad tironeada en dos direcciones que terminaron por cumplir la predicción de Neill: "Cuando todo es misión, nada es misión."

Una vez que todo se transformó en misión, tanto la iglesia como la misión se perdieron. En primer lugar, el fuerte énfasis de Hoekendijk incluía una profunda negatividad con respecto a la iglesia. "Un pensamiento misionero centrado en la iglesia está condenado a descarriarse," dijo Hoekendijk (1952, 332), "porque gira alrededor de un centro ilegítimo." La influencia de Hoekendijk fue penetrante porque su voz estaba siendo oída en un tiempo de gran pesimismo acerca de la iglesia, especialmente en Europa y Norteamérica. En Europa, la incapacidad de la iglesia para responderle a Hitler de manera apropiada hizo que muchos ecumenistas hablaran acerca de un concepto algo etéreo de la iglesia, pero que no tenía mucho que ver con las iglesias mismas. En Norteamérica los "baby boomers," los que abogaban por los cuerpos de paz, y el ejército de trabajadores sociales jóvenes en la Gran Sociedad de Lyndon Johnson no tuvieron paciencia con una iglesia que no respondía apropiadamente a la guerra de Vietnam o a las crisis socioeconómicas del mundo. La desilusión personal de Hoekendijk con la iglesia, hizo sonar una nota a modo de respuesta.

Misiológicamente, esta inclinación anti-iglesia trajo aparejado un cambio en el orden de la misión, de Dios-iglesia-mundo a Dios-mundo-iglesia. Lo que importaba era la presencia de la *shalom* en el mundo: "el mundo y el reino se correlacionan uno con otro; el mundo es concebido como una unidad, la escena de los grandes actos de Dios; es el *mundo* el que ha sido reconciliado (2 Cor 5:19); el *mundo*, al cual Dios ama (Juan 3:16) y al cual Él ha vencido en su amor (Juan 16:33); el *mundo* es el campo en el cual se siembran las semillas del reino (Mat 13:38). Consecuentemente, el *mundo* es la escena para la proclamación del reino" (Hoekendijk 1952, 333). Así es que Hoekendijk desarrolló una serie de pares: reino y mundo, evangelio y apostolado. En toda esta gran visión, no había ninguna mención, ni ningún lugar para la iglesia o las iglesias.[202] "Hoekendijk quería que el reino de Dios, la *shalom* y el servicio en el mundo reemplazaran a la Iglesia, como el lugar central de la misión y la evangelización" (Van Engen 1981, 311). Así es como hubo una necesidad de una iglesia desde adentro para afuera (*Church Inside Out*, Hoekendijk 1966a), lo cual equivalió a la eutanasia de la iglesia.

De modo que la iglesia es tragada por la misión. Todo se torna en misión. Este énfasis fluye consistentemente a lo largo de la misiología ecuménica desde Willingen hasta Canberra (Séptima Asamblea del CMI, 1991). Ya sea comprometida con "actos de fidelidad" socioeconómicos, con cambios políticos o con una orientación universalista creciente hacia otras religiones, la misión ecuménica ha tenido poco espacio para la iglesia como instrumento de gracia y reconciliación de parte de Dios. Más bien, a medida que Dios hace cosas en el mundo, la iglesia es una espectadora, que aplaude las acciones de Dios en el mundo. Las iglesias son esencialmente irrelevantes para la misión de Dios. Es muy irónico que el Consejo Mundial de *Iglesias* adoptara la visión de Hoekendijk y excluyera a la iglesia como el *locus* principal del reino y el agente primario de la gracia de Dios en el mundo. En otras palabras, una vez que la iglesia fue sorbida dentro de la misión ("Cuando todo es misión"), la misión de la iglesia se perdió esencialmente.

Pero hay otra cara de la misma moneda. El énfasis de Hoekendijk también le dio fuerza a una conciencia creciente del posible rol que las iglesias podían desempeñar en la liberación socioeconómica y política. Una vez que la iglesia se dio cuenta de lo que Dios estaba haciendo en el mundo, la iglesia fue llamada a comenzar a actuar de

---

[202] Para una crítica extensa de la eclesiología de Hoekendijk tal como impacta a la teología del crecimiento de la iglesia, ver Van Engen 1981, 308-23.

manera de respaldar esta "misión" de Dios. Dicho de otro modo, si es que había algún tipo de rol para la iglesia, tenía que ser utilitario. La iglesia podía ser aceptada si es que tenía la disposición de llegar a ser un instrumento apropiado, una herramienta útil para producir un cambio revolucionario. Esta eclesiología utilitaria fue particularmente fuerte en las teologías de la liberación latinoamericanas.

Dada la perspectiva de Hoekendijk, la utilidad sociopolítica de la iglesia eclipsa cualquier concepto bíblico de la misión (en el sentido en que lo hemos definido en este capítulo). Subsumida bajo la iglesia, la misión se equipara con la utilidad de la iglesia para producir una revolución social. Y la iglesia (como la única comunidad de creyentes en Jesucristo) se pierde en la jungla de las agendas sociopolíticas y económicas. Esto es precisamente el problema reciente de las comunidades eclesiales de base en Latinoamérica. Están aquellas que están comenzando a cuestionar su naturaleza *eclesial*. ¿Son ellas ahora mayormente grupos celulares para el activismo político? En ese caso, ¿siguen siendo iglesia? Una vez que todo es misión y que la misión es subsumida bajo el encabezamiento de las iglesias como instrumentos útiles para el cambio social, tanto la misión como la iglesia se pierden.

La teología ecuménica de la misión que ha seguido a Hoekendijk ha caído presa de la contradicción inherente a la misiología de Hoekendijk, que está expresada de manera tan adecuada en el axioma de Neill. Por otra parte, cuando la iglesia es enterrada bajo una redefinición de la misión, tanto la iglesia como la misión se pierden. Por otra, cuando la misión está cubierta de una visión fuertemente sociopolítica de la utilidad de la iglesia para un cambio revolucionario, tanto la misión como la iglesia otra vez se pierden.

Al entrar al tercer milenio, muchos de nosotros necesitamos luchar para comprender más completamente y para modelar más claramente, el "paradigma misionero ecuménico" posmoderno, del cual David Bosch habló (2000, cap. 12). Oremos para que a medida que trabajamos con los elementos que Bosch resaltó para nosotros, comencemos a encontrar caminos para quebrar la llave estranguladora del pensamiento de Hoekendijk sobre la teología ecuménica de la misión. Sólo entonces podremos repensar nuestra teología de la misión y encontrar nuevas maneras de relacionar a la iglesia y la misión.

Nuestro breve estudio ha mostrado que es absolutamente imperativo para nosotros descubrir nuevas formas de relacionar a la iglesia y la misión, en medio de nuestros contextos ampliamente diversos. Como John Piet nos mostró, y ahora sabemos, en nuestros paradigmas misiológicos, iglesia y misión deben permanecer en estrecha proximidad. Hemos resonado con intentos de articular esta proximidad en los años de 1960. Pero también hemos tomado nota del dilema que esta proximidad produjo en la teología ecuménica de la misión.

Puede que el dilema no sea inherente a una relación íntima de iglesia y misión. Yo sospecho que si el CMI hubiera seguido la conducción de Johannes Blauw en lugar de la de Hoekendijk, los resultados habrían sido radicalmente diferentes. Porque siempre ha habido luces que nos mostraban otro camino. *Mission and Evangelism: An Ecumenical Affirmation* (1983), la Declaración de Stuttgart, el *Manifiesto de Manila* (1989), *Evangelii nuntiandi* (1976) y *Redemptoris missio* son sólo unos pocos ejemplos recientes de intentos de mantener una relación estrecha entre iglesia y misión, sin quedar atrapados en el dilema de Hoekendijk.[203] Comencé a explorar maneras de hacer esto en *El pueblo misionero de Dios: una nueva perspectiva del propósito de la iglesia local* (2004). Es parte de la sabiduría de todos nosotros, en nuestros variados contextos de misión, el prestarle atención al llamado de Stephen Neill y advertir: "Cuando todo es misión, nada es misión."

---

[203] James Scherer y Stephen Bevans (1992) nos han prestado a todos un maravilloso servicio, al compilar muchos de estos documentos en un libro.

PARTE V

LA TEOLOGÍA DE LA MISIÓN Y EL PLURALISMO RELIGIOSO

Capítulo 9

El efecto del universalismo sobre la teología de la misión

La relación entre el universalismo pluralista y el esfuerzo de la misión ha sido predominantemente negativa. Los universalistas han tendido a hacer una caricatura y a minar el esfuerzo misionero, mientras que los practicantes de la misión se han sentido amenazados y han respondido fuertemente contra el universalismo. Los desacuerdos son reales, serios y de largo alcance en su impacto sobre la manera en que la iglesia se relaciona con gente de otras confesiones. No obstante, el efecto negativo del universalismo pluralista sobre el esfuerzo de la misión puede reducirse reconociendo que el evangelio del reino es universal en la cultura y particular en la fe, tal como se entiende a través del registro bíblico de la muerte, resurrección y ascensión de Jesucristo.

Universalismo y misión parecieran ser términos mutuamente excluyentes, pero ¿lo son? Ciertamente, las ideas representadas por los dos campos no han sido vistas como compatibles unas con otras. Los que adoptan la perspectiva universalista tienden a expresar visiones bastante negativas sobre la práctica misionera tradicional. Por ejemplo, cuando John Hick llamó a una revolución copernicana en teología, comenzó degradando la idea de *extra ecclesiam nulla salus* (fuera de la iglesia no hay salvación), al referirse a ella con términos como "arrogante," "cruel," "enteramente negativa," "ignorante," "cegada por lentes dogmáticas oscuras," y una "actitud de rechazo" que viene de un concepto de Dios "radicalmente cuestionable."

> La primera fase, la fase de rechazo total, se expresó en el dogma que todos los no cristianos, en su condición de tales, están confinados al infierno. Como expresión de una actitud hacia otros seres humanos, el dogma es arrogante tanto como cruel; y es un pensamiento grave que tal dogma en un tiempo fue casi universalmente aceptado entre los cristianos. . . . La Iglesia Católica Romana de hoy ha pasado decisivamente más allá de esta fase, pero el dogma primitivo todavía persiste dentro del protestantismo evangélico-fundamentalista. Por ejemplo, uno de los mensajes del Congreso sobre Misión Mundial en Chicago en 1960 declaró: "En los años desde la guerra, más de mil millones de almas han pasado a la eternidad y más de la mitad de ellas fueron al

tormento del fuego del infierno sin siquiera haber oído de Jesucristo, que quién fue y por qué murió en la cruz del Calvario." . . .

Esta actitud enteramente negativa hacia otras confesiones de fe se correlaciona fuertemente con el hecho de que se las ignora. . . . No obstante, hoy, el protestante evangélico extremo, que cree que todos los musulmanes van al infierno, probablemente no es tanto por ser ignorante . . . sino por estar cegado por lentes dogmáticas oscuras, a través de las cuales no puede ver nada bueno en la devoción religiosa fuera de su propio grupo.

Pero la debilidad básica en esta actitud de rechazo yace en la doctrina de Dios que presupone. Si todos los seres humanos, para lograr la felicidad eterna para la cual han sido creados, deben aceptar a Jesucristo como su Señor y Salvador antes de morir, entonces la gran mayoría de la humanidad está condenada a la frustración y a la miseria eterna. . . . Decir que una situación que causa tanta consternación es ordenada divinamente, es negar la comprensión cristiana de Dios como dador de gracia y como amor santo. . . . Así es que la actitud de rechazo total, expresada en el dogma que fuera del cristianismo no hay salvación, implica una concepción de Dios radicalmente cuestionable desde el punto de vista de la fe cristiana.[204]

Los voceros misioneros, por otro lado, han reaccionado fuertemente en contra de minar la motivación misionera mediante tales perspectivas universalistas. Ya en los años de 1930, Hendrik Kraemer le respondió a William Hocking y a la Investigación de Laicos sobre Misiones Foráneas, afirmando con firmeza una motivación misionera profundamente bíblica. En oposición a la posición religiosamente pluralista sostenida por Hocking y al liberalismo protestante de esos días, Kraemer declaró: "El único motivo y propósito válido de las misiones es, y sólo puede ser, llamar a hombres y a pueblos a confrontarse a sí mismos con los actos de revelación y salvación por parte de Dios para con el hombre y el mundo, como están presentados en el realismo bíblico, y construir una comunidad de los que se han sometido a la fe en Jesucristo y a su servicio en amor."[205]

---

[204] Hick 1982, 29-31; ver también Hillman 1968, 25-27. La evaluación antimisionera de Hick es un eco de la perspectiva negativa de Ernst Troeltsch (1980, 26-28) en una conferencia dirigida a la Universidad de Oxford en 1923.
[205] Kraemer 1938, 292. Kraemer estaba escribiendo en contra de *Re-Thinking Missions* de Hocking (1932). Una buena fuente aquí es la publicación de julio

Durante varias décadas pasadas, los teóricos y practicantes de la misión han advertido que el universalismo mina el motivo y la urgencia para la misión. Michael Griffiths (1980, 116, 129) incluso lo ha llamado un caballo de Troya:

> Este "caballo de Troya" ha hecho su entrada en la cristiandad y amenaza con destruir los motivos misioneros y obstaculizar la efectividad de los soldados de Cristo y de su disposición para continuar la batalla . . . ¡tal vez no haya ninguna batalla! ... Si todos los hombres se salvan al final, ¿por qué urgir a los hombres a que se arrepientan ahora? De todos modos lo van a hacer después. Por la misma razón, ¿por qué preocuparnos por la conversión propia? Pero la urgencia que ha caracterizado a la empresa misionera no deriva meramente del temor al infierno, sino de la conciencia de que vivir sin Cristo, incluso en esta vida, debe ser condenado como una existencia alienada, sin sentido y separada de Dios.

Después de citar a D. T. Niles (1959, 32-33) y a Douglas Webster (1958) para respaldar su argumento que la posición universalista destruye la urgencia misionera, Griffiths (1980, 119) concluye: "Este es el punto de vista que parece estar debajo del presente movimiento que se aleja de la preocupación soteriológica para acercarse a una preocupación social. En realidad, es precisamente porque muchos líderes en el Consejo Mundial de Iglesias creen que Dios de todas maneras va a salvar a todos los hombres, que 'a la salvación le ha sido dada una firme orientación hacia este mundo y la evangelización con frecuencia llega a ser simplemente irrelevante' [N. T. Wright 1975, 204]."

Es significativo que, recientemente, en el año 1989, tanto Lesslie Newbigin (1989b, 54) como Johannes Verkuyl (1989, 55) expresaron su preocupación de que si la corriente universalista/pluralista del presente, corriente en el Consejo Mundial continúa, el Consejo podría llegar a ser irrelevante para los asuntos misiológicos que nos esperan en el futuro. Es claro que el universalismo tiene un efecto negativo sobre la motivación y urgencia

---

de 1988 del *International Review of Mission* (77, n. 307), la cual conmemoró el 50 aniversario del Consejo Misionero Internacional en Tambaram, India. Para una respuesta a esta publicación ver Newbigin 1989b. Ver también Bosch 1980, 159-75; y Samartha 1981, 19.

misionera.[206] La perspectiva universalista amenaza a la motivación misionera, reduce la urgencia misional y desvirtúa el mensaje bíblico. Esta cuestión es especialmente crítica hoy, cuando cristianos en todos los continentes están codeándose con vecinos que representan un espectro completo de alianzas religiosas diferentes.

Y aun así, debemos ser cautos al evaluar la polémica entre los dos campos desde un punto de vista misiológico. Se puede establecer la tesis histórica de que la introducción de los puntos de vista pluralistas dentro del Consejo Misionero Internacional a partir de 1938 (junto con el impacto subsiguiente del movimiento de religiones comparadas en el protestantismo troncal norteamericano) redujo el envío de misioneros en algunas iglesias. Segundo, se puede ofrecer un argumento teológico de que el pluralismo religioso reduce el sentido cristiano de la urgencia misionera.[207] No obstante, estos argumentos solos no prueban que la perspectiva universalista inevitablemente reduce la evangelización y por esta causa debiera ser rechazada.

En primer lugar, los movimientos religiosos aparte del cristianismo (incluso los relativamente pluralistas) han sido evangelísticos por propio derecho. Las Cruzadas y la conquista española de las Américas podrían agregarse a una lista que incluiría el marxismo en los años de 1950, la meditación trascendental en los de 1960, el islamismo militante en los de 1970, el movimiento de la Nueva Era en los de 1980, e incluso el universalismo unitario de los últimos 50 años, como perspectivas que han estado muy comprometidas con el fomento de sus puntos de vista, aun cuando no representaban una comprensión bíblica ni del evangelio ni de la misión de Dios. Adoptar una perspectiva universalista puede no significar en sí la pérdida de la energía evangelizadora. El argumento histórico también ignora otros numerosos factores teológicos y no teológicos, que han desanimado a Norteamérica con respecto al envío de misioneros (las guerras mundiales, por ejemplo).

Segundo, la presencia de una fuerte motivación misionera no garantiza en sí misma la verdad del mensaje por el que se aboga. Los ejemplos dados antes demuestran que movimientos que podríamos considerar no bíblicos pueden ser fuertes en el proselitismo. La militancia con frecuencia va de la mano con la creencia en la perspectiva única (¿triunfalista?) que uno tiene, pero la militancia en sí

---

[206] Ver, e.g., Lindsell 1962; Stott 1975b, 64-69; Punt 1987; Harold Brown 1987; Braaten 1987-88; Brownson 1988; y Chapman 1990.

[207] En 1 Cor 15, Pablo sigue una línea de argumento similar con referencia a la resurrección.

misma no prueba las creencias que forman el fundamento para tal activismo. La verdad o falsedad de la perspectiva universalista debe decidirse con referencia a la Escritura, no al activismo cristiano. Como Newbigin (1981a, 4) ha dicho: "El cristiano va a encontrarse con su vecino de otra religión sobre la base de su compromiso con Jesucristo. No hay dicotomía entre 'confesión' y 'búsqueda de la verdad.' Su confesión es el punto de partida de su búsqueda de la verdad." Entonces, un acercamiento cristiano a otras religiones debe comenzar y terminar con la Escritura. No podemos darnos el lujo de seguir la conducción de alguna literatura universalista, la cual se aleja de su fundamento escriturario, simplemente porque las personas de otras confesiones de fe no reconocen nuestras Escrituras. Este es precisamente el punto en cuestión. Nuestra afirmación de la verdad cristiana está basada sobre nuestra experiencia con Jesucristo y afirmada sobre la revelación de Dios tal como se encuentra en la Escritura.

Contra este telón de fondo, nuestro estudio de la relación entre el universalismo y la misión incluirá un reconocimiento de la amplia variedad de tópicos que caen bajo el concepto de universalismo, una cuidadosa distinción entre fe y cultura, y un análisis de los conceptos gemelos de Pablo de cultura-universalismo y fe-particularismo.

La variedad de tópicos dentro del universalismo

Cuando hablamos de universalismo, en realidad nos referimos a una constelación completa de tópicos que han sido discutidos por siglos. Ningún tópico por sí mismo cubre todo el espectro de temas involucrados en el universalismo.[208] Cada tópico en realidad se relaciona con un grupo diferente de versículos e ideas escriturarias. La lista siguiente no pretende de ninguna manera ser exhaustiva:[209]

1. La visión del cristianismo sobre otras religiones pasadas y presentes

---

[208] *The Oxford Dictionary of the Christian Church* define el universalismo (s.v. "apocatastasis") como "la doctrina que en última instancia todas las criaturas morales libres (ángeles, hombres y demonios) compartirán en la gracia de la salvación. Se encuentra en Clemente de Alejandría, en Orígenes y en San Gregorio de Niza. Fue fuertemente atacada por San Agustín de Hipona y formalmente condenada en el primer anatema en contra del origenismo, probablemente desplazado por el Concilio de Constantinopla en 543 d. C."

[209] Para estudios excelentes que cubren algunos de los trabajos sobre el tema ver *Religious Studies Review* 15.3 (julio 1989): 197-209.

2. ¿Serán todos salvos en última instancia? ¿Hay una segunda oportunidad?
3. El carácter único de Cristo
4. Castigo eterno, infierno, tormento, aniquilación
5. Visiones de la verdad universal/local, objetiva/subjetiva
6. Restauración de todas las cosas en Cristo
7. Todos ya son cristianos anónimos
8. La necesidad del amor de Dios para salvar a todos los seres humanos
9. Confusión de las doctrinas de la creación y de la redención
10. Urgencia de la motivación para la evangelización y la misión
11. Utilidad sociológica de otras religiones
12. Religión mundial teocéntrica ("revolución copernicana")
13. Cristología teocéntrica (cristologías locales reduccionistas)
14. Perspectivas panteístas sobre el Espíritu Santo
15. Acercamiento soteriológico a otras confesiones de fe
16. Pluralismo cultural equiparado con el pluralismo religioso[210]

Es claro que no tenemos ni espacio ni tiempo aquí para desarrollar cada uno de los tópicos que aparecen en la lista de arriba. No obstante, enumerarlos nos ayuda a ver qué complejo es el tema y a comprender la cantidad de maneras en que puede ser abordado, particularmente en relación con la misión de la iglesia. La complejidad de la lista es también una advertencia para nosotros a ser cuidadosos y críticos en nuestra lectura. Debemos estar atentos a que una persona que trae nuevas preguntas referidas a uno de los tópicos, no es necesariamente universalista en relación con todos los otros tópicos. En el mundo evangélico, y especialmente en la misión, nosotros hemos tendido demasiado rápido a categorizar como universalista a alguien que puede estar haciendo preguntas con respecto a uno solo de los tópicos, y que puede ser bíblicamente particularista con respecto a todos los otros. Por ejemplo, cuando Karl Barth presentó la esperanza de que un día toda la humanidad sería reunida en Dios, no quiso cuestionar el carácter único de Jesucristo, la doctrina sobre la cual descansa su teología dogmática.[211] De modo que también cuando John Stott (1989) preguntó si la aniquilación es compatible con el concepto bíblico del infierno, no estaba necesariamente sugiriendo que hay más

---

[210] Una excelente reseña breve de las actitudes cristianas hacia otras religiones a lo largo del último siglo, se presenta en Bosch 1988a; cf. Hesselgrave 1990; y Braaten 1981, 69-89.
[211] Para una buena sinopsis de este tema ver Bauckham 1979.

de una vía salvífica hacia Dios. En otras palabras, como cristianos evangélicos necesitamos ser muy específicos en cuanto al tópico en consideración, y muy claros con referencia a la manera en que los tópicos variados se relacionan unos con otros con respecto a la cuestión más amplia del universalismo.

Una distinción entre fe y cultura

A medida que la iglesia se torna más y más en una comunidad global, se hace cada vez más claro que la fe y la cultura no pueden separarse enteramente una de otra. El evangelio no tiene lugar en un vacío cultural, sino que se encarna siempre en un contexto cultural específico. Y aun así, también debemos afirmar que la cultura y la fe no son idénticas. Como Charles Kraft (1979, 115) ha dicho:

> Entonces, deducimos que la relación entre Dios y la cultura es la misma que hay entre alguien que usa un vehículo y el vehículo que usa. Pero esta relación entre Dios y la cultura no es una relación requerida en el sentido que Dios está limitado por la cultura. Por el contrario, Dios es absoluto e infinito. Y aun así ha elegido libremente emplear a la cultura humana y en puntos importantes limitarse a sí mismo a las capacidades de su interacción con la gente. . . . Cualquier limitación de Dios es sólo la que él se impone sobre sí mismo. Él elige usar la cultura, no está limitado por ella de la misma manera en que lo están los seres humanos.

No solamente Dios debe verse distinguido de la cultura, sino que la fe del individuo también debe estar separada de la cultura del individuo. Necesitamos afirmar temas de contextualización, los cuales toman con seriedad las formas del evangelio culturalmente apropiadas en cada tiempo y lugar. Pero eso está muy lejos de equiparar la fe con la cultura. Todos sabemos que variadas personas dentro de la misma cultura pueden adoptar confesiones de fe radicalmente diferentes. Y personas de muchas culturas pueden compartir la misma fe. Al comienzo esto podría parecer una perogrullada. No es siempre tan obvio.

Uno de los aspectos más perturbadores de la literatura sobre el universalismo es la relación muy estrecha (casi sinónima) de la fe y la cultura. Esto puede verse en la sentencia de Ernst Troeltsch (1980, 27) que "en relación a las grandes religiones del mundo, necesitamos reconocer que son expresiones de la conciencia religiosa correspondiente a ciertos tipos definidos de cultura." Hay una relación perturbadoramente estrecha establecida entre la fe y la cultura en los escritos de Wilfred Cantwell Smith, Karl Rahner, Paul Knitter, John Hick, John Cobb y Wesley Ariarajah.[212] Es digno de notar, que los más fuertes defensores del pluralismo religioso también parecen representar las fibras de la cristiandad que tienden a ser más afirmadoras de la cultura, donde la fe y la cultura están más estrechamente entretejidas.

Aun así, la relación entre fe y cultura es parte de la cuestión. No debiera darse por sentada sin cuestionamientos. Karl Barth demostró la importancia de esto, cuando estableció una distinción radical entre religión y fe.[213] La creación y la redención, como son entendidas en la Escritura, no son la misma cosa para los cristianos. Dios es el creador de todos los seres humanos, pero es solamente en Jesucristo, por el poder del Espíritu Santo, mediante la fe, que les es dado "el derecho de ser hijos de Dios" (Juan 1:12). Es sólo a través de la gracia de Dios que somos predestinados para ser "adoptados como hijos suyos por medio de Jesucristo, según el buen propósito de su voluntad, para alabanza de su gloriosa gracia" (Ef 1:5-6).

Más recientemente, Lesslie Newbigin en *Foolishness to the Greeks* (1986) y *The Gospel in a Pluralist Society* (1989a) ha mostrado que la fe y la cultura occidental no pueden y no deben ser equiparadas.[214] Debemos distinguir cuidadosa e incisivamente entre fe y cultura, sin importar si la cultura es judía, griega, romana, europea, norteamericana, asiática, africana o latinoamericana. A menos que establezcamos una distinción radical entre fe y cultura, la misión cristiana no podrá sobreponerse a la acusación de imperialismo cultural. Pero cuando sí llegamos a reconocer una diferencia (aunque haya una estrecha interrelación) entre nuestra fe y nuestra cultura, estaremos preparados para tratar más creativamente con el impacto del universalismo sobre el esfuerzo misionero.

Cultura-universalidad y fe-particularismo en Pablo

La distinción entre fe y cultura está en el corazón del concepto de Pablo en Romanos, en cuanto a la particularidad de un evangelio universal. En realidad, mantener una distancia radical entre fe y cultura puede ser la llave para una lectura misiológica de los pasajes en Romanos en que se habla de "todos," los cuales son citados con mucha

---

[212] Ver, e.g., Ariarajah 1990, y los artículos representativos en el muy buen libro compilado por Hick y Hebblethwaite 1980.
[213] Ver, e.g., Barth 1980; cf. J. Robert Nelson 1967.
[214] Ver también Coote y Stott 1980.

frecuencia por autores universalistas, para respaldar sus posturas.²¹⁵ Lo que sigue es un bosquejo superficial de Romanos a modo de sugerencia, el cual puede servir para ilustrar las implicaciones de la perspectiva única de Pablo con respecto al universalismo y la misión. Ciertamente, Pablo tiene una perspectiva universal. La confusión yace en la yuxtaposición de fe y cultura. Pablo en Romanos aboga por cultura-universalidad junto con fe-particularidad.

Romanos: el mensaje del líder de un equipo misionero a una iglesia en misión

El tema: la universalidad del evangelio de la fe en Jesucristo; es para judíos, gentiles, griegos, no griegos, sabios y necios, es decir, para *todos los que creen* (Rom. 1:14-17; 15:8-9, 15-16; 16:26).

La agenda subyacente: la propuesta de un viaje misionero a España.

Pablo comienza con la cosmovisión de sus lectores, que sostenían que hay dos clases de personas en el mundo: judíos y gentiles.

Figura 23
Dos clases de personas

I. La injusticia de *todos* demostrada por revelación general (1:18-32)
II. La pecaminosidad de *todos* demostrada por revelación especial
   A. La pecaminosidad de todos los seres humanos en general (2:1-16)
   B. La pecaminosidad específica también de los judíos (2:17-3:8)
   C. La universalidad del juicio (3:9-20)
III. Gracia especial en Jesucristo
   A. El elemento de universalidad: la oferta de gracia para *todos los que creen* (3:21-31)
   B. El elemento de particularidad: la respuesta de la fe específica (4:1-5:21)

---

²¹⁵ N. T. Wright 1979 ayuda a identificar estos pasajes.

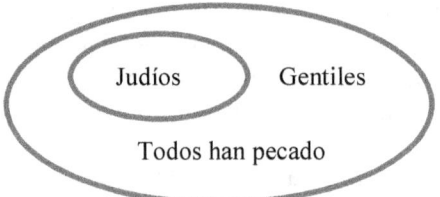

Figura 24
La pecaminosidad de todos

C. La plenitud de la transformación (6:1-23)
   1. La tensión divina-humana en el individuo transformado: después de todo, fe y cultura no son lo mismo (7:1-25)
   2. El rol del Espíritu Santo en la transformación (8:1-27)
   3. La esfera universal de la transformación (8:28-39)
D. El tema de Israel según la carne: una cuestión ocasionada por la redefinición de universalidad y particularidad por parte de Pablo (9-11)
   1. Rechazo de una nueva exclusividad
   2. El Dios que actúa en la historia como un Dios de compasión
   3. La instrumentalidad del nuevo pueblo de Dios para las naciones (y también para la salvación de Israel)

Figura 25
La nueva universalidad de Pablo

IV. La vida especial del pueblo único de Dios en el mundo (la "renovación de su mente" trata con la diferencia entre fe y cultura)
   A. La vida de la comunidad de fe en el mundo (12:1-15:13)
   B. Pablo, un ministro de Jesucristo a los gentiles: el pueblo universal/particular de Dios recién creado (15:14-22)
   C. Los planes de largo alcance de Pablo para España (15:23-33)

D. Ilustración del concepto de Pablo del trabajo en equipo en la misión (16:1-24)

Figura 26
Naturaleza misionera del pueblo de Dios

Conclusión: "El Dios eterno ocultó su misterio durante largos siglos, pero ahora lo ha revelado por medio de los escritos proféticos, según su propio mandato, para que *todas las naciones* obedezcan a la fe. ¡Al que puede fortalecerlos a ustedes conforme a mi evangelio y a la predicación acerca de Jesucristo, al único sabio Dios, sea la gloria para siempre por medio de Jesucristo! ¡Amén! (16:25-27, énfasis agregado).

Hay dos observaciones finales que necesitamos hacer. Primero, el lector debiera darse cuenta de que en el análisis final, el centro alrededor del cual se construye la nueva particularidad universal es la confesión "Jesús es el Señor" (Rom 10:9). Esto cuestiona todas las capas de adiciones culturales que han sido agregadas a esa confesión, a través de los siglos, por la iglesia cristiana. Para que el evangelio sea culturalmente universal, todos los cristianos deben tener la voluntad de despojarse de todo excepto de esa confesión. No ha habido ningún tiempo en la historia en el cual la universalidad cultural de la iglesia haya sido más evidente, que en este nuevo día de la iglesia mundial. Alrededor del globo y de su multitud de culturas, la iglesia demuestra su "traducibilidad" en una miríada de maneras nuevas e insospechadas.[216] La tesis de Paul Knitter es insostenible. El hecho de las numerosas tradiciones religiosas *no* las hace normativas. En cambio, el apóstol Pablo ofrece el amor y la gracia de Dios a todos los seres humanos, representando a todos y a cualquier trasfondo religioso. Por

---

[216] Lamin Sanneh 1989 muestra magistralmente este elemento de la naturaleza misionera de la iglesia.

la fe en Jesucristo, el amor de Dios reúne a todos los pueblos a los pies de la cruz, llamándolos a experimentar nueva vida en el Espíritu.

En segundo lugar, esta cultura-universalidad se desarrolla dentro de una fe-particularidad que crea un nuevo Israel por la fe. Esto no sólo representa una continuidad con Abraham (por la fe), sino que también representa una nueva instrumentalidad misional por parte de la iglesia, en pro de todo pueblo. Estos nuevos miembros del pueblo de Dios son ahora llamados a ser "embajadores" (2 Cor 5:11-21) en medio de las naciones y a favor de ellas. Esta instrumentalidad acentúa la relación de fe, la cual trasciende todas las barreras culturales, derrumba la pared intermedia de separación (Ef 2), y desafía a cualquier forma de particularismo cultural (incluso el particularismo gentil en contra de los judíos; ver Rom 11). Este universalismo bíblico repudia toda otra forma de exclusividad: étnica, sexual, social, educacional, económica, política. "Jesús es el Señor" es para todas las personas. Este tipo de universalismo bíblico representa una perspectiva común evidente en los documentos de la misión más recientes de una variedad de tradiciones cristianas.[217] Una fe tan culturalmente universal llama a "toda la iglesia a llevar todo el evangelio a todo el mundo."[218]

¿Son el universalismo y la misión mutuamente excluyentes? Si por universalismo entendemos la serie de tópicos usados para defender la relatividad religiosa y el pluralismo, la respuesta es sí. Pero si al igual que Pablo lo entendemos como cultura-universalidad junto con fe-particularidad, la respuesta es que en realidad ambos se respaldan y animan mutuamente. La invitación que Jesucristo extiende para salvación en él es extendida a todo pueblo. Si tomamos en serio la universalidad paulina en todas sus dimensiones humanas, culturales y relacionales, nuestro esfuerzo misionero será revolucionario. Entonces seremos verdaderamente universales, procurando reunir a todos los pueblos, a todas las tribus y a todas las naciones, confesando en una fe común que "Jesús es el Señor."

---

[217] Ver, e.g., Visser't Hooft 1963; *Ad gentes* y *Lumen gentium* en Flannery 1975, 350-426, 813-56; "El pacto de Lausana" 1974; *Evangelii nuntiandi* 1976; *Mission and Evangelism* 1983; *The Manila Manifesto* 1989; cf. *The San Antonio Report* 1990.

[218] Este fue el tema de la reunión de Lausana II en Manila (1989), la reunión misionera más grande de la historia.

Capítulo 10

El carácter único de Cristo en la teología de la misión

El tema de este capítulo son las ramificaciones de la confesión que "Jesucristo es el Señor." Esta confesión de fe esencial, bíblica y personal cuestiona las posiciones pluralistas, inclusivistas y exclusivistas sostenidas por los cristianos, concernientes a otras religiones y llama al pueblo misionero de Dios a ser movilizado por el Espíritu Santo, para participar en la misión de Cristo, la cual es culturalmente pluralista, eclesiológicamente inclusivista y particularista en cuanto a la fe.

Varios años atrás, Colin Chapman (1990, 16-17) señaló que "hablar de 'otras religiones' es en última instancia referirse a dos tercios de la raza humana. Las otras religiones del mundo presentan un desafío a los cristianos, no sólo porque tienen cosmovisiones que están en conflicto en muchos puntos con la nuestra, sino también porque su influencia está creciendo. . . . Debemos hacer más . . . que simplemente reafirmar el carácter único de Cristo conforme a categorías antiguas, y más que meramente producir estrategias para alcanzar a personas de otras confesiones de fe. Debemos primero hacer una reflexión profunda acerca de las religiones."[219]

Aparentemente, el sentido de urgencia de Chapman sobre este asunto es cada vez más compartido por otros evangélicos. La mayoría de nosotros está de acuerdo con Clark Pinnock (1992, 7) en que "en todo respecto, el significado del señorío de Cristo en un mundo religiosamente plural es uno de los tópicos más calientes en la agenda de la teología de los noventa."[220]

---

[219] El artículo de Chapman en *Christianity Today* desarrolló algunos de los temas de su discurso presentado en Lausana II (Manila, 1989). Robert Coote (1990, 15) informó que "sólo Colin Chapman . . . se animó a ampliar el examen de lo que significa el evangelio para los que nunca oyeron de Jesucristo."

[220] Ralph Covell (1993, 162) se hizo eco de esta urgencia cuando afirmó que "ninguna doctrina es más importante para el Reino de Dios que la persona única de su Rey y la obediencia de sus súbditos en ser testigos de él en todo el mundo (con especial referencia a los adherentes de otras confesiones religiosas)." Harold Netland (1991, 9) dice: "El aspecto más crítico de la tarea de forjar una teología de la misión viable en el día de hoy 'tiene que ver con la

No es que el tópico en sí mismo sea nuevo. En realidad, ha sido un tema de reflexión de la iglesia desde el primer siglo. Durante los últimos cinco siglos de expansión misionera (tanto católica romana como protestante), la conquista, la acomodación, la adaptación, la indigenización, la aculturación, la contextualización y la inculturación, todas ellas han sido probadas en varios momentos en términos de la relación del cristianismo con otras tradiciones religiosas. En la reunión del Consejo Misionero Internacional en Tambaram, Madrás, India, en 1938,[221] Hendrik Kraemer replicó a la crítica del movimiento misionero que hiciera William Hocking anteriormente (la Investigación de Laicos de las Misiones Foráneas). Kraemer ofreció su perspectiva sobre el mensaje cristiano en un mundo no cristiano en *The Christian Message in a Non-Christian World*, la cual estaba basada sobre su interpretación misiológica de Karl Barth.[222]

La cuestión también recibió atención creciente de parte de los católicos romanos después del Concilio Vaticano II,[223] y del Concilio Mundial de Iglesias después de la Segunda Guerra Mundial.[224] En 1990, Gerald Anderson hizo una lista de 175 libros publicados en inglés ente 1970 y 1990, que trataban el tema de "La misión cristiana y el pluralismo religioso." Tres años más tarde, Anderson (1993, 200) escribió: "Ninguna cuestión en misiología es más importante, más difícil, más controversial o más divisiva para los días por delante que la teología de las religiones."[225]

Los evangélicos recién últimamente han comenzado a darle atención a este asunto. Como dice Ralph Covell (1993, 162-63): "Los evangélicos como grupo por mucho tiempo se han negado a analizar estas cuestiones [de actitudes cristianas hacia otras religiones]." A

---

actitud cristiana hacia el pluralismo religioso y el acercamiento a gente de otras confesiones de fe'" (citando a Gerald H. Anderson 1988, 114).

[221] Ver International Missionary Council 1938. Un serie excelente de artículos sobre Tambaram apareció en la *International Review of Missions* 77, no. 307 (julio 1988); ver también Hallencreutz 1969.

[222] Una excelente muestra del pensamiento de Barth sobre este tema puede encontrarse en Hick y Hebblethwaite 1980, 32-51.

[223] Una discusión útil de enfoques católicos romanos más recientes sobre el tema se puede encontrar en Roukanen 1990.

[224] Ver, e.g., Samartha 1977; 1981; Ariarajah 1990; Wilfred Cantwell Smith 1980; Cragg 1986; Forman 1993; Song 1975; 1987; Gort 1992; Mulder 1985; Wessels 1992; Tillich 1980; y Watson 1990.

[225] Pueden encontrarse excelentes ensayos de reseñas que cubren algunos trabajos recientes sobre el tema en *Religious Studies Review* 15.3 (julio 1989): 197-209.

modo de ejemplo reciente, en la Consulta Evangélica sobre Teología de la Misión de 1970, llevada a cabo en Trinity Evangelical Divinity School, ninguna presentación principal trató el tópico de otras religiones, aun cuando los trabajos fueron publicados bajo el título *New Horizons in World Mission* (Hesselgrave 1979). No obstante, durante las decadas de 1980 y 1990, varios evangélicos representando puntos de vista diferentes hicieron contribuciones significativas a la conversación.[226]

Clave para el tema de las actitudes cristianas hacia otras religiones es el área de la cristología. En un sentido, el punto de partida que uno tiene en cristología afecta a todos los demás, como Robert Schreiter señaló correctamente en su juego de palabras "el carácter crucial de la cristología" ("The Cruciality of Christology") en la reunión de 1990 de la Sociedad Americana de Misiología. Pero es igualmente cierto que los resultados misiológicos pueden evaluarse mejor mirando las cristologías que producen. Así es que la cristología es tanto la fuente para los acercamientos cristianos a otras religiones, como el resultado de tales abordajes.

Los tres paradigmas (y un cuarto) de las actitudes cristianas hacia otras religiones

Las actitudes de los cristianos hacia otras religiones se clasifican generalmente en tres categorías amplias: pluralistas, inclusivistas y exclusivistas (o restrictivistas).[227] Para el año 1992, esta

---

[226] Clark Pinnock 1992; John Sanders 1992; John Stott 1975b, 1981, 1989; Harold Netland 1991; David Hesselgrave 1981, 1988; Michael Green 1977; Carl Braaten 1981; Ajith Fernando 1987; Ken Gnanakan 1992; J. Andrew Kirk 1992; Mark Heim 1985; Bruce J. Nicholls 1990; y William Crockett y James Sigountos 1991, junto con J. I. Packer, Carl Henry y Kenneth Kantzer, habían comenzado a ofrecernos alguna comida sustanciosa para nuestro pensamiento. Esta lista no pretende ser exhaustiva, sino sólo un muestreo de aquellos trabajos que sobresalen. (Ver también Jack Cottrell y Stephen Burris 1993.) David Bosch, Gerald Anderson y Lesslie Newbigin, junto con John V. Taylor, Max Warren, Johannes Verkuyl y Arthur Glasser, están entre los que han sostenido consistentemente delante de todos los misiólogos, incluyendo a los evangélicos, la importancia de una reflexión continuada y cuidadosa sobre el tema. Para un estudio excelente sobre las actitudes cristianas hacia otras religiones durante el último siglo, ver Bosch 1988a; ver también Hesselgrave 1990; Braaten 1981; y Bauckham 1979.

[227] El uso de estos términos particulares parece ser un fenómeno bastante reciente. En *No Other Name?* (1985), Paul Knitter habló de "modelos" de

tipología de tres partes se había hecho común por lo menos entre los evangélicos (Pinnock 1992, 14-15).[228] Harold Netland (1991, 8-35) sigue esta estructura, pero califica su aceptación de la misma: "El uso del término 'exclusivismo' es algo desafortunado, dado que para mucha gente tiene connotaciones indeseables de estrechez de mente, arrogancia, insensibilidad hacia otros, actitud farisaica, fanatismo y demás. No obstante, en el contexto del debate corriente, el término es inevitable, debido al uso ampliamente difundido para referirse a la postura representada por el Pacto de Lausana" (pp. 34-35).[229] ¿Hemos cedido demasiado al aceptar estos términos tan fácilmente?

Primero, noten que dos de las palabras son esencialmente positivas. "Pluralista" es positiva en términos de un mundo multicultural y multirreligioso del cual somos cada vez más conscientes. "Inclusivista" es positiva en términos de abrir nuestros brazos para

---

actitudes cristianas hacia otras religiones: el evangélico conservador, el protestante troncal, el católico y el teocéntrico. Al hacer esto, minimizó la tipología pluralista, inclusivista y exclusivista. En *God Has Many Names* (1982), John Hick se refirió a los tres tipos principales de acercamientos, pero las palabras mismas como categorías tipológicas, no están fuertemente enfatizadas (Netland 1994). Del lado evangélico, Mark Heim en *Is Christ the Only Way?* (1985) y Ajith Fernando en *The Christian's Attitude toward World Religions* (1987) no estructuraron su trabajo alrededor de estas tres perspectivas. En un buen libro sobre *Christianity and Other Religions* (1980), John Hick y Brian Hebblethwaite mencionaron el "pluralismo religioso" y el "absolutismo cristiano," pero no usaron la tipología de tres partes. Entre los primeros usos de esta tipología de tres partes estuvieron los artículos de Paul Knitter y de Francis Clooney en *Religious Studies Review* 15.3 (julio 1989): 197-209, que reseñan nuevos libros significativos en el campo. Carl Braaten pareció aceptar la tipología en tres partes en 1987, mencionando a Gavin D'Costa y a Alan Race como utilizándola, pero no indicó de dónde venía (1987, 17).

[228] John Sanders (1992, 1-7); Erickson (1991, 27-33); Kirk (1992, 9-15); y Gnanakan (1992), todos siguen esta clasificación. David Bosch 2000, 582-584, sigue una tipología similar, pero una las palabras *relativismo, cumplimiento* y *exclusivismo* para describir las tres perspectivas más importantes.

[229] Más tarde, Netland (1994, 1) comentó: "Probablemente es seguro asumir que el término 'exclusivismo' no fue introducido por primera vez en la discusión por adherentes de esa perspectiva, sino más bien es un término peyorativo introducido por primera vez por los que no aceptaban esa visión, quienes deseaban arrojar sobre ella una luz particularmente poco atractiva. Lamentablemente, por abandono, nosotros los evangélicos hemos permitido que otros involucrados en el debate sobre pluralismo religioso, definan la categoría de 'exclusivismo,' y lo hagan en términos inaceptables."

recibir a todos los que son amados por Dios. Pero "exclusivista" es una palabra negativa. ¿Es esto por accidente o por designio? Los pluralistas y los inclusivistas sienten muy negativamente con respecto al contenido de la posición así llamada exclusivista. En realidad, a pocos de nosotros nos gustaría ser acusados de ser individual, institucional, cultural, económica, política o socialmente exclusivistas.

En segundo lugar, consideren las bases sobre las cuales estas palabras están siendo comparadas. Si la base es la tolerancia, los pluralistas y los inclusivistas parecerían abrazar la tolerancia, y los exclusivistas la intolerancia. ¿Y si la base es el amor? Los pluralistas aman a todos, al igual que los inclusivistas, dado que se niegan a "limitar la gracia de Dios a los confines de la iglesia" (Pinnock 1992, 15). Es el así llamado exclusivista quien "restringe la esperanza" y por lo tanto relega a la gente de otras religiones a "zonas de oscuridad," negándose a amar a todas las personas lo suficiente como para ofrecerles una "esperanza más amplia" (Pinnock 1992, 14). Si la base de la comparación es apertura global en oposición al parroquialismo, la postura del exclusivista parece antigua y anacrónica, estrecha y parroquial. Si la base de la comparación es el optimismo en oposición al pesimismo, la postura inclusivista es, en las palabras de Pinock (1992), "optimista en cuanto a la salvación" (p. 153), mientras que los así llamados restrictivistas demuestran una "actitud negativa hacia el resto del mundo" (p. 13), un "pesimismo en cuanto a la salvación, o un pensamiento oscuramente negativo acerca del peregrinaje espiritual de las personas" (p. 182). Pinnock asevera que "debemos confrontar la tradición egoísta de ciertas variedades de teología conservadora, que presentan a Dios como miserable y excluyen grandes números de personas sin pensarlo dos veces. Este oscuro pesimismo es contrario a la Escritura y a la razón correcta. No sólo contradice la esperanza profética de una gran salvación, sino que también es una doctrina cruel y ofensiva. ¿Qué clase de Dios enviaría a grandes cantidades de hombres, mujeres y niños al infierno, sin la más remota posibilidad de responder a su verdad?" (p. 154).

No estoy seguro de querer ser un exclusivista o un restrictivista. Cuando oigo lo que dicen de mí los pluralistas abiertos, que todo lo aceptan, que aman a todos y que son tolerantes, estoy todavía menos inclinado a ser un exclusivista. Como vimos antes, John Hick (1982, 29-31) argumenta que,

> esta actitud enteramente negativa hacia otras confesiones de fe se correlaciona fuertemente con la ignorancia respecto a ellas. . . . No obstante, hoy, el

protestante evangélico extremo, que cree que todos los musulmanes van al infierno, probablemente no lo hace tanto por ser ignorante . . . sino por estar cegado por lentes dogmáticas oscuras, a través de las cuales no puede ver nada bueno en la devoción religiosa fuera de su propio grupo. . . .

Si todos los seres humanos, para lograr la felicidad eterna para la cual han sido creados, deben aceptar a Jesucristo como su Señor y Salvador antes de morir, entonces la gran mayoría de la humanidad está condenada a la frustración y a la miseria eterna. . . . Decir que una situación que causa tanta consternación es ordenada divinamente, es negar la comprensión cristiana de Dios como dador de gracia y como amor santo.

Aparentemente, ¡los exclusivistas no son buena gente! ¡Por supuesto que estoy hablando con ironía! Pero, ¿no podemos hacer nada mejor? Mínimamente, parece que necesitamos continuar nuestra búsqueda de una mejor conceptualización y articulación de lo que la postura de un así llamado exclusivista implica. Y quizás necesitamos una nueva palabra. Para tomar esa determinación, necesitamos examinar cada uno de los tres paradigmas en forma separada. Con el propósito de ahorrar espacio, los tres paradigmas han sido representados gráficamente y su contorno misiológico y teológico general está resumido en las figuras 27-29. Si esta presentación probara ser una simplificación demasiado grande, ruego la indulgencia del lector.

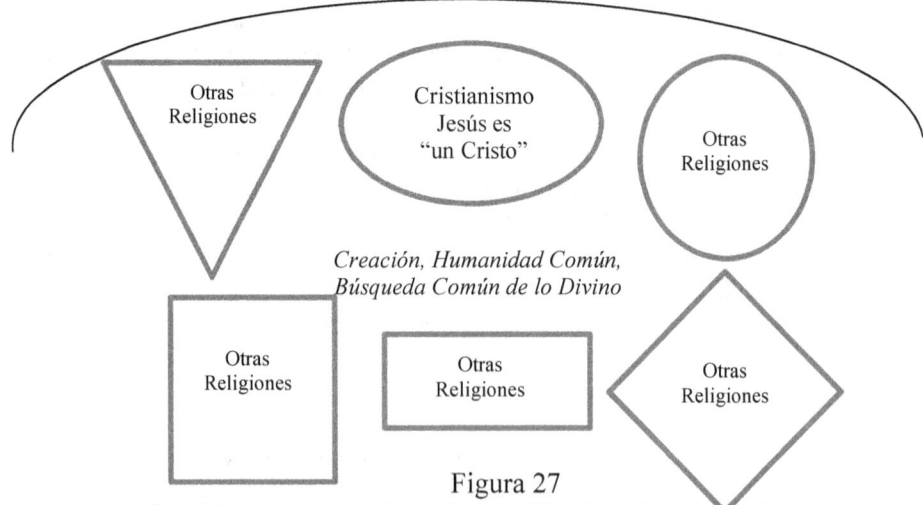

Figura 27
Los Elementos de Pluralismo – Un Paradigma de Creación

1. Punto de partida: la creación y el hecho del pluralismo religioso
2. Relativismo en cuanto a ambas, cultura y fe
3. Elección prioritaria: humanidad común
4. Preocupación por pueblos de varias confesiones de fe coexistiendo juntos
5. Comprensión de Romanos 5:12-19: "en Adán" todos fueron creados buenos[230]
6. Orientación predominantemente horizontalista
7. La religión considerada como expresión de la subjetividad o cultura individual
8. Teología débil de la caída y el pecado[231]
9. Optimismo con respecto a cultura/fe
10. La Biblia considerada exclusivamente como el libro de los cristianos (uno de los muchos libros santos)
11. Jesucristo considerado igual a los líderes de otras religiones
12. Ninguna conversión, ninguna transformación
13. Ninguna preocupación por una relación personal con Jesucristo
14. El Espíritu Santo es visto como trabajando en todas partes del mundo, pero sin ninguna relación con Cristo o con la iglesia
15. Pesimismo acerca de la iglesia
16. Ningún reconocimiento del reino de la tinieblas o demoníaco
17. En última instancia, una visión ilógica (los pluralistas no pueden dialogar, de modo que la conversación cesa)
18. Poca relación con temas de religiones folklóricas
19. Estrecha relación con visiones académicas de las religiones del mundo
20. La misión considerada como irrelevante, innecesaria, degradante, irrespetuosa

---

[230] La pregunta sobre lo que Pablo quiso decir en Rom. 5:12-19, con respecto al alcance y la naturaleza de la simetría entre Adán y Jesús va más allá de nuestra esfera de acción aquí. Aun así, las implicaciones de la hermenéutica que uno tiene de ese pasaje son insondables y profundas para nuestro tema.
[231] Ver, e.g., Griffiths 1980, 128-30.

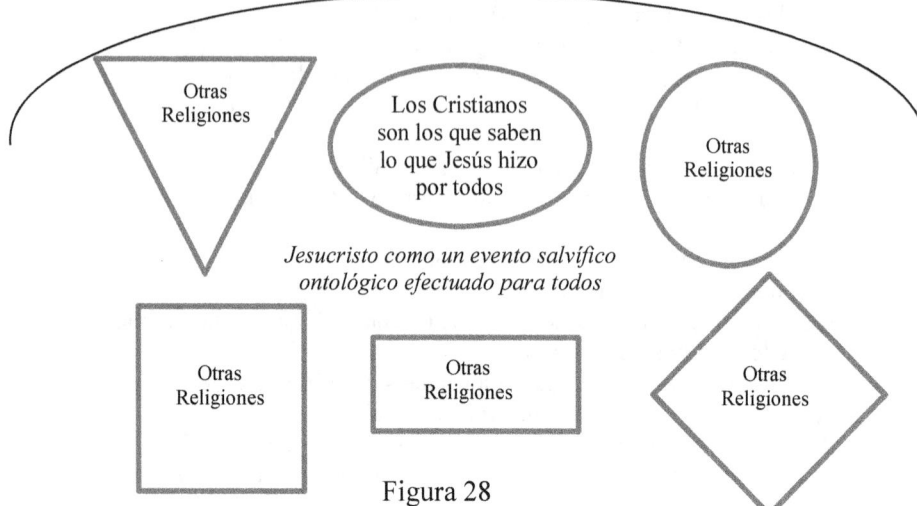

Figura 28
Elementos del inclusivismo: un paradigma de soteriología universal

1. Punto de partida: el carácter único del evento de Cristo, como afectando ontológicamente a todo pueblo
2. Absolutismo acerca de Jesucristo, pero debilidad en la relación personal con el Jesucristo viviente, y relativismo acerca de la forma de la soteriología cristológica universal.
3. Elección prioritaria: la salvación última de todos por parte de un Dios amoroso (Hick 1982)
4. Preocupación por pueblos de variadas confesiones religiosas coexistiendo juntos
5. Comprensión de Romanos 5:12-19: "en Cristo" todos son salvos
6. Soteriología verticalista bastante fuerte, débilmente horizontalista
7. Muchas formas religiosas consideradas como basadas en última instancia sobre el evento de Cristo
8. Teología débil de la caída y el pecado
9. Optimismo general acerca de la cultura/fe
10. La Biblia considerada como la revelación inspirada de Dios para todos
11. Fuerte preocupación acerca de la singularidad ontológico de Cristo
12. La conversión considerada como buena, pero no necesaria; la transformación con énfasis disminuido
13. La relación personal con Jesucristo considerada como deseable, y no como normativa
14. El Espíritu Santo separado de la cristología (Bradley 1993)
15. Pesimismo acerca de la iglesia institucional
16. Ningún reconocimiento del reino de las tinieblas o demoníaco

17. Actitud con aires de superioridad, en última instancia: todos son salvos en el evento de Cristo, ya sea que lo conozcan y lo deseen o no
18. Poca relación con temas de religiones folklóricas
19. Estrecha relación con visiones académicas sobre las religiones del mundo
20. La misión definida como diciéndole a la gente que ya es salva en Jesucristo

Todos los seres humanos son amados y juzgados por el mismo Dios

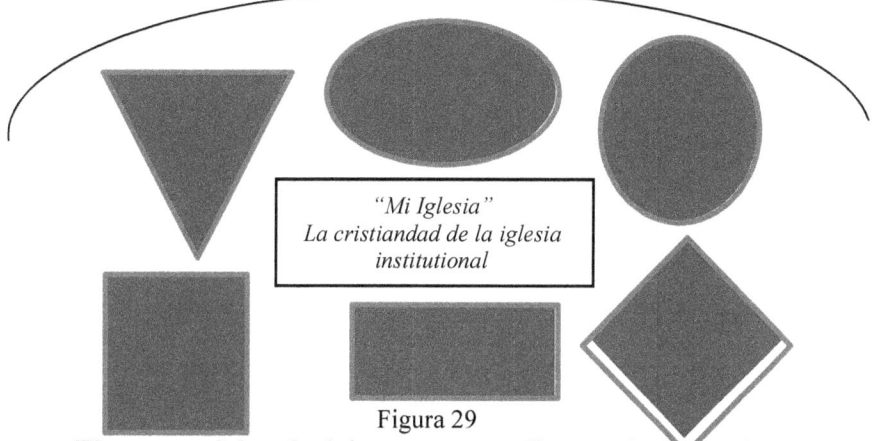

Figura 29
Elementos del exclusivismo: un paradigma eclesiocéntrico

1. Punto de partida: la iglesia es el arca de la salvación
2. Absolutismo con referencia a la alianza personal con Jesucristo en la iglesia (una comprensión bastante medieval e institucional de extra ecclesiam nulla salus)
3. Elección prioritaria: la salvación solamente en la (mi) iglesia institucional
4. Preocupación porque todos los no cristianos lleguen a ser cristianos en la iglesia
5. Comprensión de Romanos 5:12-19: "en Adán" todos pecaron
6. Orientación verticalista fuerte
7. Todos los sistemas religiosos y culturas fuera de la iglesia considerados como pecaminosos (la coexistencia religiosa es posible solamente cuando la gente se hace cristiana y forma parte de la iglesia institucional)
8. Pesado énfasis sobre la teología de la caída y el pecado
9. Pesimismo acerca de la cultura/fe
10. La Biblia considerada como la revelación inspirada de Dios, proclamada a través de la iglesia
11. Fuerte preocupación acerca del carácter único de Cristo
12. Fuerte énfasis sobre la conversión y la transformación en y a través de Jesucristo (y de la iglesia)
13. La relación personal con Jesucristo, una necesidad

14. El Espíritu Santo predominantemente mediado por la palabra, la adoración, el sacramento
15. Gran optimismo acerca de la iglesia: enfoque eclesiocéntrico232
16. Énfasis exagerado sobre el reino de las tinieblas; no mucho acerca de lo demoníaco
17. En última instancia, un acercamiento triunfalista, dominante, que se sirve a sí mismo.
18. Éxito entre religiones folklóricas
19. Falta de éxito entre religiones del mundo
20. La misión definida como el rescate de la gente de las culturas pecaminosas para hacerlas entrar a la iglesia

Permítanme ahora sugerir una cuarta perspectiva: el paradigma "evangelista." He escogido este nombre porque quiero presentar un paradigma cuyo punto de partida es el evangelio esencial, la confesión por parte de los discípulos de que "Jesús es el Señor."[233] Como dijo Lesslie Newbigin (1978, 190-91):

> El cristiano va encontrase con su vecino de otra religión sobre la base de su compromiso con Jesucristo. No hay dicotomía entre "confesión" y "búsqueda de la verdad." Su confesión es el punto de partida de su búsqueda de la verdad. Se encuentra con su compañero con la expectativa y esperanza de oír más de la verdad. . . . Al confesar a Cristo (encarnado, crucificado y resucitado) como la luz verdadera y

---

[232] Wilfred Cantwell Smith (1980, 90) argumenta que "las misiones tradicionales son una transpolación exacta de la teología tradicional de la iglesia."

[233] Aquí he sido ayudado por un artículo de John Howard Yoder: "'But We Do See Jesus': The Particularity of Incarnation and the Universality of Truth," en el cual él llama a usar la palabra *evangélico* para referirse a un "ejemplo apostólico . . . de relacionar el mundo más amplio [mundo, la verdad universal de la soberanía cósmica de Cristo sobre todos] y el mundo más pequeño [del pluralismo/relativismo . . . en el cual las demandas de la verdad . . . encuentran su credibilidad desafiada]. . . . Yo tomo el término en su significado radical. Uno es funcionalmente evangélico, si es que se confiesa a sí mismo como habiendo sido comisionado por la gracia de Dios con un mensaje que debiera ser oído por los que no lo han oído. Es *angelion* ('noticia') porque no lo conocerán, a menos que les sea transmitido por el que lleva el mensaje. Es *buena* noticia porque oírlo no será para ellos ni alienación, ni compulsión, ni opresión ni lavado de cerebro, sino liberación. Dado que esta noticia es solamente tal cuando es *recibida* como buena, nunca puede comunicarse de manera coercitiva; ni tampoco puede el que lleva el mensaje estar positivamente seguro de que éste será recibido" (1983, 59, 66-67).

7. Todas las culturas (incluyendo la nuestra) son consideradas como caídas, pero también como capaces de enseñarnos algo acerca de la manera en que "Jesús es el Señor"[235]
8. Seriedad con respecto a las consecuencias de la caída y del pecado
9. Algo de optimismo acerca de las culturas: afirmación de la cultura, aunque pesimismo acerca de la pecaminosidad humana
10. La Biblia considerada como la revelación inspirada de Dios para toda la humanidad. Tiene nuevas cosas que decir a cada nueva cultura donde el evangelio se arraiga.
11. Fuerte énfasis sobre confesar de nuevo en palabra y vida: "Jesús es el Señor"
12. Fuerte énfasis sobre la conversión y a veces sobre la transformación
13. Relación personal con Jesucristo, una necesidad
14. El Espíritu Santo es visto como operando de manera simultánea pero diferente en el mundo, en y a través de la iglesia y el creyente, para la misión en el mundo
15. Optimismo moderado acerca de la iglesia institucional: la orientación es más hacia el reino de Dios
16. Conciencia del reino de las tinieblas y de lo demoníaco tanto en el mundo como en la iglesia
17. En última instancia, un enfoque creativo de una teología en el camino en constante cambio, que demanda nuevas cristologías en nuevos entornos culturales
18. Éxito entre religiones folklóricas
19. Tendencia a ser confrontacional con otros sistemas religiosos globales
20. La misión definida como el llamado a las personas de múltiples culturas a la conversión, la confesión y la nueva alianza, de manera personal y corporativa, a Jesucristo como Señor

Presuposiciones que distinguen a las cuatro perspectivas

La relación de fe y cultura

Antes de mirar a las implicaciones misiológicas de nuestro cuarto paradigma, necesitamos examinar algunas de las presuposiciones que subyacen a los cuatro paradigmas. Primero, necesitamos preguntar acerca de sus respectivas visiones sobre la relación de la fe y la cultura. Vimos antes (en Capítulo 9) que si bien la fe y la cultura no pueden separarse enteramente, están muy lejos de ser equivalentes:

---

[235] Ver Van Engen 1989a para una percepción inicial de cómo esto parece funcionar a través del tiempo, en medio de múltiples culturas; ver también cap. 3.

la vida verdadera, [el cristiano] no puede aceptar ninguna otra supuesta autoridad como teniendo derecho de paso por sobre esta.

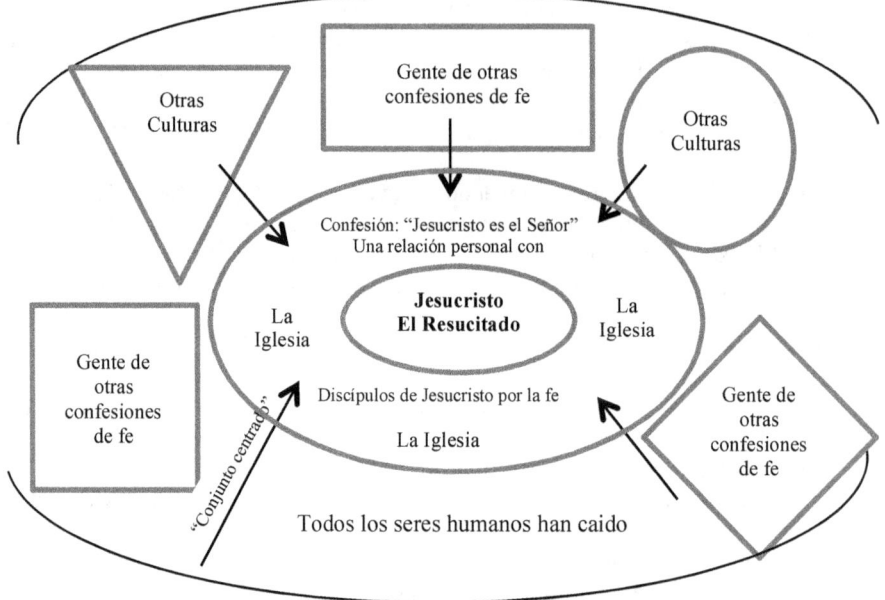

Figura 30
Los elementos del Evangelista – un cuarto paradigma

1. Punto de partida: la confesión "Jesús es el Señor"[234]
2. Absolutismo respecto de una relación personal de fe con el Jesucristo resucitado como Señor; relativismo en términos de la forma que esto toma en la iglesia y en la cultura
3. Elección prioritaria: fe personal en Jesucristo (él nació, vivió, ministró, murió, resucitó, ascendió y volverá) por gracia y en el poder del Espíritu Santo
4. Preocupación acerca de la coexistencia humana en medio de múltiples culturas y religiones
5. Comprensión de Romanos 5:12-19: "como en Adán . . . así en Cristo" no es completamente simétrica
6. Orientación igualmente verticalista y horizontalista

---

[234] Para alguna discusión sobre esta confesión kerigmática esencial de la iglesia primitiva y algo de sus implicaciones misiológicas, ver Van Engen (1991b, 92-94).

El evangelio debe distinguirse de todas las culturas humanas. Es revelación divina, y no especulación humana. Dado que no pertenece a ninguna cultura, se puede expresar de manera adecuada en todas ellas. El fracaso en diferenciar entre el evangelio y las culturas humanas ha sido una de las grandes debilidades de las misiones cristianas modernas. Con demasiada frecuencia, los misioneros han equiparado las Buenas Noticias con su propio trasfondo cultural. Esto los ha llevado a condenar la mayoría de las costumbres nativas y a imponer sus propias costumbres sobre los conversos. En consecuencia, el evangelio ha sido visto como foráneo en general y occidental en particular. La gente lo ha rechazado no porque rechacen el señorío de Cristo, sino porque la conversión frecuentemente ha significado una negación de su herencia cultural y de sus lazos sociales. [Hiebert (1985, 53).]

Que hay una diferencia entre fe y cultura es respaldado no sólo antropológicamente, sino también histórica y bíblicamente. Históricamente, uno sólo necesita revisar la historia de la iglesia, para darse cuenta de que el evangelio de fe en el señorío de Jesucristo, siempre ha tendido a separarse de los moldes culturales que lo aprisionaban. Originalmente, el evangelio no era para nada occidental. Era del Medio Oriente. Comenzó entre judíos que hablaban arameo. Luego tomó forma en todas las culturas alrededor de Jerusalén, a las que se refiere Hechos 2 (en la cultura griega, en la cultura romana, en culturas del norte de África, en Etiopía, en India, en culturas del Cercano Oriente, en culturas árabes). Se expandió a los francos, a Escandinavia, a las Islas Británicas y así sucesivamente. Asociar estrechamente cualquier cultura con la fe bíblica, es ignorar la expansión histórica de la iglesia.

Pero incluso más profundamente, la distinción entre fe y cultura es bíblicamente esencial. Este asunto está en el corazón de Hechos y de Romanos.[236] En Hechos y en Romanos, la cuestión es precisamente la manera en que una sola fe en el señorío de Cristo pudo tomar forma en una variedad de culturas. La diferencia entre fe y cultura es también esencial para nuestra comprensión de Gálatas, Efesios y Colosenses. Pablo habla, por ejemplo, del misterio "que los gentiles [la *ethnē* que abarca a una multiplicidad de culturas] son, junto con Israel, beneficiarios de la misma herencia, miembros de un mismo cuerpo y participantes igualmente de la promesa en Cristo Jesús

---

[236] Ver Capítulo 9 para un bosquejo de la dinámica de fe-cultura en Romanos, tal como es vista desde un punto de vista misiológico.

mediante el evangelio" (Ef 3:6). La primera carta de Pedro y Apocalipsis también serían difíciles de entender si no hubiera ninguna distinción entre fe y cultura.

Ahora, este tema es incluso más importante de lo que pareciera ser. Notamos anteriormente (en Capítulo 9) que la literatura sobre el pluralismo da por sentada una relación casi sinónima entre fe y cultura. Es perturbador que un examen de cerca de inclusivistas como Clark Pinnock, John Sanders y David Watson revele una identificación similar casi total de la cultura con la fe. No obstante, por favor tomen nota que los así llamados exclusivistas también tienden a equiparar estrechamente la cultura y la fe. Y en ese caso, la conversión a Jesucristo, algunas veces con demasiada facilidad, llega a ser una conversión a una versión particular de cultura-cristianismo.

Ahora la naturaleza del mundo en que vivimos ha hecho más peligrosa que nunca la equiparación de fe y cultura. Los cristianos y los no cristianos, los pluralistas, los inclusivistas y los exclusivistas están comenzando a compartir una cosa en común. Todos estamos recibiendo el impacto radical de la redistribución de gente más grande que el globo haya visto jamás. Y la multiculturalidad de nuestra realidad es tan tambaleante, que estamos dudando entre levantar un nuevo racismo proteccionista, una individualización feroz y una balcanización o un abrazo cultural posmoderno y radical de relativismo cultural, que cuestiona muchos de nuestros más caros valores. En esta nueva realidad, todos nosotros estamos siendo llamados a encontrar maneras de afirmar la relatividad cultural: tolerancia, comprensión, justicia, igualdad y coexistencia dentro del nuevo multiculturalismo. Las ciudades de nuestro mundo están siendo especialmente impactadas, y la iglesia en la ciudad sabe muy poco y parece preocuparse menos todavía por la manera de presentar el evangelio en esta nueva realidad.

Si uno ve la fe y la cultura casi como sinónimos y también comienza a abrirse al relativismo *cultural*, el próximo paso es alguna forma de pluralismo *religioso*.[237] Si uno continúa con este proceso, llega a la postura pluralista. Si uno no puede ir tan lejos, sintiéndose fuertemente constreñido a sostener fuertemente el carácter único del evento cósmico de Cristo, uno llega a la postura inclusivista. Si uno se

---

[237] W. A. Visser't Hooft enfatizó la importancia de la distinción entre fe y cultura ya en 1963 (p. 85): "Transformar la lucha entre las religiones con respecto a la verdad última de Dios en un debate intercultural concerniente a valores, es dejar de lado la cuestión central que está en juego . . . la afirmación central de la fe, que Dios se reveló a sí mismo una vez y para siempre en Jesucristo."

niega a aceptar el relativismo cultural, pero sostiene que fe y cultura son sinónimos, uno llega a la postura exclusivista, que recuerda al protestantismo cultural del siglo XIX. ¿No es esclarecedor que los más fuertes sostenedores del pluralismo religioso (o del exclusivismo) también parezcan representar las fibras de la cristiandad que tienden a afirmar más la cultura (o ligarse a la cultura), donde la fe y la cultura están más estrechamente entretejidas? A medida que la comunidad evangélica ha llegado a afirmar más la cultura en la manera en que vive el evangelio, la distinción entre fe y cultura se ha tornado difícil de mantener.

Las formas de la pregunta soteriológica

En segundo lugar, necesitamos examinar la forma de la pregunta soteriológica formulada por los cuatro paradigmas. Necesitamos estar conscientes de la diferencia radical en la forma que la pregunta adopta entre los pluralistas e inclusivistas por un lado, y los exclusivistas y "evangelistas" por el otro. La pregunta base de las posturas pluralista e inclusivista es: "Dado el hecho de que la humanidad es básicamente buena, y que Dios es un Dios de amor, ¿cómo es posible que Dios pueda condenar a una parte tan grande de la humanidad al castigo eterno?" Los exclusivistas y evangelistas formularíamos la pregunta de manera diferente. Preguntaríamos: "Dado el hecho de la caída y que 'todos han pecado y están privados de la gloria de Dios' (Rom 3:23), ¿cómo es posible que se pueda salvar una parte tan grande de la humanidad?"

No podemos analizar más este tema aquí. Pero es imperativo que nuestro trabajo teológico concerniente a la cristología y a la relación con confesiones de fe no cristianas vaya más allá de las preguntas soteriológicas, a preguntas acerca de la creación, la naturaleza de la humanidad, la caída, y la naturaleza del pecado y de la santidad. Sin examinar estas cuestiones, no podemos clarificar plenamente los temas que tenemos entre manos. Aquí es donde tanto Pinnock como Sanders no son nada realistas acerca de repensar su cristología. Uno no puede hacer un cambio tan sustancial en la cristología, sin que éste sea o bien el comienzo de un cambio en todos los otros *loci* de la teología que uno tiene, o el resultado de cambios ya hechos o dados por sentado. James Bradley (1993, 20-22) señala esto en relación con la eclesiología y la fe popular:

> Pinnock ha fracasado en tener en cuenta la manera en que los variados tópicos de la doctrina cristiana están

enlazados: uno no puede hacer un cambio tan fundamental en la cristología, sin también modificar (en esta ocasión, por ejemplo) la eclesiología. . . . Una cristología que no tiene relación con la eclesiología va a carecer de la norma bíblica, e inevitablemente disminuirá la importancia de la comunión y enervará la voluntad de evangelizar. . . . Otra prueba para cualquier doctrina cristiana es su aplicabilidad universal a toda clase de personas. . . . El diálogo con religiones del mundo es no sólo una discusión entre intelectuales, sino que debe tener peso sobre la manera en que se enfrenta, en un encuentro concreto, a la persona común y a la oprimida. . . . Así es que la caracterización abstracta de Cristo y la idea de revelación cósmica no sólo nos presentan problemas teológicos, sino que también nos presentan problemas prácticos. La naturaleza humana particular de Cristo no es lo suficientemente enfatizada, y la salvación del pecado y de la opresión parece estar suspendida en el aire. La "salvación" para Pinnock tiende a reducirse a la mera noción de escape del juicio final. En el aplastante mundo moderno de deshumanización, la gente requiere un sentido tangible de la solidaridad de Dios con ellos, en la humanidad de Cristo. Es irónico que en nombre del diálogo con otras religiones del mundo, la cristología del *Logos* fracasa en ofrecernos la humanidad de Dios, que en sí misma puede aliviar las opresiones de los pisoteados.

Implicaciones misiológicas del paradigma "evangelista"

Habiendo examinado algunas de las presuposiciones básicas de los cuatro paradigmas, y antes de desarrollar las principales implicaciones misiológicas del paradigma "evangelista," debemos clarificar el compromiso fundacional del cual deriva todo lo demás. Aquí estamos haciendo una elección consciente para resaltar la relación personal del cristiano con el Jesús histórico, quien nació, vivió en Palestina durante un período histórico específico, ministró, murió, resucitó, ascendió y volverá. La demanda absolutamente radical del texto canónico de la Biblia es que este Jesús vive hoy, y es aquél con el que el discípulo cristiano se relaciona personalmente por la fe. Incluso John Hick (1982, 122-23) reconoció la viabilidad de esta perspectiva:

> Al reconocer un cambio significativo en el cristiano, como fruto de su diálogo con los no cristianos, se acostumbra a establecer una distinción muy importante (sugerida por la de Karl Barth) entre, de un lado, el fenómeno histórico llamado

cristianismo, que es una de las religiones del mundo, y del otro, el discipulado personal y la devoción a Jesucristo. Esto implica una distinción enteramente propia y útil entre Jesús (el Jesús real que vivió en Palestina en el primer tercio del primer siglo, cuyos informes y rumores de su vida y enseñanza han inspirado a millones desde entonces para tratar de vivir con sus discípulos), y el desarrollo histórico de cristianismo, que es reconocido como un asunto humano, y con frecuencia demasiado humano. Y el confesionalista contemporáneo, con frecuencia sugiere que debiéramos involucrarnos en un diálogo, no mayormente como adherentes del cristianismo histórico, sino simplemente como discípulos de Jesús. Yo pienso que este es un enfoque muy fructífero.

Hick mismo (1982, 19) reconoció las implicaciones de esta postura: "Si Jesús fue literalmente Dios encarnado, la segunda Persona de la santa Trinidad viviendo una vida humana, de modo que la religión cristiana fue fundada por Dios en la tierra en persona, entonces es muy difícil escaparse de la visión tradicional que toda la humanidad debe convertirse a la fe cristiana."

Por supuesto, este es el punto crucial. Pero Hick optó por entender los relatos acerca de Jesucristo como "metafóricos," en lugar de ser literalmente descriptivos de un hecho histórico verificable (1982, 19). Esa decisión fue acompañada por su conclusión anterior de que "cualquier teodicea cristiana viable, en última instancia, debe afirmar la salvación de todas las criaturas de Dios" (1982, 17). La combinación de estos dos factores conduce lógicamente a una postura pluralista. Así es que el lector necesita darse cuenta de que aquí estamos afirmando nuestros propios compromisos anteriores: con Jesucristo como una persona histórica y con la fe en Jesucristo como una relación personal de discipulado conforme al pacto, en el poder del Espíritu Santo.

Al desarrollar las implicaciones misiológicas del paradigma evangelista, trataremos de presentar una perspectiva trinitaria y orientada hacia el reino, que pueda ayudarnos a escuchar a los otros tres paradigmas y también criticarlos. Al hacerlo, necesitamos poder movernos más allá del pesimismo acerca de la misión, de la fe y de la iglesia, exhibido por pluralistas e inclusivistas de igual modo. Es decir, necesitamos poder llegar más allá del anti-colonialismo hacia el globalismo ("Beyond Anti-Colonialism to Globalism"), para usar las palabras de Paul Hiebert (1991). Al mismo tiempo, necesitamos llegar a abrirnos a una villa global moderna de encuentro interreligioso y de diversidad multicultural, donde ya no podemos darnos el lujo de crear, proteger y preservar nuestros propios santuarios de exclusividad religiosa, aparentemente seguros.

Vivimos en el amanecer de la más emocionante era misionera que jamás haya habido. Nunca antes podríamos haber dicho que hay cristianos en toda nación sobre la tierra. Con alrededor de 1.500 millones de cristianos alrededor del globo, la fe cristiana ahora tiene el potencial de evangelizar a los otros 4.500 millones de personas, de maneras nunca antes posibles. El despertar global del interés en la espiritualidad, en el mundo espiritual y en los fenómenos religiosos provee una oportunidad sin precedentes para llamar a las personas a la fe en Jesucristo. De modo que el tema entre manos es oportuno, urgente y esencial. Porque "el carácter único de Jesucristo no es una demanda exclusiva, puramente para la comunidad cristiana, o para el discípulo de Jesucristo. Tiene validez universal. . . . Cualquier lector casual de la Biblia será convencido de que muy central a la revelación cristiana es su demanda histórica y universal de salvación para todo el mundo" (Gnanakan 1992, 126). Y así, la particularidad de la encarnación, el ministerio, la muerte y la resurrección de Jesucristo en la historia continúa estando en tensión dialéctica con la universalidad de las pretensiones de Jesucristo de ser el Salvador del mundo. En medio de este particularismo universal, los discípulos de Jesús confiesan que "Jesucristo es el Señor."

Particularista en Cuento a la fe	*Culturalmente pluralista*	*Eclesiológicamente inclusivista*
"Cristo **Jesús** es el Señor"	"**Cristo** Jesús es el Señor"	"Cristo Jesús es el **Señor**"

Figura 31
Implicaciones misiológicas del paradigma evangelista

Cristo *Jesús* es el Señor: particularista en cuanto a la fe

Nuestro estudio de las implicaciones del paradigma evangelista se limitará a tres categorías básicas. Este paradigma de la actitud cristiana hacia otras religiones ofrece una perspectiva que es (1) particularista en cuanto a la fe, (2) culturalmente pluralista y (3) eclesiológicamente inclusivista (ver Figura 31).

El primer elemento de este nuevo paradigma, que necesitamos acentuar es que es personal. No trata con sistemas religiosos o con religiones teóricas como tales, sino con gente y con la fe personal (Taber y Taber 1992). Tiene que ver con la fe personal en Jesús y en alianza con él, quien vivió y ministró en Palestina en un momento específico de la historia (Hiebert 1979b; 1983, 427; 1994, 125-30). Como dice Ken Gnanakan: "La revelación de Dios tiene una historicalidad y una universalidad que necesitan reconciliarse" (1992, 19). Y tal reconciliación debe encontrarse, en primer lugar, en una relación personal del cristiano con el Jesucristo de la historia, resucitado y ascendido. El único aspecto de la fe cristiana verdaderamente único, verdaderamente distintivo es "una relación personal entre el cristiano y el Cristo viviente" (Heim 1985, 135).

En el paradigma evangelista, la confesión de Jesús como Señor implica una relación personal que rompe los lazos de todos los sistemas religiosos. Esta relación involucra a toda la vida con todas sus contradicciones. No es prolija, lógica ni coherente. No es ni exclusiva, ni arrogante ni triunfalista. En cambio, es confesión humilde, arrepentimiento y obediencia. Así es que la pregunta más importante no es a qué sistema religioso pertenece una persona. Más bien, el tema crucial es el centro que uno tiene. La cuestión última es la cuestión del discipulado, de la proximidad de uno a Jesús el Señor o la distancia de él.

El paradigma evangelista cuestiona las estructuras institucionales de todas las iglesias y especialmente del cristianismo como un sistema religioso, porque las iglesias ahora son vistas como una comunión de discípulos, cuya alianza es con Jesús más que con una institución en particular (en contra de la perspectiva exclusivista). El paradigma evangelista también cuestiona la perspectiva inclusivista de que el evento cósmico de Cristo es salvífico para todas las personas independientemente de su relación personal con Jesucristo. Y cuestiona la reducción relativista de los pluralistas, de la confesión de que Jesús es solamente "un cristo" entre muchos.

Por otro lado, la confesión de Jesús como Señor también señala hacia todo lo que no puede ser llamado "señor" por los cristianos. La confesión demanda despojar a todas las capas del alcaucil[238] de los agregados culturales que los cristianos le han hecho a la confesión básica. Como Pablo lo declara en Romanos y como lo vemos modelado en Hechos, confesar con la boca y creer con el corazón que Jesús es el Señor, de eso se trata. Ninguna otra cosa es realmente importante. Todo lo demás debe considerarse livianamente. Toda otra cosa es negociable. Así es que cuando invitamos a personas de otras culturas y de otras confesiones de fe a confesar que "Jesús es el Señor," no es *nuestro* Jesús (exclusivista), ni es *un* Jesús (pluralista), ni tampoco es la idea

---

[238] En una época, yo usaba la cebolla como metáfora. Pero las cebollas no tienen centro, los alcauciles sí.

cósmica amorfa de Jesucristo (inclusivista). Más bien, es Jesús *el Señor*, quien demanda conversión y transformación de todos los que confiesan su nombre. Así que, otra vez, sólo en la humildad, en el arrepentimiento y en la oración personal y con la expectativa de una gran diversidad en formas culturales, podemos invitar a otros a unirse a nosotros en confesar a *Jesús* como Señor. Muchos teólogos y misiólogos evangélicos han afirmado esto.[239] No obstante, un acuerdo tan amplio no minimiza lo radical de la afirmación.

Cristo Jesús es el Señor: culturalmente pluralista

Junto con la historicidad y la relacionalidad de Jesucristo, también debemos afirmar la universalidad del señorío mesiánico de Cristo. Como lo declaran Juan 1, Efesios 1 y Colosenses 1, Jesucristo es el creador y el sostenedor de todo el universo. Aquí estamos escuchando cuidadosamente preocupaciones pluralistas. Porque nosotros también estamos preocupados por toda la humanidad y por el cuidado de la creación de Dios. Estamos preocupados acerca de la manera en que la humanidad puede vivir unida en paz y justicia, especialmente en medio de los choques cada vez más difíciles entre alianzas religiosas en conflicto.

Dadas nuestras preocupaciones universales, necesitamos una misiología trinitaria que esté orientada hacia el reino, como Johannes Verkuyl lo ha señalado magistralmente (1993). Necesitamos recordar que el señorío de Cristo no es sólo sobre la iglesia (en oposición al exclusivista), sino también sobre todo el mundo. Las perspectivas pluralista e inclusivista confunden la manera, la esfera de acción y la naturaleza del gobierno majestuoso de Cristo sobre la iglesia (los súbditos voluntarios), sobre toda la humanidad (muchos súbditos involuntarios), y sobre el mundo que no se ve. Éstos necesitan ser diferenciados.[240]

No obstante, diferenciar las categorías del Reino majestuoso de Cristo, no justifica nuestra ignorancia de otros pueblos. Más bien, el señorío de Cristo cuestionará radicalmente la postura exclusivista sobre otras culturas y religiones y en cambio abrirá una amplitud más grande para encuentros contextualizados entre los cristianos y las múltiples

---

[239] Ver, e.g., Verkuyl 1989; Glasser 1989; Thomsen 1990; Michael Green 1977; Braaten 1981;Taylor 1981; Scott 1981a; Norman Anderson 1950, 228-37; Heim 1985, 135; Yoder 1983; Neill 1970; Pickard 1991; y Gnanakan 1992.

[240] Ver Van Engen 1981, 277-305; 1991b, 108-17.

culturas. No toda cultura así llamada no cristiana es pecaminosa (en oposición al exclusivista). Pero tampoco todo es relativo (contra el pluralista). Porque todo es reunido bajo el señorío de Cristo. Tampoco todos los seres humanos están ontológicamente determinados para ser incluidos en la salvación de Cristo, en contra de su voluntad (contra el inclusivista). Más bien, somos llamados a someter a prueba a los espíritus (1 Juan 4:1-3). Los que confiesan "que Jesucristo ha venido en cuerpo humano," deben ser reconocidos como viniendo de Dios.

Esta cristología amplia y abarcativa significa que necesitamos continuar escuchando cuidadosamente las nuevas cristologías que están surgiendo en Asia, África y América Latina. Todo lo que no contradice la revelación bíblica concerniente al Jesucristo histórico, nuestro Señor, está abierto para ser considerado. Nos estamos dando cuenta de que incluso en el Nuevo Testamento la multiplicidad de cristologías se alimentan de la grandeza de Jesucristo y son moldeadas por contextos culturales e históricos específicos. (Gundry 1994).

Así es que John Levison y Priscilla Pope-Levison (1994) nos han llamado a unirnos a ellos en procura de una cristología ecuménica para Asia ("Toward an Ecumenical Christology for Asia"), que no sea ni tan cósmica que pierda contacto con la vida real, ni tan enfocada sobre el Jesús sufriente que no haya posibilidad de transformación. Latinoamérica ha acentuado al Jesús impotente pendiente de la cruz y al Jesús bebé del pesebre, que no tiene ningún poder.[241] Tales verdades pueden enriquecer nuestras cristologías y a la vez ser enriquecidas por ellas. "Que Cristo es *la* verdad no significa que no se pueden encontrar verdades fuera de él, pero sí significa que todas las otras verdades son fragmentarias y quebradas, a menos que se integren en él como el centro" (Hendrikus Berkhof 1979, 48). Es claro que aquí necesitamos ser muy cuidadosos y debemos seguir un proceso muy sensible, que Paul Hiebert ha llamado "contextualización crítica" en *Critical Contextualization* (1987). David Hesselgrave advierte que constantemente estamos enfrentando dos peligros gemelos: "el riesgo de ir demasiado lejos" y "el riesgo de no ir lo suficientemente lejos" (1988, 152).[242]

---

[241] En Latinoamérica, el desarrollo de nuevas cristologías ha sido extensivo y creativo, demasiado para tratar bien aquí. Ver, e.g., Escobar 1991; Padilla 1986; y Mackay 1933. Las nuevas formulaciones cristológicas han sido especialmente importantes en el desarrollo de la teología de la liberación.
[242] Ver también Kirk 1992, 171-87; Fernando 1987, cap. 6; Nicholls 1979; 1984; Newbigin 1978; y Henry 1991, 253.

Cristo Jesús es *Señor*: eclesiológicamente inclusivista

La tercera implicación misiológica del paradigma evangelista tiene que ver con el reino de Dios y la iglesia:

> Una teología y misiología informadas por la noción bíblica del Reino de Cristo nunca dejarán de identificar la conversión personal como una de las metas inclusivas del Reino de Dios. . . . La buena nueva del Reino también tiene que ver con la formación y crecimiento profundo del Cuerpo de Cristo, a lo largo del mundo y hasta el fin de los tiempos. . . . El Reino es, por supuesto, mucho más amplio que la Iglesia sola. El Reino de Dios es abarcativo con respecto tanto al punto de vista como al propósito; significa la consumación de toda la historia; tiene proporciones cósmicas y cumple el tiempo y la eternidad. Mientras tanto, la Iglesia, la comunidad de Cristo creyente y activa, es levantada por Dios entre todas las naciones para compartir la salvación y el servicio sufriente del Reino. La Iglesia consiste de los que Dios ha llamado para estar a su lado, para actuar junto con Él el drama de la revelación del Reino venido y por venir. [Verkuyl 1993, 73.]

De modo que el reino nos conduce a la iglesia, los discípulos de Jesucristo el Señor. Porque la iglesia es no sólo una reunión de individuos, es mucho más. "Si bien la fe puede ser intensamente personal," comentan Charles y Betty Taber, "la religión es irreductiblemente social" (1992, 76). Jesucristo es no sólo el Señor de la creación, es también cabeza de la iglesia (Col 1). Así es que Jesucristo envió a su Espíritu (contra la cristología del *Logos* de Pinnock) en Pentecostés, para establecer la iglesia. Dado que Jesucristo es la cabeza de la iglesia, nadie más lo es. La iglesia no pertenece a ninguna persona humana, y el crecimiento de la iglesia debe ser crecimiento en el número de los discípulos de Jesús, como siempre afirmó Donald McGavran, y no proselitismo con una visión de expandir el pequeño reino eclesiológico de alguien. El paradigma evangelista procura corregir el triunfalismo y la arrogancia de que los exclusivistas algunas veces han sido acusados (Gnanakan 1992, 154).

Dado que Jesucristo el Señor es la cabeza de la iglesia, la misión de la iglesia por lo tanto, es participar en la misión de Jesús el Cristo. Esto significa que no es menos que lo que Jesús declara en Lucas 4. Y es tanto como lo que Pablo dice que es en Hechos 13: los discípulos de Cristo, la iglesia, tienen el mandato de ser "luz a las naciones." Por lo tanto, la iglesia debe enfocarse en toda la humanidad. Siempre hay lugar para un pecador perdonado más. Pero esto también significa (contra los inclusivistas) que es la iglesia y no alguna idea cósmica la que reúne discípulos. Esto también significa (contra los pluralistas) que la iglesia, de quien Cristo es la cabeza, está llamada a proclamar que Jesús es el Señor de toda la humanidad y no solamente "un cristo" para los cristianos:

> La iglesia no puede eludir que confesar a Jesús como Señor la mueve profundamente hacia su propia universalidad, un movimiento hacia afuera, en dirección a las naciones. Esto nos es presentado a modo de clímax en la Gran Comisión de Mateo 28:19-20: "Se me ha dado toda autoridad en el cielo y en la tierra. Por tanto, vayan y hagan discípulos de todas las naciones." . . . Así es que la misión de Jesús se torna ineludible y absolutamente obligatoria para todos sus discípulos. No pueden confesar que Jesús es el Señor sin al mismo tiempo proclamar su señorío sobre todo pueblo. . . . De modo que Jesucristo, el Señor de todo pueblo, toda creación y Señor de la Iglesia, envía a su pueblo a un encuentro radical con el mundo. [Van Engen 1991b, 93-94.]

Esta iglesia que se encuentra con el mundo es tan amplia como toda la humanidad (pluralista), tan aceptadora como el señorío cósmico de Cristo (inclusivista) e incorpora y reúne tanto como los discípulos de Cristo (exclusivista). Es claro que el escándalo asociado con esta iglesia es que es *simul justus et peccator* (simultáneamente justo y pecador). Aun así, todavía es la iglesia de Jesucristo. Y es igualmente claro, en el mundo de hoy de religiones y culturas múltiples, que la forma de esta iglesia necesita ser reconsiderada. Necesitamos nuevas eclesiologías para nuevos contextos y se sugieren muchas nuevas empresas eclesiológicas. Aun así, en otro sentido, la iglesia es siempre la misma: es el grupo de los discípulos de Jesucristo, el Señor de la creación, de todos los pueblos y de la iglesia.[243]

Este capítulo no ha dicho mucho que sea nuevo. Esa no fue la intención. En última instancia, nuestra convicción, reflexión y proclamación implica sólo volver a afirmar el misterio del evangelio para todo pueblo, un misterio que "desde los tiempos eternos se mantuvo oculto en Dios, creador de todas las cosas. El fin de todo esto

---

[243] Entre una cantidad de guías útiles para el diálogo "evangelístico" con personas de otras confesiones religiosas están Verkuyl 1978, 354-68; 1993; Bosch 2000, 577-595; Nicholls 1984, 131-35; 1990; y Kirk 1992.

es que la sabiduría de Dios, en toda su diversidad, se dé a conocer ahora, . . . conforme a su eterno propósito realizado en Cristo Jesús nuestro Señor. En él, mediante la fe, disfrutamos de libertad y confianza para acercarnos a Dios" (Ef 3:9-12). Si Pablo y la iglesia primitiva pudieron tan enfáticamente afirmar tal convicción en medio de su sorprendente diversidad cultural y religiosa, también nosotros podemos sentirnos confiados para hacerlo.

Entonces, aunque nuestro tema es increíblemente complejo, aun así es realmente muy simple. "Jesús es el Señor." En medio de muchas culturas y de personas de muchas confesiones de fe, debemos ser audaces. Debemos aprender más profundamente cómo ser evangelistas: particularistas en cuanto a la fe, culturalmente pluralistas y eclesiológicamente inclusivistas.

PARTE VI

LA MODERNIDAD Y LA POSMODERNIDAD EN LA TEOLOGÍA DE LA MISIÓN

Capítulo 11

La teología de la misión en el contexto norteamericano

El círculo se está completando y nosotros en Norteamérica ahora necesitamos las perspectivas y el consejo de nuestros hermanos y hermanas del Mundo de los Dos Tercios, para que nos den una nueva comprensión y una urgencia de traer el evangelio a nuestro pueblo de manera fresca y que entusiasme. Ahora *nosotros* necesitamos recibir de otros eso que compartimos antes con el mundo. Este capítulo es una serie de meditaciones y reflexiones concernientes a la evangelización en el contexto norteamericano, tal como es vista por nuestros hermanos y hermanas en el Mundo de los Dos Tercios. Aquí estamos interesados en reflexionar sobre la proclamación del evangelio en Norteamérica y en las implicaciones para la teología de la misión. Comenzaremos con algunas observaciones, reconoceremos obstáculos, tomaremos nota de las oportunidades y plantearemos algunos objetivos para evangelizar a Norteamérica.

Observaciones

Los Estados Unidos ha sido el terreno que engendró a algunos de los evangelistas y de los movimientos evangélicos más grandes del mundo. Una vista rápida a la obra definitiva de Paulus Scharpff sobre la historia de la evangelización, *History of Evangelism* (1966)[244], nos trae a la mente a personas tales como Theodore Frelinghuysen,[245] Jonathan Edwards, Charles Finney, Dwight L. Moody, Billy Sunday y Billy Graham. Estos evangelistas han sido de influencia porque fueron catalizadores y cosechadores de los grandes movimientos de avivamiento y de despertar espiritual, que son parte de la historia de la religión en Norteamérica. El Gran Avivamiento de los años de 1720, el Segundo Gran Avivamiento de los años de 1790, el Avivamiento de los años de 1830, el Avivamiento de Oración de 1858, el Avivamiento de 1905, y los avivamientos regionales menores de los años de 1880, 1900 y 1940 han dejado un sello indeleble sobre la cultura y la vida religiosa

---

[244] Ver también Terry 1994.
[245] Concerniente a Frelinghuysen y a la historia del avivamiento reformado, ver Brouwer 1977, 48-51.

de los Estados Unidos.[246] Fundados hasta cierto punto debido a cuestiones religiosas, sin haber nunca establecido una iglesia oficial, y afectados a lo largo de la historia por personas y movimientos evangelistas, los Estados Unidos han adoptado un cierto sabor religioso peculiar, el cual ejerce influencia sobre el quehacer evangelístico. Como James McCord, presidente de Princeton Theological Seminary (1959-83), dijo: "Creo que [la fuerza del avivamiento religioso presente en América] está en la profunda piedad evangélica que ha caracterizado a la religión de los norteamericanos desde los mismos comienzos. Es como una corriente subterránea que emerge y vuelve a emerger una y otra vez de generación en generación. Y está emergiendo ahora, justo cuando las iglesias troncales se han aplastado. Pero hace que uno se dé cuenta de la profunda espiritualidad evangelística del pueblo americano" (citado en Gallup y O'Connell 1986, 77).

Los líderes de las iglesias en el Mundo de los Dos Tercios (África, Asia, América Latina, Oceanía), que han mirado desde afuera de nuestra cultura el rol y significación de la religión en Norteamérica, son bien conscientes del impacto que ha tenido la profunda espiritualidad evangelística del pueblo americano sobre el resto del mundo. El surgimiento del movimiento misionero protestante norteamericano desde comienzos de los años de 1800 en adelante, la formación de la YMCA y de la YWCA, el Movimiento de Estudiantes Voluntarios, el Consejo Misionero Internacional, la formación del Consejo Mundial de Iglesias y la aparición reciente de agencias misioneras evangélicas foráneas, todo esto ha sido fuertemente influido por esta característica de la vida religiosa norteamericana. Durante los últimos 150 años, las iglesias en el Mundo de los Dos Tercios han recibido el fuerte impacto de este fervor evangelístico norteamericano, ejemplo reciente de lo cual es la serie de congresos para evangelistas itinerantes, que ha patrocinado la Asociación Billy Graham.

Dado este contexto histórico y nacional, los miembros de las iglesias en el Mundo de los Dos Tercios quedan perplejos al ver que la evangelización en Norteamérica en el presente no es de prioridad alta para la mayoría de los cristianos norteamericanos. En realidad, ha sido el hijo abandonado de la mayor parte del protestantismo troncal durante

---

[246] Para alguna de la mejor literatura sobre avivamientos en Norteamérica, ver los escritos de J. Edwin Orr, las historias escritas por Kenneth Scott Latourette, junto con Lovelace 1979; Beardsley 1912; Stoeffler 1976; De Jong 1978; Marty 1984; McLoughlin 1978; y Cairns 1986.

varias décadas pasadas.[247] Encuentran difícil entender por qué las denominaciones troncales, las cuales han sido sus madres, hermanas históricas y ahora sus patrones eclesiásticos, de manera consistente están declinando en número de miembros. Se preguntan por qué nosotros que los hemos ayudado a evangelizar sus partes del mundo no podemos causar un impacto en nuestra propia cultura con el evangelio. Los más perplejos son los cristianos en el Mundo de los Dos Tercios, que trabajan bajo tremenda presión de parte de otras religiones, bajo severas restricciones sobre sus actividades evangelizadoras y bajo una falta radical de personal, materiales y finanzas. Como un pastor de la India y estudiante en Western Theological Seminary me dijo una vez: "¿Cómo es que con tal libertad, riqueza y apertura popular a la religión cristiana, muchas iglesias evangélicas en Norteamérica no están evangelizando a su gente?" De acuerdo a la *World Christian Encyclopedia* (1982), más de la mitad de todos los cristianos, ahora vive en el Mundo de los Dos Tercios y su número está creciendo rápidamente, mientras que el porcentaje de cristianos en Europa y en Norteamérica continúa menguando. Quizás es tiempo de permitir que el Mundo de los Dos Tercios nos ayude.

Los cristianos del Mundo de los Dos Tercios nos pueden ayudar, debido a sus experiencias con situaciones similares. Por ejemplo, los cristianos en América Latina han luchado por tres siglos con el ampliamente difundido nominalismo y lo reconocen fácilmente en nuestra propia situación protestante. Inmediatamente se sorprenden por la falta de compromiso que los miembros de las iglesias tienen con la vida y actividades de las iglesias, y particularmente con la participación en la evangelización de Norteamérica.

---

[247] En un estudio hecho por Schuller Ministries y la organización Gallup, se le preguntó a la gente: "Sobre las afirmaciones en esta tarjeta, ¿cuáles cuatro piensa usted que son las más importantes si es que alguien está tratando de seguir a Jesús?" Las 16 posibles respuestas que aparecían en una lista representan un espectro bastante amplio: "Obedecer los Diez Mandamientos, perdonar a los que lo han agraviado, poner las necesidades de otros antes que las propias, vivir de tal manera de poder atraer a otros a Jesús, acciones caritativas de persona a persona entre los menos privilegiados, consolar a los que están en dolor o aflicción, hablarle a la gente acerca de Jesús, ser activo en una iglesia local, estudiar la Biblia diariamente, tener un tiempo de oración regular, recibir la Santa Cena, involucrarse en actividades comunitarias." Sólo un 22% citó "hablar a la gente acerca de Jesús" como una de las cuatro actividades más importantes como seguidor de Jesús (Gallup y O'Connell 1986, 45).

Los cristianos en Asia por mucho tiempo han tratado con movimientos que ofrecen experiencias místicas, y rápidamente los reconocen en las últimas modas aquí. De modo que, cuando los titulares de los periódicos anuncian, digamos: "Los creyentes de la era cósmica se reúnen para una 'convergencia armónica'," los cristianos asiáticos pueden ayudarnos a ofrecer una respuesta cristiana.

Los cristianos de África han estado tratando con una proliferación de nuevos movimientos religiosos y con profetas, curaciones, espiritismo, exorcismos y poder espiritual que usualmente acompañan a estos movimientos.[248] El nuevo interés en esta clase de fenómeno espiritual en Norteamérica nos llama a buscar el consejo de los africanos cuando hacemos que el evangelio se relacione con tales movimientos en nuestro medio. Como me dijo un pastor africano hace poco: "Nosotros hemos tenido nuestras sensibilidades espirituales agudizadas durante las últimas décadas y podemos asistir a los cristianos norteamericanos a discernir lo verdadero de lo falso."

Los cristianos en el Medio Oriente, en Indonesia y en África del norte han vivido lado a lado con el islamismo por muchos siglos. Ciertamente, podrían enriquecer nuestro acercamiento a la gran población islámica de los Estados Unidos, si es que buscamos su consejo y guía.

¿Y qué de temas como el secularismo, al cual se han estado enfrentando los cristianos europeos? ¿Qué de la reducción materialista de la vida, con la que han estado luchando por algún tiempo los cristianos en sociedades marxistas? ¿Y qué de esas naciones y gobiernos organizados alrededor de nuevas ideologías a las cuales han tenido que responder los cristianos del Mundo de los Dos Tercios? ¿Y qué de los cristianos en lugares tales como América del Sur, Sudáfrica, Nicaragua, Guatemala y El Salvador, que han estado tratando de manera cuidadosa y seria, con cuestiones de la evangelización en el contexto de la liberación y la justicia? ¿No hay cuestiones similares en nuestro contexto? Parece que necesitamos con urgencia la contribución de cristianos de otras partes del mundo, si es que queremos estar en condiciones de transmitir el evangelio de manera significativa para nuestra gente. Aunque muchos de nosotros podríamos tender a pensar que la nuestra es una nación cristiana, otros observadores ven la viga en nuestros ojos porque es obviamente muy similar a los fenómenos que

---

[248] En Selly Oak Colleges en Birmingham, Inglaterra, Harold Turner estableció un instituto que procura estudiar nuevos movimientos religiosos alrededor del mundo y luego ayudar a los cristianos a comunicar el evangelio en el contexto de estos nuevos movimientos.

ellos encuentran en sus contextos. Cuando estas clases de cuestiones se combinan, comenzamos a entender que nuestra tarea evangelizadora es realmente la de "evangelizar a la Norteamérica neo-pagana" (*Evangelizing Neopagan North America*), como lo ha dicho Alfred Krass (1982).[249] En realidad, si tomamos el evangelio con seriedad en toda su amplitud bíblica, lo encontraremos radicalmente cuestionador de algunas de las presuposiciones más básicas de nuestra cultura.[250] Aunque al comienzo podamos considerar la evangelización de Norteamérica como una tarea simple, al considerarlo más cuidadosamente, encontraremos obstáculos significativos que hacen de nuestro contexto, uno de los más difíciles para impactar con las demandas de Jesucristo.

Obstáculos

Necesitamos considerar sensatamente los obstáculos únicos que enfrentamos en la evangelización de Norteamérica. Resaltaremos de manera amplia algunos de los obstáculos más frecuentemente identificados por los cristianos del Mundo de los Dos Tercios, como siendo especialmente ciertos en nuestra situación en Norteamérica. Éstos tienden a caer dentro de dos categorías principales: obstáculos en nuestra cultura y obstáculos en nuestras iglesias.

Obstáculos en nuestra cultura

La percepción de que la ayuda de Dios no es necesaria

Hay ciertas obstrucciones insertas en nuestro contexto cultural, las cuales deben ser enfrentadas, comprendidas, tratadas y superadas firmemente, para que el evangelio cause un impacto en Norteamérica. Primero está la percepción de que no necesitamos la ayuda de Dios.

Me acuerdo de cruzar la frontera entre Estados Unidos y México, en la primavera de 1983, de camino a la conferencia trienal de

---

[249] Para una evaluación similar de la escena europea, ver Visser't Hooft 1974; 1977.

[250] Newbigin 1986. Como resultado del trabajo del obispo Newbigin, el Consejo Británico de Iglesias estableció un programa "para examinar la manera en que la Iglesia cristiana puede confesar su fe con efectividad dentro de la vida pública del mundo" y especialmente en el contexto de la cultura occidental.

mujeres en Hope College. En el automóvil había dos mujeres de Chiapas, México, que habían sido muy activas en la evangelización allí en las décadas anteriores. Mientras conducíamos por ciudades y campos lujosos del sur de Texas, uno de sus comentarios fue: "Parece que esta gente no necesita a Dios." Le pregunté qué querían decir. Respondieron que comparada con su propia situación en la que tratan a diario con la presencia de la extrema pobreza, la falta de seguridad física, la constante inseguridad laboral, incertidumbres con respecto a la casa y la comida, a la crisis familiar y a una falta general de control sobre el destino de uno, la gente de los Estado Unidos no parece necesitar a Dios. Las compañías de seguros se hacen cargo de los accidentes y de otras crisis, la compensación de los trabajadores se ocupa de los desempleados y los sistemas escolares cuidan la educación básica de casi todos. En resumen, las preocupaciones sobre la salud, el bienestar y la búsqueda de la felicidad reciben respuestas seculares, aunque en realidad encierran cuestiones espirituales.

Mientras conducíamos, hablamos más. Una de las mujeres prosiguió diciendo: "Parece que en esta cultura no hay espacio para Dios." La gente parece ocupada con la familia, el trabajo, la recreación, la vida social y la búsqueda personal de la riqueza. Entonces, ¿dónde hay lugar para Dios? Parece que Dios está restringido a una estrecha parte de la vida que tiene que ver con la enfermedad y las crisis personales. Amelia dijo: "No es de extrañar que tanta gente en este país parezca pensar que se las puede arreglar sin Dios."

Después de ver a nuestra cultura contemplada a través de ojos mexicanos, he tomado nota cuidadosa de las áreas de la vida mencionadas durante las oraciones congregacionales. ¿No es cierto que nuestra necesidad de Dios está limitada a cuestiones de salud y de crisis personales, con algún tema global o político insertado de vez en cuando? Rara vez se mencionan áreas enteras de la vida como comida, ropa, casa, educación, trabajo, recreación, relaciones sociales, finanzas y elecciones morales personales, cuestiones que comúnmente, son temas de oración en otras culturas. Menos todavía, son consideradas como temas religiosos en nuestra cultura norteamericana. No es de extrañar, que cuando comenzamos a tratar con cuestiones de evangelización y de palabra divina, parecemos tener la lengua atada y nos sentimos avergonzados. Nuestra cultura parece empujarnos a hablar de fe religiosa y de compromiso, como algo separado de la vida diaria del pueblo norteamericano. Pero una lectura cuidadosa de la Escritura, nos enseña otra cosa. Dios en Jesucristo, mediante el Espíritu, está interesado en impregnar todas las áreas y en transformar todos los aspectos de nuestras vidas.

La privatización de la fe

Las cuestiones de fe están separadas de la vida pública en Norteamérica. En 1980, asistí a una consulta ecuménica convocada por mi denominación en la ciudad de Nueva York. Estando allí, un cristiano árabe, hablando conmigo, enfatizó que en el Medio Oriente "la filiación religiosa es un tema público, altamente visible, políticamente significativo y demostrado públicamente. El islamismo nos fuerza en esa dirección. Aunque eso crea tensiones religiosas, sociales y políticas severas, algunas veces pienso que son más fáciles de resolver que en esta cultura, donde en términos de demostración pública, usted no puede imaginar la filiación religiosa de mucha gente a su alrededor."

Esta es una perspectiva muy diferente a la de mi amigo Dirk, un lechero de Monnickendam, en Holanda. Me senté en la sala de su casa en 1981 y lo escuché exponer largamente sobre cómo la fe y la filiación religiosa son una cuestión de gusto y de preferencia personal. Bajo la fuerte influencia de una cosmovisión occidental, Dirk me mostró dos botellas de vino, una del vino blanco y una del vino tinto: "Algunas personas gustan del vino blanco, otras del tinto. A ti te gusta el cristianismo reformado, a mi hermano Hans le gustan los adventistas del séptimo día, a mí ninguna religión. ¿Ves? Cada individuo debiera sentirse libre para elegir, y debiéramos respetar la elección de cada uno."

Esta actitud de "vivir y dejar vivir" es altamente valorada en la cultura norteamericana y probablemente encontraremos gente dentro y fuera de la iglesia que le da un respaldo muy fuerte. No obstante, en realidad, es una contradicción del corazón mismo del evangelio, que habla de Dios que creó a todas las personas, Jesucristo que tiene autoridad sobre toda la creación y frente a cuyo nombre un día se doblará toda rodilla, y del Espíritu Santo que convence al mundo de pecado, de justicia y de juicio (ver, e.g., Mat 28; Col 1; Rom 5-6; Fil 2; Juan 16:8).

En un análisis filosófico magistral, Lesslie Newbigin (1986, caps. 1-2) señala que la cosmovisión occidental ha creado una dicotomía entre dos esferas: nuestra cultura y el evangelio. Por un lado, está la esfera pública del racionalismo científico, la explicación causa-efecto, hechos observables y demostrables, y las demandas de la verdad medibles mediante una apelación a un universo racional y contingente (en constante cambio). Por otro lado, la cultura ha relegado la experiencia religiosa a la esfera privada de la opinión y los valores personales, de conceptos internos sobre la fe y de elecciones individuales de estilos de vida. Pero en realidad, ¡el evangelio es inevitablemente público! Lo espiritual es una parte integral de nuestra historia. Nuestro mensaje es de esperanza: hay razón, propósito y dirección en nuestra historia porque Dios está en control. ¡Y este mensaje es un hecho público y verídico! Debemos permitir que el evangelio cause un impacto, cuestione, moldee y transforme la ciencia, la economía, la política, el razonamiento lógico y los valores culturales occidentales.

La privatización de la creencia religiosa constituye un obstáculo mayor para la evangelización de Norteamérica. Siendo particularmente fuerte en las denominaciones que afirman la cultura, nos quita la vitalidad y nos roba la urgencia de comunicar el evangelio en nuestro contexto. Nuestro temor desesperado de cualquier cosa que huela a propaganda o proselitismo es un resultado directo de la privatización de nuestra religión. Otros movimientos religiosos en nuestro medio parecen no tener tal temor. Nosotros, quienes adoramos al Dios del universo y a Jesucristo, en quien todas las cosas subsisten no necesitamos temer una demostración pública de nuestra fe.

La ausencia de una conversión radical

El tercer obstáculo es incluso más penetrante y sutil. Un médico no cristiano en Tapachula, Chiapas, México, quien había estudiado en los Estados Unidos, una vez me señaló que en los Estados Unidos la gente parece estar constantemente bombardeada por literatura religiosa, por programas de radio y televisión y por presentaciones de las iglesias. Luego, él mencionó la ley de la hipoacucia y de la sordera causada por el excesivo ruido y de la ceguera causada por demasiada luz. "Yo creo," me dijo, "que el excesivo bombardeo religioso en los Estados Unidos ha producido reacciones similares en un plano personal y espiritual." Estaba señalando un obstáculo muy significativo, resultante hasta cierto punto, de nuestra propia historia evangelística y avivamientista.

Si encendemos la radio o la televisión un domingo por la mañana, recibiremos el bombardeo de predicadores evangelistas. Al estudiar en general la población de gente que no va a la iglesia en Norteamérica, descubrimos que su contacto con la iglesia puede haber sido demasiado grande, pero mayormente negativo. Muchos pueden haber pasado al frente en una cruzada evangelística e incluso firmado una tarjeta de decisión. Pero tienen poca fe personal y rara vez asisten a la iglesia. Los que quedan afuera, los desertores, los encerrados afuera y los que eligen quedarse afuera, todos tuvieron contacto con la iglesia en algún momento, pero no viven conforme a su fe de manera significativa en el presente.[251] Muchos de los que no van a la iglesia, en realidad tienen razones buenas y entendibles, por las que esencialmente la han abandonado. Lo cierto es que hay una amplia causa para la desilusión con la iglesia en Norteamérica:

> Nos jactamos de que el cristianismo es nuestra fe, pero muchos de nosotros no nos hemos preocupado por aprender los hechos bíblicos básicos acerca de esta religión. Muchos de nosotros asistimos cumplidamente a la iglesia, pero este hecho en sí mismo parece no habernos hecho diferentes de nuestros hermanos que no asisten a las iglesias, en cuanto a conductas no éticas.
>
> Decimos que somos cristianos, pero a veces no mostramos mucho amor hacia los que no comparten nuestra particular perspectiva religiosa. Decimos que nos regocijamos en la buena nueva que Jesús trajo, pero con frecuencia somos extrañamente reticentes a compartir el evangelio con otros...
>
> Decimos que somos *creyentes*, pero tal vez sólo *asentimos*. [Gallup y O'Connell 1986, 88-89.]

El problema en Norteamérica es que la religiosidad troncal ha afirmado fuertemente la cultura, desdibujando la distinción entre cristiano y no cristiano, y disminuyendo el impacto de la conversión en el vida del individuo y de la iglesia. En otras culturas, la conversión a Jesucristo frecuentemente significa un cambio radical en la vida del individuo, una distinción radical entre iglesia y sociedad, y una fuerte diferenciación entre los que son cristianos y los que no lo son. Estas distinciones ayudan al impacto de la evangelización, en tanto sean positivamente transformacionales en lugar de ser tan sectarias y contraculturales que sean foráneas o irrelevantes para la cultura circundante.[252]

---

[251] Para dos estudios útiles sobre los que no asisten a la iglesia en los Estados Unidos, ver Hale 1977; Dale y Miles 1986. Las categorías de dejados afuera, etc., son tomadas de Hale 1977.

[252] Ha habido mucha discusión alrededor de este punto, desde que Richard Niebuhr publicó *Christ and Culture* (1951). En realidad, han emergido muy pocas conclusiones claras. Para perspectivas que difieren ver, e.g., Dean Kelley 1972; Hoge y Roozen 1979; Kraft 1979; Roozen, McKinney, y Carroll 1984; Hoge, Johnson y Luidens 1994.

Obstáculos en nuestras iglesias

Falta de claridad al definir nuestra tarea

Al evangelizar Norteamérica, también necesitamos tomar conciencia de los obstáculos que se encuentran en las iglesias. Aquí resaltaremos dos: una claridad básica tanto para definir nuestra tarea, como para entender nuestra fe. Estas deficiencias oscurecen aún más nuestra presentación del evangelio en medio de la cultura neo-pagana norteamericana.

Algún tiempo atrás, un pastor de Taiwan, estudiante del seminario donde yo estaba enseñando, observó que los norteamericanos parecen no saber qué significa la palabra *evangelización*. Cuestionó la manera en que hablamos acerca de la evangelización de Norteamérica, sin tener una definición clara de la tarea. Pienso que esta cuestión es importante. Uno de los obstáculos internos más grandes, durante las últimas décadas, parece haber sido nuestra falta de claridad en definir la evangelización. A partir de los debates fundamentalistas-modernistas de los años de 1920 y 1930, han habido argumentos furiosos en Norteamérica, concernientes al significado, los medios y el mensaje de la evangelización. "El término 'evangelización' ha llegado a ser altamente mal entendido, precisamente debido a todos los significados ligados a él. Crea barreras para algunos y despierta asociaciones tan concretas para otros, que su discusión casi siempre requiere de un largo proceso de clarificación terminológica" (Guder 1985, 134). La incertidumbre ha sido severamente perjudicial para el entusiasmo, el compromiso y la cooperación, en la práctica de la evangelización, particularmente entre las denominaciones troncales. El malentendido continúa hasta el presente.[253]

Nuestra incertidumbre con respecto a una definición ha contribuido a imágenes negativas fuertes de parte de los miembros de las iglesias. Cada vez que les pido a pastores y a estudiantes de seminarios que describan los sentimientos, impresiones y memorias que la palabra *evangelización* evoca en ellos, sus respuestas han sido impresionantemente negativas. Imágenes de técnicas de manipulación, de tarjetas de decisión sin seguimiento, de intrusos de puerta en puerta,

---

[253] Un ejemplo de un intento de clarificación puede encontrarse en la publicación de abril-junio de 1987 de "Monthly Letter on Evangelism" del Consejo Mundial de Iglesias. Allí se reproduce una porción del discurso dado en 1985 por James Burtness. Reflexionando sobre Mat. 16:13-16, Burtness sugiere: "1. Jesús es la pregunta," y "2. Cristo es la respuesta."

de confrontaciones en la vereda y de ampulosos evangelistas de radio y televisión han producido una fuerte reacción negativa hacia el concepto de hacer evangelización, y un fuerte factor disuasivo para la participación de parte de nuestros pastores y de los miembros de las iglesias. No obstante, hay evidencia de los cursos de seminario sobre el tema, que cuando se ayuda a las personas a superar esas imágenes negativas para ganar una visión positiva y bíblica de la evangelización, estas se tornan impresionantemente positivas, participativas y activistas.

Hay esperanza de una clarificación futura. Parece que se está comenzando a formar una convergencia importante entre el movimiento ecuménico, la Iglesia Católica Romana y los evangélicos conservadores. Uno sólo necesita comparar, por ejemplo, la excelente declaración sobre evangelización, producida por el Consejo Mundial de Iglesias, *Mission and Evangelism: An Ecumenical Affirmation* (1983), con *Evangelism in Reformed Perspective: An Evangelism Manifesto* (1977), producido por la Iglesia Reformada en América,[254] "El Pacto de Lausana" (1974), y la exhortación papal *Evangelii nuntiandi* (1976)[255] para ver que esta convergencia está comenzando a tomar forma.

En 1987, teólogos que representaban la Comisión de Misión Mundial y Evangelismo del Consejo Mundial de Iglesias, el Comité de Lausana para la Evangelización Mundial y la Fraternidad Evangélica Mundial se reunieron en Stuttgart, Alemania Occidental, para discutir la cuestión. Y terminaron produciendo una declaración conjunta sobre evangelización de nueve páginas, muy significativa. Esta declaración citó a *Mission and Evangelism: An Ecumenical Affirmation*:

> La Iglesia es enviada al mundo para llamar a las personas y a las naciones al arrepentimiento, para anunciar el perdón del pecado y un nuevo comienzo en relación con Dios

---

[254] Escrito por William Brownson y Carl Kromminga, el manifiesto fue publicado tanto por el *Church Herald* como por el *Banner* en 1977. Ver también "The Call to Evangelize" en las Minutas del Sínodo General de la Iglesia Reformada en América, junio 17-21, 1985, pp. 223-26, que extrae mucho del manifiesto.

[255] Esta exhortación fue producida por el papa Pablo VI en diciembre de 1975 y titulada "Evangelización en el mundo moderno." Reflexionando fuertemente sobre los documentos del Concilio Vaticano II, es considerado básico para la presente comprensión católica romana de la evangelización, tanto por los católicos romanos como por los protestantes. (Ver también *Lumen gentium*, *Unitatis redintegratio* y *Ad gentes divinitus* en Flannery 1975, 350-426, 452-70, 813-56.)

y con el prójimo en Jesucristo. Este llamado evangelizador hoy tiene una nueva urgencia. . . . La proclamación del evangelio incluye una invitación a reconocer y a aceptar en una decisión personal, el señorío salvador de Cristo. Es el anuncio de un encuentro personal, mediado por el Espíritu Santo, con el Cristo viviente, recibiendo su perdón y haciendo una aceptación personal del llamado al discipulado y a una nueva vida de servicio. [Consejo Mundial de Iglesias 1987, 1.]

Uno de los participantes en Stuttgart, David Bosch de Sudáfrica, poco tiempo después planteó una de las perspectivas más claramente articuladas de esta visión convergente sobre la evangelización (1987, 103): "La evangelización puede ser definida como esa dimensión y actividad de la misión de la iglesia, que procura ofrecer a toda persona, en todas partes, una oportunidad válida de ser desafiada directamente por un evangelio de fe explícita en Jesucristo, con miras a abrazarlo como Salvador, llegando a ser un miembro viviente de su comunidad, y siendo enrolado en su servicio de reconciliación, paz y justicia sobre la tierra."[256] La definición de Bosch podría ser aceptada por personas de las tres perspectivas (católica romana, ecuménica y evangélica). Si tal convergencia llegara a ser una realidad en el pensamiento de los cristianos norteamericanos en general, se podría remover un obstáculo interno importante para la evangelización de Norteamérica.

Falta de claridad en la comprensión de nuestra fe

Después de asistir a un seminario en el oeste de Michigan, un pastor de la Iglesia Nacional Presbiteriana de México comentó que él encontraba que los miembros de las iglesias en Norteamérica eran débiles en su conocimiento de la Biblia, no comprometidos con los programas de la iglesia y pasivos en sus esfuerzos evangelizadores. Al principio, yo pensé que su crítica era demasiado severa. Pero los últimos años me han enseñado lo contrario. Parecemos estar sufriendo de una clase de anorexia bíblica, una pérdida de apetito frecuentemente debida a períodos prolongados de no comer en forma apropiada. Un estudio llevado a cabo por Schuller Ministries y la organización Gallup encontró en forma general una "falta de conocimiento de hechos bíblicos básicos, una falta de amor hacia los que no comparten nuestra

---

[256] Para una lista de 20 definiciones diferentes de evangelización y un capítulo muy útil que trata este tema ver Armstrong 1984, 21-51.

perspectiva religiosa, una reticencia a compartir las buenas nuevas con otros y un fracaso en hacer algo en cuanto de los problemas de la pobreza y el hambre" (Gallup y O'Connell 1986, 88-89). Y un estudio similar de la membresía de la Iglesia Reformada en América indicó que las creencias únicas, expresadas en las pautas confesionales de esa iglesia, son consideradas sin importancia por una gran porción de los miembros (Luidens y Nemeth 1987).

Es un hecho dado en la evangelización, que no podemos compartir lo que no tenemos. La falta de claridad en materia de Escritura y fe produce una falta de entusiasmo y, en realidad, hace que evitemos compartir personalmente nuestra fe. Nuestra reticencia a participar en la evangelización es obvia. Pocos pastores de la Iglesia Reformada en América consideran que su llamado primario es la evangelización de los que no asisten a la iglesia, y pocos miembros tienen la visión de que compartir su fe es su principal actividad espiritual. Una mirada a nuestros presupuestos congregacionales ilustra inmediatamente la baja prioridad asignada a la evangelización. Los salarios del personal, el mantenimiento del edificio y los programas para los miembros mismos sobrepasan de lejos la cantidad de tiempo, esfuerzo y dinero dedicados a la evangelización. Programas congregacionales importantes como los ministerios Bethel y Stephen están dirigidos principalmente a los miembros de la iglesia en lugar de a los no alcanzados. Kenneth Chafin, un pastor bautista del sur y decano de las Escuelas de Evangelismo de Billy Graham lo expresa contundentemente: "La congregación promedio tiene poco contacto significativo con los que no son cristianos" (1978, 120). Parece que la preocupación por la preservación de nuestra historia, tradiciones y nuestra vida de iglesia oscurece nuestro compromiso con el hecho de que "tanto amó Dios al mundo [no dice 'a la iglesia'] que dio a su Hijo unigénito" (Juan 3:16).

Los obstáculos que hemos notado no son nuevos, ni son insuperables. Tampoco debieran desanimarnos. En cambio, nos pueden enseñar que la evangelización efectiva no es ni mágica ni milagrosa, sino simplemente trabajo arduo. Los obstáculos señalan la urgencia de maximizar el potencial que nos es provisto por las magníficas oportunidades para la evangelización dentro del contexto norteamericano. En ningún lugar del mundo las congregaciones locales tienen a su disposición oportunidades como las de Norteamérica. En ningún lugar hay posibilidades más grandes para causar un impacto sobre una cultura con el evangelio.

Oportunidades

Los cristianos del Mundo de los Dos Tercios con frecuencia hacen comentarios acerca del espectro fantástico de recursos evangelizadores que están a nuestra disposición en Norteamérica. Estas oportunidades se pueden encontrar tanto en la cultura en general como en la iglesia.

Receptividad cultural positiva

En 1985, un estudio sociológico muy significativo señaló el rol potencial que el cristianismo podía desempeñar en la cultura norteamericana: "Basando su investigación en un estudio masivo de cinco años de varias comunidades americanas, los autores concluyen que los americanos, mayormente confinados a un vocabulario de individualismo, han perdido el lenguaje necesario para darle sentido moral a sus vidas." Como resultado, la fe personal en sus varias expresiones es esencial para la sociedad norteamericana y es buscada por muchos como una fuente de significado para sus vidas (Bellah et al. 1985, contratapa, 246-48).

El estudio hecho por Schuller Ministries y la organización Gallup, al que hemos referido antes, también señala el increíble potencial de la evangelización en Norteamérica:

> La posibilidad de profundizar el compromiso espiritual de América no es para nada imposible. Virtualmente, todos los americanos están, en alguna medida, atraídos hacia la persona de Jesucristo. . . . Muchos creen que es el Hijo de Dios e incluso muchos entre los no devotos sienten que la vida y la persona de Jesús nos dicen algo profundo acerca del significado de la existencia. Y, notablemente, tantos como nueve de cada diez dicen que Jesús, como líder moral y ético, por lo menos ha tenido algún impacto en sus vidas.
>
> Más aún, por lo menos la mitad de los americanos desea que su fe religiosa fuera más fuerte y, quizás una sorprendente quinta parte de los no creyentes dicen que les gustaría creer en la divinidad de Jesucristo. . . .
>
> Extraordinariamente, cuatro de cada diez americanos tienen una base intuitiva o experiencial para su creencia y reportan una dramática experiencia religiosa. . . . Y siete de cada diez de todos los que respondieron al estudio sienten que

su relación con Jesucristo se está profundizando. [Gallup y O'Connell 1986, 89.][257]

Los cristianos en el Mundo de los dos Tercios no tienen esta clase de trasfondo cultural positivo para la evangelización. Por el contrario, sus contextos invariablemente demandan un encuentro radical con otras confesiones de fe, que no aceptan la creencia en Jesucristo. ¿Por qué no estamos capitalizando esa notable receptividad?

Libertad, finanzas y formas de evangelización masiva

La receptividad cultural general luce todavía más brillante, cuando consideramos la libertad de proclamación que hay en Norteamérica, asociada con la libertad de los individuos para cambiar su fe. A esto hay que agregar el dinero, la gente y los programas a disposición nuestra para la literatura, los videos, los medios masivos cristianos y demás, y las posibilidades suben hasta las nubes. Los varios millones que manejan los evangelistas televisivos son no sólo un escándalo; también demuestran el potencial fantástico abierto para evangelistas, pastores e iglesias que desean causar un impacto en Norteamérica con Jesucristo.

Comparen esto con un pequeño programa de radio en Tapachula, donde mi esposa y yo servimos como misioneros. Por un par de años tuvimos la posibilidad de tener un programa de media hora de música cristiana y un sermón breve, que algunas veces me invitaban a predicar. ¡Qué tremenda cantidad de energía le llevaba a Pascual, el hermano a cargo del programa, para reunir el dinero y la gente necesarios para cubrir esa media hora! Luego llegó el día fatídico, cuando en la estación de radio le dijeron a Pascual, que el gobierno había decretado que a ninguna estación de radio le estaba permitido poner en el aire programas religiosos. Todas las transmisiones radiales protestantes fueron silenciadas ese día y no fueron retomadas hasta hace poco. Recuerdo muy bien los lamentos de Pascual porque las libertades y recursos que los cristianos tienen a su disposición de este lado de la frontera, no los tenía ni él ni las iglesias del lado mexicano.

---

[257] Bob Bast 1987, entonces ministro de evangelización y de vida de la iglesia en la Iglesia Reformada en América, hizo observaciones similarmente positivas.

"¿Qué no podríamos hacer aquí si tuviéramos los recursos y la libertad que los cristianos tienen allí?" preguntaba él.

Una miríada de puentes relacionales

Agregada a la receptividad cultural general y a los recursos potenciales, hay una tercera oportunidad importante, que está siendo enfatizada por los evangelistas en Norteamérica. Cada congregación tiene lazos estrechos con la población a la que apunta. La clave se encuentra en las miles de relaciones estrechas y casuales, formales e informales, que los miembros de la iglesia tienen con los que no asisten a la iglesia dentro de la comunidad. No lleva mucho trabajo identificar los negocios, las áreas de recreación, las vecindades, las escuelas y las redes de amigos que reciben el impacto de los miembros de una congregación. Aquí están los puentes más fructíferos para evangelizar a Norteamérica. Es un hecho probado que alrededor del 80% de todos los miembros nuevos en las iglesias, originalmente vinieron a su iglesia debido a una amistad previa con un miembro de la congregación. Otra vez, aquí están las redes por medio de las cuales el evangelio puede ser comunicado naturalmente con amor, abiertamente, personal y efectivamente. Necesitamos maximizar el potencial de nuestras relaciones naturales.[258]

Investigación, información, consulta y entrenamiento

Un pastor de Kenia que había estado en los Estados Unidos sólo por un corto tiempo hizo un comentario llamativo con respecto a los recursos de investigación y consulta, que tienen las iglesias norteamericanas para ayudarlas en la evangelización: "¡Si tan sólo tuviéramos información utilizable para saber quién vive dónde en nuestro país, cuántos hay, qué necesidades tienen y cómo podemos servirlos! Si tuviéramos tal información, estoy seguro que nuestra iglesia estaría creciendo diez veces más rápido de lo que lo está haciendo." Y aun así, su iglesia está creciendo alrededor de un 30% cada año, porque los miembros comparten su fe con otros. ¿Cuál sería la tasa de crecimiento, si es que el pastor en realidad tuviera la clase de información que desea?

---

[258] El vasto potencial de las redes relacionales de los miembros de nuestras iglesias ha sido enfatizado por George Hunter 1987, cap. 4; Calver et al. 1984, cap. 3; Hinson 1987, cap. 6; Aldrich 1981, parte 2; y Van Engen 1992c.

Tenemos esos tipos de recursos en las puntas de nuestros dedos. Las consultas de la iglesia y los grupos de entrenamiento como el Instituto Alban, el Instituto Americano del Crecimiento de la Iglesia, el Instituto Yokefellow, la Asociación Evangelística Fuller y las Escuelas de Evangelismo de Billy Graham están a disposición para que se les pida guía y para poder investigar. Los programas de evangelización como Evangelismo Explosivo, el Good News People, el Life-Style Evangelism (Joseph Aldrich) y el Night of Caring/Sharing (Paul Cedar) son sólo algunos de los muchos recursos a disposición de las iglesias. No hay razón por la que una congregación que quiere alcanzar a otros en la evangelización de Norteamérica no lo pueda hacer. Hay muchos consultores deseosos de ayudar. Mucho depende de si los miembros de una congregación están personalmente comprometidos a vivir conforme a su llamado evangelizador. George Hunter (1987, 31) considera que "las congregaciones fieles que se reproducen [son] laboratorios del Dios viviente. En tales iglesias, el Dios que actúa en la historia le está mostrando a toda su iglesia, los caminos hacia delante. . . . A través de recoger información y de los estudios de casos, podemos descubrir los enfoques y métodos que Dios está bendiciendo para alcanzar a los no discipulados y quizás escasamente habremos rasguñado la superficie. Hay más principios y estrategias reproducibles que esperan ser descubiertos en iglesias que ya están experimentando el crecimiento apostólico."[259]

Objetivos

Hunter (1987, 16) también afirma que "el trabajo de la misión evangelizadora sólo es hecho por cristianos e iglesias que (a) ven su identidad en continuidad con los apóstoles, (b) ven los campos misioneros en los cuales están ubicadas sus iglesias, (c) están abiertos a recibir poder del Espíritu, y (d) desean por sobre todo unirse al Señor de la cosecha para encontrar a los perdidos y construir esa iglesia contra la cual las puertas del infierno y los poderes de la muerte no prevalecerán." Las deficiencias en la fe personal y en la asistencia a la iglesia que observamos antes en este capítulo sólo pueden ser mitigadas por cristianos en las congregaciones locales, que lleguen a ser la encarnación del cuerpo de Cristo en ese lugar. Después de todo lo dicho y hecho, Cristo no se dirigió a nadie sino a los discípulos cuando dijo: "Serán mis testigos" (Hech 1:8).

---

[259] Un recurso muy útil para la evangelización congregacional es George Hunter 1979.

Además de ayudarnos a entender y analizar, los cristianos del Mundo de los Dos Tercios también pueden exhortar y desafiar. El crecimiento fantástico de la iglesia en China, bajo una opresión increíble y condiciones aparentemente insuperables nos ha llamado a todos nosotros a volver a examinar no sólo nuestros métodos, sino también nuestro compromiso. El crecimiento explosivo de las iglesias en Africa podría desafiar la efectividad de nuestra propia respuesta a las oportunidades frente a nosotros. El crecimiento rápido de las comunidades eclesiales de base, de las comunidades pentecostales y el sufrimiento de las iglesias protestantes en América Latina podrían ser un ejemplo para nosotros, del tremendo efecto que iglesias vibrantes, llenas del Espíritu y conducidas por el Espíritu pueden tener sobre su sociedad.

Las iglesias de Norteamérica están en necesidad de extraer savia de sus raíces y de recibir sostén de los fundamentos evangélicos y avivamientistas de su historia. Tenemos que permitir que la espiritualidad evangélica profunda del cristianismo americano vuelva a resurgir en nuestro medio. El avivamiento y la renovación son tan esenciales para la evangelización, como también lo son los recursos y estrategias. Los cristianos del Mundo de los Dos Tercios como René Padilla, Orlando Costas (1989), José Míguez-Bonino, Leonardo Boff, Emilio Castro, Raymond Fung, Juan Carlos Ortiz y Juan Luís Segundo han enfatizado varios aspectos de esta renovación en sus exhortaciones a las iglesias norteamericanas. Estamos llamados a prestarle atención a lo que le dijo Pablo a la iglesia de Corinto: cada cristiano debe experimentar ser hecho una "nueva creación," reconciliada con Dios a través de Cristo, llamada al "ministerio de la reconciliación," movida a participar activamente en la obra de Cristo por medio de quien Dios "nos reconcilió consigo mismo." Luego, esta renovación de nosotros mismos nos da el poder para ser "embajadores de Cristo, como si Dios los exhortara a ustedes por medio de nosotros: 'En nombre de Cristo les rogamos que se reconcilien con Dios.'" ¡Esto nos compromete con un movimiento revolucionario de transformación radical! "Al que no cometió pecado alguno, por nosotros Dios lo trató como pecador, para que en él recibiéramos la justicia de Dios" (2 Cor 5:17-21).

Esa condición de ser nuevos causaría un impacto en una cantidad de áreas de nuestra vida como cristianos en Norteamérica. Comenzaría llamándonos a un *nuevo propósito*. Nos recordaría que el propósito de la iglesia, su razón de ser, no es tanto preservar una tradición, ni tampoco realmente mantener un edificio, ni esencialmente servir a sus miembros, ni pagar las cuentas. El propósito de la iglesia es ser el pueblo del pacto de Dios, quien busca la reconciliación de las personas con Dios y unos con otros, de modo que a través de la iglesia sean "bendecidas todas las familias de la tierra" (Gén 12:1-3).

La condición de ser nuevos implica un *nuevo corazón*, un corazón de compasión y amor que anhele profundamente una transformación del mundo y la venida del reino de Dios. Este amor es el corazón del evangelio y la esencia central del cuerpo de Cristo (Jer 31 y Juan 13). El nuevo corazón procura ser instrumento de Dios (embajador, siervo) en el mundo por Jesús, a través del poder del Espíritu.

La condición de nuevos acarrea una *nueva urgencia*, que no descansará mientras haya personas que no hayan sido impactadas por el evangelio. Tendremos un sentido de ser deudores, de que le debemos a las personas del mundo presentarles el evangelio. La urgencia viene de entender que el mundo no oirá sin predicadores, y los predicadores no proclamarán a menos que sean enviados, y es en el envío que encontramos nuestra naturaleza como pueblo de Dios (Rom 1:14-15; 10:1-15).

La condición de nuevos demanda *nuevos programas y nuevos métodos*. Como alguien preguntó una vez: "Si la iglesia es para todos, ¿por qué no están todos en la iglesia?" ¿Creemos que el evangelio de Jesucristo es realmente buenas nuevas? ¿Confiamos en que la perspectiva integral encarnada en la teología reformada tiene una contribución importante que hacerle a la gente y a la sociedad de Norteamérica? ¿Estamos seguros de que lo que tenemos para ofrecer es como un "tesoro escondido en un campo" (Mat 13:44)? ¿Creemos que "no hay bajo el cielo otro nombre . . . mediante el cual podamos ser salvos" (Hech 4:12)? Si nuestra respuesta es afirmativa, buscaremos constantemente los medios más efectivos por los cuales llevar a cabo nuestro llamamiento a un ministerio de reconciliación.

Finalmente, la condición de nuevos significa una *nueva conversión* (conversión a Dios, conversión a la iglesia y conversión al mundo). La necesidad de evangelizar a Norteamérica nos llama a un nuevo examen de nuestra conversión. Para muchos de nosotros, el proceso de conversión le han dado mal el vuelto. Nuestro individualismo occidental, la cautividad del evangelio en la iglesia, el énfasis en preservar tradiciones pasadas, nuestra historia de campañas evangelísticas y la división pública/privada de la religión norteamericana, todo ha contribuido hasta cierto punto, a retenernos para no lograr un espectro completo de nuestra espiritualidad y conversión. Informando sobre nuevos descubrimientos concernientes a la espiritualidad, James Fowler en su libro *Stages of Faith* (1981) y Henri Nouwen son voces que se unen a las del Mundo de los Dos

Tercios, llamándonos a una conversión radical en tres partes: a Dios, a la iglesia y al mundo por el cual Cristo murió.

    La evangelización de Norteamérica no es opcional. Es la razón por la que existimos, está ordenada por nuestro Señor y es urgentemente necesaria a favor de la justicia y la reconciliación. ¡Qué don maravilloso de parte de Dios! Nuestra participación en la misión de Dios nos hace instrumentos por medio de los cuales las naciones del mundo pueden ser bendecidas. En el análisis final, la evangelización es gente compartiendo con gente el amor y la gracia de Dios en el poder del Espíritu Santo. Los cristianos del Mundo de los Dos Tercios viven conforme a esto de maneras maravillosas, bajo severas presiones. Ya en este momento, más de la mitad de todos los cristianos vive en Asia, África y América Latina. Muchos predijeron que para el año 2000 el porcentaje de cristianos en esos continentes iba a subir dramáticamente, mientras que el porcentaje de cristianos en Europa y en Norteamérica iba a menguar aún más. Ya en el siglo XXI, ¿hay alguna manera de responder a esta realidad? ¿Podemos nosotros en Norteamérica aprender lo suficiente de los cristianos en el Mundo de los Dos Tercios como para revertir la tendencia? ¿Permitiremos que ellos nos desafíen a evangelizar nuestro continente neopagano? Los cristianos en África, Asia y América Latina batallan contra tremendas condiciones económicas, sociales, políticas y religiosas. Aun así, continúan evangelizando a un número cada vez más grande de personas. ¿Podemos nosotros hacer menos? ¿Les permitiremos ayudarnos?

Capítulo 12

La teología de la misión a la luz de la crítica posmoderna

En este momento, estamos pasando por lo que generalmente se caratula como transición de la modernidad a la posmodernidad, una transición que muchos, incluso Peter Drucker (1993, 1) consideran como de significación trascendental:

> Una vez cada unos pocos cientos de años en la historia occidental ocurre una transformación aguda. Cruzamos lo que . . . yo he llamado una "divisoria." En unas pocas décadas, la sociedad se reacomoda a sí misma (reacomoda su cosmovisión, sus valores básicos, su estructura social y política, sus artes, sus instituciones claves). Cincuenta años más tarde, hay un nuevo mundo. Y la gente que nace entonces, no puede ni siquiera imaginarse el mundo en el que vivieron sus abuelos y dentro del cual nacieron sus propios padres.
> En este momento, estamos viviendo una transformación exactamente así.

La tesis de este capítulo es que una crítica cristiana de la modernidad[260] incluiría un examen de nosotros mismos como la iglesia

---

[260] Definir lo que significa "modernidad" y "posmodernidad" no es una cosa simple. Bryan Turner (1990, 4) dice: "La modernidad en términos amplios tiene que ver con los cambios sociales y culturales masivos, que tuvieron lugar desde la mitad del siglo XVI, y consecuente y necesariamente está ligada al análisis de la sociedad industrial capitalista, como una ruptura revolucionaria con la tradición y con la estabilidad social fundada sobre una civilización agraria relativamente estática. La modernidad tenía que ver con la conquista (la regulación imperial de la tierra, la disciplina del alma y la creación de la verdad). . . . La cuestión del posmodernismo es una cuestión acerca de los posibles límites del proceso de modernización. . . . El posmodernismo ha alentado la visión de que los varios campos y especialidades en las ciencias son principalmente estrategias o convenciones por las cuales 'la realidad' se divide, en parte como consecuencia de la intensa lucha sobre la verdad, por parte de grupos sociales en búsqueda del poder."
Mike Featherstone (1988, 197-98) lo dice de esta manera: "La modernidad se contrasta con el orden tradicional [de la antigüedad y del medievalismo] e implica la racionalización y diferenciación económica y administrativa progresivas del mundo social. . . . En consecuencia, hablar de posmodernidad

es sugerir un cambio o ruptura epocal de la modernidad, que implica el surgimiento de una nueva totalidad social con sus propios principios organizativos distintivos."

David Harvey (1989, 42-43) formula algunas preguntas penetrantes en relación con una definición de posmodernismo: "¿Representa el posmodernismo . . . una ruptura radical con el modernismo, o es simplemente una revuelta dentro del modernismo, en contra de cierta forma de 'alto modernismo'? . . . ¿Es el posmodernismo un estilo, . . . o debiéramos verlo estrictamente como un concepto de periodización? . . . ¿Tiene un potencial revolucionario en virtud de su oposición a toda forma de meta-narrativas (incluyendo al marxismo, al freudianismo y todas las formas de razonamiento iluminista) y a su gran atención a 'otros mundos' y 'otras voces' que han estado en silencio por demasiado tiempo? . . . ¿O es simplemente la comercialización y domesticación del modernismo, y una reducción de las aspiraciones ya deslucidas del último? . . . ¿Y adosamos su surgimiento a alguna reestructuración radical del capitalismo, a la emergencia de alguna sociedad 'posindustrial' . . . o [lo vemos] como la 'lógica cultural del capitalismo tardío'." Harvey continúa ofreciendo una comparación esquemática excelente para mostrar cuán diferente, por lo menos aparentemente en su visión, es el posmodernismo del modenismo.

Uno de los ensayos más útiles que he encontrado para ver la diferencia entre modernismo y posmodernismo, fue escrito por Nancey Murphy y James McClendon (1989). Su comparación considera tres ejes: (1) un eje epistemológico, (2) un eje lingüístico y (3) un eje metafísico. En el extremo modernista, uno encontraría, respectivamente, (1) una agenda fundacionalista, que busca creencias indubitables que puedan responder al escepticismo modernista; (2) una visión del lenguaje referencial o representacional; y, (3) una prioridad ontológica de lo individual sobre lo colectivo. El pensamiento posmodernista está en el otro extremo de cada uno de estos ejes. Epistemológicamente, el posmodernismo significa rechazo de toda forma de fundacionalismo (incluso siquiera de la necesidad de fundamentos); lingüísticamente, se descarta el representacionalismo y es el lenguaje mismo el que hace posible las ideas, la experiencia y el significado; y metafísicamente, el posmodernismo afirma una visión de integración: "la sociedad no es una mera colección de individuos similares; más bien, los individuos participan en [la sociedad] a través de la interacción complementaria. Son las diferencias de los individuos, en lugar de sus similitudes, las que les permiten hacer una contribución a la sociedad" (p. 203).

Dados estos y otros intentos de dar una definición, yo me inclino a ver la posmodernidad primariamente como un punto de vista reactivo en contra de la modernidad, en lugar de ser una opción radicalmente nueva, discontinua que nos recata del modernismo. Bryan Turnar (1990, 2) dice: "Que el posmodernismo sea reaccionario o progresivo dependerá en gran manera de que veamos al posmodernismo como antimodernismo o como más allá del modernismo." Sobre este punto, creo que Philip Sampson (1993, 5) está en lo

de Cristo, para ver cómo podemos llegar a ser comunidades hermenéuticas del evangelio auténticas y contextualmente apropiadas, en un mundo posmoderno (Newbigin 1989a, 222-33).

Parece haber por lo menos tres maneras en las que podemos empezar a reflexionar sobre la presente crisis de la transformación de la modernidad en la posmodernidad, con referencia a la iglesia. Primero, podríamos seguir la tendencia predominante que se encuentra en el análisis filosófico de la modernidad y la posmodernidad, y tratar a la eclesiología desde el punto de vista de la epistemología. En este caso, podríamos examinar a la modernidad y a la iglesia en términos de las presuposiciones de la iglesia con respecto al conocimiento: cómo conocemos, cómo conocemos con certeza y cómo sabemos que lo que conocemos con certeza es cierto.[261]

Segundo, podríamos abordar el tópico a través de un enfoque más acomodacional o apologético, parados con nuestro pies ubicados en lo que consideramos que la iglesia es y mirando hacia afuera, al mundo moderno/posmoderno en el cual vivimos. Esto nos llevaría a discutir las maneras en que la crítica posmoderna de la modernidad puede o no ofrecer al mundo las respuestas que busca la humanidad,

---

correcto cuando afirma que "la modernidad es la creación de la posmodernidad, en que sólo llegó a ser visible *qua modernidad*, dentro de un debate posmoderno consciente de sí mismo; la modernidad misma emerge como un fenómeno posmoderno." O como Turner (1990, 6) ha preguntado: "¿Puede existir el anti-fundacionalismo sin fundamentos?" Ver también Centore 1991, 1-20; Gellner 1992, 2-23; Harvey 1989, 113-18; Berger et al. 1973, 181-200; Cooke 1988, 475-79; Roxburgh 1993, 12-15; Hiebert 1991; y Mouw y Griffioen 1993, 53.

[261] Aunque las discusiones de la modernidad y la posmodernidad emanan de un espectro completo de disciplinas como el arte, la arquitectura, la filosofía del lenguaje y la ética, una excesiva cantidad de reflexión sobre esta materia, parece haber venido de la filosofía de la religión y de la filosofía de la ciencia. Mucho de este pensamiento filosófico parece de lo más interesado en asuntos epistemológicos que tienen que ver con el conocimiento, la certidumbre y las pretensiones de la verdad. Esto es aceptable y necesario, pero no debería restringir la esfera de acción de nuestra investigación, cuando examinamos la crítica de la modernidad ofrecida por pensadores posmodernos. Ver Bosch 2000, 427-43; Küng y Tracy 1989, 3-33; Kuhn 1962; 1977; Barbour 1990; Fetzer 1992a, esp. 147-78; 1992b (un libro excelente). De influencia aquí podríamos mencionar, entre otros, a Polanyi 1958^a, 1958b, 1969; Polanyi y Prosch 1975; Hempel 1965, 1966; Toulmin 1961; Popper 1965, 1972; y Lakatos 1978. Para un tratamiento soberbio de algunos de los asuntos muy técnicos involucrados en esta discusión de epistemología ver Murphy 1990.

respuestas que quizás la iglesia podría proveer.[262] En su obra magna, David Bosch (2000, 427) habló de la emergencia de un paradigma posmoderno: "El período de transición entre paradigmas se caracteriza por un profundo sentido de incertidumbre, y de hecho la incertidumbre parece ser una de las pocas constantes de la era contemporánea y uno de los factores que engendra fuertes reacciones a favor de la continuidad del paradigma de la Ilustración, aunque desde todo ángulo es innegable su declive."[263] Para tratar con esta incertidumbre, Bosch llamó a una reorientación de la misión.

Es claro que tanto el enfoque epistemológico como el acomodacional son válidos, importantes y urgentes. Como Wilbert Shenk (1993a, 192) afirma: "Aunque la cultura de la modernidad todavía tiene que tomarse en serio como tema de preocupación misionera sostenida, mi argumento será que esto representa una de las fronteras más urgentes que enfrenta la iglesia en el siglo XXI." Pero este capítulo seguirá un tercer enfoque, que nos llama a examinarnos a nosotros mismos en términos del impacto que la modernidad ha tenido sobre nosotros. Si podemos ver más claramente cómo la modernidad ha empañado nuestra propia encarnación del evangelio, ¿podríamos

---

[262] Alan J. Roxburgh afirma: "Pensadores cristianos tan diversos como Lesslie Newbigin, Richard Neuhaus, Stanley Hauerwas, Langdon Gilkey y Hans Küng, todos hablan de un importante momento cultural crucial, una transfomación que requiere que nosotros encontremos nuevas maneras de alcanzar a una nueva generación." Roxburgh sigue esta dirección al desplegar el propósito de su libro *Reaching a New Generation: Strategies for Tomorrow's Church* (1993, 10): "Comenzando en un contexto local, este libro examina la manera en que el cambio y la transformación desafían a la iglesia a volver a pensar su misión en el mundo moderno. Yo voy a argumentar que los elementos importantes de la modernidad están siendo rechazados por la cultura y que la búsqueda de valores alternativos está ganando impulso." Podría decirse que las obras de Lesslie Newbigin (1986, 1989a, y 1991), junto con el Evangelio y la Red Cultural en Inglaterra y el Evangelio y Nuestra Red Cultural en Norteamérica son algunos de los mejores ejemplos de esta búsqueda de una nueva apologética cara a cara con la discusión de la modernidad y la posmodernidad. Aunque no tenemos espacio aquí para criticarlas, ha habido un amplio espectro de intentos de hacer teología desde una perspectiva posmoderna, algunos menos basados bíblicamente que otros. Ver e.g., Walsh 1990; Edgar V. McKnight 1988; Breech 1989; Gellner 1992; y Cupitt 1990.

[263] MacNulty 1989 demuestra cuán ampliamente penetrante y profundamente transformacional es la transición en la que nos encontramos ahora, una transición de lo que él llama "paradigma industrial" al "paradigma de la consciencia."

ofrecerle a nuestro mundo posmoderno "un camino más excelente" (1 Cor 12:31) que el que la posmodernidad quiere crear?

Un acercamiento basado en una prueba es consistente con las tendencias de la eclesiología en el siglo XX. Ya antes de comienzos del siglo, Abraham Kuyper (1883) había hablado de la posibilidad de la "deformación" de la iglesia.[264] Es la posibilidad de esa deformación, no sólo en términos de la pecaminosidad de los individuos, sino también en términos de la iglesia misma como unidad orgánica, la que nos llama a probar a la iglesia a la luz de lo que la Escritura quiere que nosotros lleguemos a ser. Tal prueba implica un volver a pensar, una reorientación de lo que significa para nosotros ser la iglesia en un mundo posmoderno.[265]

De modo que, además de mirar hacia afuera a la cultura de la modernidad occidental, cada vez más no cristiana, debiéramos también estar dispuestos a mirar hacia adentro y preguntar acerca de nuestra propia autenticidad y fidelidad al evangelio bíblico. En otras palabras, quizás podríamos permitir que la crítica posmoderna de la modernidad nos ayude a ver más claramente dónde nosotros, como evangélicos, hemos sincretizado el evangelio aceptando el contenido y el método de la modernidad (un sincretismo que puede distorsionar tanto al mensajero como al mensaje del evangelio que hemos querido presentar).[266]

---

[264] Ver, e.g., Veenhof 1977; Berkouwer 1976, 182; y Van Engen 1981, 62-79.

[265] Este elemento de prueba es tal vez el elemento más fuerte y más penetrante en la eclesiología reciente. Ver, e.g., Herman Bavinck 1967, 493-95; Bonhoeffer 1963; Barth 1936-69, 4.1:643-739; Flannery 1975; Küng 1968, 69; 1987, 263; Dulles 1974, 128-29; 1982, 48-52; Berkouwer 1976, 7-25; Hendrikus Berkhof 1979, 409-10; Moltmann 1977; y Van Engen 1981, 74-75.

[266] ¿Es posible que la crítica de la modernidad en realidad golpee el corazón del contenido y el método de nuestro propio teologizar como evangélicos? Miroslav Volf (1992a; 1992b, 7) ha afirmado acertadamente que mientras el fundamentalismo norteamericano de los años de 1920 puede haber sido "una de las repuestas protestantes conservadoras más significativas a la modernidad," la manera fundamentalista misma de responder fue desarrollada usando la racionalidad de la modernidad.

James D. Hunter (1987, 51-52) ha observado: "Uno puede elaborar la hipótesis de que los evangélicos han hecho concesiones a la modernidad. Con la plausibilidad creciente de la cosmovisión moderna, resultante de la extensión del proceso de modernización en la sociedad americana, vino una presión incrementada para acomodarse. La fundación de la NAE marca el punto, en la historia del protestantismo conservador americano, en el cual se comenzó a ceder a esas presiones (el punto en el cual se hizo un abordaje de la modernidad más positivo y constructivo o quizás más conciliador). Los

Lo que resta de este capítulo ofrecerá algunas reflexiones muy breves y preliminares sobre cómo sería esta clase de autoexamen. Sólo tenemos espacio para cuatro elementos importantes de la crítica de la modernidad: las cuestiones del individualismo, el racionalismo, el positivismo científico y la tecnología. Los relacionaremos con las cuatro marcas credales antiguas de la iglesia, explorando sus implicaciones para una nueva comprensión paradigmática de ser nosotros una comunidad de fe una, santa, católica y apostólica en un mundo moderno/posmoderno. Esto, a su vez, nos llamará a procurar una nueva estructura de plausibilidad[267] que, aunque no esté basada sobre las suposiciones de la modernidad, pueda ofrecernos una alternativa al nihilismo, al sin sentido, a la falta de valores y a la atomización que la posmodernidad ha promovido.

Individualismo

Modernidad

El dominio del individualismo en la cultura occidental moderna es bien conocido:

> En la sociedad americana de hoy, la hipótesis incuestionable es que el individuo precede al grupo. Libertad significa independencia individual. Derechos civiles significa el derecho individual a "la vida, la libertad y la búsqueda de la felicidad." . . .
> El concepto de comunidad orgánica ha sido fuertemente erosionado por la tecnología, la urbanización, la ideología política y la definición legal. Incluso el matrimonio y las familias son cada vez más aceptados como temas de contrato y conveniencia individual. El grupo ha llegado a ser para nosotros una colección de individuos creado *por* individuos *para* sus propias ventajas individuales. [Kraus 1993, 31-32.]

La modernidad se caracteriza por sus compromisos con la racionalidad y el individualismo técnicos. Valoramos en gran manera el derecho de los individuos a elegir por sí

---

esfuerzos para desarrollar una apologética racional para la ortodoxia protestante y para establecer estructuras institucionales estables dentro de la comunidad evangélica son evidencias de la acomodación. Los evangélicos abrazaron la tecnología moderna y las formas modernas (la clase media) de expresión cultural, por la misma razón."

[267] Ver Newbigin 1987, 2; y Berger 1980.

mismos su dirección en la vida, sin ser estorbados por la jerarquía y la autoridad. Este es un canon de nuestra cultura: los derechos individuales de todo ser humano son sagrados, en tanto no obstaculicen los derechos de otros. Nuestras democracias liberales están construidas sobre esta presuposición fundamental de la modernidad. [Roxburgh 1993, 14-15.][268]

En realidad, el individualismo es tan penetrante que su influencia sobre la religión en el Occidente no ha sido tomada lo suficientemente en serio. Pero "la religión nunca puede reducirse con éxito a una preocupación privada," tal como lo expresan Richard Mouw y Sander Griffioen (1993, 51): "Dado que la religión tiene que ver con nuestra relación con el significado y valor fundamentales que se encuentran en cada aspecto de la existencia humana, y dado que la vida pública, ineludiblemente tiene que ver con asuntos de suma preocupación, la religión está obligada a reafirmarse a sí misma en la esfera pública."

La crítica posmoderna del individualismo

La crítica posmoderna ha sido estridente con respecto a la inclinación de la modernidad hacia el individualismo atomizado. Nancey Murphy y James McClendon (1989, 203-5) señalan que el trabajo de Alasdir MacIntyre sobre la ética posmoderna "trasciende el individualismo del período moderno, sin volver a caer en modos premodernos de pensamiento." En cambio MacIntyre argumenta a favor de "recuperar una visión corporativa u orgánica de la sociedad, que respalde la noción del bien común. . . . El bien individual es ininteligible, aparte del bien inherente a prácticas que son esencialmente comunales." Luego, Murphy y McClendon llevan el tema un paso más adelante: "Tanto el holismo en la epistemología como la nueva comprensión del lenguaje y de la expresión [en el pensamiento posmoderno] van en contra del individualismo del período moderno. . . . En el pensamiento posmoderno, la comunidad misma juega un rol indispensable."

La perspectiva más colectiva es especialmente clara en la epistemología posmoderna de la filosofía de la ciencia. Esto tiene que ver con la manera en que la comunidad científica produce la creación de nuevas estructuras de plausibilidad, en camino a un posible cambio

---

[268] Ver también Roof y McKinney 1987, 7-8; y Barna 1991, 210-12.

de paradigma, como es imaginado por Michael Polanyi, Karl Popper, Stephen Toulmin, Thomas Khun, Ian Barbour e Imre Lakatos, si bien de diferentes maneras. La hebra común que corre a través de este proceso es la corporatividad del trabajo de la comunidad científica.

Pero la agenda posmoderna no es tan simple como podría parecer. El otro lado de la moneda es la atomización de los valores éticos y morales de la posmodernidad, en grupos de interés que compiten y son conflictivos, especialmente en la arena de las ciencias sociales y de la ética. Una vez que el fundacionalismo ha sido descartado, uno se queda sin nada excepto un relativismo sin fin, que crea una multiplicación de perspectivas confusas y anárquicas, donde sólo se celebran cuestiones de diferencia y diversidad.

Individualismo evangélico

Uno podría pensar que nosotros los evangélicos habríamos tratado de hablarle al individualismo desenfrenado de la modernidad. Pero no lo hemos hecho. Al contrario, hemos fomentado un fuerte sentido de salvación individual, particularmente en términos de nuestra perspectiva de conversión. Hemos multiplicado denominaciones al competir por los que podemos ganar para nuestra iglesia. Creamos grandes iglesias "shopping" que preparan comida para los gustos individuales de los que vienen. En realidad, nuestro énfasis sobre le evangelización y la conversión individual puede haber fomentado una individualización de la fe incluso mayor de lo que alguna vez nos propusimos:

> En el siglo XIX . . . el pueblo [norteamericano] adoptó una nueva definición de trabajo para la iglesia. Mientras que previamente los cristianos habían visto a la iglesia como el agente primario de Dios para actuar en la historia humana, la nueva visión la vio como una asociación voluntaria que funciona para ayudar al cristiano individual en metas prácticas, tales como el crecimiento espiritual y el ganar conversos. En la nueva perspectiva, ninguna institución tenía una autoridad heredada o tradicional; en cambio, todas las organizaciones humanas encontraban sus bases en el consentimiento sin coerción del individuo. . . . La voluntad del individuo era el fundamento primario para la organización humana y la iglesia no era ninguna excepción. [Woodbridge, Noll y Hatch (1979, 175).]

Esta dirección hacia la individualización y atomización de la religión americana ha continuado con su fuerza original. Consideren la siguiente ilustración, tal como la relata Robert Bellah y sus asociados (1985, 221):

> Hoy, la religión en América es tan privada y diversa como la religión colonial de Nueva Inglaterra era pública y unificada. Una persona que nosotros entrevistamos realmente le dio a su religión (la llama "fe") su propio nombre. Esto sugiere la posibilidad lógica de 220 millones de religiones americanas, una para cada uno de nosotros. Sheila Larson es una joven enfermera que ha recibido una buena cantidad de terapia y quien describe su fe como "sheilaismo." "Yo creo en Dios. No soy una fanática religiosa. No me acuerdo cuándo fui a la iglesia por última vez. Mi fe me ha llevado lejos. Es el sheilaismo. Sólo mi propia pequeña voz." La fe de Sheila tiene algunos principios que van más allá de su creencia en Dios, aunque no muchos. Al definir "mi propio sheilaismo" dijo: "Es simplemente tratar de amarse a uno mismo y de ser bondadoso con uno mismo. Me imagino que es cuidarse unos a otros. Pienso que Él desearía que nos cuidáramos unos a otros." Como muchos otros, Sheila estaría dispuesta a respaldar pocos preceptos más específicos.

¿Hasta qué punto nosotros los evangélicos en el Occidente hemos contribuido con este fenómeno o por lo menos lo hemos reproducido? Lejos de adoptar una postura misionera hacia nuestra cultura, quizás hemos ayudado a arraigar aún más la modernidad. Como Wilbert Shenk (1993a, 197) señala: "La distinción tradicional entre misión y evangelización jugó con la suposición de que la iglesia *conoce* su cultura profundamente. Lo que queda es emplear ciertas técnicas o métodos para reclutar gente de regreso a la iglesia. Este modo de estereotipar la evangelización tuvo implicaciones tanto para el mensaje como para el método. Tuvo un efecto reduccionista sobre ambos. . . . Los modos secularizados de la evangelización son fuentes de alienación más que medios de reconciliación personal y social."

La iglesia como *una* comunidad global de discípulos de Jesús

Tal vez necesitamos volver a capturar la noción bíblica de la iglesia como una comunión de santos, como lo expresa Bonhoeffer (*Communion of Saints*, 1963), un cuerpo de creyentes involucrados en lo que Donald Messer ha denominado como "una conspiración de bondad" en su obra *A Conspiracy of Goodness* (1992). Un redescubrimiento de nuestra corporatividad como *una* iglesia podría abrir el camino para que nos podamos afirmar unos a otros como personas, y así y todo aferrarnos con fuerza unos a otros como partes integrantes de un "sacerdocio santo" y una "nación santa" misteriosamente únicas, el templo y la familia de Dios (1 Ped 2 y Ef 3).[269] Una perspectiva corporativa tal nos daría lugar para definir la evangelización como "la iniciación primaria para entrar al Reino de Dios" (Abraham 1989, 13).

Muchos años atrás, Donald McGavran se declaró a favor de una conversión de "grupos de pueblos" o "multi-individual." Aunque encontró una marcada resistencia al principio, este punto de vista corporativo y bíblico eventualmente ganó aceptación, principalmente en África, Asia y América Latina. No obstante, todavía tenemos que incluir esta perspectiva al teologizar en áreas donde la modernidad ha reinado en forma suprema. ¿Podría ser que el desafío de la posmodernidad a la inclinación hacia el individualismo de la modernidad pudiera estimularnos a descubrir de nuevo lo que siempre hemos sabido: que hay "un solo cuerpo y un solo Espíritu, . . . un solo Señor, una sola fe, un solo bautismo; un solo Dios y Padre de todos, que está sobre todos y por medio de todos y en todos" (Ef 4:4-6)?

No estamos abogando aquí por una unidad visible del tipo sugerido por un movimiento ecuménico que ha perdido sus amarras bíblicas. Más bien, estamos hablando de una cohesión orgánica, de una corporatividad espiritual, de pacto y relacional, que crea una congregación donde a la imagen paulina del cuerpo se le da una realidad concreta y pública. Tal congregación llega a ser "el *locus* central del Reino de Dios" (Van Engen 1981, 283; 1991b, 59-71).[270] El concepto de "congregación" debe ser una realidad *corporativa*, porque el todo debe ser más grande que la suma de los individuos que lo constituyen.

Para volver a aprender cómo ser esta clase de iglesia, podemos necesitar perspectivas y modos de ser no occidentales referidos a la corporatividad orgánica. En Occidente, necesitamos volver a encender

---

[269] Una de las obras más profundas y creativas sobre esta materia fue encomendada por el Consejo Mundial de Iglesias, *Images of the Church in the New Testament*, de Paul Minear (1960).

[270] Para vistas fugaces de la renovación de la naturaleza corporativa de la iglesia ver Newbigin 1989a, 222-33 ("The Congregation as Hermeneutic of the Gospel").

una vida congregacional corporativa vibrante y gozosa. Necesitamos una recuperación, en una vida real y visible, de lo que significa vivir conforme a la *koinōnia, kērygma, diakonia* y *martyria* del evangelio, juntos como cuerpo de Cristo (Van Engen 1981, 167; 1991b, 87-100). "De este modo todos [las personas] sabrán que son mis discípulos, si se aman unos a otros" (Juan 13:35). El resultado será una comunión dinámica, con energía, transformada y transformadora. Porque "comunión, por definición, implica relaciones interpersonales. Ocurre cuando los creyentes cristianos llegan a conocerse unos a otros, a disfrutar los unos de los otros y a cuidar unos de otros" (Wagner 1979c, 78). Más aún, "la nueva presencia de Jesucristo en la comunión amorosa (*koinonia*) de los discípulos constituye la Iglesia. Sin esta presencia de Cristo, no hay Iglesia. ¿Cómo es que nos olvidamos tan fácilmente de que es sólo en el contexto del amor del discípulo por el Señor y del discípulo por el discípulo, que la Iglesia tiene vida?" (Van Engen 1991b, 91).[271]

---

[271] George Hunsberger 1990, 4 de la Gospel and Our Culture Network (GOCN) en Norteamérica, reconoció la importancia de este tema: "La pérdida del 'lugar' de la iglesia en la vida americana y su consiguiente experiencia de estrés y enfermedad significa que nuestra agenda misiológica debe, en su base ser eclesiológica. Hay una necesidad de que la iglesia 'encuentre' a sí misma, vuelva a construir su imagen, vuelva a enfocar su vida interior para su vocación misionera. . . . La agenda, en otras palabras, tiene que ver con la identidad de la iglesia. Eso significa hacer coincidir nuestra preocupación por anunciar el evangelio a aquellos en la cultura que están afuera, con la tarea humilde de permitirnos a nosotros mismos involucrarnos en el diálogo interno con la cultura dentro de nosotros mismos."

Es desafortunado que el informe de la reunión de la GOCN dos años más tarde declaró: "El tercer tema desarrollado fue la *iglesia* en misión. El modelo del movimiento de Iglecrecimiento de Fuller Theological Seminary fue casi universalmente rechazado por los miembros de la consulta, aun cuando algunos de los presentes anteriormente se habían sentido atraídos hacia él. [Más bien], la tarea que la red tiene por delante es continuar el trabajo ecuménico de explorar estructuras misioneras de la iglesia, a nivel local y relacionarlas con una comprensión de la iglesia universal en misión" (West 1992, 2). Esta perspectiva es desafortunada por dos razones. Primero, el movimiento de resucitar las "estructuras misioneras de la congregación" de los años de 1960, es un camino sin salida. Este movimiento, asociado con el Consejo Mundial de Iglesias y el Consejo Nacional de Iglesias de Cristo en los Estados Unidos, estuvo fuertemente influido por el profundo pesimismo de Johannes Hoekendijk acerca de la iglesia. Este pesimismo, en realidad divorció al movimiento entero de las congregaciones mismas, de las cuales tenía tanto para decir (Van Engen 1993; 1981, 309-23; y Scherer 1993a).

Racionalismo

Modernidad

El mito del individuo autónomo va de la mano con una metodología particular de pensamiento, que la modernidad también fomentó. Desde René Descartes y Francis Bacon hasta Immanuel Kant y Georg Hegel, la modernidad ha fomentado de manera cuidadosa, intencional y penetrante la racionalidad individualista (Smart 1990, 17):

> Aunque el término "moderno" tiene una historia bastante más antigua, lo que Habermas (1983, 9) llama el *proyecto* de la modernidad se comenzó a ver en el siglo XVIII. La idea era usar la acumulación del conocimiento generado por muchos individuos trabajando libremente y de manera creativa, para procurar la emancipación humana y el enriquecimiento de la vida diaria. . . . El desarrollo de formas racionales de organización social y de modos racionales de pensamiento prometían liberación de las irracionalidades del mito, la religión y la superstición. También ofrecían la posibilidad de soltarse del uso arbitrario del poder tanto como del lado oscuro de nuestras naturalezas humanas. Sólo a través de un proyecto como este podían revelarse las cualidades universales, eternas e inmutables de toda la humanidad. [Harvey 1989, 12.]

Incluso hoy, uno de los fundamentos más penetrantes del sistema de valores de la modernidad continúa siendo la fe en la lógica deductiva, tal como Hunter Lewis lo ha mostrado (1990, 43-44).

Segundo, el único movimiento misiológico norteamericano significativo de los últimos años que en realidad ha tomado seriamente tanto el contexto como la congregación local, ha sido el movimiento de Iglecrecimiento. Desechar tan fácilmente el único movimiento misiológico que ha luchado con cómo plantar, desarrollar y hacer crecer congregaciones locales viables en el Occidente, parece bastante injustificable y necio. Aunque uno podría tener reservas acerca de ciertos aspectos del movimiento, su trayectoria (la cantidad sin precedentes de experimentación, la creación de nuevos modelos exitosos de congregaciones vibrantes y el grado hasta cual el movimiento ha luchado por presentar el evangelio de manera significativa a la cultura norteamericana) cuestiona la conveniencia de rechazar de plano el movimiento de Iglecrecimiento.

La crítica posmoderna del racionalismo

Nada de lo que antecede debiera sorprendernos, porque la mayoría de nosotros ha sido bien entrenada para pensar en estos términos. No obstante, es uno de los proyectos posmodernos más fuertes, cuestionar el marco entero junto con sus fundamentos presuposicionales. Aunque el posmodernismo ha emergido en una cantidad de disciplinas, su crítica de la racionalidad fue particularmente estimulada por Karl Popper, Michael Polanyi y Thomas Kuhn. La obra de Polanyi en filosofía del conocimiento, unida a la de los filósofos de la ciencia y a la de los sociólogos del conocimiento de la Universidad de Chicago, llama a una reconsideración completa de los conceptos de objetividad y de racionalidad, cuestionando así las suposiciones más básicas que respaldan el concepto de racionalidad que tiene la modernidad (y por lo tanto el concepto de verdad).[272]

Pero la opción posmoderna nos ha movido predominantemente hacia el nihilismo y la falta de significado. Como Adam Seligman (1990, 117-19) lo sintetiza: "El debate entre la modernidad y la posmodernidad es esencialmente un debate entre la razón y el nihilismo. . . . Las muy fundamentales premisas de la modernidad, basadas sobre la universalidad de la razón y la autonomía del yo individual, condujo a un colapso de la distinción o diferencia entre lo universal y lo particular, y a la incapacidad de representar lo universal y lo particular como categorías distintas y separadas."[273]

Racionalismo evangélico

No es necesario elaborar el argumento de que durante el siglo XX la teología evangélica ha dependido fuertemente de una racionalidad al estilo del Iluminismo, de los principios lógicos y de la razón para ganar aceptación y respetabilidad en círculos teológicos, filosóficos y de las ciencias sociales. Sólo necesitamos mencionar nombres como B. B. Warfield, Louis Berkhof, Edward John Carnell, Cornelius Van Til, Harold Lindsell y Carl Henry para reconocer que estamos tratando con pensadores individuales versados en los principios de la racionalidad del Iluminismo. Ellos representan lo que John Woodbridge, Mark Noll y Nathan Hatch han llamado "la vida de la mente" (1979, 18-134).

---

[272] Sobre el rol jugado por la filosofía de la ciencia, ver Fetzer 1992a y 1992b.
[273] Ver, e.g., Flax 1990, 188, 192; Wyschogrod 1990; Jeffrey Kane 1984; y Polanyi 1958a; 1969.

Si tuviéramos que examinar nuestra teología evangélica de la misión durante los últimos 50 años, se destacaría nuestra fuerte dependencia de razonamiento de tipo iluminista para articular y defender nuestras posturas (Van Engen 1990). Hemos dependido fuertemente de individuos particulares, haciendo un trabajo cuidadoso en lógica deductiva, a los efectos de respaldar nuestras perspectivas evangélicas del evangelio. Esto podría verse esencialmente como una versión evangélica de la manera en que casi toda la teología moderna, protestante y católica romana, ha hecho su trabajo.[274]

Por supuesto que los pensamientos que elaboramos, las verdades que sostenemos y la afirmaciones que hacemos son cruciales, y en muchos casos, no negociables. Y siempre deben ser confirmados a la luz de la Escritura. Pero ese es exactamente el punto. Cuando miramos en las Escrituras, encontramos que la santidad y la fe implican racionalidad y proposiciones, pero ellas ofrecen una perspectiva de la verdad que es más amplia y más profunda. Es una perspectiva de pacto, relacional y corporativa. Hemos traído a la iglesia la hipótesis griega de que la ignorancia es mala y que el antídoto es el conocimiento. Así y todo, siempre hemos tenido dificultades para poder explicar cómo ir del conocimiento (cómo pensar correctamente) al compromiso (cómo vivir de modo de honrar a Jesucristo).[275]

La iglesia como una comunidad de fe santa

La fuerte crítica de parte del posmodernismo hacia la bancarrota del mito de lo racional de la modernidad podría estimularnos a un autoexamen en términos de la santidad de la iglesia. La dependencia de la modernidad de la racionalidad humana ignora el hecho del pecado y da por sentado que la caída no impactó nuestra habilidad para razonar. La Escritura nos dice otra cosa. Ahora, si reconocemos que no podemos descansar sobre la racionalidad para que nos dé verdades indudables e incuestionables acerca de Dios, ¿dónde encontramos nuestra certeza?

---

[274] John Thiel (1991, ix) ha afirmado que hay una estrecha conexión entre la empresa teológica del siglo XX, como el ejercicio de la creatividad individual y racional, y las suposiciones de la modernidad.
[275] Charles Kraft destacó estos conceptos en una conversación con el autor en 1993 relacionada con este capítulo, cuando fue presentado por primera vez como trabajo frente a la facultad de la Escuela de Misión de Fuller. Ver también Kraft (1989, 26-35).

La respuesta bíblica (aunque al principio pueda parecer simplista) es profunda. La respuesta bíblica es que encontramos nuestra certeza en un encuentro con el Dios que creó el universo y nos creó a nosotros. Este encuentro es a través de Jesucristo, el Hijo de Dios, quien es la personificación de la verdad, y mediante la obra del Espíritu Santo, quien viene a nosotros como la presencia, el amor y la sabiduría de Dios (Newbigin 1991, cap. 1). Y esta certeza bíblica que emana de una íntima relación de fe con Jesucristo está estrechamente conectada con ser parte del cuerpo de Cristo, donde somos llamados a experimentar la presencia de lo santo. En el libro de los Hechos, el Espíritu Santo siempre viene cuando los discípulos están reunidos juntos (Hech 2:1-4; 4:31; 8:14-17; 10:44-48; 19:1-7). La experiencia es corporativa y, aunque afecta sus mentes, transforma a la persona entera, no sólo su racionalidad. La experiencia corporativa crea un amplio espectro de maneras por las cuales ocurre una nueva clase de conocimiento.

¿Estamos dispuestos a considerar maneras de experimentar y conocer la verdad acerca de Dios, que sean diferentes y/o complementarias de las propuestas racionales? Tal vez podríamos aprender más del movimiento pentecostal tradicional y del más reciente movimiento carismático, en términos de imágenes, historias, alabanza, música, metáforas (reflexiones del hemisferio derecho del cerebro, así como propuestas lógicas del hemisferio izquierdo del cerebro). Quizás necesitamos ser llamados nuevamente a un sentido de santidad que es relacional, de pacto y de celebración. Quizás necesitamos crear más espacio para la "espiral hermenéutica" que nos ofrece maneras de conocer a Jesucristo, el camino, la verdad y la vida, a través de la narrativa, la poesía, la literatura de sabiduría, la profecía y la parábola, tal como Grant Osborne ha señalado (1991, 153-251).

La fe bíblica está basada sobre algo más que afirmaciones lógicas. Consiste en algo más que dar asentimiento a una serie de proposiciones. La fe bíblica involucra profundamente una relación personal con Jesucristo, por medio de la obra del Espíritu Santo. Esta es una santidad de pacto que implica un conocimiento, una captación del amor de Cristo, en el profundamente íntimo sentido bíblico que es más ancho, más largo, más profundo y más alto que el reconocimiento de una serie de proposiciones (Ef 3:14-19). Estamos llamados a amar "al Señor [nuestro] Dios con todo [nuestro] corazón, y con toda [nuestra] alma y con toda [nuestra] mente y con todas [nuestras] fuerzas. . . . Y . . . a [nuestro] prójimo como a [nosotros] mismos" (Marcos 12:29-31). El trasfondo de este concepto en el Antiguo Testamento es claramente holístico y relacional, un amor que es total, que involucra todo nuestro ser (Lev 18:18; Deut 4:29-31; 6:5; Jos 22:5; cf. 1 Juan 4:19-21).

Así es que la Biblia nos llama a entender que la racionalidad del Iluminismo no es suficiente. Salomón descubrió que "el temor del Señor es el principio del conocimiento" (Prov 1:7). Pablo preguntó: "¿No ha convertido Dios en locura la sabiduría del mundo?" (1 Cor 1:20), y poco después afirmó "no les hablé ni les prediqué con palabras sabias y elocuentes sino con demostración del poder del Espíritu, para que la fe de ustedes no dependiera de la sabiduría humana sino del poder de Dios" (1 Cor 2:4-5).

Quizás ésta es una variación eclesiológica semejante a lo que Donald Bloesch está sugiriendo con respecto a la revelación y el conocimiento en su *Theology of Word and Spirit* (1992, 21-22):

> Yo llamaría a mi postura un *revelacionismo fideista*, en el cual la decisión de fe es tan importante como el hecho de la revelación, en darnos certeza de la verdad de la fe. La revelación no es simplemente algo a lo cual se asiente, sino que es abrazada existencialmente como la verdad o el poder de la salvación. La certeza de esta verdad llega a ser nuestra sólo en el acto de decisión y obediencia por el cual la verdad externa llega a internalizarse en la fe y la vida. Esto no es fideismo en el sentido estrecho o reduccionista, porque nuestra fe tiene un ancla y una base seguras en una revelación objetiva en la historia. No es un positivismo de la revelación, porque no esgrimimos una certeza racionalmente demostrable o apodíctica ni siquiera un certeza intuitiva o axiomática. En cambio, tenemos una certeza práctica o moral que se realiza cada vez más plenamente en una vida de arrepentimiento y obediencia.

Yo sugeriría que un revelacionismo fideista no es posible excepto en medio de la comunidad de creyentes. *Extra ecclesiam nulla salus*. Es solamente en medio de la comunidad de fe que podemos experimentar la plena anchura y profundidad de la presencia del Dios santo.

De modo que, en lugar de justificaciones de fe puramente filosóficas, tal vez necesitemos señalar más intencionalmente hacia la relación con Jesús, en medio de la comunidad de fe, cuya existencia pública es en sí misma parte del dato de la fe, un puente entre lo individual y lo social, entre lo privado y lo público (Moberg 1962; Newbigin 1989a). Más que depender de proposiciones puramente racionales para justificar la verdad de lo que afirmamos, quizás necesitamos enfatizar la praxis de palabra-hecho, la santidad vivida de una comunidad de fe que exhibe públicamente en palabra y en hechos, los frutos de su relación con Jesucristo (Costas 1976; 1982; 1989). Esta clase de proclamación no será puramente proposicional o verbal, ni puramente emocional, ni solamente existencial, ni predominantemente litúrgica, ni mayormente futurista. Será todo esto combinado, no en una argumentación lógica, sino en una vida de fe en la que el pueblo de Dios demuestra en palabra y en obra que Jesucristo es el Señor. Así es que tanto el mensaje como el ser esencial de la comunidad de fe mensajera serán usados por el Espíritu Santo para traer una nueva santidad, un nuevo encuentro con Dios, una nueva transformación y un nuevo llamado a participar en la misión de Dios (Isa 6).

Positivismo científico

Modernidad

Como ahora lo reconocemos, en el corazón del proyecto de la modernidad yace una perspectiva de la realidad que reduce lo real y lo verdadero a lo que es verificable a través del método científico. "El *proyecto* de modernidad [que] se puso en la mira durante el siglo XVIII . . . vino a ser un esfuerzo intelectual extraordinario de parte de los pensadores del Iluminismo 'para desarrollar la ciencia objetiva, la moralidad y la ley universales y un arte autónomo de acuerdo a la lógica interna de ellos'" (Harvey 1989, 12, citando a Habermas 1983, 9). Así es que la racionalidad del individuo autónomo fue de la mano (respaldando y respaldada por) con la reducción de la realidad y la verdad a lo que podía ser visto, probado y verificado a través del método inductivo de materialismo científico. Solamente las cosas que podían ser vistas, o las hipótesis que podían ser probadas y dar resultados visibles y controlables, eran aceptadas como objetivamente conocibles y por lo tanto ciertas. De modo que nuestro mundo fue definido por la modernidad, un punto de vista cuyos valores han tendido cada vez más a estar basados sobre las perspectivas del positivismo científico del Iluminismo y completamente impregnados de ellas (Lewis 1990, 131).[276]

---

[276] A comienzos del siglo XX, Charles Peirce, uno de los más notables teóricos de la filosofía de la ciencia, planteó una teoría pragmática de la verdad "de acuerdo a la cual *lo verdadero* es la opinión que está destinada a ser aceptada por la comunidad de investigadores a largo plazo" (Fetzer 1992b, 477). Nicholas Rescher escribe en su estudio de *Peirce's Philosophy of*

La crítica posmoderna del positivismo científico

La posmodernidad ha comenzado a formular preguntas de examen de conciencia, con respecto a las hipótesis del positivismo científico. Michael Polanyi ha tenido probablemente la influencia mayor en este sentido. El concepto de Polanyi de conocimiento tácito es una crítica significativa del marco epistemológico de la ciencia.[277] Y parece que la crítica posmoderna ha hecho sonar una cuerda en los corazones de muchos en el Occidente, porque el proyecto del Iluminismo no pudo vivir conforme al optimismo extravagante de sus pretensiones:

> El siglo XX (con sus campos de muerte y sus escuadrones de la muerte, su militarismo y sus dos guerras mundiales, su amenaza de aniquilación nuclear y su experiencia de Hiroshima y Nagasaki) ciertamente ha hecho añicos el optimismo [anterior, en el progreso científico, tan fuerte durante las primeras décadas de este siglo]. Peor todavía, está latente la sospecha de que el proyecto del Iluminismo estaba condenado a volverse en su contra y a transformar la búsqueda de la emancipación humana en un sistema de opresión universal en nombre de la liberación

---

Science (1978, ix, 1, 20): "He llegado a considerar a Peirce como un pensador más fértil y estimulante que la mayoría, en la tradición un tanto escolástica de la filosofía de la ciencia que emergió a partir de sus días. Más que cualquier otro estudioso de la naturaleza de la ciencia, él incursiona dentro de las cosas que siempre quisimos saber pero tuvimos temor de preguntar. . . . Para Peirce, el método inductivo usado en las ciencias conduce inevitablemente a la verdad; su justificación yace en que es autocorrectivo. . . . Específicamente, la teoría de Peirce estaba basada sobre dos argumentos: (1) Corrección absoluta : sea lo que sea que la ciencia llegue a sostener en el largo plazo teorético es realmente *verdadero*. . . . (2) Acabado absoluto: *toda* verdad con respecto al mundo será completada por la ciencia en el largo plazo teorético. . . . El primero de estos dos estipula la exactitud de la ciencia teorética del largo plazo, su habilidad para llegar a la verdad real de las cosas. El segundo estipula su carácter (negación, omnisciencia potencial) comprehensivo en el sentido que ninguna verdad general acerca del mundo está, en principio, fuera de su saber; que la naturaleza, en última instancia, no contiene ningún compartimento de verdad inaccesible."

[277] Ver Grene 1969; Polanyi 1958a; Polanyi y Prosch 1975. Fuertemente basados en la crítica de Polanyi están Bosch 2000,432-441; y Newbigin 1986, 65-80; 1991, 19-34, 51-60.

humana. . . . Están los que (y esto es . . . la médula del pensamiento filosófico posmoderno) insisten que debiéramos, en nombre de la emancipación humana, abandonar enteramente el proyecto del Iluminismo. [Harvey 1989, 13-14][278]

El optimismo de la modernidad impregnó el protestantismo liberal en los Estados Unidos a comienzos del siglo XX, cuando se esperaba que los conceptos de Destino Manifiesto, progreso, tecnología y racionalidad trajeran aparejado todo lo que cualquier ser humano pudiera querer. El posmodernismo ha mostrado correctamente, y pienso que de manera convincente, la falacia del optimismo de la modernidad.

Pero a modo de reacción, la posmodernidad parece estar replegándose dentro de un pluralismo sin sentido y de una tolerancia insensata. En su rechazo de cualquier fundamento sobre el cual construir una cosmovisión, parece estar arrojándonos a un mundo de subjetivismo casi idílico, donde el significado es atribuido sólo por el conocedor, donde en última instancia no puede haber ningún juicio, ninguna ética, ni valor alguno (sólo subjetivismo y relativismo que conducen a la atomización, y en última instancia a tal falta de significado que ya no puede tener lugar la conversación). Es imperativo que los evangélicos tomen con seriedad la crítica de la modernidad. Pero es igualmente imperativo que le ofrezcamos a nuestro mundo posmoderno un camino más excelente.

Valoración evangélica de lo científico y visible

Como evangélicos, necesitamos hacernos un autoexamen. Necesitamos volver a mirar la manera como la ciencia ha afectado nuestra valoración de lo científico y visible. Porque, ¿no parecemos acaso estar tan enamorados de enfoques científicos y pragmáticos

---

[278] En 1986, en la reunión anual del Council on Theological Education of the Presbyterian Church (U.S.A), Benton Johnson 1986, 15 llamó la atención sobre el increíble optimismo del protestantismo liberal de comienzos de siglo: "Lo que hacía tan atractivo al liberalismo clásico," señaló, "era la visión triunfalista adoptada por muchos de sus líderes. Todo el proyecto del cristianismo fue ahora definido como la marcha de la humanidad hacia arriba, hacia una era culminante de paz y de justicia, de felicidad y de abundancia. Más aún, no era una simple marcha hacia un orden social perfecto, también era una marcha hacia la perfección de la personalidad humana." Claramente, el mundo de la posmodernidad, el mundo de los años de 1990 y más allá, es radicalmente diferente: no hay tal optimismo simplista.

altamente visibles, como lo está la sociedad más amplia a nuestro alrededor en el Occidente? Durante los últimos 50 años, nosotros los evangélicos en Norteamérica hemos trabajado duro para crear grandes denominaciones, instituciones altamente visibles y organizaciones económicamente poderosas. Nuestra inclinación a lo grande y a la visibilidad nos ha movido a usar los beneficios de la ciencia con poco cuestionamiento de sus presuposiciones. Hemos podido crear canales y programas de televisión evangélicos, hemos multiplicado a los televangelistas y hemos creado grandes instituciones visibles. Durante la última parte de los años de 1970 y 1980, nuestra creciente influencia política en los Estados Unidos trajo un anhelo por una nueva clase de cristiandad: la sociedad estaría gobernada por nuestros principios (principios que debían estar reconocidos como verdades públicas). Todo esto fomentó el surgimiento de personalidades muy visibles (pastores, predicadores y cantantes), quienes ocupaban lugares de preeminencia en las instituciones que construían y quienes muy fácilmente aceptaban todas las presuposiciones de la cosmovisión materialista y naturalista de la ciencia.

En la misión hemos encontrado muy fácil el uso de la antropología, del análisis estadístico y de la sociología (junto con la agronomía, la economía desarrollista y los medios masivos), como medios pragmáticos justificados por nuestras metas de la evangelización del mundo. También hemos tendido a enfatizar pruebas visibles de la validez social de nuestras iglesias y organizaciones, junto con sus empresas misioneras. Pero al aceptar y usar los avances modernos de la ciencia, con demasiada frecuencia hemos aceptado tácitamente para nosotros mismos las estructuras de plausibilidad del positivismo científico moderno. Más todavía, para lograr nuestros fines en nuestras iglesias y organizaciones misioneras, podemos haber usado demasiado fácilmente principios de administración seculares, cuya base era la producción medible y no la fe. Nos gustan los resultados, nos gusta contar nuestros resultados y nos gusta contar lo que podemos ver. Así es que, ya sea en el crecimiento de la iglesia y la evangelización, o en el alivio de necesidades y en el desarrollo ¿no hemos tendido acaso a aceptar la reducción científica de la vida a lo material y visible, y luego a justificar nuestras empresas misioneras sobre la base de resultados visibles?

La iglesia como una confraternidad *católica* de seguidores de Cristo

En relación con la cosmovisión científica del Iluminismo, nosotros en el movimiento evangélico necesitamos escuchar otra vez las conversaciones de Jesús con Nicodemo y con la mujer de Sicar: "Yo te aseguro que quien no nazca de agua y del Espíritu, no puede entrar en el reino de Dios"; "los verdaderos adoradores rendirán culto al Padre en espíritu y en verdad. . . . Dios es Espíritu, y quienes lo adoran deben hacerlo en espíritu y en verdad" (Juan 3:5; 4:23-24).[279] Aquí está el misterio de la catolicidad de la iglesia. Por su misma naturaleza, la iglesia católica de Jesucristo es *invisiblemente visible*. Como cuerpo de Cristo, lo que se ve (es decir, la institución y la organización) de la iglesia es solo parcialmente lo que la iglesia es. Sus ligamentos y relaciones, su cabeza, el Espíritu que la crea y la sostiene, la mente de Cristo (Fil 2) que la une, todas estas cosas son parte de la naturaleza esencial de ese cuerpo y son invisibles. Tienen existencia real y aun así no pueden verificarse esencialmente a través de procesos científicos empíricos, materiales y visibles. Es claro que la iglesia existe por cuanto está encarnada, modelada y mobilizada en formas organizacionales, institucionales y visibles. No obstante, el acento excesivo en el siglo XX sobre lo organizacional y visible (incluyendo nociones de unidad visible) nos llama a volver a examinar lo invisible, lo espiritual, lo orgánico y la realidad de la iglesia basada sobre la comunidad (Van Engen 1981, 48-61).

Aquí encontramos al movimiento de Lausana en su mejor expresión. Desde sus comienzos, en las conferencias de Wheaton y de Berlín en 1966 (y sus antecedentes), Lausana ha sido un movimiento amorfo, que es mayormente organísmico e invisible, una fraternidad sin amarras de asociaciones de aquellos que creen en Cristo Jesús y afirman el llamamiento de la iglesia para la evangelización de todo el mundo (i.e., catolicidad).

Al inicio del presente siglo, la iglesia consistía de mil quinientos millones de personas quienes, en medio de una increíble diversidad de geografías, culturas, lenguas y cosmovisiones, se llaman a sí mismas cristianas. La catolicidad de esta iglesia es algo que aceptamos en fe, porque somos incapaces de verla y mucho menos de verificarla en términos empíricos y científicos (Van Engen 1991b, 54-57). En realidad, es el misterio oculto por los siglos del que Pablo habló: "que la sabiduría de Dios, en toda su diversidad, se dé a conocer

---

[279] Ver Roxburgh 1993, 61-62.

ahora, por medio de la iglesia, a los poderes y autoridades en las regiones celestiales, conforme a su eterno propósito realizado en Cristo Jesús nuestro Señor" (Ef 3:10-11).

Si tuviéramos que recapturar esta comprensión orgánica de la iglesia, comenzaríamos a pensar en ella como una red relacional y espiritual global, que es mayormente invisible. Las relaciones, amistades, respaldo mutuo y oración invisibles son primordiales. Comenzaríamos a entender que en última instancia, la iglesia es una confraternidad de seguidores de Jesús. Teniendo en vista que los miembros son primordiales, redescubriríamos la sabiduría profunda de la Reforma que afirmó el sacerdocio de todos los creyentes. También estaríamos mucho más preocupados por la renovación, el avivamiento y la reforma que por la reestructuración. Más aún, dedicaríamos por lo menos tanto esfuerzo a la comunión de relaciones dentro de nuestras organizaciones, como al logro de nuestras metas expresadas en términos de resultados visibles y medibles. Así es que nuestra cultura corporativa, nuestra dinámica organizacional, nuestra administración misional y nuestras formas de evaluación podrían cambiar sustancialmente. Finalmente, celebraríamos el hecho de que la comunidad de seguidores misioneros es invisible, porque ha sido esparcida como sal y luz por toda la sociedad. Pero también estaríamos atentos a que su presencia en el mundo es transformacional, sólo en la medida en que es diferente del mundo (Mat 5).

Esta es la dirección hacia la cual Lesslie Newbigin (1989a, 222-33) señaló cuando se refirió a la congregación como la hermenéutica del evangelio, una iglesia que es esencialmente una "comunidad de alabanza," una "comunidad de verdad," una comunidad que está "profundamente comprometida con las preocupaciones de la vecindad," una comunidad que ejercita activamente un "sacerdocio en el mundo," una "comunidad de responsabilidad mutua" y "una comunidad de esperanza." Esta comunidad no es ni puramente objetiva, ni puramente subjetiva, sino que es a la vez tanto objetiva como subjetiva.[280] Vive en lo que Miroslav Volf (1992b, 15-16) ha llamado un "absoluto provisional":

---

[280] Moltmann (1977, 154) señala la diferenciación que han hecho los teólogos dialécticos (Karl Barth, Emil Brunner, Friedrich Gogarten y Rudolf Bultmann) entre fe y religión. No tengo la intención aquí de colocar la clase de cuña que ellos (y especialmente Brunner) colocaron entre fe y religión, entre organismo y organización, entre comunidad e institución. Es claro que la iglesia es cada una y todas esas cosas al mismo tiempo. No obstante, siendo el positivismo científico tan prevaleciente en Occidente, nos podemos dar el lujo de enfatizar

Creo que el "absoluto provisional" no sólo trasciende las alternativas falsas "indubitables, no confiables," sino que también es una manera auténticamente cristiana de hablar acerca de la realidad final enraizada en la naturaleza misma de la existencia cristiana. Ser un cristiano significa experimentar a Dios y vivir en el mundo a través del poder del Espíritu [Santo] de la nueva creación. Aún así, esta experiencia muy real de Dios y esta nueva vida concreta son provisionales. Son lo que el apóstol Pablo llama una "garantía" (2 Cor 1:22), dada bajo las condiciones del viejo mundo que se está desvaneciendo. Dentro de ese viejo mundo no hay ningún "espacio sagrado" en el cual los cristianos puedan tener un encuentro absolutamente puro con Dios o vivir vidas absolutamente verdaderas. El único "espacio sagrado" es la futura nueva creación de Dios hacia la cual ellos, el pueblo peregrino de Dios, se dirige. La naturaleza peregrina de la existencia cristiana implica la naturaleza provisional del conocimiento cristiano. Dado que los cristianos son un pueblo en camino hacia su destino final, su conocimiento no puede ser el conocimiento de los que ya han llegado. . . . Hasta que lleguemos a ver al Dios trino cara a cara, tendremos que portar nuestro tesoro religioso en vasos de barro, en creencias provisionales tanto como en cuerpos transitorios (cf. 2 Cor 4:7). Nuestra certeza no es la de ver sino la de esperar. "En esa esperanza fuimos salvados" (Rom 8:24) y por lo tanto es en esperanza que conocemos. Nuestro impulso incontenible hacia una verdad final debe atemperarse con la misma paciencia que nuestro anhelante deseo de una liberación final (Rom 8:25). Necesitamos paciencia para aceptar la naturaleza provisional de nuestro conocimiento, y paciencia para estar abiertos a las pretensiones de verdad por parte de otros.[281]

La iglesia que tenemos en vista está profundamente preocupada por llegar a ser un organismo vibrante y energizado y transformado de la vida del Espíritu (Allen 1962b). Esto ocurre cuando los seguidores de Jesús viven una comunión de amor como *koinonia* en el nombre de

---

un poco más el lado orgánico, la comunidad, la comunión y la fe de la iglesia. Ver también Dulles (1974, 31-70; 1982, 41-52) y Van Engen (1981, 51-59). El acento sobre la iglesia como organismo fue uno de los elementos más dinámicos y transformadores del *aggiornamento* que ocurrió en el Vaticano II (Flannery 1975).
[281] Ver también Newbigin (1991, 33-36).

Cristo (Van Engen 1991b, 87-100).[282] Un énfasis sobre la vida organísmica de la comunión de santos nos llama a volver a evaluar la salud de nuestras iglesias, nuestras denominaciones, nuestras organizaciones, nuestras agencias de misión y nuestras estructuras eclesiásticas, no tanto en términos de lo que hacen o de lo que no producen, sino más bien sobre la base de su proximidad o distancia del Señor.[283]

Tecnología

Modernidad

Es claro que uno de los aspectos más sorprendentes y casi autojustificantes de la modernidad es la revolución tecnológica que ha producido. Todos nosotros dependemos de la tecnología de la modernidad, se nos facilita el trabajo por ella y sacamos provecho de ella. La tecnología es central para cualquier discusión sobre la modernidad. En realidad, "los científicos sociales y los historiadores han definido a la modernidad de diferentes maneras, y han diferido en sus interpretaciones y pronósticos con respecto a este fenómeno. No obstante, hay un acuerdo casi universal sobre una proposición: una característica central del mundo moderno es la producción tecnológica" (Berger et al. 1973, 23).

Ahora, aunque el hecho de la tecnología como producto de la modernidad sea aceptado por la mayoría de nosotros, pocos han reflexionado con respecto al impacto de la tecnología sobre cuestiones de valor y creencia. Newbigin (1991, 24) toma nota de esta deficiencia: "Nadie puede negar el brillo de nuestra tecnología. El problema es más bien para qué se usa nuestra tecnología. Desplegamos una capacidad asombrosa en diseñar medios para cualquier fin que deseemos, pero no tenemos ninguna manera racional para elegir cuáles son los fines que valen la pena que deseemos. Desarrollamos la magia técnica de la televisión satelital, para traer una catarata de basura a nuestras salas de

---

[282] Newbigin 1978 se explaya sobre esta relación estrecha entre el propósito de la iglesia y la misión trinitaria de Dios.

[283] Kraft 1992 se refiere a esta reevaluación en términos de "encuentro de alianza" o "encuentro de verdad." Así es que él afirma que "los encuentros de poder no son adecuados en sí mismos." En su reflexión sobre la relación de los encuentros de poder con los otros dos tipos de encuentros, Kraft critica algunos de los principios más básicos de la modernidad y ofrece una opción diferente de la que presenta la posmodernidad.

estar." Robert Wuthnow (1988, 282-83, 289) teme que la tecnología misma puede estar determinando nuestros valores y creencias:

> Si muchos de los mitos de legitimación tradicionales han comenzado a mostrar algunos signos de erosión, ya sea debido a una infraestructura en declinación o a cambios sutiles en su significado, no obstante, hay un nuevo mito al cual muchos se alían sin cuestionar: la tecnología. Si bien no llega a ser una religión, se presenta a sí misma con fuerza religiosa, combinando desarrollos aparentemente inevitables en la infraestructura social, con una creencia en la inexpugnable santidad de estos desarrollos.
> La tecnología está particularmente bien calificada para servir de base para legitimar mitos. . . . La tecnología llega a ser legítima, algo que es tan parte integrante de la naturaleza de las cosas, que no lo cuestionamos. Para extender esta legitimidad a la nación, o a su sistema político y económico, todo lo que debe hacerse es mostrar que la nación cumple decentemente con la tarea de fomentar la tecnología. De la misma manera que Norteamérica legitima un régimen como "defensor de la fe," así también gana legitimidad de parte de la tecnología, al probarse a sí misma como una digna sostenedora de lo que por todos los medios debe ser sagrado.
> Entonces, la mitologización de la tecnología viene en el momento en que un amplio espectro de valores públicos no se puede debatir seriamente, porque las consideraciones técnicas ya han excluido a algunos de ellos. . . . La tecnología llega a ser crecientemente prominente como mito de legitimación, porque la expansión de la infraestructura tecnológica hace más difícil que el discurso público permanezca verdaderamente abierto a un espectro completo de valores intrínsecos.

La crítica posmoderna de la tecnología

Hasta hace poco, por lo menos en los Estados Unidos, era muy fuerte la presunción del público en general de que la tecnología (y especialmente la inauguración de la era de la computación), a largo plazo resolvería la mayor parte de los problemas de la civilización occidental y tal vez del mundo. Esta actitud ha sido particularmente característica de la generación *yuppie* de los años de 1980. Pero la realidad del mundo en que vivimos ha cuestionado a todo este mito de legitimación. Sólo necesitamos mencionar unos pocos factores que han traído un gran pesimismo al Occidente, pesimismo que, por lo menos con referencia a la tecnología, es un fenómeno nuevo en este siglo:

> El carácter incurable de la epidemia de SIDA
> El rol de la tecnología en pelear guerras y su capacidad para la aniquilación inhumana de gente por todo el globo
> El carácter inaccesible de la tecnología nueva a disposición debido a su costo
> La destrucción de la tierra por las mismas tecnologías que fueron creadas para salvarla
> Un profundo temor a las ciudades que ha producido la tecnología[284]

La marca de la posmodernidad más penetrante, reaccionaria y compleja es su rechazo del mito de la tecnología. En relación con la arquitectura, Philip Cooke (1988, 480) hace una lista de las características del posmodernismo: "una nueva falta de profundidad basada en la cultura de la imagen de la televisión; un debilitamiento de la historicidad frente a nuevas formas aceleradas de temporalidad privada; una reverencia hacia la 'nueva tecnología' como el emblema clave del sistema económico del nuevo mundo; y un cambio en la experiencia vivida del espacio construido mismo, siendo la dominación y la desorientación los principales efectos intencionales." Cooke continúa reflexionando sobre Los Ángeles como "una versión de esta urbanidad posmoderna global-local, sobreconsumista y socialmente polarizada de la cual he estado tratando de escribir" (p. 486). Los residentes de Los Ángeles, esa ciudad de incendios, terremotos e inundaciones, se han visto profundamente afectados por el pesimismo con respecto a la tecnología. Es muy desafortunado que la posmodernidad, como Cooke ha señalado, como reacción nos haya ofrecido poco más que un pesimismo aumentado, una anomia más profunda, un nihilismo más penetrante y una atomización más fragmentada. Después de todo lo que se dice y se hace, ¿nos vamos a quedar sin nada más que las luchas por el poder según Nietzsche?

---

[284] Entre las amenazas importantes para la existencia humana, Messer (1992, 46-52) realiza el espectro de la aniquilación nuclear, el calentamiento global causado por la expansión industrial al nivel mundial, la crisis mundial en la producción de alimentos, la deforestación, la enfermedad, el crecimiento de la población y la ingeniería genética.

El uso evangélico de la tecnología

No tenemos espacio aquí para documentar lo que debiera ser bastante obvio. Durante los últimos 30 años más o menos, nosotros los evangélicos no hemos sido reticentes acerca del uso de la tecnología para lograr nuestros propios fines particulares. En realidad, hemos sido muy intencionales con respecto al uso de los medios masivos, de las comunicaciones globales y de las ciencias sociales para la evangelización mundial. Aunque fuertes defensores del uso de cualquiera y de todos los medios posibles para presentar el evangelio a todos los que todavía no lo han oído, no obstante me pregunto cuánta atención le hemos dado al efecto que este fuerte uso de la tecnología puede haber tenido sobre nuestra propia fidelidad al evangelio.

Sólo tenemos que mencionar la miríada de maneras en las que nosotros, en el movimiento evangélico, hemos procurado usar la tecnología para hacer nuestra misión. Ya sea en Lausana (1974), Pattaya (1980) o Manila (1989), hemos estado ansiosos por usar la mejor tecnología para promover el evangelio. Nuestro amor por la estrategia, nuestro fuerte punto de mira en los últimos años sobre cómo hacer la misión, y nuestro énfasis en producir resultados, en muy pocas veces estas cosas se han considerado acerca del impacto de esa tecnología sobre nosotros mismos, sobre nuestras iglesias y sobre nuestras agencias de misión. No nos hemos detenido con la suficiente frecuencia a inquirir con respecto a las hipótesis detrás de la tecnología misma. Hemos querido saber cómo hacer crecer iglesias, por ejemplo, pero demasiado pocas veces preguntamos qué estábamos haciendo crecer, o si la manera en que lo estábamos haciendo era teológica y bíblicamente apropiada.

La iglesia como un agente *apostólico* de reconciliación

Quizás necesitemos repensar nuestra apostolicidad y asociarla más estrechamente con el Señor que nos envía. Si es que vamos a desarrollar una nueva comprensión de nosotros mismos como agentes apostólicos de Cristo para la reconciliación, 2 Corintios 5 es un buen lugar para comenzar. Podríamos comenzar entendiendo que nuestra naturaleza como iglesia de Cristo no deriva de nuestras tradiciones, de nuestra historia o de nuestras culturas. "El amor de Cristo nos obliga" (5:14). Nuestra naturaleza y llamamiento derivan de la cabeza de la iglesia, del único que nos ha enviado como sus embajadores en el mundo.

En segundo lugar, debemos reconocer que nuestro rol primario es estar comprometidos con la transformación de nuestro mundo, trabajando por la *reconciliación*. Nuestra reconciliación en Cristo es una sola pieza con nuestra naturaleza apostólica y nuestro "envío" acarrea a su vez un "ministerio de la reconciliación" (5:18). Así es que vemos que nuestra misión incluye una participación directa en la misión de Dios, porque "en Cristo, Dios estaba reconciliando al mundo consigo mismo" (5:19). De modo que nuestra naturaleza como iglesia de Cristo implica que le imploremos al mundo de parte de Cristo: "Les rogamos que se reconcilien con Dios" (5:20).

En tercer lugar, deberíamos comenzar a entender que esta reconciliación es integral, implicando una transformación tan radical de la realidad, que cualquiera que está en Cristo "es una nueva creación. ¡Lo viejo ha pasado, ha llegado ya lo nuevo!" (5:17). Esta es una transformación total de cada persona en su comunidad, así como también las personas se reconcilian consigo mismas, unas con otras, con el mundo y con Dios. Porque incluso "la creación aguarda con ansiedad la revelación de los hijos de Dios, . . . [en] la firme esperanza de que la creación misma ha de ser liberada de la corrupción que la esclaviza, para así alcanzar la gloriosa libertad de los hijos de Dios" (Rom 8:19-21).

Como agentes apostólicos de la reconciliación en Cristo, nosotros debemos comenzar a repensar la manera en que evaluamos el uso de la tecnología. Nuestro ser (quienes somos como apóstoles de Cristo) y nuestro hacer (los métodos que empleamos en la misión de Cristo) debieran reflejar a nuestro Señor tanto como los fines que perseguimos. Debemos abstenernos de cualquier cosa que viole nuestra misión de reconciliación. No debemos usar la tecnología sin cuestionamientos como si fuera una herramienta desprovista de valores. Más bien, debemos someterla al escrutinio de la Escritura, a la operación del Espíritu y a nuestro llamado apostólico de ser embajadores de Jesucristo.

Más aún, podríamos comenzar a entender nuestra misión como misión en el camino, un peregrinaje apostólico "embajadoresco," que es a la vez profundamente personal, privado y relacional tanto como comunal, público y transformacional.[285] La congregación apostólica establece puentes entre la fe personal del discípulo de Jesucristo y los valores públicos que nuestro mundo necesita con tanta desesperación

---

[285] El espectro completo de nuestra misión apostólica implicaría lo que Bosch (2000, 451-619) ha llamado "elementos de un paradigma misionero ecuménico."

(Moberg 1962). Aquí hay una apostolicidad del envío al mundo, un mundo para el cual y en el cual Cristo murió, un mundo que está llamado a una reconciliación total e integral. La iglesia debe entender que su vida y tarea esenciales no implican una estrategia o el manejo del poder tecnológico, sino fidelidad a la comisión recibida de Jesucristo el Señor. Y con el poder del Espíritu Santo (no con pericia tecnológica *per se*), la iglesia llega a ser un agente *público* de transformación, una comunidad apostólica que ofrece un retorno al propósito para el cual Dios ha creado al género humano.

Es claro que este mandato compromete a la iglesia con la preservación de la vida humana (el pacto con Noé), con una relación creciente con Dios (el pacto abrahámico), con un llamado a los gobernantes a estar del lado del bienestar de la gente (el pacto mosaico) y con un recordatorio al mundo de que hay un solo Señor y Salvador, un Rey de reyes (el pacto davídico) delante que quien un día se doblará toda rodilla y toda lengua confesará que Jesucristo es el Señor (el nuevo pacto, Fil 2).

Estamos preocupados por un mundo no cristiano (y poscristiano), que necesita conocer a Jesucristo como el único camino, la verdad y la vida. Estamos profundamente preocupados por cómo responder al nihilismo, al relativismo, al pluralismo y a la pérdida del concepto de verdad que marcan el carácter sin fundamentos de la sociedad posmoderna. Estamos preocupados por la malicia, la ruptura, la atomización de la sociedad occidental y por la pérdida de sentido de dirección, propósito y valor, junto con el profundo pesimismo que acompaña. Queremos presentar una apología del evangelio como una verdad pública y hacerlo de maneras que la cultura posmoderna pueda aceptarla (Newbigin 1986). Y aceptamos nuestra responsabilidad y rol de ser los profetas de Cristo, que extienden una palabra de esperanza en medio de la desesperanza.

Todas estas preocupaciones son legítimas, urgentes y necesarias. Pero todas ellas necesitan fluir de una preocupación anterior que tiene que ver con nosotros mismos. Juntos, como cuerpo de Cristo, necesitamos volver a examinarnos. Como iglesia en misión necesitamos volver a preguntar cómo quiere el Señor de la cosecha renovarnos y remodelarnos, de modo que podamos encarnar más fielmente una nueva eclesiología misiológica que sea apropiada para una era posmoderna.

Si estamos preocupados por la modernidad y no estamos satisfechos con las opciones ofrecidas por la posmodernidad, entonces necesitamos volver a examinar a nuestras iglesias, a nuestras agencias de misión y a nuestras organizaciones cristianas, para ver la manera como el Espíritu Santo nos puede transformar y renovar. Esta comprensión renovada nos llama a ser toda la iglesia (la congregación, una, santa, católica y apostólica) llevando todo el evangelio (ni la modernidad ni la posmodernidad) a todo el mundo. ¿Es posible que podamos ofrecer a nuestro mundo posmoderno una nueva estructura de plausibilidad, una hermenéutica renovada del evangelio (Newbigin 1989a, 222-33), que pueda proveer un grado de absoluto provisional (Volf 1992b), a través de un peregrinaje de fe remodelado en la esperanza de la venida del reino de Dios?

Este capítulo comenzó con la tesis de que una crítica cristiana a la modernidad incluiría un examen de nosotros mismos como iglesia de Cristo, para ver cómo podemos llegar a ser auténticas comunidades hermenéuticas del evangelio contextualmente apropiadas en un mundo posmoderno. Nuestro reexamen nos ha llamado a transformarnos en:

Una comunión global de discípulos de Jesús:
más que individualista;
Una comunidad de fe *santa*:
más que racionalista;
Una fraternidad *católica* de seguidores de Cristo:
más que materialista;
Un agente de reconciliación *apostólico*:
más que tecnologista.

Que el Señor nos permita que lleguemos a ser quienes somos.

PARTE VII

LA TEOLOGÍA DE LA MISIÓN Y LA FORMACIÓN MINISTERIAL

Capítulo 13

Retratos del pastor como líder misionero

"Don Daniel" fue mi pastor. Dramáticamente convertido siendo un joven y entrenado en el mejor seminario de la Iglesia Nacional Presbiteriana de México, don Daniel era uno de los pastores más dotados, inteligentes, compasivos, organizados y que miraban hacia delante que jamás he conocido. Habiendo crecido en su iglesia, escuchado su predicación y hecho profesión de fe bajo su cuidado pastoral, lo considero hasta hoy como mi modelo más significativo de un pastor como líder misionero. Y así y todo, yo también aprendí de la experiencia de don Daniel, que los líderes dotados, comprometidos y visionarios no necesariamente son exitosos como líderes. Pero esto es salirme de la historia.

La persona del líder es una parte muy significativa de la compleja serie de factores que mueve a un grupo local del pueblo de Dios hacia la participación en la misión de Dios en el mundo. El líder es un catalizador para estimular al pueblo a seguir en una dirección mutuamente acordada, en medio de un particular contexto espiritual, social, económico, político y cultural. El Espíritu Santo, quien establece y moviliza a la iglesia, usa la mezcla total de factores complejos para mover al pueblo de Dios a ser y a hacer algo nuevo en el mundo. Los líderes dados por Dios son el centro de todo esto, y aun así son sólo una parte de la historia. Debido a la multiplicidad de factores involucrados, parece no haber seguridad alguna de que un líder en realidad sea exitoso en conducir a la iglesia. Esta tensión dinámica creada por el juego dinámico de numerosos factores parece ser lo que el apóstol Pablo tenía en mente cuando hablaba de la edificación del cuerpo de Cristo en medio del ministerio, hasta que lleguemos a la estatura de la plenitud de Cristo:

> Él mismo constituyó
> *tous men apostolous* (a unos, apóstoles),
> *tous de prophētas* (a otros, profetas),
> *tous de euangelistas* (a otros, evangelistas),
> *tous de poimenas kai didaskalous* (a otros, pastores y maestros),
> a fin de capacitar al pueblo de Dios
> *eis ergon diakonias* (para la obra de servicio),
> *eis oikodomēn tous sōmatos tou Xritou* (para edificar el cuerpo de Cristo)

de este modo, todos llegaremos
eis tēn enotēta tēs pisteōs (a la unidad de la fe)
kai tēs epignōseōs tou huinoi tou theou (y del conocimiento del Hijo de Dios),
eis andra teleion (a una humanidad perfecta),
eis metron hēlikias tou plērōmatos tou Xristou
(a la plena estatura de Cristo). [Ef 4:11-13.]

Un análisis detallado de la relación dinámica entre el líder y el liderado, entre el pastor y el rebaño, entre el siervo y el pueblo de Dios en el proceso de edificar la iglesia dejará en claro que el rol pastoral es difícil, multifacético y absolutamente esencial. Con frecuencia consideramos las maneras de equipar el ministerio de la iglesia. Pero habiendo entendido que todo el pueblo de Dios debe estar comprometido en el ministerio en el mundo, debemos analizar cuidadosamente las implicaciones que esto tiene para el liderazgo pastoral. Aquí no estamos hablando tanto de lo que hace un pastor-edificador, sino de quién es el líder que está frente a frente con el pueblo de Dios por un lado, y con los que están fuera de la iglesia por el otro. Mucho más profundos que las tareas de facilitar, entrenar y organizar son otros aspectos del llamado encarnacional del líder, que implican una transformación radical de la personalidad de uno, para llegar a ser el estímulo para mover el pueblo de Dios hacia adelante en la misión y en el ministerio en el mundo.

Don Daniel era justo esa persona. Con frecuencia a caballo y a veces a pie, don Daniel viajaba por los senderos barrosos de Chiapas, México, recorriendo todo el estado, buscando una familia aquí o allá que estaban siendo reunidas por el Espíritu, para llegar a ser parte de la iglesia de Jesucristo. Mientras pastoreaba una iglesia local y enseñaba en un instituto bíblico, don Daniel era instrumental en la evangelización y en plantar iglesias entre grupos de lengua maya, trabajando con misioneros y con cristianos locales para establecer la iglesia en medio de gente que hablaba lenguas diferentes al español nativo que él tenía.

Don Daniel ejemplificó para mí lo que Pablo nos ha dejado en Efesios 4:11-13. Allí somos guiados a entender que la razón por la que nos son dados apóstoles, profetas, evangelistas, pastores y maestros es el crecimiento pleno del cuerpo de Cristo, por medio del equipamiento de las congregaciones locales para la misión y el ministerio. Aquí yace el rol muy especial y crucial, que Pablo mismo cumplió, el de siervo-líder pastoral que vivió, soñó, respiró y trabajó para edificar la iglesia tal como fue moldeada a través de la obra del Espíritu Santo en medio del pueblo de Dios en misión en el mundo.

Ejemplo

Durante mi juventud, yo vi en la vida y ministerio de don Daniel por lo menos cinco retratos del pastor como líder de iglesias misioneras en el mundo. En primer lugar, él fue un ejemplo.

En su trabajo de edificar la iglesia, Pablo con frecuencia exhortó a sus nuevos convertidos a imitarlo a el (1 Cor 4:9-16; 11.1, Fil 3:1-17; 2 Tes 3:7-9). ¿Era esto un orgullo arrogante? Pienso que no. Es como si Pablo se colocara delante de los nuevos cristianos como la primera muestra del producto, las primicias, la demostración más temprana de lo que el evangelio puede hacer y debiera hacer en la vida del creyente. En 2 Tesalonicenses 3:7 él dice: "Ustedes mismos saben cómo deben seguir nuestro ejemplo. Nosotros no vivimos como ociosos entre ustedes." Sus lectores sabían cómo actuar porque lo vieron ejemplificado, tipificado, modelado, demostrado por la primera muestra del producto, el prototipo de la nueva creación en el evangelio: Pablo mismo. La información masiva de J. Robert Clinton (1988) concerniente a los peregrinajes de fe de varios líderes nos da todos los ejemplos que necesitamos para poder tener un cuadro de la clase de líderes que Dios ha usado en el pasado para movilizar a la iglesia en la misión en el mundo.

Este componente del siervo-líder pastoral habla acerca de quiénes somos, no profesionalmente, no intelectualmente, no en la tarea, no en la estrategia, sino personalmente. Habla de cómo ordenamos nuestras prioridades, cómo manejamos nuestra carga de trabajo, cuánto tiempo tenemos para la gente, cómo modelamos nuestra vida familiar, qué actitudes expresamos hacia los demás, qué apertura y autenticidad demostramos con los demás, cómo resolvemos conflictos, qué elegimos como nivel de vida, cómo ejercitamos nuestra autodisciplina y demás. No es de extrañar que Pablo le escribe a uno de los primeros edificadores de la iglesia: "Así que el obispo debe ser intachable" (1 Tim 3:1-15). De manera profunda, nuestro estilo de vida, nuestra espiritualidad, la formación de nuestra personalidad, nuestras relaciones interpersonales y nuestra individualidad como fundamento para construir confianza, son todos factores que causan un impacto sobre nuestra efectividad, mientras luchamos por edificar la iglesia.

Leon Draayer (1989) hizo un estudio de pastorados largos en la Iglesia Reformada en América. Aunque su objetivo primario era examinar el rol de la predicación en pastorados de larga duración, el factor que él encontró como abrumadoramente crucial para la salud de los pastorados largos fue el desarrollo continuo de la espiritualidad personal del ministro. La predicación permanece vibrante, en la medida que expresa la espiritualidad viva y en constante desarrollo del pastor.

Sabio

Apenas estamos comenzando a descubrir los tremendos recursos a disposición de la iglesia cristiana en el área de la sabiduría: la literatura de sabiduría del Antiguo y del Nuevo Testamento, la sabiduría de los pueblos antiguos y modernos, la sabiduría de entender la vida, la humanidad y las fuerzas de la naturaleza y la percepción de la interdependencia de los seres humanos. Este aspecto del liderazgo es muy antiguo (y muy moderno). Ya se trate del gurú hindú, el imán islámico, el chamán maya o el rabino judío, el rol de la sabiduría es extremadamente importante. Hubo un tiempo cuando este aspecto del liderazgo era muy fuerte en la iglesia cristiana también, particularmente en las vidas y enseñanza de los monjes y los religiosos. Agustín y Bernardo de Clairvaux tienen sus contrapartes modernas en gente como la Madre Teresa. Francisco de Asís habla a través de las edades, inspirando a la iglesia cristiana. Pablo resalta este aspecto del liderazgo en la iglesia (1 Cor 3:16-23; 2 Cor 1:12; Col 3:8-17; 4:5-6; 2 Tim 3:14-15).

Es el rol de la sabiduría inquirir de nosotros si es que somos verdaderos hombres y mujeres de Dios. El sabio exhibe gran sabiduría acerca de la vida, de la naturaleza, de la persona y de las relaciones interpersonales. El sabio es sanador, consejero, edificador, alentador, reconciliador. Entre las características esenciales está la inmersión en la sabiduría de las Sagradas Escrituras y la demostración de una piedad personal genuina, la cual se deja ver en la conversación y en la acción. El sabio conoce cómo orar, y lo hace en la comprensión de la gracia de Dios para su pueblo. Como misionero, el sabio, junto con los otros que se le unen en el peregrinaje de la fe hacia la edificación de la iglesia, demuestra una preocupación amorosa por enseñar las verdades profundas de la madurez espiritual.

Visionario

Si nos remitimos al libro de los Hechos para buscar los componentes que dieron origen a la edificación de la iglesia, vemos un cierto aspecto emergente, el cual era tan importante entonces como es necesario ahora. En Hechos 2, 13 y 16 y en 1 Corintios 16 vemos que la iglesia necesita individuos que puedan mirar hacia el futuro por anticipado, y que puedan desafiar, exhortar y urgir a los nuevos cristianos a caminar en una dirección específica, en procura de ciertas metas, objetivos y sueños. Inmediatamente pensamos en estrategas misioneros como William Carey, Samuel Zwemer, James Cantine y John Scudder. Parte de nuestro rol de siervo-líder en edificar iglesias misioneras es permitir que el Espíritu Santo nos tome de tal manera que "veamos visiones" y "soñemos sueños" (Hech 2). El visionario es el organizador, la persona con ideas, el proveedor de perspectivas con respecto a dónde estamos yendo. El visionario procura comprometer al pueblo de Dios con un planeamiento de largo alcance y con establecer metas, y con frecuencia formular preguntas perturbadoras y difíciles que tienen que ver con las consecuencias de prácticas presentes. El visionario está llamado a proveer una cierta unidad de propósito y visión para las metas y las estrategias de una iglesia.

Es claro que estas metas y estrategias necesitan ser propiedad de todos y que los sueños grupales también deben estar íntimamente relacionados con las metas individuales y personales de los miembros del grupo. Y aún así, siempre está esa persona especial que provee el sueño o visión inicial, el pensador de posibilidades que dedica tiempo y atención a lo que podría ser, y luego comparte estos sueños con el pueblo de Dios. A su vez, ellos invariablemente reflexionarán, considerarán, juzgarán y probablemente modificarán esos sueños, a medida que el Espíritu Santo los guíe para mover al pueblo de Dios hacia adelante en la misión en el mundo. Hemos menospreciado el poder de la visión en la relación de los líderes con los seguidores y la creación de un seguimiento. Sin visión, hay poca razón para que la membresía siga a los líderes. Y sin la voluntad de la membresía para seguir, no habrá ningún liderazgo.

Aquí debiéramos tomar nota de que una de las principales arenas donde un líder pastoral puede articular la visión y estimular el seguimiento es en la predicación. La buena predicación galvaniza a la congregación y crea la urgencia que motiva a los miembros a querer seguir la visión del líder. A menos que esa visión se articule, el liderazgo no tendrá lugar. Por otro lado, si el líder pastoral usa la predicación para articular una visión que no es compartida por la membresía o está en oposición a sus metas, el seguimiento puede ser reemplazado por resistencia y rebelión.

Estudiante

Al observar a Pablo en su trabajo incesante para edificar las iglesias de su tiempo, vemos también un fuerte componente cultural. Estudien Romanos 1-3, Gálatas 3 y Colosenses 3. Aquí nos parece tener una visión del que estudia la cultura, permitiendo que el evangelio eche raíz en la humanidad, de tal manera que pone en cuestión tanto el ambiente cultural de Pablo como el de sus oyentes. Es este rol importante el que Pablo ejemplifica en Hechos 17:16-34. Es suyo el genio que recoge el punto de contacto en la filosofía ateniense y lo utiliza para abrir la puerta para la presentación del evangelio de Jesucristo.

Debemos darnos cuenta que este es el mismo Pablo que antes fue Saulo de Tarso, el que, hasta que se enfrentó con la total depravación de todo ser humano delante de Dios y el fracaso de la ley como medio de lograr gracia, no permitió ninguna modificación de su perspectiva de la ley del Antiguo Testamento. Estamos llamados a una transformación tan radical como ésa. Estamos llamados a cuestionar los mismos fundamentos de nuestra cultura, nuestro trasfondo, el gran "American way," nuestras presuposiciones, metodologías, prioridades, norteamericanismos e inclinaciones occidentales.

No obstante, al mismo tiempo estamos también llamados a ser estudiosos del ambiente cultural en el cual ministramos. Así es que estaremos especialmente equipados, más que ninguna otra persona, para mostrar la manera en que esa nueva cultura, al incorporar el evangelio, también debe ser cambiada profunda y fundamentalmente. Porque en el evangelio del reino de Dios, no hay judío ni griego, siervo ni libre, varón o mujer.

Luego, como siervos-líderes comprometidos en edificar la iglesia, encontramos parte de nuestro desafío en el reino antropológico. Es parte de nuestro llamamiento formular preguntas propias así como de otras culturas y comprender nuevas formas culturales de la encarnación del evangelio. Los líderes pastorales, como estudiantes, deben comprometerse a examinar las presuposiciones culturales y a descubrir nuevas maneras en las cuales la iglesia pueda dar mejor testimonio de Jesús, en los contextos culturales particulares en los cuales está llamada a ministrar.

Sacrificio

Jesús les dijo a sus discípulos, los futuros líderes de su iglesia: "Nadie tiene amor más grande que el dar la vida por sus amigos" (Juan 15:13). Parece haber un elemento de sacrificio inherente a la conducción de la iglesia hacia adelante en la misión en el mundo. Es un darse a uno mismo a favor del cuerpo, un acto de la voluntad que coloca la prioridad sobre el bienestar, el crecimiento, el desarrollo y una nueva dirección de la iglesia, por sobre los propios. Los buenos pastores del rebaño ponen sus vidas por las ovejas (Juan 10). Pero no es para que las ovejas hagan sufrir a los pastores. Es para que los pastores voluntariamente elijan dar sus vidas a favor de la edificación del cuerpo.

Este parece haber sido el rol de Epafrodito, a quien Pablo levanta como un ejemplo de la mente de Cristo, tal como está descrito en Filipenses 2:1-11 (cf. vv. 25-30). Se pueden dar numerosos ejemplos bíblicos para demostrar que el sacrificio es una parte integral de ser líderes del pueblo de Dios. Moisés, Samuel, Jeremías y Jesús son sólo unos pocos de los que demostraron la voluntad de sufrir, la cual también debe ser incluida en nuestros retratos de líderes pastorales en la iglesia.

Aunque don Daniel fue un líder modelo, y aunque ejemplificó de manera maravillosa y con mucha fuerza las cualidades descritas anteriormente, aún así en nuestra congregación local él logró muy poco liderazgo. En nuestra congregación había una ausencia crítica de disposición de seguir al líder. Dos tercios de la congregación en algún momento se negaron a seguir a don Daniel en casi todos los aspectos de la vida de la iglesia. Aunque don Daniel era un líder ejemplar, no había liderazgo. Y don Daniel se rehusó a moverse a otra iglesia, donde habría encontrado la clase de seguimiento que él necesitaba. A continuación, la congregación se dividió en cuatro partes. Sólo un puñado de personas de la iglesia original se quedó con el pastor. ¿Amo yo menos a mi pastor debido al triste final de esta historia? No. ¿Lo culpo por ello o lo exonero de toda culpa? Ni lo uno ni lo otro. Más bien, reconozco que la naturaleza del liderazgo es increíblemente misteriosa y compleja, y que la situación no podía conducir a la clase de liderazgo que él y muchos de nosotros queríamos profundamente ver. Dada nuestra humanidad caída, el liderazgo no está asegurado, aun cuando tengamos a disposición líderes excepcionalmente buenos. YHWH y Moisés la pasaron muy mal con los rebeldes israelitas en su camino por el desierto. Y Pablo luchó con los de Corinto que no aceptaban su apostolado, ni exhibían la disposición de seguirlo la cual le habría permitido lograr un liderazgo.

¿Significa esto que los retratos maravillosos de don Daniel presentados antes no eran ciertos? De ninguna manera. Para mí sigue siendo un modelo de las cinco características del líder misionero. ¿Significa que nos vamos a poner pesimistas y cínicos acerca de la posibilidad de movilizar esta extraña asociación voluntaria conocida como la iglesia? Espero que no. Lo que significa es que necesitamos tomar mucho más seriamente la complejidad del juego dinámico de los numerosos factores que contribuyen al liderazgo, de los cuales la persona del líder es sólo uno. Al mismo tiempo, darse cuenta de tal complejidad no minimiza la importancia de las cualidades del líder como líder, ni es excusa para nuestra aparente falta de preocupación con respecto al desarrollo de esas cualidades en nuestras vidas, si es que queremos ser líderes de la iglesia de Cristo.

Admitamos con humildad que ninguno de nosotros se adecua muy bien con estos retratos. Son retratos retocados, que nos muestran bajo una luz mejor que aquella con la que nosotros mismos nos vemos. Cuando se resalta este aspecto de nuestro llamado pastoral nos sentimos de manera parecida a piezas cuadradas en agujeros redondos. Y aún así debemos permitir que el Espíritu Santo continuamente desgaste los bordes ásperos. Debemos permitirle que desarrolle dentro de nosotros, esas cualidades que nos harán dignos ejemplos de la sabiduría espiritual del sabio, la previsión del visionario, la humildad del estudiante y la entrega personal del sacrificio para edificar la iglesia hacia la misión en el mundo. Uno de mis sueños de toda la vida ha sido que Dios, por el Espíritu, me hiciera por lo menos como don Daniel en mis propias cualidades como líder misionero. Que por gracia de Dios pueda ser tan profundamente espiritual, tan sabio, tan visionario, tan dedicado a aprender y tan comprometido con el crecimiento de la iglesia como don Daniel. Por otro lado, tal vez necesite llegar a ser más como Cristo que como don Daniel.

Pablo lo dijo de esta manera:

> Más bien, al vivir la verdad con amor, creceremos hasta ser en todo como aquel que es la cabeza, es decir, Cristo. Por su acción todo el cuerpo crece y se edifica en amor, sostenido y ajustado por todos los ligamentos, según la actividad propia de cada miembro . . . y ponerse el ropaje de la nueva naturaleza, creada a imagen de Dios, en verdadera justicia y santidad. [Efesios 4:15-16, 24.]

Capítulo 14

Paradigmas cambiantes en la formación ministerial

La tesis de este capítulo es que la formación ministerial para el siglo XXI debe construirse sobre lo mejor de los paradigmas pasados, integrándolos en un nuevo paradigma que involucre un proceso multinivel para dar forma al *ser*, *saber* y *hacer* de los miembros de la iglesia, para ministerios multifacéticos en la iglesia y en la misión en el mundo.

Todavía puedo oír a mi padre decir: "Bueno, el Dr. Blocker acostumbraba a decir. . . ." Y con mucha frecuencia me he encontrado a mí mismo citando a George Ladd, Geoffrey Bromiley, Paul Jewett, James Daane, Lewis Smedes o David Allan Hubbard, los que me enseñaron en Fuller Seminary a comienzos de los años de 1970. Durante los últimos 30 años, he notado que cada vez que pastores, misioneros y profesores de seminarios en todo el mundo comienzan a hablar acerca de seminarios y ministerios, invariablemente volvemos atrás a nuestra propia educación en el seminario o en el instituto bíblico. Y la base sobre la cual evaluamos el asunto en cuestión está usualmente coloreada (o casi determinada) por nuestra propia experiencia de seminario. Pero pensar en la formación para el ministerio de hoy sobre la base de la experiencia propia de entrenamiento en el seminario es inapropiado e inaceptable, por lo menos por cuatro razones.

Primero, proyectar la forma de nuestra propia educación teológica sobre la presente, invariablemente nos ciega a la maravillosa riqueza de formas que estuvieron antes de nuestro tiempo y que pueden ayudarnos en el futuro. Segundo, proyectar sobre el presente la manera en que nosotros experimentamos el entrenamiento en el seminario es ignorar, para nuestro peligro, que los contextos de los ministerios de hoy han cambiado, tanto en Norteamérica como alrededor del mundo. Tercero, ceñirnos a nuestros propios modos nos hace incapaces de una creatividad con libre albedrío, lo cual es necesario para este nuevo siglo. Durante los años en que estuve involucrado en la formación ministerial en México, yo aprendí que para que tales programas sean exitosos, sólo los estudiantes son indispensables. Cuarto, proyectar nuestro propio entrenamiento de seminario sobre el presente y el futuro es ignorar el profundo cambio de paradigma en el cual el mundo (y particularmente el occidental) se encuentra en este tiempo. En todos los aspectos y en todos los niveles de la sociedad, estamos en medio de profundos cambios como ninguno ha visto antes desde la Revolución Industrial.[286] Dado el cambio de paradigma por el que la iglesia y el mundo están pasando, nosotros debemos liberarnos para reconceptualizar los fundamentos, las formas y las metas de la formación ministerial en el futuro. Del mismo modo, la formación ministerial debe pasar por un cambio de paradigma radical, para que pueda servir de manera apropiada a la iglesia y al mundo de mañana.[287]

Cinco paradigmas pasados

A lo largo de su historia, el pueblo de Dios (Israel y la iglesia) han sostenido una cantidad de perspectivas concernientes a la selección, la formación y el reconocimiento de sus líderes. Estos puntos de vista pueden resumirse en cinco paradigmas básicos que compitieron unos con otros hasta el final de los años de 1960. Más o menos durante los últimos 40 años, una nueva situación posmoderna ha dado origen a un sexto paradigma lanzado especialmente por las iglesias en Asia, África y América Latina. Este nuevo paradigma toma prestados aspectos de los otros cinco y los remodela en una configuración radicalmente nueva de una formación intraministerial. A riesgo de una simplificación exagerada y de posibles inexactitudes históricas, haremos un estudio del desarrollo de los cinco paradigmas anteriores de formación ministerial, y luego nos enfocaremos en el sexto.

Aprentizaje

Posiblemente, el paradigma más antiguo de formación ministerial implica una relación personal entre un maestro y uno o más aprendices. En este paradigma, alguien muy significativo en la comunidad debido a su sabiduría, experiencia y habilidades reconocidas generalmente selecciona a aquellos a quienes se les va a

---

[286] Tom Peters 1992 y Barker 1992 están entre los que señalan hacia la naturaleza radical del cambio de paradigma que está teniendo lugar en la sociedad moderna.

[287] En el último capítulo de *Reflections of a Contrarian* (1989, 171-92), Lyle Schaller formula algunas preguntas muy significativas acerca de la educación teológica, preguntas que señalan hacia la necesidad urgente de reconceptualizar el paradigma que gobierna nuestras expectativas de seminarios y programas en la formación ministerial. Ver también Schaller (1987, 198-212; 1992, 94-114); Bennis (1989); Gerald Anderson (1993); De Pree (1989; 1992); Bosch (2000); Callahan (1983); y Elliston (1992).

tirar el manto. En la Escritura se puede ver este paradigma, por ejemplo, en la relación de Moisés con Josué, de Elí con Samuel, de Elías con Eliseo y en la escuela de los profetas. Para los tiempos del Nuevo Testamento la condición de aprendices había llegado a ser una forma común de mentoreo y de enseñanza en las sinagogas judías. Este enfoque fue seguido por Juan el Bautista y por Jesús con sus discípulos, por Gamaliel con Saulo (Pablo) y por Pablo con su equipo de misioneros. Por varios cientos de años despues de Cristo, la iglesia formó a sus líderes predominantemente mediante relaciones entre maestro y aprendices.

El paradigma todavía permanece bastante entre nosotros. La obra *El plan maestro de la evangelización* (*Master Plan of Evangelism*), escrita por Robert Coleman en 1963, y el enormemente significativo programa de los Navegantes son dos de los modelos más conocidos que se construyen sobre este paradigma. La explosión reciente de literatura sobre discipulado da testimonio de la importancia que este paradigma todavía tiene en la iglesia. El método de discipulado de John Nevius en Corea ha sido recientemente adaptado en el modelo de la metaiglesia de Carl George, por ejemplo, siendo sus perspectivas principales extraídas del paradigma de mentoreo. Paul Stanley y J. Robert Clinton (1992, 159) llegan a afirmar que el mentoreo es esencial para el liderazgo: "Un líder en crecimiento necesita una red relacional que incluya a mentores, pares y líderes emergentes, para asegurar el desarrollo y una perspectiva saludable sobre su vida y ministerio." Una de las características comunes de las megaiglesias (congregaciones con decenas de miles de miembros) es la cuidadosa e intencional programación de relaciones entre maestros y aprendices, que proveen el marco para formar a sus líderes para el ministerio.

El paradigma de maestros-aprendices tiene sus fortalezas: la formación de la persona del discípulo a lo largo de un período extendido de tiempo, la rendición de cuentas del aprendiz al maestro y el alto grado de contextualización dentro de una organización o cultura en particular. Pero tiene por lo menos tres debilidades. Primero, algunas veces puede ser ideológico, manipulador y opresivo, si es que el mentor no le permite al discípulo la libertad de expresión propia y de conocimiento de sí mismo. Segundo, este paradigma está limitado a la sabiduría, las habilidades y la creatividad del mentor. Y tercero, puede no ser transferible a nuevos contextos ("universalizable").[288]

---

[288] Por supuesto que la formación ministerial dentro de los seminarios denominacionales comparte una limitación similar.

Disciplina monástica

Después que Constantino le dio sanción oficial al cristianismo, apareció una nueva forma de formación ministerial institucionalizada. Tomando formas muy diferentes a lo largo de los siglos, este paradigma involucró a personas viviendo juntas en comunidad por largos períodos de tiempo, cuando no durante toda la vida. Generalmente asociado con votos de lealtad, castidad y pobreza, el movimiento monástico ejerció una tremenda influencia sobre la iglesia en el Occidente. Lo que una vez había sido una cuestión de discipulado bastante individual, ahora se tornó en un asunto corporativo institucionalizado, dentro del seno de iglesia.

El movimiento monástico fue la cuna donde papas y prelados fueron nutridos para la iglesia romana. La historia del cristianismo sería radicalmente diferente y estaría profundamente empobrecida sin él. Los católicos romanos y los protestantes por igual tienen una gran deuda espiritual, eclesiológica, organizacional y misionera con los movimientos monásticos (tanto masculinos como femeninos), incluyendo órdenes religiosas del día de hoy tales como la Sociedad de los Santos Padres, las Misioneras de la Caridad de la Madre Teresa y los religiosos y las religiosas de Maryknoll.

El paradigma monástico no es uno con el cual sepan tratar muy bien las tradiciones protestantes. Los votos de obediencia y de separación son radicales. La vida disciplinada de las personas en comunidad es una manera formal e institucionalizada de mentorear en aislamiento durante un período extendido de tiempo. La búsqueda de espiritualidad es profunda. El grado de responsabilidad frente a la comunidad de fe es sorprendente. Este paradigma tiene sus fortalezas: la formación espiritual del discípulo (ser), los hábitos prescritos de estudio y de aprendizaje (saber) y la expansión misionera a lo largo de los siglos (hacer). No obstante, debido a su tendencia general hacia el aislamiento, este paradigma algunas veces ha tendido a ser institucionalmente encapsulado por los poderes de la iglesia y restrictivo en el espectro de los líderes que ha formado, dado que la conformidad con la comunidad ha sido muy fuerte. Y aún así, muchos de lo teólogos y reformadores más influyentes de la iglesia fueron formados en el seno del movimiento monástico.

Formación basada en el conocimiento (la universidad)

La revolución científica cambió muchas cosas y no fue poco el cambio en la manera de preparar a los líderes para el ministerio en la iglesia y el mundo. La explosión de la curiosidad y el aprendizaje del Renacimiento dió origen a las universidades y una parte integrante de la estructura de la universidad fue la educación teológica. Aunque eventualmente ésta llegó a ser sólo un departamento en la universidad, aún hoy el lazo íntimo entre la reflexión teológica y las estructuras universitarias de Occidente es un fenómeno que influye sobre nuestras visiones de la educación teológica, más profundamente de lo que podríamos imaginarnos.

A medida que este paradigma se desarrolló a lo largo de los siglos, le dio forma a la educación teológica de muchas maneras. Primero, la formación ministerial llegó a estar predominantemente basada sobre el conocimiento. Aprender a leer, recitar e interactuar con pensadores griegos y latinos se tornó en una prueba temprana de formación en el ministerio. Segundo, la estructura de la educación teológica llegó a subdividirse en todas las partes más pequeñas que todavía se conservan hasta hoy: historia del pensamiento, lenguas, estudios bíblicos, teología, ética, homilética. Tercero, este paradigma comenzó la brecha entre la así llamada educación teológica y la iglesia. El aprendizaje debía ocurrir en el aula, no en el santuario. Cuarto, este paradigma dio origen a la búsqueda de la excelencia académica por parte de individuos en la educación teológica. De cierto modo, este desarrollo estaba en oposición al adoctrinamiento, la obediencia y la participación corporativa del movimiento monástico. Quinto, este paradigma afirmó fuertemente todos los vientos de cambios culturales que soplaban por Europa y Norteamérica (cuyo impacto sería una historia en sí misma).

El paradigma basado sobre la universidad es fuerte en el área del conocimiento, especialmente el conocimiento del pensamiento, tradiciones, teólogos y perspectivas del pasado, y fuerte en el cultivo de la creatividad para desarrollar un nuevo pensamiento. No obstante, se ha mostrado como bastante débil en términos del hacer, lo cual se relaciona con las habilidades para el ministerio en la iglesia. También es de lo más débil en el área del ser. El ambiente universitario simplemente no ha probado ser muy conducente a la formación a largo plazo de la espiritualidad y la piedad personales. Algunas de las debilidades del paradigma de la universidad parecen haber apresurado el movimiento hacia seminarios.

Seminarios

A medida que las denominaciones tomaron forma en Norteamérica, emergió un nuevo paradigma de formación ministerial: los seminarios. Predominantemente conectados con las denominaciones, los seminarios se separaron de las universidades y comenzaron a tomar una identidad propia, incorporando una cantidad de elementos de paradigmas anteriores. Tomaron prestado del paradigma de aprendices, construyendo relaciones estrechas entre profesores y alumnos. A medida que los seminarios crearon sus propias subculturas, tomaron prestada del paradigma monástico la manera en que la comunidad integrada por los profesores, el personal y los estudiantes, todos juntos buscaron comunión, confraternidad y formación. Al mismo tiempo, a los efectos de ser académicamente aceptables, los seminarios tomaron prestado del paradigma de la universidad al estructurarse predominantemente en términos de una instrucción basada sobre el conocimiento y dependiente del aula.

Los seminarios moldearon las características que habían tomado prestadas para hacer algo nuevo. Modificaron el paradigma de los aprendices colocándolo en el aula y algunas veces en la iglesia a través de un ministerio supervisado. Cambiaron las cualidades eclesiásticas e institucionales del paradigma monástico, a través de su lazo con las denominaciones. Se transformaron en centros de entrenamiento para los que llegarían a ser fieles transmisores de la tradición teológica a la que pertenecían. Dado que los seminarios querían estar conectados con la iglesia más estrechamente que lo que habían estado las universidades, comenzaron programas de pasantías que involucrarían a sus estudiantes en incursiones de corto plazo dentro de la vida de las congregaciones. Aunque los seminarios querían ser académicamente respetables, modificaron su instrucción en el aula y su preparación académica, y agregaron una cantidad de experiencias basadas en la habilidad, que ayudarían a sus graduados a ser más eficientes en el ejercicio del ministerio en la iglesia. Los seminarios troncales, en particular, compartieron el deseo de la universidad de tener una conversación de relevancia con la cultura circundante, pero modificaron a esta última para incluir a la congregación dentro de ella.

Preparación profesional

Después del comienzo del siglo XX, las denominaciones llegaron a transformarse cada vez menos en redes de congregaciones y más en corporaciones, con las congregaciones funcionando como sucursales, por así decirlo. Para mediados de siglo, los seminarios habían llegado a ser predominantemente centros de inducción denominacional, estaciones de entrenamiento en habilidades para programas particulares en la iglesia (e.g., renovación litúrgica y aconsejamiento) y escuelas de corte profesional que abrían las puertas para empleos en las iglesias. Después de mediados de los años de 1960, la tendencia hacia la profesionalización del clero cambió radicalmente las expectativas bajo las cuales trabajaban los seminarios, tal como Lyle Schaller lo ha acotado de manera tan apropiada en *Reflections of a Contrarian* (1989).[289]

Aunque las motivaciones detrás de la creación del paradigma profesional de los seminarios fueron loables, el producto final de esta tendencia demostró debilidades significativas. La más deslumbrante de éstas era la falta de espiritualidad y de autenticidad personales de parte de los profesionales preparados en los seminarios. El ser de la persona era casi totalmente ignorado, dado que la función profesional de la persona era fuertemente acentuada. El fracaso moral y personal bien documentado del clero en Norteamérica hoy en día puede haberse acelerado por el proceso de la profesionalización. Profesionalización significa que las congregaciones comenzaron a contratar empleados que tenían títulos, en lugar de mujeres y hombres llamados y formados para el ministerio en su medio. Las expectativas congregacionales se tornaron casi insoportables y las relaciones clero-congregación llegaron a ser muy insalubres. La profesionalización también se combinó con el modelo de líderes como facilitadores. Esto terminó fomentando la pasividad, la falta de productividad y la dirección de bajo nivel en el clero. Las congregaciones se quedaron caminando torpemente en busca de dirección, cuando estaban en mayor necesidad de un liderazgo fuerte.

Finalmente, dado que los seminarios estaban todavía algo separados de las congregaciones (y algunas veces parecían pensar que sabían más que la gente en los bancos qué es lo que tenía que hacer la iglesia), el énfasis sobre ciertas habilidades profesionales ignoró otras que eran altamente valorados por la gente de las congregaciones. Así

---

[289] Por ejemplo, el propósito de Charles Fuller al comenzar Fuller Theological Seminary había sido el de establecer un centro de preparación para evangelistas que predicarían el evangelio en Norteamérica. En cambio, el seminario se ha movido cada vez más lejos, hacia una combinación modificada del paradigma de la universidad basada sobre el conocimiento (la gente estudia para conseguir títulos doctorales) y una escuela profesional para personas que se están preparando para ministerios congregacionales.

que las relaciones de afecto, el liderazgo motivador, la enseñanza de la Biblia, la predicación expositiva, saber cómo conducir a la gente a Cristo en la evangelización, la participación en la misión y una cantidad de otras habilidades parecían estar ausentes (habilidades que la gente en los bancos esperaba de los graduados de su seminario). De hecho, a algunas personas en las congregaciones les parecía que el paradigma profesional tenía como meta lo menos importante e ignoraba algunos aspectos principales de la formación ministerial.[290]

El paradigma profesional ahora ha terminado su carrera, y sus fortalezas y debilidades pueden ser evaluadas. Lo que es más aparente es que la iglesia y el mundo han cambiado tan dramáticamente (y las necesidades de formación ministerial conjuntamente), que el paradigma profesional necesita pasar por una reforma radical. Creo que Kennon Callahan (1990, 4) ha descrito con exactitud los resultados de este paradigma:

> Los ministros profesionales se lucen más (y hacen un trabajo excelente) en una cultura de iglesia. Pero si los ponen en una cultura sin iglesia, están perdidos. En una cultura sin iglesia, hacen un trabajo razonablemente decente al presidir iglesias estables, en declinación o moribundas. Mantienen un sentido de presencia, de dignidad, de decoro y de decencia (con un pesar silenciosamente triste), muy parecido al cuidadoso agente funerario que vela por mantener las cosas en orden durante el funeral.
>
> Se crean nuevas comprensiones de lo que significa ser un ministro para cada nueva era. La comprensión del profesional-ministro que se desarrolló a fines de los años de 1940 y comienzos de los años de 1950 sirvió bien a su propósito por casi 40 años. . . . Cada nueva generación debe tallar una comprensión del ministerio que esté de acuerdo a su tiempo.
>
> El tiempo del ministro profesional ha terminado. El día del pastor misionero ha llegado.

Donald Messer (1992, 17, 21-22) se hace eco de sentimientos similares:

> En general, la educación teológica contemporánea ha estado orientada principalmente hacia el cuidado pastoral de

---

[290] Para algunas preguntas penetrantes acerca del cambio "de vocación a profesión" ver Schaller (1987, 198-212); ver también George Hunter (1992, 112-13).

las congregaciones, y no hacia la misión de la iglesia para con el mundo. . . .

Para recuperar el ministerio apostólico, debemos identificar y descartar las teologías disfuncionales. Esas teologías, más preocupadas por la vida interior y el sistema de una iglesia burocrática que por la misión, desarrollan una comunidad de fe disfuncional, que no responde al cuidado del futuro de la creación de Dios. El ministerio separado de la misión de Dios en el mundo es herético.

En lugar de que la misión le dé forma a la iglesia y su ministerio, predominan el gerenciamiento y el mantenimiento. Los sociólogos hablan de este fenómeno como "deformación profesional." . . . La iglesia disfuncional, orientada hacia su propia perpetuación y sostén, deja de lado su responsabilidad de ser el pueblo de Dios sirviendo al mundo.

Los que quieren usar los seminarios sólo como escalones para la certificación y para la oportunidad de imponer sus propias agendas sobre la iglesia representan la clase equivocada de líderes y la dirección incorrecta para la iglesia. Ellos conducirán a la iglesia hacia la muerte en lugar de la vida. La iglesia ya no puede darse el lujo de sostener religionistas profesionales, que se ganan la vida a costa de la iglesia, mientras que aceleran la muerte de las congregaciones. Necesitamos un paradigma alternativo.

Una de las fuerzas bien tempranas en Norteamérica en ofrecer una alternativa a los estilos de educación teológica de la universidad y del seminario fue el movimiento de los institutos bíblicos. No debiéramos subestimar la significación del movimiento de los institutos bíblicos como una especie de freno para algunas de las direcciones en las que los otros dos paradigmas eran líderes (Mulholland 1993). El Moody Bible Institute, el Columbia Bible College y el Reformed Bible College, para mencionar unos pocos, han provisto un estilo de formación ministerial que ha tenido un impacto tremendo sobre la iglesia y la misión durante los últimos 150 años. Y aunque el movimiento de los institutos bíblicos por momentos ha sido considerado (especialmente por las universidades) como de alguna manera no académico, aún así sus graduados con frecuencia parecen poder liderar iglesias con efectividad. Esto se debe en parte a la orientación basada en habilidades que tienen los institutos bíblicos, en combinación con un fuerte énfasis en la formación espiritual. El movimiento de los institutos bíblicos adaptó elementos del paradigma del maestro-aprendiz y del monástico, aunque hasta cierto punto se definió a sí mismo contra el paradigma de la universidad y el profesional. Entonces, hay un sentido en el cual uno podría decir que el movimiento de los institutos bíblicos fue precursor y proveyó algunos de los fundamentos básicos para el nuevo paradigma que examinaremos seguidamente.

Mientras tanto, las iglesias de Asia, África y América Latina fueron menos afectadas por los paradigmas que hemos descrito. Dado que el paradigma de la universidad y el profesional no satisfacían las necesidades allí, las iglesias en esos contextos se vieron obligadas a abrir el camino en la búsqueda de un nuevo paradigma. Tal vez sea el momento que nosotros en Norteamérica nos permitamos la libertad de aprender de cristianos en otras partes del mundo, para entrar a un nuevo futuro y considerar la forma que podríamos darle a un nuevo paradigma de formación ministerial.

El nuevo paradigma: formación intraministerial

En los años de 1960, la educación teológica en África, Asia y América Latina sufrió un cambio de paradigma fenomenal, a través del surgimiento de un movimiento llamado Educación Teológica por Extensión (ETE) (Theological Education by Extension, TEE). La causa que dio origen al nuevo movimiento fue la falta de recursos y de personal para preparar líderes en forma lo suficientemente rápida para las iglesias en crecimiento en esos contextos. Esta necesidad condujo en forma dramática a volver a pensar la naturaleza de la formación ministerial, hecho que todavía no se disipa. Comenzando en el Seminario Presbiteriano en Guatemala y lanzado por Ralph Winter, Ross Kinsler y James Emory, entre otros, la ETE se ha desparramado por todo el mundo, transformando la manera en que las iglesias conciben la preparación de sus líderes. Se ha escrito mucho sobre su desarrollo en varias partes del mundo.[291] Nos enfocaremos en sus características teológicas y teóricas.

El movimiento de ETE comenzó de la nada. Todas las consignas de la educación teológica eran negociables. Al construir su nuevo paradigma, los líderes del movimiento tomaron conscientemente prestado de otros anteriores, pero con una creatividad de adaptación y de reconstrucción no vista por siglos. El corazón de este paradigma es la búsqueda de una manera de integrar el ser, el conocimiento y el hacer del individuo para el ministerio en la iglesia y en el mundo.

---

[291] Dos de los mejores estudios son Winter 1969 y Kinsler 1983.

¿Por qué?

El propósito del paradigma intraministerial es formar líderes que puedan conducir la iglesia. El foco está sobre el liderazgo, no sobre la ordenación, ni la función, ni la profesión, ni la legitimación ni ninguna de las muchas cuestiones que algunas veces nublan nuestras perspectivas de la educación teológica. Esto parecería obvio, pero en realidad es muy radical. La razón es que por más de un siglo hemos dado por sentado que una persona que se ha graduado de una escuela de divinidades de una universidad o de un seminario es un líder (y especialmente si esa persona ocupa un puesto pagado en una congregación o denominación). Nada podría estar más lejos de la verdad. En realidad, estamos en una profunda crisis de liderazgo en Norteamérica y posición o función ya no pueden equipararse con liderazgo. Warren Bennis (1989, 142) llama nuestra atención sobre esta crisis:

> La ausencia conspicua de un liderazgo real en el mundo me recuerda al francés que fue arrollado y casi pisoteado por una turba indisciplinada. Cuando se puso en pie, vio a un pequeño y manso hombre que estaba persiguiendo frenéticamente a la turba y exclamó: "No siga a esas personas." El pequeño hombre le contestó a los gritos: "Tengo que seguirlos. Soy su líder." ...
>
> Cuanta más falta de liderazgo tenemos, más hambre de él tenemos. Perplejos, vagamos por el mundo que parece haberse tornado moralmente muerto, donde todo, incluso el gobierno, parece estar a la venta y donde, al buscar villanos reales, nos confrontamos con nosotros mismos en todas partes.

Así que el nuevo paradigma hace el cambio radical de la preparación de profesionales a la formación de líderes. El liderazgo se puede definir de varias maneras. Por ejemplo:

> El liderazgo es un evento corporativo. El pueblo de Dios se mueve hacia adelante en su misión en el mundo a medida que vive conforme a la visión que tiene del llamado y la voluntad de Dios para él, estimulado por una cantidad de líderes-catalizadores, y movilizado por el Espíritu Santo, en respuesta a lo que Dios está haciendo en medio de él y en su contexto de misión en el mundo.... El liderazgo ocurre como un evento corporativo, cuando la comunidad creyente permite que ciertos miembros actúen como sus líderes-catalizadores,

inspirándola hacia un mayor ejercicio de un espectro íntegro de dones espirituales distribuidos entre sus miembros. Entonces, los líderes llegan a ser los catalizadores creativos, motivadores, visionarios, entusiastas, positivos y que miran hacia adelante, para movilizar al pueblo de Dios en su misión en el mundo. [Van Engen 1991b, 165.]

Aubrey Malphurs (1992, 20) ha descrito el liderazgo muy simplemente: "Un líder cristiano [es] una persona piadosa (carácter) que sabe dónde está yendo (visión) y tiene seguidores (influencia)." Max De Pree (1989; 1992) ha descrito al liderazgo como un arte que se parece mucho a una banda de jazz. Joel Barker (1992, 163) dice: "Un líder es una persona detrás de quien usted irá hasta el lugar al que no iría por usted mismo." Por todo el mundo, en la iglesia y la misión, tanto como en la sociedad en general, la gente parece estar de acuerdo: el liderazgo es la clave para un nuevo futuro.[292]

¿Quién?

Para identificar a los líderes, el paradigma intraministerial se vuelve a la congregación local. ¿Quiénes son los líderes naturales ya reconocidos por la iglesia por sus dones para el ministerio y en qué clase de ministerios ya están ellos participando? De alguna manera, esta pregunta se remonta al primer paradigma. Allí el pueblo de Dios reconoce los dones de los líderes naturales. El ser (el carácter e influencia) de estos hombres y mujeres es afirmado por la comunidad de creyentes y legitimado por el reconocimiento de los que pueden llegar a ser sus mentores. Si los seminarios usaran esto como criterio, nadie sería aceptado para ser preparado, si ya no hubiera demostrado antecedentes como líder juvenil, maestro de Escuela Dominical, predicador, director espiritual, organizador de la iglesia y del ministerio, evangelista o misionero. Los programas en la formación ministerial estarían limitados a la gente que ya ha tenido responsabilidades y ha demostrado capacidades de liderazgo en la iglesia.[293] Si este fuera el caso, la motivación, el carácter, el estilo, la orientación y el proceso de los que estudian en nuestros seminarios se verían profundamente afectados. Recuerdo haber oído a David Allan

---

[292] Ver e.g., Towns (1990, 212); Schaller (1992, cap. 4); Morris (1993, cap. 20).
[293] En realidad, este era precisamente nuestro requisito en el programa de ETE que yo administraba en Chiapas, México (y nos trajo un grupo maravilloso de personas).

Hubbard decir a comienzos de los años de 1970: "Un seminario es tan bueno como los alumnos que lo ingresan." Me ha llevado años entender la profundidad de la sabiduría que se encuentra en esta afirmación.

¿Dónde?

El paradigma intraministerial reconoce que el lugar del liderazgo es la congregación local en misión en el mundo de Dios. Sostiene el sacerdocio de todos los creyentes como uno de sus valores más profundos, no sólo con respecto a la lectura e interpretación de la Escritura, sino de manera igualmente profunda con respecto al ministerio y a la misión. El nuevo paradigma reconoce que la iglesia es el cuerpo de Cristo y que sus miembros deben ejercitar estos dones en medio del pueblo de Dios. Esta perspectiva afirma la naturaleza corporativa de la formación ministerial, pero la ubica en la congregación más que en el monasterio. Por lo tanto, el acento está sobre la formación ministerial como un proceso y no como un producto. Los programas de formación no preparan a la gente para el ministerio sino más bien, el ministerio puede ser mejorado por los programas de formación. Así es que la formación ministerial debe tener lugar en medio del pueblo de Dios, no en el aula. Una ordenación, en lugar de servir como un portal requerido para un puesto o función en la iglesia, implica un reconocimiento corporativo por parte de la iglesia, de los dones para el ministerio.

En suma, el paradigma intraministerial ve al liderazgo como un evento orgánico y organísmico en medio del pueblo de Dios, más que como algo institucional y fuertemente organizacional. El impacto de este paradigma ha sido sentido por las jerarquías de iglesias y denominaciones. En realidad, alrededor del mundo, este paradigma (incluida la ETE) ha tenido una relación muy controvertida con las estructuras institucionales de las iglesias. Muchos se preguntan si esa controversia en sí misma no es una señal de que este paradigma está apuntando hacia la dirección correcta (Van Engen 1989b).

¿Cómo?

Tomando prestado del paradigma de aprendices, el paradigma intraministerial procura desarrollar estrechas relaciones personales, emocionales y espirituales entre los que están en las etapas iniciales del proceso de formación ministerial y los que están más adelantados en el camino del ministerio. Estas relaciones de mentoreo pueden incluir a otros pastores ordenados, pero de la misma manera pueden involucrar a otros miembros de la congregación cuya sabiduría, carácter, historial en el ministerio de la iglesia y vidas guiadas por el Espíritu puedan hacer una contribución a los que están en el proceso de formación. Veríamos a menos clérigos fundidos y menos fracasos morales entre ellos, si es que estas relaciones se construyeran intencionalmente dentro de nuestras perspectivas del ministerio.

Noten que el paradigma intraministerial trae aparejada una redefinición del concepto de preparación "académica." Mientras que el paradigma de la universidad a grandes rasgos define "académico" en términos del conocimiento de hechos, el nuevo paradigma define la excelencia académica más en términos de carácter, sabiduría, comprensión de la iglesia y de la gente e influencia en el ministerio y la misión. (Aquí, el último paradigma muestra similitudes con el movimiento de los institutos bíblicos.)

Las implicaciones para el reconocimiento del ministerio son obvias. Es claro que los líderes congregacionales y las estructuras de la iglesia a nivel local se transforman en los actores principales para reconocer a los que están ejerciendo liderazgo en el ministerio. Los líderes de la iglesia debieran hacer de la formación mutua y de otros dentro del ministerio, una de sus prioridades principales. Esto tiene implicaciones para la política denominacional en relación con la ordenación, tanto como para la función de los seminarios denominacionales. Parece apropiado pedirle al pueblo de Dios en las congregaciones que señalen a los que ellos estarían dispuestos a seguir y qué cualidades necesitan ser formadas en estas personas de modo que sean aceptados como líderes.

¿Por qué motivo?

Finalmente, el paradigma intraministerial ha cambiado el énfasis radicalmente en términos de la meta del ministerio. El paradigma monástico, predominantemente formó gente para ser miembros obedientes y productivos de la comunidad monástica. El paradigma de la universidad formó gente para ser miembros aceptables de las clases superiores educadas, incluyendo la académica. El modelo profesional, mayormente formó gente para mantener la iglesia institucional, siervos parecidos a médicos, abogados e ingenieros. El paradigma intraministerial, por otro lado, vuelve más estrechamente sobre la pista del objetivo del paradigma de los aprendices, para moldear la vida de los que pueden conducir al pueblo de Dios hacia adelante en la misión de Dios en el mundo. Este último paradigma, entonces, evaluaría su efectividad en términos de la manera en que los líderes a quienes les ha dado forma catalizan la iglesia para su propia transformación, a los efectos de participar en la misión de Dios en el mundo.

En un artículo titulado "Evangelicals, Liberals and the Perils of Individualism," Robert Wuthnow (1991, 12) sugiere que "privatizar los puntos de vista religiosos que uno tiene, . . . tiene el efecto de disminuir el valor que la gente le atribuye a cuidar de los demás. . . . [Estudios han encontrado que] las personas que decían sentir que es importante desarrollar sus propias creencias religiosas independientemente de cualquier iglesia, eran también menos dadas a valorar el cuidado de los necesitados, que los que se oponían a esta forma popular de individualismo religioso." Dean Hoge, Benton Johnson y Donald Luidens de alguna manera se hacen eco de estos comentarios, en su estudio de los *baby boomers* (1994, 209). Al discutir maneras posibles en que las iglesias podrían ministrar a los *baby boomers*, ellos sugieren que

> la autoridad moral podría proveer una base para comprometerse con la iglesia. . . . Sabemos de algunas congregaciones locales que se han movido en esta dirección. Dan una atención principal a cuestiones de espiritualidad y de cómo vivir auténticamente en esta sociedad. En estos grupos los asuntos de responsabilidad social, de estilo de vida e incluso de filiación política surgen muy pronto y deben ser tratados a través de procesos participativos, de modo que la unidad e identidad congregacional puedan preservarse. Cuando esto tiene éxito, la vida personal y la vida de la iglesia toman un nuevo significado y vitalidad.[294]

Si estas observaciones son correctas, entonces la formación intraministerial debe estar basada en la congregación y no en el aula, y debe estar orientada hacia la misión más bien que al mantenimiento de las estructuras presentes. Las congregaciones se transformarán en los principales centros de preparación para el ministerio del pueblo de Dios en la iglesia y en el mundo. Y el ministerio en la iglesia será visto como un proceso dinámico por medio del cual todo el pueblo de Dios crecerá hacia la madurez de Jesucristo, la cabeza de la iglesia (Ef 4).

Ahora, aunque todo esto pueda sonar radical, no debería sorprendernos en lo más mínimo. Además de la explosión de la Educación Teológica por Extensión en todo el mundo, una cantidad de otros programas ha seguido el paradigma intraministerial. En todas

---

[294] Roxburgh 1993 expresa algunas de estas mismas observaciones.

partes del mundo, las megaiglesias están ahora ocupadas en la formación de su propio liderazgo. También marcan el camino programas como Stephen Ministries, Bethel Bible, Greater Los Ángeles Sunday School, Women's Bible Study Fellowship, Young Life e Intervarsity. Cada uno de ellos está moldeado de manera un poco diferente, variando en algo respecto a los demás en estructura y propósito. Aun así, todos comparten ampliamente las hipótesis del paradigma intraministerial.

Entonces, ¿A dónde nos conduce esto? ¿Debía mi padre citar al Dr. Blocker, con quien él estudió teología a comienzos de los años de 1940? ¿Debiera yo citar a mis profesores de seminario? Pienso que sí, pero debemos hacerlo de manera selectiva y cuidadosa, y con la mirada en el cuadro general y en el futuro. Necesitamos extraer selectivamente de todos los paradigmas del pasado, porque ninguno de ellos por sí mismo nos ha preparado para lo que tenemos por delante. Nuestros paradigmas de formación ministerial deben ser fluidos y creativos, procurando permanecer fieles al fundamento de ser el pueblo de Dios en el mundo de Dios, y aun así buscando nuevas maneras radicales para formar nuevos líderes para la iglesia de Cristo. Es tiempo de que creemos nuevos paradigmas de formación intraministerial que faciliten el surgimiento de un nuevo cuadro de líderes para las iglesias del Occidente. Y quizás necesitemos aprender de las iglesias en otras partes del mundo para hacerlo.

Conclusión

Fe, amor y esperanza: una teología de la misión en el camino

En este tiempo entre tiempos, vivimos en la dialéctica estresante del reino de Dios, un reino que ya ha venido en Jesucristo, y todavía está por venir (Cullmann 1951). Darnos cuenta de esto es todavía más punzante, cuando nos enfocamos en la primera década del primer siglo de un nuevo milenio. El carácter de ya pero todavía no del Reino de Dios significa que la iglesia y su misión constituyen una señal interina. En el poder del Espíritu Santo, la iglesia señala hacia atrás, a los orígenes de la humanidad en la creación de Dios y hacia delante, al reino presente y por venir en Jesucristo.[295]

Mirando a este nuevo milenio, nos llenamos de admiración y de no poco temor. En *Misión en transformación*, David Bosch presenta las amplias características de nuestra agenda para hacer teología de la misión en un futuro previsible. En el proceso, él nos describe algunos de los elementos más importantes de un paradigma misionero ecuménico emergente en "Elementos de un nuevo paradigma misionero ecuménico" (2000, 445-619).[296] Tomará muchos años y una cantidad

---

[295] Ver Verkuyl 1978, 203; Glasser 1985, 12; Glasser y McGavran 1983, 30-46. El reino de Dios (y una perspectiva bíblica de la *missio Dei* dentro de él) ha llegado a ser un punto importante de consenso en la misiología global. Ver e.g., Arias y Arias 1980; Arias 1984; Van Engen 1981, 277-307; 1991b, 101-18; William Dyrness 1983; Linthicum 1991a; Blauw 1962; Küng 1968, 47-54; Ladd 1974; Bright 1953, 216, 231-38; Barth 1936-69, 4.2:655-60; Ridderbos 1962; Vicedom 1965; Pannenberg 1969; Padilla 1975; 1985; Costas 1979, 5-8; 1989; Senior y Stuhlmueller 1983, 141-60; Dempster, Klaus, y Petersen 1991, 1-58; Castro 1985, 38-88; World Council of Churches 1980; George Peters 1981, 37-47; Pentecost 1982; Pomerville 1985; Gnanakan 1989; Wagner 1987, 35-55, 96-112; Van Rheenen 1983, 1-20; y Abraham 1989.

David Bosch (1980, 75-83, 239-48; 2000, 466-479) ha provisto un excelente panorama general y crítica del concepto de la *missio Dei*, especialmente al ser mal usado y reformado no bíblicamente en la misiología del Consejo Mundial de Iglesias desde 1965 hasta 1980. Ver, entre otros, Goodall 1953, 195-97; Scherer 1987, 126-34; Newbigin 1977, 63-68; 1978, caps. 4, 8 y 9; Andersen 1961; Bassham 1979, 33-40, 67-71, 168-69; y Verkuyl 1978, 2-4, 197-204.

[296] Estos elementos incluyen a la iglesia con otros, la *missio Dei*, la salvación mediadora, la búsqueda de la justicia, la evangelización, la contextualización, la liberación, la inculturación, el testimonio común, el ministerio de todo el

de conversaciones encontrar una manera de tratar con los muchos y diversos elementos que presenta Bosch e integrarlos con cohesión. Aunque razonamos como niños y "vemos de manera indirecta y velada, como en un espejo" (1 Cor 13:11-12), por lo menos podemos mirar al horizonte y buscar un mapa de ruta de lo que puede haber más adelante. A riesgo de ser simplista, parcial y demasiado general, voy a presentar la tesis siguiente: al comenzar el nuevo milenio, necesitamos una teología trinitaria de la misión que

> emane de una *fe* profundamente personal, bíblica y corporativa en Jesucristo (el Rey);
> sea vivida dentro del cuerpo de Cristo, como una comunidad ecuménica de *amor* (el *locus* central del reino de Cristo);
> y ofrezca *esperanza* para la transformación total del mundo de Dios (como una señal de la irrupción presente de reino de Dios que viene).

Al presentar esta tesis, he tomado prestado un marco organizador del apóstol Pablo. Como si fuera una especie de firma, Pablo condimentó sus cartas con referencias a una tríada significativa de ideas misiológicas: fe, esperanza y amor. Mezclando el orden y entretejiéndolas con otras agendas contextuales, Pablo da una visión rápida de lo que podría llamarse el *habitus*[297] o la idea integradora de su teología de la misión.[298] En lo que sigue, el orden de fe, esperanza y amor da un sentido de movimiento en el camino hacia el futuro de Dios.

Fe: el Espíritu Santo motiva la participación de la iglesia en la misión de Dios

Roland Allen (1962b) y Harry Boer (1961), entre otros, enfatizan que la venida del Espíritu Santo en Pentecostés trajo una relación con Jesucristo radicalmente nueva y profundamente personal,

---

pueblo de Dios, el testimonio a personas de otras confesiones de fe vivas, la teología y la acción en esperanza.

[297] Ver Van Engen (1987, 524-25); Bosch (2000, 595).
[298] Ver e.g., Rom 5:1-5; 12:9-13; 1 Cor 13:13; Gál 5:5-6; Ef 1:15; Col 1:3-6; 1 Tes 1:3; 5:8; 2 Tes 1:3; 2:13-17; 1 Tim 4:9-12; 2 Tim 1:5, 13-14; File 5-6; y, contingente a cómo consideremos su autoría, He 6:9-12. David Bosch terminó su *Witness to the World* con una sugerencia de esta tríada: "La iglesia le debe al mundo fe. . . . La iglesia le debe al mundo esperanza. . . . La iglesia le debe al mundo amor" (1980, 245-47).

que es esencial para la misión. El movimiento pentecostal tradicional, desde comienzos del siglo XX (y los wesleyanos anteriormente), el movimiento carismático de los últimos años, y los ortodoxos en su participación en el Consejo Mundial de Iglesias continuamente han enfatizado el rol del Espíritu Santo, la fe personal y la espiritualidad profunda como fundacionales para la misión cristiana. En esta línea, hay un acuerdo sustancial entre, digamos, la Sección I del *Informe de San Antonio* (Consejo Mundial de Iglesias 1990), *El Manifiesto de Manila* (1989), y la *Evangelii nuntiandi* y *Redemptoris missio*. Siendo este el caso, haremos seis observaciones centradas en la fe, al mirar hacia el horizonte del nuevo milenio.

Primero, en ciertos círculos, la fe, definida como confianza en la revelación de Dios en Jesucristo, registrada en la Biblia y testificada por el Espíritu Santo, es a veces cuestionada e incluso rechazada. Pero la misión que no está basada en la revelación bíblica, el texto que declara el carácter único de Jesucristo y ofrece un nuevo nacimiento a través del Espíritu Santo, puede ser expansión de la iglesia o extensión colonialista o proselitismo sectario, pero no es la misión de Dios (Gnanakan 1992, 195-96).

La misión de Dios emana del poder de la resurrección (Ef 1) "en el poder del Espíritu" (Moltmann 1977). Esto también significa que la misión de Dios debiera ser ensayada y probada, porque, tal como Juan declaró: "Todo profeta [y toda empresa misionera] que reconoce que Jesucristo ha venido en cuerpo humano, es de Dios; todo profeta que no reconoce a Jesús, no es de Dios" (1 Juan 4:2-3). Una perspectiva teocéntrica y pluralista que desconoce el carácter único de Jesucristo puede involucrarse en una conversación política o incluso en una cooperación compasiva, pero no es el apostolado de la misión de Dios. Porque cuando nos comprometemos en la misión de Dios, entonces estamos participando en la misión de Jesús: "Como el Padre me envió a mí, así yo los envío a ustedes" (Juan 20:21) (Glasser 1976, 3). Jesús nos llama a ser embajadores instando al mundo a reconciliarse con Dios; tal reconciliación es imposible, aparte de la fe personal y corporativa en Jesucristo (2 Cor 5).

Segundo, la misión que deriva de la fe tomará seriamente los siglos de reflexión por parte del pueblo de Dios, concerniente a lo que ha sido revelado por Dios en las Escrituras y cómo ha sido entendido por la comunidad de fe desde Abraham. Esto significa que es necesario darles a la teología sistemática e histórica su lugar apropiado para completar el significado, el alcance y las implicaciones de la misión. Pero también significa que no puede haber un desarrollo verdaderamente bíblico de la teología sistemática e histórica, a menos que estén completamente saturadas de preguntas, intenciones y dimensiones misionales (Ray Anderson 1991).

Tercero, la misión derivada de la fe significa que la conversación con las personas de otras confesiones de fe ocurrirá en los niveles más profundos de convicciones compartidas. Esto acarrea una diferenciación radical entre religión y cultura, entre fe y cosmovisión. Confundir la religión y la fe por un lado con la cultura y por otro con la cosmovisión, con demasiada frecuencia significa que una vez que uno afirma la relatividad cultural, inmediatamente uno da el próximo paso y acepta el pluralismo religioso. Tal confusión es muy evidente en los escritos de Wilfred Cantwell Smith, Karl Rahner, John Hick, John Cobb, Paul Knitter y Wesley Ariarajah. Una de las tareas futuras de la teología de la misión será distinguir más claramente estos dos aspectos de la experiencia humana (Van Engen 1991a, 189-90).

Además, también será importante distinguir entre el Espíritu Santo (como una parte única del Dios Trino) y los espíritus (sean éstos panteístas, animistas, espiritistas, Nueva Era o materialistas). La falta de tal distinción fue parte de la cuestión que surgió en la Séptima Asamblea del Consejo Mundial de Iglesias (Canberra, 1991). Hacer la distinción también nos ayudaría a diferenciar al Espíritu Santo de la espiritualidad humana, un asunto crucial relacionado con la diferencia entre la misión de Dios y nuestras propias agendas expansionistas.

Cuarto, la misión derivada de la fe significará una búsqueda continua de maneras en que nuestra fe pueda llegar a ser una fe pública, basada en los hechos de la revelación. Especialmente en el Occidente, esto implicará luchar con el chaleco de fuerza del Iluminismo, el cual ha forzado el concepto de fe dentro de un molde privatista de gusto individual, como Lesslie Newbigin (1986, 1989a) lo ha demostrado de modo tan adecuado.[299] La fe misionera, de manera inevitable, correcta y poderosa, debe ser una fe pública interesada en la conversión espiritual interior de la persona, como parte de una realidad social, económica, política y global más grande. La conversión de cada persona en la microescala tiene implicaciones para la transformación de la sociedad en la macroescala y viceversa. Ya no podemos sostener una dicotomía entre las dos. La teología de la misión, al comenzar este nuevo milenio, debe encontrar una manera para hablarle a ambas como parte de la misma realidad. Esto significa que la misiología debe encontrar un modo de integrar la espiritualidad, la psicología, la

---

[299] El número de octubre de 1991 de *Missiology* (19.4) es una excelente introducción a algunos de estos asuntos.

antropología y la sociología en una comprensión integral que se aproxima más estrechamente a la realidad.

Quinto, la misión derivada de la fe significará que estamos profundamente preocupados por las 4.500.000.000 personas y por miles de pueblos no alcanzados, que todavía no han experimentado la transformación del Espíritu mediante la fe en Jesucristo. Nuestros corazones sufrirán por ellos (Rom 9:1-3), nos consideraremos sus deudores (Rom 1:14) y anhelaremos profundamente verlos tocados por el Espíritu Santo y convertidos a Jesucristo (Van Engen 1981). Ésta es una teología de la misión que no puede interrumpir sus planes y su acción comprometidos, una teología de la misión que entiende que existe para el bien de los que todavía no han llegado a formar parte del pueblo de Dios. "Puede que nunca la misiología llegue a ser un sustituto de la acción y la participación. . . . Si el estudio no conduce a la participación, ya sea en nuestro país o en el extranjero, la misiología ha perdido su humilde llamado" (Verkuyl 1978, 6).[300]

Por último, la misión que deriva de la fe a través del Espíritu Santo no sólo usará los dones del Espíritu para ministrar en el mundo, sino que tendrá lugar cuando el fruto del Espíritu emane a través de las vidas del pueblo de Dios (Gál 5:22-26). A uno le gustaría que a lo largo de la historia de la misión, las motivaciones, medios y metas de la misión hubieran sido más completamente impregnadas con amor, gozo, paz, paciencia, benignidad, bondad, fe, mansedumbre y templanza. Para que la iglesia sea creíble, ésta necesitará ser consciente del señorío de Cristo en medio del pueblo de Dios y conducir su misión como una expresión del fruto del Espíritu.

---

[300] Algunas personas parecieron usar el año 2000 como un instrumento para promover la urgencia, para hacer demandas bastante frenéticas de que el mundo debía convertirse para el año 2000. Me pregunto si esta perspectiva le permitía a uno confiar en fe, que el Dios de la historia puede tener planes para la raza humana, más allá del año 2000. Afirmar que todos debían convertirse para el año 2000 iba más allá de los límites del lema de Edimburgo 1910: "la evangelización del mundo en esta generación." John R. Mott y J. H. Olham nunca tuvieron la intención de que la frase significara que toda la gente llegaría a ser cristiana en su generación. Cristo desea que nadie perezca. Pero la Escritura también toma en cuenta la caída y reconoce que "todos andábamos perdidos, como ovejas" (Isa 53:6). Muchos elegirán no responder a la invitación de Dios.

Amor: Jesucristo activa la participación de su cuerpo en la misión de Dios

"De este modo todos [la gente] sabrán que son mis discípulos, si se aman los unos a los otros" (Juan 13:35). Jesús demanda amor *agapē* como la cualidad suprema de la comunidad de los discípulos misioneros. Como nunca antes, la iglesia de Jesucristo debe descubrir lo que significa ser una comunidad de amor, especialmente ahora que la iglesia está en todo el mundo y su centro de gravedad ha cambiado del norte y del Occidente al sur y el Oriente. Nunca antes en la historia de la humanidad, la fe cristiana ha tenido tantos adherentes entre personas de tantas culturas. Hoy podemos observar empíricamente lo que sabíamos de manera implícita: el evangelio es infinitamente "traducible" a todas las culturas humanas (Sanneh 1989). Las implicaciones teológicas de este hecho son asombrosas. Aquí resaltamos unas pocas.

En primer lugar, una iglesia mundial multicultural demanda un paradigma que relacione más estrechamente la iglesia, la unidad y la misión. Cuando decimos "iglesia," por ejemplo, necesitamos balancear cuidadosamente la local y la universal, tal como la tradición ortodoxa con tanta frecuencia nos lo recuerda. Ya no podemos referirnos solamente a las denominaciones más antiguas con raíces en Europa Occidental, ni incluso a sus iglesias hijas en África, Asia y América Latina, como en la expresión "Consejo Mundial de Iglesias." Nuevos movimientos religiosos en Asia, iglesias indígenas independientes en África, nuevos grupos eclesiales en América Latina, nuevas denominaciones por todo el mundo, metaiglesias de cientos de miles que son denominaciones por derecho propio, todo esto se ha desarrollado desde los años de 1960, y le ha dado un significado totalmente nuevo a la palabra *iglesia* (Walls 1976).

Necesitamos un nuevo paradigma de ecumenicidad.[301] Misión en amor significa primero que aprendamos a amar, escuchar, comprender y ser corregidos mutuamente en la iglesia cristiana (Van Engen 1990).[302] Esto implica más que tolerancia como valor sumo y más que la celebración de la diversidad total con pocas cosas en común. Misión en amor es también algo más profundo que aprender sobre teología desde el Tercer Mundo, como se expresa en *Learning About*

---

[301] Para un excelente punto de partida para la discusión, ver *International Review of Missions* 81, no. 323 (julio 1992); ver también Saayman 1990; Bosch (2000, 557-569).

[302] Ver también *Mission and Evangelism* 1983, 9.

Theology from the Third World (William Dyrness 1990), aunque es claro que ésta comienza con tal aprendizaje. René Padilla (1992, 381-82) lo ha expresado con propiedad:

> Desde la perspectiva de la misión integral, no hay lugar para la polarización entre un punto de vista ecuménico y uno evangélico. Ser un cristiano ecuménico es ser un cristiano que concibe a toda la *oikoumene* [el mundo habitado] como el lugar de la acción transformadora de Dios. . . . Ser un cristiano evangélico es ser un cristiano que concibe el evangelio como buenas nuevas del amor de Dios en Jesucristo, la Palabra viviente de quien testifica la Biblia, la Palabra de Dios escrita. Es confesar y vivir el evangelio de Jesucristo como Señor de toda la vida, en el poder del Espíritu Santo. Es trabajar juntos en la proclamación del evangelio a todos los pueblos de la tierra . . . y en la formación de congregaciones locales cristianas que nutran y compartan la fe.

La misión en amor se aferrará con fuerza a la verdad del evangelio tal como está revelada en las Escrituras, y no se aferrará a las agendas provincianas de nuestra propia tradición cristiana particular, sea ésta evangélica, ecuménica, católica romana, ortodoxa, pentecostal o carismática (Bryant Myers 1992).

En segundo lugar, la misión en amor afectará la manera en que hacemos teología en escala global, con múltiples cosmovisiones al comenzar el nuevo milenio. La base sobre la cual hacemos teología de la misión, la información que incorporamos, las metodologías que usamos, la gente que escuchamos y los asuntos que tratamos probablemente sufran un cambio considerable. Las conferencias mundiales, sus pronunciamientos y los estudios y monografías que emanan de esas conferencias probablemente se tornen menos importantes para la teología de la misión. En cambio, necesitaremos escuchar cuidadosamente al pueblo de Dios en los contextos locales y luego batallar para encontrar maneras en que la teologización local pueda causar un impacto sobre la iglesia mundial y viceversa.

Si la iglesia es el cuerpo amoroso de Cristo, una comunidad de fe y amor que existe para y en la misión en el mundo, entonces ni las teologías locales ni una teología monolítica supracultural son viables para una teología de la misión que va más allá del anticolonialismo hacia el globalismo, como se expresa en "Beyond Anti-Colonialism to Globalism" (Hiebert 1991, 263). Más bien, debemos encontrar maneras de afirmar *tanto* lo local como lo universal (Hendrikus

Berkhof 1985, 71-73). Siguiendo a Agustín (como también al canon vicentino), debemos considerar que la verdad yace en "lo que ha sido creído en todas partes, siempre, por todos" (Van Engen 1981, 200-211). Como observa con corrección William Dyrness (1990, 13):

> Si es cierto que la teología que importa es una teología de la mayoría de los cristianos, entonces "la teología en el Tercer Mundo es ahora la única teología por la que vale la pena preocuparse" [Walls 1976, 182]. Si la teología debe estar enraizada en las vidas reales de los cristianos de hoy, cada vez más tendrá que ser de los pobres para los pobres, en África, América Latina y Asia. Y la teología hecha en el Occidente, si es que no se va a transformar en crecientemente provinciana, [hace notar Walls] tendrá que hacerse en diálogo con los líderes teológicos en el Tercer Mundo.

Si este modo de teologizar tuviera su lugar en la iglesia mundial, se le podría atribuir más peso al principio teológico articulado, por ejemplo, por Gamaliel en Hechos 5:33-39. Este principio demanda que todas las nuevas ideas teológicas sean probadas por el pueblo de Dios. A lo largo del tiempo (algunas veces siglos), ellos determinarán si una idea debiera, en última instancia, ser aceptada o rechazada por la iglesia.

Una tercera implicación de la misión en amor tiene que ver con matizar nuestra teología del reino de Dios, para incluir las fuertes perspectivas de pacto que se encuentran en la Escritura. El pensamiento del reino tiende a respaldar conceptos de jerarquía y orden. El del pacto, por otro lado, tiende a dar poder a los débiles y a fortalecerlos a través de nuevas relaciones. La idea bíblica de pacto es imposible sin el concepto más amplio del reino de Dios en Jesucristo. Pero podemos descubrir que nuestra perspectiva del reino de Dios se realiza mejor a través de relaciones de pacto que recogen las imágenes femeninas del cuidado de Dios: dando nacimiento, abrazando, amando, entregándose, proveyendo y protegiendo.

Así es que al desarrollar una hermenéutica bíblica de la participación de la iglesia en la misión de Dios una teología de la misión en términos de reino/pacto tomará seriamente la situación de los refugiados, las mujeres, los pobres, los marginados, los débiles y los necios. Lo que se necesita es una teología misiológica que surja de la comunidad entera y le hable a ella (Hauerwas y Willimon 1991; Motte 1991). Esta es la sabiduría de la misión transmitida en las historias de Agar, Rut, Ester, Daniel, la viuda de Sarepta (Luc 4:25-26) y la mujer cananea (Mat 15:21-28). Esto es misión a partir de la debilidad y de la insensatez (1 Cor 1:18-31). El tercer milenio puede retrotraernos a una situación que nos trae reminiscencias de la iglesia primitiva, una misión que necesariamente fluye de la debilidad, de la insensatez y de la pobreza. Esto traerá aparejado un cambio de paradigma radical en la teología de la misión. Este cambio puede no ser opcional. Los drásticos cambios ecológicos, económicos, políticos, sociales y demográficos que ocurren en nuestro pequeño globo nos están confrontando con una nueva realidad que puede demandar un nuevo paradigma de la teología de la misión.

Esperanza: la misión de Dios debe crear un cielo nuevo y una tierra nueva

La primera carta de Pedro coloca nuestra confesión evangelizadora en el contexto de un encuentro misional de la iglesia con el mundo y la esperanza es el tema central: "Más bien, honren en su corazón a Cristo como Señor. Estén siempre preparados para responder a todo el que les pida razón de la esperanza que hay en ustedes" (3:15). La esperanza es posiblemente el concepto más explosivo que la misiología tiene para ofrecer hoy, un hecho que Oscar Cullman ya reconoció en 1961: "La esperanza cristiana primitiva genuina no paraliza la acción cristiana en el mundo. Por el contrario, la proclamación del evangelio cristiano en la empresa misionera es una forma característica de tal acción, dado que expresa la creencia de que las 'misiones' son un elemento esencial en el plan escatológico divino de salvación. El trabajo misionero de la Iglesia es el anticipo escatológico del Reino de Dios, y la esperanza bíblica del 'fin' constituye el más agudo incentivo para la acción" (pp. 42-43).

Hoy en día, estamos muy lejos del optimismo excesivo de hace 100 años, con respecto a la civilización occidental, la tecnología y el protestantismo cultural. Estas altas esperanzas probaron estar vacías y mal orientadas, precisamente porque estaban centradas en la fe en la tecnología y en la civilización, en lugar de estar centradas en Jesucristo. Pero tal reconocimiento no debiera cegarnos a la influencia que esa esperanza y esa desesperanza pueden tener sobre la manera en que la gente participa de la misión de Dios. Por ejemplo, durante el exilio, los israelitas parecían haber fluctuado entre la desesperanza y la esperanza, y la diferencia acarreó una hermenéutica distinta de la misión de Dios y la parte de ellos en ella. Por otro lado, algunos se inclinaban a lamentarse: "¿Cómo cantar las canciones del Señor en una tierra extraña?" (Sal 137:4). Pero otros siguieron la conducción de Daniel y de Ester. Incluso Jeremías, el profeta llorón, abogó por un enfoque lleno de esperanza: "Construyan casas y habítenlas; planten huertos y coman de su fruto. Cásense, y tengan hijos e hijas. . . . Multiplíquense allá, y no disminuyan. Además, busquen el bienestar de la ciudad adonde los he deportado, y pidan al Señor por ella, porque el bienestar de ustedes depende del bienestar de la ciudad" (Jer 29:5-7). Aquí hay una perspectiva que ofrece, precisamente en su esperanza, la posibilidad de la reconciliación en un profundo sentido bíblico (Schreiter 1992). Representa un paradigma de la misión que Sunday Aigbe (1991) de Nigeria ha llamado el "mandato profético."

Los últimos años me han convencido que la esperanza es probablemente el único concepto más importante que la iglesia de Jesucristo tiene para ofrecer al mundo del nuevo milenio. Hubo un período particular de alrededor de 26 días, cuando por primera vez en mi vida yo pensé que realmente podríamos vivir en un mundo de paz. El muro de Berlín se estaba derrumbando, Europa del Este estaba cambiando, había negociaciones en Medio Oriente, América Latina estaba comenzando a encontrar su rumbo en el orden político y económico, Sudáfrica estaba comenzando su tortuoso proceso de cambio, otras naciones africanas estaban empezando a encontrar sus caminos, Asia estaba explotando económica y tecnológicamente, y China estaba en marcha hacia nuevas cosas. Pero el hiato duró poco.

Hoy, al estar sentado escribiendo estás líneas, recuerdo ciudades en las que he experimentado la más terrible tragedia de todas: la casi total pérdida de la esperanza. Ya sea en Sao Paulo, en Sarajevo o en la ciudad de México, o en Kuwait después de la guerra, o en Los Ángeles después de los disturbios, o en Puerto Rico después del huracán, lo que continúo oyendo es una casi completa pérdida de la esperanza. Especialmente en América Latina, la desaparición del marxismo como una aproximación viable, junto con el fracaso de la democratización en ofrecer algo nuevo para el bienestar de las masas pobres, ha traído un espíritu de resignación sin esperanza que me preocupa profundamente. Cuando era un niño creciendo en el sur de México, siempre había un grado de optimismo. El mañana, la semana próxima, el próximo gobernador, el próximo presidente, una mayor educación y una mejor organización eventualmente cambiarían las cosas. Esa esperanza parece haber muerto.

Una misiología de la esperanza[303] es central en la praxis misiológica de Pablo.[304] Esta esperanza no es ni escapismo vivo, ni

---

[303] Aunque Jürgen Moltmann y otros desarrollaron una teología de la esperanza en los años de 1960, el concepto no resultó en nuevas orientaciones

optimismo vacío, ni conformismo ciego, ni una utopía irreal, todo lo cual puede encontrarse en las misiologías del siglo XX. Más bien, la misiología de la esperanza de Pablo está basada sobre por lo menos tres componentes sustantivos.

Primero, misiología de la esperanza significa que los cristianos se preocupan y lo hacen tan profundamente, que se arriesgan a esperar algo nuevo. Se animan a esperar porque saben que en el reino de Cristo, la gracia de Dios a través de la fe trae aparejada una transformación total y radical. "Por lo tanto, si alguno está en Cristo, es una nueva creación. ¡Lo viejo ha pasado, ha llegado ya lo nuevo!" (2 Cor 5:17).

Segundo, misiología de la esperanza significa que los cristianos se animan a creer que juntos pueden cambiar al mundo (David Barrett 1983, 151). Esto está en el corazón de la misión. Pero debemos recordar que el reino de Dios es tanto "todavía no" como "ya." Nosotros, en los Estados Unidos, creíamos que podíamos cambiar al mundo por nosotros mismos. Seguíamos a Johannes Hoekendijk en su pesimismo con respecto a la iglesia y pensamos que podíamos lograr cualquier cosa a través de la Gran Sociedad de Lyndon Johnson, a través de los Cuerpos de Paz y a través de la tecnología de la computación. Como resultado, muchos de nosotros en el día de hoy estamos marcados de manera indeleble con pesimismo y cinismo. Descubrimos que no podíamos cambiar ni siquiera las ciudades en las cuales habíamos creado comunas cristianas, y mucho menos el mundo. Le erramos al blanco al no darnos cuenta de nuestra propia pecaminosidad y del verdadero alcance de la caída, al no comprender que nosotros no podemos ni traer el reino, ni crear las utopías imaginadas por los ideólogos. Mas bien, al participar en la misión de Dios, el reino de Dios viene cuando la gente acepta a Jesús como Señor y en obediencia comienzan a ver que la voluntad de Dios se cumple "en la tierra como en el cielo" (Mat 6:10). Esto implica un cambio estructural y social tanto como personal. Compromete a toda la persona, no sólo los aspectos espirituales. Incluye la vida entera, no sólo la faceta eclesiológica.[305]

---

misiológicas. Una misiología de la esperanza es a la vez individual, social y estructural; y deriva de un profundo sentido de identidad, de propósito y de la *missio Dei*. Para más exploración ver Bosch 1980, 234-38.

[304] Ver, e.g., Ef 1:18; 2:12; Col 1:5, 23, 27; 1 Tes 1:3; 2:19; 4:13; 2 Tes 2:16; cf. Prov 13:12; 19:18; He 6:18; 10:23; 1 Ped 1:3; 3:15.

[305] Las monografías y la declaración de la Consulta sobre la Iglesia en Respuesta a la Necesidad Humana (Wheaton, 1983) son un buen lugar para comenzar nuestra reflexión sobre estos asuntos (Samuel y Sugden 1987).

Tercero, misiología de la esperanza significa que los cristianos profesan la certeza de lo que se espera (Heb 11:1). Significa participar con Jesús en ser "luz para las naciones" (Hech 13:47-49; Luc 2:32; 4:18-21). Al vivir en un tiempo entre la ascensión y la parousía, reconocemos la presencia del reino de Dios, vivimos conforme a su ética (Mat 5-7) y llamamos a las personas y las estructuras a reconciliarse con la creación, con ellas mismas, unas con otras y con Dios (2 Cor 5:18-21). Esta misiología de la esperanza es profunda y creativamente transformacional, dado que procura ser una señal del reino de Dios presente y por venir. A través de ella reconocemos nuestro profundo compromiso con una transformación radical cuando oramos "Venga tu reino" (Mat 6:10).

Así y todo, al mismo tiempo recordamos que el reino está presente y viene sólo en cuanto el Rey viene. Nuestra misión no apresura la venida de Cristo, ni tampoco crea el reino. Más bien, el reino de Dios define nuestra misión (Costas 1979, 8-9), porque sólo Jesús el Rey puede traer el reino. Nuestra misión, como la de Jesús es anunciar "también a los demás pueblos las buenas nuevas del reino de Dios, porque para eso [hemos sido enviados]" (Luc 4:43; Hech 13:46-49). "¡Ven, Señor Jesús!" (Apoc 22:20).

En este tiempo entre los tiempos, nuestra participación en la misión de Dios en el nuevo milenio nos espera como una aventura, un viaje en medio del reino de Dios presente y por venir y en dirección a él, una carrera hacia delante, para descubrir lo que ya sabemos: ¡Jesucristo es Rey!

Obras Citadas

Aagaard, Johannes. "Mission after Uppsala 1968." In *Mission Trends No.1*, edited by Gerald H. Anderson and Thomas F. Stransky. Grand Rapids: Eerdmans; New York: Paulist, 1974, 13-21.

Abraham, William. *The Logic of Evangelism*. Grand Rapids: Eerdmans, 1989.

Accornero, Christine and Juanita Evans Leonard. "Narrative Theology: Missiological Reflection from the Perspective of Women's Stories and Organizational Culture." Doctoral tutorial paper, Fuller Theological Seminary School of World Mission, 1995.

Aigbe, Sunday A. "Cultural Mandate, Evangelistic Mandate, Prophetic Mandate: Of These Three the Greatest Is. . . ." *Missiology* 19:1, Jan, 1991: 31-43.

Aldrich, Joseph C. *Life-Style Evangelism: Crossing Traditional Boundaries to Reach the Unbelieving World*. Portland, OR: Multnomah, 1981.

Aldwinckle, Russell. *Jesus: A Savior or the Savior?* Macon, GA: Mercer University Press, 1982.

Allen, Roland. *Missionary Methods: St Paul's or Ours?* Grand Rapids: Eerdmans, 1962a.

_____. *Spontaneous Expansion of the Church*. Grand Rapids: Eerdmans, 1962b.

Allison, Norman. "AEPM News and Views: A Report on a National Meeting," *Evangelical Missions Quarterly* 21, no. 1 (1985): 66-68.

Alter, Robert. *The Art of Biblical Narrative*. New York: Basic Books, 1981.

Androussa, Anastasios of. "Orthodox Mission--Past, Present, Future." in *Your Will Be Done--Orthodoxy in Mission* edited by George Lemopoulos, Geneva: World Council of Churches, 1989, 79-81, 89.

Andersen, Wilhelm. "Further toward a Theology of Mission" in *The Theology of Christian Mission*, edited by Gerald H. Anderson. Nashville and New York: Abingdon, 1961, 300-313.

Anderson, Elijah. *Streetwise--Race, Class and Change in an Urban Community*. Chicago: University of Chicago Press, 1990.

Anderson, Gerald H. "American Protestants in Pursuit of Mission: 1886-1986." *International Bulletin of Missionary Research* 12, no. 3 (1988): 98-118.

_____. "The Truth of Christian Uniqueness." *International Bulletin of Missionary Research* 13, no. 2 (1989): 49.

_____. "Christian Mission and Religious Puralism: A Selected Bibliography of 175 Books in English, 1970-1990." *International Bulletin of Missionary Research* 14, no. 4 (1990): 172-176.

_____. "Theology of Religions and Missiology: A Time of Testing." in *The Good News of the Kingdom*, edited by Charles Van Engen et al. Maryknoll, NY: Orbis, 1993, 200-208.

Anderson, Gerald H., ed. *The Theology of the Christian Mission*. New York: McGraw-Hill, 1961.

_____. *Christian Mission in Theological Perspective*. Nashville: Abingdon, 1967.

Anderson, Gerald H. and Thomas F. Stransky, eds. *Mission Trends No.1: Crucial Issues in Mission Today*, Grand Rapids: Eerdmans; New York: Paulist, 1974.

_____. *Mission Trends No. 2: Evangelization*. Vol. 2, Mission Trends. Grand Rapids: Eerdmans; New York: Paulist, 1975.

_____. *Mission Trends No. 3: Third World Theologies*. Vol. 3. Grand Rapids: Eerdmans; New York: Paulist, 1976.

_____. *Mission Trends No. 5: Faith Meets Faith*. Vol. 5. Grand Rapids: Eerdmans; New York: Paulist, 1981a.

_____. *Christ's Lordship and Religious Pluralism*. Maryknoll, NY: Orbis, 1981b.

Anderson, Norman, ed. *The World Religions*. Grand Rapids: Eerdmans, 1950.

Anderson, Ray S. *The Praxis of Pentecost: Revisioning the Church's Life and Mission*. Pasadena: Fuller Theological Seminary, 1991. Republished as *Ministry on the Fireline*. Downers Grove, IL: Inter Varsity,1993.

Apel, Karl-Otto. "Perspectives for a General Hermeneutic Theory." in *The Hermeneutics Reader*, edited by Kurt Mueller-Vollmer, New York: Continuum, 1989, 320-345.

Archer, Gleason. "Contextualization: Some Implications from Life and Witness in the Old Testament." In *New Horizons in World Mission: Evangelicals and the Christian Mission in the 1980s*, edited by David J. Hesselgrave. Grand Rapids: Baker, 1979.

Ariarajah, S. Wesley. "Religious Pluralism and Its Challenge to Christian Theology." *Perspectives* 5, no. 2 (1990): 6-9.

Arias, Esther, and Mortimer Arias. *The Cry of My People: Out of Captivity in Latin America*. New York: Friendship, 1980.

Arias, Mortimer. *Announcing the Reign of God: Evangelization and the Subversive Memory of Jesus*. Philadelphia: Fortress, 1984.

Armerding, Carl, ed. *Evangelicals and Liberation*. Nutley, NJ: Presbyterian and Reformed, 1977.
Armstrong, Richard S. *The Pastor as Evangelist*. Philadelphia: Westminster, 1984.
Athyal, Saphir. "The Uniqueness and Universality of Christ." in *The New Face of Evangelicalism*, edited by C. René Padilla. Downers Grove, IL: InterVarsity, 1976, 51-66.
Attalah, Ramez. "Some Trends in the Roman Catholic Church Today." in *Let the Earth Hear His Voice*, edited by J.D. Douglas. Minneapolis: World Wide, 1975, 872-882.
Augsburger, David W. *Communicating Good News*. Scottdale, PA: Herald, 1972.
Bakke, Raymond. *The Urban Christian: Effective Ministry in Today's Urban World*. Downers Grove, IL: InterVarsity, 1987.
Bakker, R., R, Fernhout, J.D. Gort, and A. Wessels, eds. *Religies in Nieuw Perspectief*. Kampen: J.H. Kok, 1985.
Banks, Robert, and Julia Banks. *The Church Comes Home: A New Base for Community and Mission*. Claremont, CA: Albatross, 1989.
Barbour, Ian. *Myths, Models and Paradigms*. New York: Harper & Row, 1974.
_____. *Religion in an Age of Science*. San Francisco: Harper, 1990.
Barker, Joel Arthur. *Future Edge: Discovering the New Rules of Success*. New York: William Morrow, 1992.
Barna, George. *What Americans Believe*. Ventura, CA: Regal, 1991.
Barr, James. *The Semantics of Biblical Language*. New York: Oxford University Press, 1961.
_____. *Old and New in Interpretation: A Study of the Two Testaments*. New York: Harper and Row, 1966.
Barrett, C.K. *The Gospel According to St. John*. Philadelphia: Westminster, 1955.
Barrett, David. "Silver and Gold Have I None: Church of the Poor or Church of the Rich?" *International Bulletin of Missionary Research* 7, no. 4 (1983): 146-51.
Barrett, David, ed. *The World Christian Encyclopedia*. New York: Oxford University Press, 1982.
Barrett, Lois. *Building the House Church*. Scottdale, PA: Herald Press, 1986.
Barth, Karl. *The Epistle to the Romans*. London: Oxford University Press, 1933.
_____. *The Church and the Churches*. Grand Rapids: Eerdmans, 1936.

_____. *Church Dogmatics*. 13 vols. Edinburgh: T. and T. Clark, 1936-69.

_____. "An Exegetical Study of Matthew 28:16-20." In *The Theology of the Christian Mission*, edited by Gerald H. Anderson. New York: McGraw-Hill, 1961, 55-71.

_____. *Theology and Church: Shorter Writings, 1920-1928*. New York: Harper and Row, 1962.

_____. "The Revelation of God as the Abolition of Religion." in *Christianity and Other Religions*, edited by John Hick and Brian Hebblethwaite. Philadelphia: Fortress, 1980, 32-51.

Bassham, Rodger. "Seeking a Deeper Theological Basis for Mission." *International Bulletin of Missionary Research* 67, no. 267 (1968): 329-334.

_____. *Mission Theology: 1948-1975, Years of Worldwide Creative Tension--Ecumenical, Evangelical and Roman Catholic*. South Pasadena: William Carey Library, 1979.

Bast, Robert. "Good News Newsletter." New York: Reformed Church in America, General Program Council, 1987.

_____. "Evangelism Ideas and Resources" (letter) 1991a.

_____. "Where a Generation Hungers." *Church Herald* 48, no. 4 (1991b): 11-14.

Bauckham, Richard. "Universalism--a Historical Survey." *Themelios* 4, no. 2 (1979): 48-53.

Bausch, William J. *Storytelling, Imagination and Faith*. Mystic, Conn.: Twenty-Third, 1984.

Bavinck, Herman. *Our Reasonable Faith*. Grand Rapids: Eerdmans, 1956.

_____. *Gereformeerde Dogmatiek*. Vol. 4. Kampen: J.H. Kok, 1967.

Bavinck, Johannes H. *An Introduction to the Science of Missions*. Nutley, NJ: Presbyterian and Reformed Publications, 1977.

Beardsley, Frank. *A History of American Revivals*. New York: American Tract Society, 1912.

Beaver, R. Pierce, ed. *Emerging Models of Christian Mission*. Ventnor, N.J.: Overseas Ministries Study Center, 1976.

_____. *American Missions in Bicentennial Perspective*. Pasadena: WIlliam Carey Library, 1977.

Bellah, Robert N., et al. *Habits of the Heart: Individualism and Commitment in American Life*. New York: Harper and Row, 1985.

Bennis, Warren. *Why Leaders Can't Lead: The Unconscious Conspiracy Continues*. San Francisco: Jossey-Bass, 1989.

Berger, Peter. *The Heretical Imperative: Contemporary Possibilities of Religious Affirmation*. Garden City, N.Y.: Doubleday, 1980.
Berger, Peter, et al. *The Homeless Mind: Modernization and Consciousness*. New York: Random House, 1973.
Berkhof, Hendrikus. *Christian Faith: An Introduction to the Study of the Faith*. Grand Rapids: Eerdmans, 1979.
_____. *Introduction to the Study of Dogmatics*. Grand Rapids: Eerdmans, 1985.
_____. "The Double Image of the Future." *Perspectives* 3, no. 1 (1988): 8-9.
Berkhof, Hendrikus and Philip Potter. *Key Words of the Gospel*. London: SCM, 1964.
Berkhof, Louis. *Reformed Dogmatics*. Grand Rapids: Eerdmans, 1932.
Berkouwer, G.C. *General Revelation*. Grand Rapids: Eerdmans, 1955.
_____. *The Second Vatican Council and the New Catholicism*. Grand Rapids: Eerdmans, 1965.
_____. *Studies in Dogmatics*. Vol. 14, *The Church*. Grand Rapids: Eerdmans, 1976.
Berney, James E., ed. *You Can Tell the World*. Downers Grove: InterVarsity Press, 1979.
Bettenson, Henry, ed. and trans. *The Later Christian Fathers*. London: Oxford University Press, 1970.
Bevans, Stephen. "Models of Contextual Theology." *Missiology* 13, no. 2 (1985): 185-202.
_____. *Models of Contextual Theology*. Maryknoll, N.Y.: Orbis, 1992.
_____. "The Biblical Basis of the Mission of the Church in *Redemptoris Missio*." in *The Good News of the Kingdom*, edited by Charles Van Engen, et al. Maryknoll, N.Y.: Orbis, 1993, 37-44.
Beyerhaus, Peter. *Missions: Which Way? Humanization or Redemption*. Grand Rapids: Zondervan, 1971.
_____. *Shaken Foundations*. Grand Rapids: Zondervan, 1972.
_____. "World Evangelization and the Kingdom of God." in *Let the Earth Hear His Voice*, edited by J.D. Douglas. Minneapolis: World Wide, 1975b, 283-302
Beyerhaus, Peter and W. Künneth, eds. *Reich Gottes Oder Weltgemeinshaft?* Bad Liebenzell, 1975a.
Birkey, Del. *The House Church: A Model for Renewing the Church*. Scottdale, PA: Herald Press, 1988.
Blauw, Johannes. *The Missionary Nature of the Church*. Grand Rapids: Eerdmans, 1962.

Bloesch, Donald. *The Evangelical Renaissance*. Grand Rapids: Eerdmans, 1973.
_____. *A Theology of Word and Spirit: Authority and Method in Theology*. Downers Grove, Ill.: InterVarsity, 1992.
Blum, E.A. "Shall You Not Surely Die?" *Themelios* 4, no. 2 (1979): 58-61.
Bockmuhl, Klaus. "Pre-Suppositions in Contemporary Theological Debate." in *The Conciliar-Evangelical Debate: The Crucial Documents, 1964-1976*, edited by Donald McGavran. South Pasadena, CA: William Carey Library, 1977, 351-359.
_____. *Evangelicals and Social Ethics*. Downers Grove, Ill.: InterVarsity, 1979.
Boer, Harry. *Pentecost and Missions*. Grand Rapids: Eerdmans, 1961.
Boff, Clodovis. *Theology and Praxis: Epistemological Foundations*. Maryknoll, NY: Orbis, 1987.
Boff, Leonardo. *Jesus Christ Liberator: A Critical Christology for Our Time*. Maryknoll, N.Y.: Orbis, 1978.
_____. *Liberating Grace*. Maryknoll, NY: Orbis, 1979.
_____. *Church: Charism and Power*. New York: Crossroad, 1986a.
_____. *Ecclesiogenesis: The Base Communities Reinvent the Church*. Maryknoll, NY: Orbis, 1986b.
Boff, Leonardo and Clodovis Boff. *Introducing Liberation Theology*. Maryknoll, NY: Orbis, 1987.
Bohr, David. *Evangelization in America*. New York: Paulist, 1977.
Bonhoeffer, Dietrich. *The Communion of Saints*. New York: Harper, 1963.
Bortnowska, Halina. "The Hermenuetical Process in Evangelism." *International Review of Mission* 63, no. 249 (1974): 64-76.
Bosch, David. "The Why and the How of a True Biblical Foundation for Mission." In *Zending Op Weg Naar De Toekomst: Essays Aangeboden Aan Prof. Dr. J. Verkuyl*, edited by Jerald D. Gort. Kampen: J. H. Kok 1978, 33-45.
_____. *Witness to the World: The Christian Mission in Theological Perspective*. Atlanta: John Knox, 1980.
_____. "An Emerging Paradigm for Mission." *Missiology* 11, no. 4 (1983): 485-510.
_____. "Evangelism: Theological Currents and Cross-Currents Today " *International Bulletin of Missionary Research* 11, no. 3 (1987): 98-103.
_____. "The Church in Dialogue: From Self-Delusion to Vulnerability." *Missiology* 16, no. 2 (1988a): 131-147.

_____. "'Ecumenicals' and 'Evangelicals': A Growing Relationship." *Ecumenical Review* 40, no. 3-4 (1988b): 458-472.

_____. *Transforming Mission: Paradigm Shifts in Theology of Mission.* Maryknoll: Orbis, 1991.

_____. "Reflections on Biblical Models of Mission." In *Toward the 21st Century in Christian Mission*, edited by James M. Phillips and Robert T. Coote. Grand Rapids: Eerdmans, 1993, 175-192.

Braaten, Carl. "The Uniqueness and Universality of Jesus Christ." in *Mission Trends*, edited by Gerald H. Anderson and Thomas F. Stransky. Grand Rapids: Eerdmans, 1981, 69-92.

_____. "Christocentric Trinitarianism Vs. Unitarian Theocentrism: A Response to Mark Heim." *Journal of Ecumenical Studies* 24, no. 1 (1987): 17-21.

_____. "The Meaning of Evangelism in the Context of God's Universal Grace." *Journal of the Academy for Evangelism in Theological Education* 3 (1987-88): 9-19.

_____. "Review of the Myth of Christian Uniqueness, edited by John Hick and Paul Knitter." *International Bulletin of Missionary Research* 12, no. 3 (1988): 136.

_____. "The Triune God: The Source and Model of Christian Unity and Mission." *Missiology* 18, no. 4 (1990): 415-428.

Bradley, James E. "Logos Christology and Religious Pluralism: A New Evangelical Proposal." Unpublished paper. Fuller Theological Seminary, Pasadena, 1993.

Branson, Mark, and C. René Padilla, eds. *Conflict and Context: Hermeneutics in the Americas.* Grand Rapids: Eerdmans, 1986.

Breech, James. *Jesus and Postmodernism.* Minneapolis: Augsburg Fortress, 1989.

Bria, Ion. *The Sense of Ecumenical Tradition: The Ecumenical Witness and Vision of the Orthodox.* Geneva: World Council of Churches, 1991.

Bria, Ion, ed. *Martyria/Mission: The Witness of the Orthodox Churches Today.* Geneva: World Council of Churches, 1980.

Briggs, Kenneth. "Shopping for God." *Church Herald* 48, no. 4 (1991): 8-10.

Bright, John. *The Kingdom of God.* Nashville: Abingdon, 1953.

_____. *A History of Israel.* Philadelphia: Westminster, 1959.

Brouwer, Arie. *Reformed Church Roots.* New York: Reformed Church in America, 1977.

Brown, Harold. "Will Everyone Be Saved?" *Pastoral Renewal* 11, no. 11 (1987): 11-16.

Brown, Robert McAfee. *Theology in a New Key: Responding to Liberation Themes*. Philadelphia, PA: Westminster Press, 1978.

_____. *Unexpected News: Reading the Bible with Third World Eyes*. Philadelphia: Westminster Press, 1984.

Brownson, William. "Hope for All." *Perspectives* 3, no. 8 (1988): 13-15.

Brueggemann, Walter. *Abiding Astonishment: Psalms, Modernity, and the Making of History*. Louisville: Westminster/John Knox, 1991.

_____. *Old Testament Theology: Essays on Structure, Theme, and Text*. Minneapolis: Augsburg Fortress, 1992.

Brunner, Emil. *The Christian Doctrine of God*. Philadelphia: Westminster, 1949.

Bunting, Ian. "Training for Urban Mission in the United Kingdom." *Urban Mission* X, no. 2 (1992): 16-27.

Bush, Frederic. "Images of Israel: The People of God in the Torah." in *Studies in Old Testament Theology*, edited by Robert J. Hubbard Jr. et al. Waco: Word, 1991.

Buswell, James O. "Contextualization: Theory, Tradition and Method." In *Theology and Mission*, edited by David J. Hesselgrave. Grand Rapids: Baker, 1978, 87-111.

Cairns, Earle E. *An Endless Line of Splendor: Revivals and Their Leaders from the Great Awakening to the Present*. Wheaton, Ill.: Tyndale, 1986.

Callahan, Kennon L. *Twelve Keys to an Effective Church*. New York: Harper and Row, 1983.

_____. *Effective Church Leadership: Building in the Twelve Keys*. San Francisco: Harper, 1990.

Calver, Clive, et al., eds. *A Guide to Evangelism*. London: Marshalls, 1984.

Calvin, John. *Institutes of the Christian Religion*. Translated by F. L. Battles. Philadelphia: Westminster, 1960.

Carpenter, Joel A. "The Fundamentalist Leaven and the Rise of the Evangelical United Front." In *The Evangelical Tradition in America*, edited by Leonard I. Sweet. Macon, Ga.: Mercer University Press, 1984.

Carpenter, Joel A., and Wilbert Shenk, eds. *Earthen Vessels: American Evangelicals and Foreign Mission, 1880-1980*. Grand Rapids: Eerdmans, 1990.

Carroll, Jackson W., et al. *Religion in America*. San Francisco: Harper and Row, 1978.

Carson, D.A. "A Sketch of the Factors Determining Current Hermeneutical Debate in Cross-Cultural Contexts." In *Biblical Interpretation and the Church*, edited by D.A. Carson. Nashville: Thomas Nelson, 1984a, 11-29.

Carson, D.A., ed. *Biblical Interpretation and the Church: The Problem of Contextualization*. Nashville: Thomas Nelson, 1984b.

Castro, Emilio. "Conversion and Social Transformation." In *The Church Amid Revolution*, edited by Harvey Cox. New York: Association, 1967, 90-108.

_____. *Freedom in Mission--the Perspective of the Kingdom of God: An Ecumenical Inquiry*. Geneva: World Council of Churches, 1985.

Centore, F.F. *Being and Becoming: A Critique of Post-Modernism*. New York: Greenwood, 1991.

Cerfaux, Lucien. *The Church in the Theology of St. Paul*. New York: Herder and Herder, 1959.

Chafin, Kenneth. "Evangelism and the Local Church." In *Evangelism: The Next Ten Years*, edited by Sherwood E. Wirt. Waco: Word, 1978, 115-123.

Chapman, Colin. "The Riddle of Religions." *Christianity Today* 34, no. 8 (1990): 16-22.

Childs, Brevard. *Biblical Theology in Crisis*. Philadelphia: Westminster, 1970.

_____. *Old Testament Theology in a Canonical Context*. Philadelphia: Fortress, 1985.

Chop, Rebecca. *The Praxis of Suffering: An Interpretation of Liberation and Political Theologies*. Maryknoll, NY: Orbis Books, 1986.

Claerbaut, David. *Urban Ministry*. Grand Rapids: Zondervan, 1983.

Clements, R.E. *Old Testament Theology: A Fresh Approach*. Atlanta: John Knox, 1978.

Clinton, J. Robert. *The Making of a Leader*. Colorado Springs: NavPress, 1988.

Cloete, G.D., and D.J. Smit, eds. *A Moment of Truth*. Grand Rapids: Eerdmans, 1984.

Clooney, Francis Xavier. "Roberto De Nobili, Adaptation and the Reasonable Interpretation of Religion." *Missiology* 18, no. Ja 1990 (1990): 25-36.

_____. "Christianity and World Religions." *Religious Studies Review*, 15, no. 3 (1989): 198-204.

Cobb, John. *Christ in a Pluralistic Age*. Philadelphia: Westminster, 1975.

Cocoris, G. Michael. *Evangelism: A Biblical Approach.* Chicago: Moody, 1984.
Coe, Shoki. "Contextualizing Theology." In *Mission Trends No. 3*, edited by Gerald Anderson, and Thomas Stransky. Grand Rapids: Eerdmans and New York: Paulist, 1976.
Coggins, Wade T. "COWE: An Assessment of Progress and Work Left Undone." *Evangelical Missions Quarterly* 16, no. 4 (1980): 225-232.
Coleman, Robert E. *The Master Plan of Evangelism.* Westwood, NJ: Revell, 1963.
_____. "The Great Commission Life-Style." In *Evangelism on the Cutting Edge*, edited by Robert E. Coleman. Old Tappan, NJ: Revell, 1986, 127-42.
Comstock, Gary L. "Two Types of Narrative Theology." *Journal of the American Academy of Religion* LV, no. 4 (1987): 687-717.
Cone, James H. *Martin and Malcolm and America: A Dream or a Nightmare.* Maryknoll, NY: Orbis Books, 1991.
Congar, Yves. *The Mystery of the Church.* Baltimore: Helicon, 1960.
Congregation for the Evangelization of Peoples and the Pontifical Council for Interreligious Dialogue. "Dialogue and Proclamation (Excerpts)." *International Bulletin of Missionary Research* 16, no. 2 (1992): 82-86.
Conn, Harvie, ed. *Theological Perspectives on Church Growth.* Nutley, N.J.: Presbyterian and Reformed, 1976.
Conn, Harvie. "Contextualization: Where Do We Begin?" In *Evangelism and Liberation*, edited by Carl Armerding. Nutley, N.J.: Presbyterian and Reformed Press, 1977, 90-119.
_____. "Contextualization: A New Dimension for Cross-Cultural Hermeneutic." *Evangelical Missions Quarterly* XIV, no. 1 (1978): 39-46.
_____. *Evangelism: Doing Justice and Preaching Grace.* Grand Rapids: Zondervan, 1982.
_____. *Eternal Word and Changing Worlds: Theology, Anthropology and Mission in Trialogue.* Grand Rapids: Zondervan, 1984.
_____. *A Clarified Vision for Urban Mission: Dispelling the Urban Stereotypes.* Grand Rapids: Zondervan, 1987.
_____. "A Contextual Theology of Mission for the City." In *The Good News of the Kingdom*, edited by Charles Van Engen, et al. Maryknoll: Orbis, 1993a, 96-104.
_____. "Urban Mission." In *Toward the 21st Century in Christian Mission*, edited by James M. Phillips and Robert T. Coote. Grand Rapids: Eerdmans, 1993b, 318-337.

Conn, Harvie, ed. *Practical Theology and the Ministry of the Church, 1952-1984: Essays in Honor of Edmund Clowney*. Phillipsburgh, NJ: Presbyterian and Reformed, 1990.

Cook, Guillermo. "The Protestant Predicament: From Base Ecclesial Community to Establishment Church--a Brazilian Case Study." *International Bulletin of Missionary Research* 8, no. 3 (1984): 98-102.

_____. *The Expectation of the Poor: Latin American Base Ecclesial Communities in Protestant Perspective*. Maryknoll: Orbis, 1985.

_____. "Grassroots Churches and Reformation in Central America." *Latin American Pastoral Issues* 14, no. 1 (1987): 5-23.

Cook, Guillermo, ed. *New Face of the Church in Latin America: Between Tradition and Change*, American Society of Missiology Ser. No. 18. Maryknoll: Orbis Books, 1994.

Cooke, Philip. "Modernity, Postmodernity and the City." *Theory, Culture and Society* 5, no. 2-3 (1988): 475-492.

Coote, Robert T. "The Uneven Growth of Conservative Evangelical Missions." *International Bulletin of Missionary Research* 6, no. 3 (1982): 118-123.

_____. "Lausanne II and World Evangelization." *International Bulletin of Missionary Research* 14, no. 1 (1990): 10-17.

Coote, Robert T. and John Stott, eds. *Down to Earth: Studies in Christianity and Culture*. Grand Rapids: Eerdmans. 1980.

Cosby, Mary. "Called and Committed: The Spirituality of Mission." *Today's Ministry* 2, no. 3 (1985): 1, 4.

Costas, Orlando. *The Church and Its Mission: A Shattering Critique from the Third World*. Wheaton: Tyndale Publishers, 1974a.

_____. "Evangelism and the Gospel of Salvation." *International Review of Mission* 63, no. 249 (1974b): 24-37.

_____. *Theology of the Crossroads in Contemporary Latin America: Missiology in Mainline Protestantism, 1969-1974*. Amsterdam: Rodopi, 1976.

_____. *The Integrity of Mission: The Inner Life and Outreach of the Church*. San Francisco: Harper & Row, 1979.

_____. *Christ Outside the Gate: Mission Beyond Christendom*. Maryknoll: Orbis, 1982.

_____. "Dean's Column: Leadership for Holistic Church Growth." *Today's Ministry* 2, no. 3 (1985): 5,8.

_____. *Liberating News: A Theology of Contextual Evangelization*. Grand Rapids: Eerdmans, 1989.

Cottrell, Jack and Stephen Burris. "The Fate of the Unreached: Implications for Frontier Missions." *International Journal of Frontier Missions* 10, no. 2 (1993): 1-6.

Covell, Ralph R. "Jesus Christ and World Religions: Current Evangelical Viewpoints." In *The Good News of the Kingdom*, edited by Charles Van Engen, et. al. Maryknoll, NY: Orbis, 1993, 162-180.

Coward, Harold. *Pluralism: Challenge to World Religions*. Maryknoll, N.Y.: Orbis, 1985.

"COWE: 200,000 by the Year 2000." (Editorial) *Christianity Today* 24, no. 14 (1980): 10-11.

Cox, Harvey. *The Secular City*. New York: Macmillan, 1965.

_____. *Religion in the Seculary City*. New York: Simon and Schuster, 1984.

Cox, Harvey, ed. *The Church Amid Revolution*. New York: Association, 1967.

Cragg, Kenneth. *The Christ and the Faiths*. Philadelphia: Westminster, 1986.

Crites, Stephen. "Myth, Story, History." In *Parable, Myth and Language*, edited by Tony Stoneburner. Cambridge: Church Society for College Work, 1968, 65-88.

_____. "The Narrative Quality of Experience." *Journal of the American Academy of Religion* 39, no. 3 (1971): 291-311.

Crockett, William V. and James G. Sigountos, eds. *Through No Fault of Their Own? The Fate of Those Who Have Never Heard*. Grand Rapids: Baker, 1991.

Cullmann, Oscar. *Christ and Time*. London: SCM and Philadelphia: Westminster, 1951.

_____. "Eschatology and Missions in the New Testament." In *The Theology of Christian Mission*, edited by Gerald H. Anderson. New York: McGraw-Hill, 1961, 42-54.

Culver, Robert D. *A Greater Commission: A Theology of World Missions*. Chicago: Moody, 1984.

Cupitt, Don. *Creation out of Nothing*. London: SCM and Philadelphia: Trinity Press International, 1990.

Curry, Dean, ed. *Evangelicals and the Bishops' Pastoral Letter*. Grand Rapids: Eerdmans, 1984.

Dale, Robert D., and Delos Miles. *Evangelizing the Hard-to-Reach*. Nashville: Broadman, 1986.

Daniels, Wilbur. "Equipping the People of God for Ministry." D.Min thesis. Los Angeles: California Graduate School of Theology, 1987.

Danker, William J. and W.J. Kang, eds. *The Future of the Christian World Mission*. Grand Rapids: Eerdmans, 1971.

Dawe, Donald and John Carman, eds. *Christian Faith in a Religiously Plural World*. Maryknoll, NY: Orbis, 1978.

Dayton, Donald W. *Discovering an Evangelical Heritage*. New York: Harper and Row, 1976.

Dayton, Edward R. "Evangelism as Development." In *Perspectives on the World Christian Movement*, edited by Ralph D. Winter and Steven C. Hawthorne. Pasadena: William Carey Library, 1981, 732-734.

Dayton, Edward R. and David Fraser. *Planning Strategies for World Evangelization*. Grand Rapids: Eerdmans, 1980.

De Groot, A. *The Bible on the Salvation of Nations*. De Pere, Wis.: St. Norbert Abbey, 1966.

De Gruchy, John W. "The Great Evangelical Reversal: South Africa Reflections." *Journal of Theology for Southern Africa* 24 (1978): 45-57.

De Jong, Gerald F. *The Dutch Reformed Church in the American Colonies*, Grand Rapids. Eerdmans, 1978.

Dekker, James C. "The 8th Reformed Missions Consultation: Covenant in Search of Mission." *RES Mission Bulletin* 5, no. 1 (1985): 1-12.

Dempster, Murray, Byron Klaus and Douglas Petersen. *Called and Empowered: Global Mission in Pentecostal Perspective*. Peabody, Mass: Hendrickson, 1991.

DePree, Max. *Leadership Is an Art*. New York: Dell, 1989.

_____. *Leadership Jazz*. New York: Doubleday, 1992.

DeRidder, Richard. *Discipling the Nations*. Grand Rapids: Baker, 1975.

Dodd, C. H. *The Interpretation of the Fourth Gospel*. Cambridge: Cambridge Univ. Press., 1953.

Douglas, J.D. "Lausanne's Extended Shadow Gauges Evangelism Progress." *Christianity Today* 24, no. 14 (1980): 43-44.

Douglas, J. D., ed. *Let the Earth Hear His Voice: International Congress on World Evangelization, Lausanne, Switzerland. Official Reference Volume*. Minneapolis: World Wide Pub., 1975.

_____. *Proclaim Christ until He Comes: Calling the Whole Church to Take the Whole Gospel to the Whole World*. Minneapolis: World Wide Pub., 1990.

Draayer, Leon. "Preaching: An Essential Component in a Long Pastorate." D. Min. diss., Western Theological Seminary, 1989.

Drucker, Peter. *Post-Capitalist Society.* New York: Harper Collins, 1993.
DuBose, Francis. *How Churches Grow in an Urban World.* Nashville: Broadman, 1978.
Dudley, Carl S. *Where Have All Our People Gone?* New York: Pilgrim, 1979.
Duke, David N. "Theology and Biography: Simple Suggestions for a Promising Field." *Perspectives in Religious Studies* XIII, no. 2 (1986): 137-149.
Dulles, Avery. *Models of the Church.* Garden City, NY: Doubleday, 1974.
_____. *A Church to Believe In: Discipleship and the Dynamics of Freedom.* New York: Crossroad, 1982.
_____. *The Craft of Theology from Symbol to System.* New York: Crossroad, 1992.
Dunn, Edmond J. *Missionary Theology: Foundations in Development.* Lanham, MD: University Press of America, 1980.
Dunn, James D.G. *Christology in the Making: A New Testament Inquiry into the Origins of the Doctrine of the Incarnation.* Phil.: Westminster, 1980.
Du Plessis, J.G. "For Reasons of the Heart: A Critical Appraisal of David J. Bosch's Use of Scripture in the Foundation of Christian Mission." *Missionalia* 18, no. 1 (1990): 75-85.
Dyrness, Grace. "Urban Anthropology," Unpublished Course Syllabus and Reader. Fuller Theological Seminary, Pasadena (1992).
Dyrness, William A. *Let the Earth Rejoice: A Biblical Theology of Holistic Mission.* (1983) Pasadena: Fuller Seminary Press.
_____. *Learning About Theology from the Third World.* Grand Rapids: Zondervan, 1990.
Eichrodt, Walther. *Theology of the Old Testament.* 2 vols. Phil.: Westminster, 1961, 1967.
Ellis, E. Earle. *Prophecy and Hermeneutic in Early Christianity.* Grand Rapids: Eerdmans, 1978.
Ellison, Craig, ed. *The Urban Mission.* Grand Rapids: Eerdmans, 1974.
Elliston, Edgar J. *Home Grown Leaders.* Pasadena: William Carey Library, 1992.
Elliston, Edgar J. and J. Timothy Kauffman. *Developing Leaders for Urban Ministries.* New York: Peter Lang, 1993.
Ellul, Jacques. *The Meaning of the City.* Grand Rapids: Eerdmans Publishers, 1970a.
_____. *Prayer and Modern Man.* New York: Seabury, 1970b.

Engel, James F. *Contemporary Christian Communications: Its Theory and Practice*. Nashville: Thomas Nelson, 1979.
Engel, James F. and Wilbert Norton. *What's Gone Wrong with the Harvest?* Grand Rapids: Zondervan, 1975.
Erickson, Millard. "The State of the Question" in *Through No Fault of Their Own?*, edited by William V. Crockett and James G. Sigountos. Grand Rapids: Baker, 1991, 23-34.
Escobar, J. Samuel. "The Social Responsibility of the Church in Latin America." *Evangelical Missions Quarterly* (1970): 129-152.
_____. "Social Concern and World Evangelism." In *Christ the Liberator*, edited by John Stott et al. Downers Grove, Ill: InterVarsity, 1971.
_____. "Beyond Liberation Theology : Evangelical Missiology in Latin America." *International Bulletin of Missionary Research* 6, July, 1982: 108-114.
_____. *La Fe Evangélica Y Las Teologías De La Liberación*. El Paso: Casa Bautista de Publicaciones, 1987.
_____. "Evangelical Theology in Latin America : The Development of a Missiological Christology." *Missiology* 19, July, 1991: 315-332.
Espinoza, Hector. "The Biblical Mission of the Church in Worship, Witness, and Service." In *Let the Earth Hear His Voice*, edited by J.D. Douglas. Minneapolis: World Wide Pub, 1975, 1093-1100.
Evangelism in Reformed Perspective: An Evangelism Manifesto. Grand Rapids: Church Herald/Banner, 1977.
Fackre, Gabriel. *Do and Tell: Engagement Evangelism in the '70s*. Grand Rapids: Eerdmans, 1973.
_____. *Word in Deed: Theological Themes in Evangelism*. Grand Rapids: Eerdmans, 1975.
_____. "Narrative Theology: An Overview." *Interpretation* XXXVII, no. 4 (1983): 340-352.
Fackre, Gabriel, ed. *The Christian Story*. Grand Rapids: Eerdmans, 1984.
Featherstone, Mike. "In Pursuit of the Postmodern: An Introduction." *Theory, Culture and Society* 5, no. 2-3 (1988): 195-216.
Feinberg, John S., ed. *Continuity and Discontinuity: Perspectives on the Relationship between the Old and New Testaments*. Westchester, Ill.: Crossway, 1988.
Felder, Cain Hope. *Troubling Biblical Waters: Race, Class and Family*. Maryknoll, NY: Orbis Books, 1989.

Ferm, Deane W. *Third World Liberation Theologies: An Introductory Survey*. Maryknoll: Orbis, 1986.
Fernando, Ajith. *The Christian's Attitude toward World Religions*. Wheaton, Ill.: Tyndale, 1987.
Fetzer, James H. *Philosophy of Science*. N.Y.: Paragon House, 1992a.
Fetzer, James H., ed. *Foundations of the Philosophy of Science: Recent Developments*. N.Y.: Paragon House, 1992b.
Fife, Eric and Arthur Glasser. *Missions in Crisis*. Chicago: InterVarsity, 1961.
Finger, Thomas N. *Christian Theology: An Eschatological Approach*. Vol. I. Nashville: Nelson, 1987.
Fish, Roy J. and J. E. Conant. *Every Member Evangelism for Today*. New York: Harper & Row, 1976.
Flannery, A.P., ed. *Documents of Vatican II*. Grand Rapids: Eerdmans, 1975.
Flax, Jane. *Thinking Fragments: Psychoanalysis, Feminism, and Postmodernism in the Contemporary West*. Berkeley: Universtiy of California Press, 1990.
Fleming, Bruce. *The Contextualization of Theology: An Evangelical Assessment*. Pasadena: William Carey Library, 1980.
Ford, Leighton. *The Christian Persuader*. New York: Harper, 1966.
_____. *One Way to Change the World*. New York: Harper, 1970.
Forman, Charles W. *The Nation and the Kingdom: Christian Mission in the New Nations*. New York: Friendship, 1964.
_____. "A History of Foreign Mission Theology in America." In *American Missions in Bicentennial Perspective*, edited by R. Pierce Beaver. Pasadena: William Carey Library, 1977, 69-145.
_____. "Christian Dialogue with Other Faiths." In *Toward the 21rst Century in Christian Mission*, edited by James M. Phillips and Robert T. Coote. Grand Rapids: Eerdmans, 1993, 338-347.
Foster, Hal, ed. *The Anti-Aesthetic: Essays on Postmodern Culture*. Port Townsend, WA: Bay Pub., 1983.
Fowler, James. *To See the Kingdom: The Theological Vision of H. Richard Niebuhr*. Nashville: Abingdon Press, 1974.
_____. *Stages of Faith*. San Francisco: Harper and Row, 1981.
Fowler, James, and Sam Keen. *Life Maps: Conversations on the Journey of Faith*. Waco: Word, 1978.
Fowler, James, Robin Lovin, et al. *Trajectories in Faith: Five Life Stories*. Nashville: Abingdon, 1980.
Fowler, Robert Booth. *A New Engagement: Evangelical Political Thought: 1966-1976*. Grand Rapids: Eerdmans, 1982.

Frank, Douglas W. *Less Than Conquerors: How Evangelicals Entered the Twentieth Century*. Grand Rapids: Eerdmans, 1986.
Frei, Hans W. *The Eclipse of Biblical Narrative: A Study in Eighteenth and Nineteenth Century Hermeneutics*. New Haven: Yale Univ. Press, 1974.
_____. *The Identity of Jesus Christ: The Hermeneutical Bases of Dogmatic Theology*. Phil.: Fortress, 1975.
_____. "The 'Literal Reading' of Biblical Narrative in the Christian Tradition: Does It Stretch or Will It Break?" In *The Bible and the Narrative Tradition*, edited by Frank McConnell. New York: Oxford Univ. Press, 1986, 36-77.
Frenchak, David and Sharrel Keyes, eds. *Metro-Ministry: Ways and Means for the Urban Church*. Elgin, Ill.: David C. Cook, 1979.
Frenchak, David and Clinton Stockwell, compilers. *Signs of the Kingdom in the Secular City*. Chicago: Covenant, 1984.
Gallup, George, Jr. and George O'Connell. *Who Do Americans Say That I Am?* Phil.: Westminster, 1986.
Garreau, Joel. *Edge City*. New York: Doubleday, 1991.
Gellner, Ernest. *Postmodernism, Reason and Religion*. New York: Routledge, 1992.
Getz, Gene. *The Measure of a Church*. Glendale, CA: Gospel Light/Regal, 19779.
Gibellini, Rosino, ed. *Frontiers in Theology in Latin America*. Maryknoll, NY: Orbis, 1979.
Gilliland, Dean S. *Pauline Theology and Mission Practice*. Grand Rapids: Baker, 1983.
_____. "New Testament Contextualization: Continuity and Particularity in Paul's Theology." In *The Word among Us: Contextualizing Theology for Mission Today*, edited by Dean S. Gilliland. Waco: Word, 1989a, 52-73.
Gilliland, Dean S., ed. *The Word among Us: Contextualizing Theology for Mission Today*. Waco: Word, 1989b.
Gilliland, Dean S., and Evertt W. Huffard, eds. *The Word Became Flesh: A Reader in Contextualization*. Unpublished reader. Pasadena: Fuller Theological Seminary, n.d.
Glasser, Arthur F. "The Evangelicals: World Outreach." In *The Future of the Christian World Mission*, edited by William Danker and W.J. Kang. Grand Rapids: Eerdmans, 1971, 98-113.
_____. "The Missionary Task: An Introduction." In *Crucial Dimensions in World Evangelization*, edited by Arthur F. Glasser et. al. Pasadena: William Carey Library, 1976, 3-10.

_____. "Bangkok: An Evangelical Evaluation." In *The Conciliar-Evangelical Debate: The Crucial Documents, 1964-1976*, edited by Donald McGavran. South Pasadena: William Carey Library, 1977, 297-305.

_____. "Missiological Events." *Missiology* 7, no. 2 (1979a): 233-245.

_____. "Help from an Unexpected Quarter or, the Old Testament and Contextualization." *Missiology* 7, no. 4 (1979b): 401-410.

_____. "Liberation Is In, the Unreached Out in Melbourne's View of the Kingdom." *Christianity Today* 24, no. 12 (1980): 48-50.

_____. "The Evolution of Evangelical Mission Theology since World War II." *International Bulletin of Missionary Research* 9, no. 1 (1985): 9-13.

_____. "Mission in the 1990s: Two Views." *International Bulletin of Missionary Research* 13, no. 1 (1989): 2-8.

_____. *Kingdom and Mission: A Biblical Study of the Kingdom of God and the World Mission of His People*. Unpublished course syllabus. Pasadena: Fuller Theological Seminary, 1992.

Glasser, Arthur F., and Donald A. McGavran. *Contemporary Theologies of Mission*. Grand Rapids: Baker, 1983.

Glover, Robert H. *The Bible Basis of Missions*. Los Angeles: Bible House of Los Angeles, 1946.

Gmelch, George, and Walter P. Zenner. *Urban Life: Readings in Urban Anthropology*. Prospect Heights, Ill.: Waveland, 1988.

Gnanakan, Ken R. *Kingdom Concerns: A Biblical Exploration Towards a Theology of Mission*. Bangalore: Theological Book Trust, 1989.

_____. *The Pluralist Predicament*. Bangalore: Theological Book Trust, 1992.

Goldberg, Michael. *Theology and Narrative: A Critical Introduction*. Nashville: Abingdon, 1981.

Goodall, Norman, ed. *Missions under the Cross*. London, Edinburgh House and New York: Friendship, 1953.

Good News People Training Manual. New York: Reformed Church in America, General Program Council, 1976.

Gort, Jerald D. "The Contours of the Reformed Understanding of Christian Mission : An Attempt at Delineation." *Occasional Bulletin of Missionary Research* 4, Oct., 1980: 156-160.

Gort, Jerald D., ed. *Zending Op Weg Naar De Toekomst: Essays Aangeboden Aan Prof. Dr. J. Verkuyl*. Kampen: J. H. Kok, 1978.

Gort, Jerald D., et al., eds. *On Sharing Religious Experience: Possibilities of Interfaith Mutuality*. Grand Rapids: Eerdmans, 1992.
Gottwald, Norman. *A Light to the Nations: An Introduction to the Old Testament*. New York: Harper and Row, 1959.
_____. *The Tribes of Yahweh: A Sociology of the Religion of Liberated Israel 1250-1050 B.C.* Maryknoll, NY: Orbis, 1979.
_____. "Social Matrix and Canonical Shape." In *The Best in Theology*, edited by J.I. Packer. Carol Stream, Ill.: Christianity Today, 1987, 59-73.
Grabowski, Stanislaus. *The Church: An Introduction to the Theology of St. Augustine*. St. Louis: Herder, 1957.
Graham, Billy. "An Agenda for the 1980s." *Christianity Today* 24, no. 1 (1980): 23-27.
Graham Center, Billy. *An Evangelical Agenda: 1984 and Beyond*. Pasadena: William Carey Library, 1979.
Graham, W. Fred. "Declining Church Membership: Can Anything Be Done?" *Reformed Journal* 30, no. 1 (1980): 7-13.
Gration, John A. "Key Issues in Missiology Today." *Evangelical Review of Theology* 9, July, 1985: 244-250.
Grau, José. "The Kingdom of God among the Kingdoms of the Earth." In *Let the Earth Hear His Voice*, edited by J. D. Douglas. Minneapolis: World Wide Publ., 1975.
Green, Bryan. *The Practice of Evangelism*. New York: Scribner, 1951.
Green, Michael. *Evangelism in the Early Church*. Grand Rapids: Eerdmans, 1970.
_____. "Jesus in the New Testament." In *The Truth of God Incarnate*, edited by Michael Green, 18-50. Grand Rapids: Eerdmns, 1977a.
Green, Michael, ed. *The Truth of God Incarnate*. Grand Rapids: Eerdmans, 1977b.
Greenway, Roger S. *Calling Our Cities to Christ*. Nutley, NJ: Presbyterian and Reformed, 1973.
_____. *Apostles to the City*. Grand Rapids: Baker, 1978.
_____. "Biblical Perspectives on the City." *Reformed Ecumenical Council Mission Bulletin* 12, no. 3 (1992): 3-13.
Greenway, Roger S., ed. *Guidelines for Urban Church Planting*. Grand Rapids: Baker, 1976.
_____. *Discipling the City*. Grand Rapids: Baker, 1979.
Greenway, Roger S., and Timothy M. Monsma. *Cities: Missions' New Frontier*. Grand Rapids: Baker, 1989.

Grene, Marjorie, ed. *Knowing and Being: Essays by Michael Polanyi*. Chicago: Univ. of Chicago Press, 1969.
Grenz, Stanley J. *Revisioning Evangelical Theology: A Fresh Agenda for the 21st Century*. Downers Grove: Intervarsity Press, 1993.
_____. *Theology for the Community of God*. Nashville: Broadman and Holman, 1994.
Griffiths, Michael. *God's Forgetful Pilgrims: Recalling the Church to Its Reason for Being*. Grand Rapids: Eerdmans, 1975.
_____. *The Confusion of the Church and the World*. Chicago: InterVarsity, 1980.
Grigg, Viv. *Companion of the Poor*. Sutherland, Australia: Albatross, 1984.
_____. *Cry of the Urban Poor*. Monrovia, CA: MARC, 1992.
Grimes, Ronald L. "Of Words the Speakers, of Deeds the Doers." *Journal of Religion* 66, no. 1 (1986): 1-17.
Groome, Thomas. *Sharing Faith: A Comprehensive Approach to Religious Education and Pastoral Ministry*. San Francisco: Harper, 1991.
Grounds, Vernon C. *Evangelicalism and Social Responsibility*. Scottdale, PA: Herald, 1969.
Guder, Darrell L. *Be My Witnesses*. Grand Rapids: Eerdmans, 1985.
Guelich, Robert A. "What Is the Gospel?" Inaugural Lecture as Professor of New Testament. Fuller Theological Seminary, Pasadena, CA, 1989.
Gulick, John. *The Humanity of Cities: An Introducion to Urban Societies*. Granby, MO: Bergin and Garvey, 1989.
Gundry, Robert H. "Diversity and Multiculturalism in New Testament Christology." Unpublished paper. Westmont College, Santa Barbara, 1994.
Gunn, David M. "New Directions in the Study of Biblical Hebrew Narrative." *Journal for the Study of the Old Testament* 39 (1987): 65-75.
Gustafson, James M. *Varieties of Moral Discourse: Prophetic, Narrative, Ethical, and Policy*. Grand Rapids: Calvin College and Seminary, 1988.
Gutierrez, Gustavo. *A Theology of Liberation*. Maryknoll, NY: Orbis, 1974.
_____. *The Power of the Poor in History*. Maryknoll, NY: Orbis, 1984a.
_____. *We Drink from Our Own Wells*. Maryknoll, NY: Orbis, 1984b.

Habermas, Jürgen. "Modernity: An Incomplete Project." In *The Anti-Aesthetic*, edited by Hal Foster. Port Townsend, WA: Bay, 1983, 3-15.
_____. *The Philosophical Discourse of Modernity*. Cambridge, MA: MIT Press, 1987.
Hadaway, C. Kirk, et al. *Home Cell Groups and House Churches*. Nashville: Broadman, 1987.
Haight, Roger. *An Alternative Vision: An Interpretation of Liberation Theology*. New York: Paulist, 1985.
Hale, J. Russell. *Who Are the Unchurched? An Exploratory Study*. Washington, D.C.: Glenmary, 1977.
Haleblian, Krikor. "Evaluation of Existing Models of Contextualization." In Krikor Haleblian, *Contextualization and French Structuralism: A Method to Delineate the Deep Structure of the Gospel*. Pasadena: Fuller Theological Seminary School of World Mission, 1982, 34-50.
_____. "The Problem of Contextualization." *Missiology* XI, no. 1 (1983): 95-111.
_____. "Art, Theology, and Contextualization: The Armenian Orthodox Experience." *Missiology* 32, July, 2004: 309-335.
Haliburton, Gordon MacKay. "African Christianity: Its Public Role." *Missiology* 27, Oct., 1999: 542.
_____. "Empirical Studies of African Independent/Indigenous Churches." *Missiology* 24, July, 1996: 427-28.
_____. "Global Missiology for the 21st Century: The Iguassu Dialogue." *Missiology* 30, July, 2002: 403.
_____. "Guest Christology: An Interpretative View of the Christological Problem in Africa." *Missiology* 20, July, 1992: 412-413.
_____. "The Healer-Prophet in Afro-Christian Churches." *Missiology* 21, Oct., 1993: 489-490.
Hall, Charles. "Jews and Christians: The Myth of a Common Tradition." *Missiology* 22, April, 1994: 242.
Hallencreutz, Carl. *New Approaches to Men of Other Faiths*. Geneva: World Council of Churches, 1969.
_____. "Tambaram Revisited." *International Review of Mission* 77, no. 307 (July, 1988): 354.
Hamm, P. "The Open Door: A Christian Approach to the World Religions." *Missiology* 7, April, 1979: 265-266.
_____. "A People of Mission: A History of General Conference Mennonite Overseas Missions." *Missiology* 8, July, 1980: 361-363.

Hamm, Peter M. "Inculturation through Basic Communities: An Indian Perspective." *Missiology* 15, July, 1987: 381-382.
Hammer, David G. "Through No Fault of Their Own: The Fate of Those Who Have Never Heard." *Missiology* 21, July, 1993: 356.
Hammett, John S. "How Church and Parachurch Should Relate: Arguments for a Servant-Partnership Model." *Missiology* 28, April, 2000: 199-207.
Han, Wenzao. "The Amity Foundation: An Ecumenical Venture Becomes Official." *Missiology* 13, July, 1985: 373-374.
Hanciles, Jehu J. "Anatomy of an Experiment: The Sierra Leone Native Pastorate." *Missiology* 29, Jan., 2001: 63-82.
Handy, Robert T. *A Christian America: Protestant Hopes and Historical Realities*. New York: Oxford University Press, 1984.
Haney, Marsha Snulligan. "Spiritlinking Leadership: Working through Resistance to Organizational Change." *Missiology* 28, Oct., 2000: 517.
Hannum, E. Louise. "God Is Red." *Missiology* 2, Oct., 1974: 516-518.
_____. "Tomorrow Is Growing Old: Stories of the Quakers in Alaska." *Missiology* 7, April, 1979: 262-263.
Hanson, P. D. *The People Called: The Growth of Community in the Bible*. New York: Harper and Row, 1986.
Hao, Yap Kim. "Evangelism Today." *International Review of Mission* 63, no. 249 (1974): 49-56.
Harder, Ben. "The Student Volunteer Movement for Foreign Missions and Its Contribution to 20th Century Missions." *Missiology* 8, April, 1980: 141-54.
Harder, B. "Whatever Happened to the Jesus Lane Lot." *Missiology* 8, April, 1980: 223-24.
Hardin, Daniel C. "Church and Denominational Growth: What Does (and Does Not) Cause Growth or Decline." *Missiology* 24, April, 1996: 265.
_____. "Church Growth: State of the Art." *Missiology* 16, Jan., 1988: 100-101.
_____. "Cultural Anthropology." *Missiology* 14, Jan. 1986: 118-119.
Hardin, D. C. "Foundations for Church Growth." *Missiology* 12, April, 1984: 245-246.
Hardin, Daniel C. "Fredrik Franson: A Model for Worldwide Evangelism." *Missiology* 13, April, 1985: 247-248.
_____. "Implications of Cultural Change in Korea." *Missiology* 1, July, 1973: 377-81.

_____. "Planting Tomorrow's Churches Today." *Missiology* 22, July, 1994: 379-380.
Hardy, Steven A. "The Church in African Christianity: Innovative Essays in Ecclesiology." *Missiology* 22, July, 1994: 389.
Hargrave, Susanne. "Culture, Abstraction, and Ethnocentrism." *Missiology* 21, Jan., 1993: 3-11.
Haring, Bernard. *Evangelization Today*. Notre Dame: Fides, 1974.
Harman, William K. "Changing the World: An Agenda for the Churches." *Missiology* 14, Jan., 1986: 111-112.
_____. "Peace, Politics, and the People of God." *Missiology* 16, July, 1988: 359.
Harr, Wilber C., ed. *Frontiers of the Christian World Mission since 1938: Essays in Honor of Kenneth Scott Latourette*. New York: Harper, 1962.
Harrell, David E., Jr., ed. *Varieties of Southern Evangelicalism*. Macon, GA: Mercer University Press, 1981.
Harries, Jim. "The Magical Worldview in the African Church: What Is Going On?" *Missiology* 28, Oct., 2000: 487-502.
Harris, Paula. "Calling Young People to Missionary Vocations in A "Yahoo" World." *Missiology* 30, Jan., 2002: 33-50.
Hart, Dirk J. "Creating the Evangelizing Parish." *Missiology* 23, April, 1995: 221.
_____. "Whither the Us Church: Context, Gospel, Planning." *Missiology* 21, Jan., 1993: 90.
Hartono, David. "The Importance of Contextualization Praxis as Seen in the Historico-Missiological Case Study of the Teiping Revolution." In *New Global Partnership for World Mission*, edited by Timothy Park. South Pasadena: Institute for Asian Mission, 2004, 133-147.
Hartzler, Omar Lee. "African Saga: A Brief Introduction to African History." *Missiology* 1, Jan., 1973: 123-24.
Harvey, David. *The Condition of Postmodernity: An Enquiry into the Origins of Cultural Change*. Cambridge, Mass: Basil Blackwell, 1989.
Harvey, Louis Charles. "Songs of Zion: The African Methodist Episcopal Church in the United States and South Africa." *Missiology* 26, April, 1998: 225-26.
Hauerwas, Stanley. *Vision and Virtue*. Notre Dame: Fides, 1974.
_____. *Truthfulness and Tragedy*. Notre Dame: University of Notre Dame Press, 1977.

_____. *Community of Character: Toward a Constructive Christian Social Ethic*. Notre Dame: University of Notre Dame Press, 1981.
Hauerwas, Stanley, and L. Gregory Jones, eds. *Why Narrative?* Grand Rapids: Eerdmans, 1989.
Hauerwas, Stanley, and William Willimon. *Resident Aliens: Life in the Christian Colony*. Nashville: Abingdon, 1989.
_____. "Why Resident Aliens Struck a Chord." *Missiology* 19.4, (Oct, 1991): 419-429.
Hayes, John H. *An Introduction to Old Testament Study*. Nashville: Abingdon, 1979.
Hayes, John H., and Frederick Prussner. *Old Testament Theology: Its History and Development*. Atlanta: John Knox, 1985.
Hedlund, Roger E. *The Mission of the Church in the World: A Biblical Theology*. Grand Rapids: Baker, 1985.
Hedlund, Roger E. ed. *Roots of the Great Debate in Mission*. Madras: Evangelical Literature Service, 1981.
Heim, Mark. *Is Christ the Only Way? Christian Faith in a Pluralistic World*. Valley Forge, VA: Judson, 1985.
_____. "Thinking About Theocentric Christology." *Journal of Ecumenical Studies* 24.1. Winter, 1987: 1-16.
Hempel, Carl G. *Aspects of Scientific Explanation*. New York: Free, 1965.
_____. *Philosophy of Natural Science*. Englewood Cliffs, NJ: Prentice-Hall, 1966.
Henderson, Robert T. *Joy to the World: An Introduction to Kingdom Evangelism*. Atlanta: John Knox, 1980.
Hendrick, John R. *Opening the Door of Faith: The Why, When, and Where of Evangelism*. Atlanta: John Knox, 1977.
Hendricksen, William. *The Gospel of John*. 2 vols. Grand Rapids: Baker, 1954.
Henry, Carl F.H. *The Uneasy Conscience of Modern Fundamentalism*. Grand Rapids: Eerdmans 1947.
_____. *Evangelical Responsibility in Contemporary Theology*. Grand Rapids: Eerdmans, 1957.
_____. *Evangelicals at the Brink of Crisis*. Waco: Word, 1967.
_____. "Editorial." *Christianity Today* 18.24, 1974, 67.
_____. *Evangelicals in Search of Identity*. Waco: Word, 1976.
_____. "Evangelicals: Out of the Closet but Going Nowhere?" *Christianity Today* 24.1, 1980, 16-22.
_____. "Narrative Theology: An Evangelical Appraisal." *Trinity Journal* 8.1. Spring, 1987: 3-19.

_____. "Is It Fair?" In *Through No Fault of Their Own?* edited by William V. Crockett and James G. Sigountos. Grand Rapids: Baker, 1991, 245-56.

Henry, Carl and Stanley Mooneyham, eds. *One Race, One Gospel, One Task: World Congress on Evangelism, Berlin, 1966.* Minneapolis: World Wide, 1967.

Henson, Les. "The Momina Theme of Life: Developed Biblically, Theologically and Contextually." Master's Thesis. Fuller Theological Seminary, Pasadena, 1992a.

_____."Narrative Theology: How It Links the Bible and Worldview and Enables the Development of a More Deeply Biblical Theology of Mission." Unpublished paper. Fuller Theological Seminary, School of World Mission, Pasadena, 1992b.

Herion, Gary A. "The Impact of Modern and Social Science Assumptions on the Reconstruction of Israelite History." In *The Best in Theology*, edited by J.I. Packer, Carol Stream, Ill.: Christianity Today, 1988, 2:45-70.

Hesselgrave, David J. "Tomorrow's Missionaries: To What Drumbeat Will They March?" *Christianity Today* 24.13, 1980, 24-27.

_____. "Evangelicals and Interreligious Dialogue." In *Mission Trends No. 5*, edited by Gerald H. Anderson and Thomas F. Stransky, 123-27. Grand Rapids: Eerdmans and New York: Paulist, 1981.

_____. "Contextualization and Revelational Epistemology." In *Hermeneutics, Interrancy, and the Bible*, edited by Earl D. Radmacher and Robert D. Preus. Grand Rapids: Zondervans, 1984, 693-738.

_____. *Today's Choices for Tomorrow's Mission: An Evangelical Perspective on Trends and Issues in Missions.* Grand Rapids: Zondervan, 1988.

_____. "Christian Communication and Religious Pluralism: Capitalizing on Differences." *Missiology* 18.2 (April, 1990): 131-38.

Hesselgrave, David J., ed. *Theology and Mission.* Grand Rapids: Baker, 1978.

_____. *New Horizons in World Mission.* Grand Rapis: Baker, 1979.

Hesselgrave, David J. and Edward Rommen. *Contextualization: Meanings, Methods, and Models.* Grand Rapids: Baker, 1989.

Hian, Chua Wee. "Evangelism of Whole Famillies." In *Perspectives on the World Christian Movement*, edited by Ralph D. Winter and Steven C. Hawthorne. Pasadena: William Carey Library, 1991, 617-21.

Hick, John. *God Has Many Names.* Philadelphia: Westminister, 1982.

Hick, John and Brian Hebblethwaite, eds. *Christianity and Other Religions: Selected Readings*. Philadelphia: Fortress, 1980.

Hick, John and Paul Knitter, eds. *The Myth of Christian Uniqueness: Toward a Pluralistic Theology of Religions*. MaryKnoll, NY: Orbis, 1988.

Hiebert, Paul G. "Conversion, Culture and Cognitive Categories." *Gospel in Context* 1.3 (July 1978) 24-29.

_____. "The Gospel and Culture." In *The Gospel and Islam: A 1978 Compendium*, edited by Don McCurry, 1979a. 58-70. Monrovia, CA: MARC.

_____. "Sets and Structures: A Study of Church Patterns." In *New Horizons in World Mission*, edited by David J. Hesselgrave. Grand Rapids: Baker, 1979b, 217-227.

_____. "The Flaw of the Excluded Middle" *Missiology* 10.1 (January 1982) 35-47.

_____. "The Category 'Christian' in the Mission Task." *International Bulletin of Missionary Research* 72: 287 (1983): 421-427.

_____. *Anthropological Reflections on Missiological Issues*. Grand Rapids: Baker, 1985.

_____. "Critical Contextualization." *International Bulletin of Missionary Research* 11.3 (July, 1987); 104-11.

_____. "Form and Meaning in Contextualization of the Gospel." In *The Word among Us,* edited by Dean S. Gilliland, 1989, Waco: Word, 101-20.

_____. "Beyond Anti-Colonialism to Globalism" *Missiology* 19.3 (July 1991): 263-82.

_____. "Evangelism, Church, and Kingdom." In *The Good News of the Kingdom,* edited by Charles Van Engen et al., 153-61, 1993. Maryknoll, N.Y.: Orbis.

_____. *Anthropological Reflections on Missiological Issues.* 1994. Grand Rapids: Baker.

Higgins, Edward. "Narrative and Values in the Quaker Journals of Thomas Chalkley, Elizabeth Ashbridge and John Woolman." Ph.D. diss., Graduate School of the Union Institute, Cincinnati, 1992.

Hillman, Eugene. *The Wider Ecumenism: Anonymous Chritianity and the Church*. New York: Herder and Herder, 1968.

Hinson, William. *A Place to Dig In: Doing Evangelism in the Local Church*. Nashville: Abingdon, 1987.

Hocking, William. *Re-Thinking Missions: A Layman's Inquiry after One Hundred Years*. New York: Harper, 1932.

Hodges, Melvin L. *The Indigenous Church*. Springfield, MO: Gospel Publishing, 1953.
_____. "Are Indigenous Principles Outdated?" *Evangelical Missions Quarterly* 9.1, (Fall, 1972): 43-46.
_____. *A Theology of the Church and Its Mission: A Pentecostal Perspective*. Springfield, MO: Gospel, 1977.
_____. *The Indigenous Church and the Missionary*. South Pasadena, CA: William Carey Library. 1978.
Hoekendijk, Johannes. "The Call to Evangelism." *International Review of Missions* 39, no. 154 (1950): 162-175.
_____. "The Church in Missionary Thinking." *International Review of Missions* 41, no. 163 (1952): 324-336.
_____. "Christ and the World in the Modern Age." *Student World* 54.1-2 (1961): 75-82.
_____. *De Kerk Binnenste Buiten*. Amsterdam: ten Have, 1964.
_____. *The Church Inside Out*. Philadelphia: Westminister, 1966a.
_____. "Notes on the Meaning of Mission(ary)." In *Planning for Mission: Working Papers on the New Quest for Missionary Communities*, edited by Thomas Wieser. New York: US Conference for the World Council of Churches, 1966b.
Hoekstra, Harvey. *The World Council of Churches and the Demise of Evangelism*. Wheaton, IL: Tyndale, 1979.
Hoff, Marvin. *Structures for Mission*. Grand Rapids: Eerdmans, 1965.
Hoge, Dean R. *Division in the Protestant House: The Basic Reasons Behind Intra-Church Conflicts*. Philadelphia: Westminister, 1976.
Hoge, Dean R., Benton Johnson, and Donald A. Luidens. *Vanishing Boundaries: The Religion of Mainline Protestant Baby Boomers*. Louisville: Westminister/John Knox, 1994.
Hoge, Dean R. and David A. Roozen, eds. *Understanding Church Growth and Decline*. New York: Pilgrim, 1979.
Hogg, William Richey. *Ecumenical Foundations: A History of the International Missionary Council and Its Nineteenth-Century Background*. New York: Harper, 1952.
Hohensee, Donald. "Rundi World View and Contextualization of the Gospel." D.Miss. diss., Pasadena: Fuller Theological Seminary, 1980.
Hoke, Donald, ed. *Evangelicals Face the Future*. Pasadena: William Carey Library, 1978. (Part II was edited by Billy Graham Center and published in 1979 as *An Evangelical Agenda*.)
Holmes, Urban T. *Turning to Christ: A Theology of Renewal and Evangelism*. New York: Seabury, 1981.

Horner, Norman A., ed. *Protestant Crosscurrents in Mission*. New York: Abingdon, 1968.
Hubbard, Robert L., Jr. "Doing Old Testament Theology Today." In *Studies in Old Testament Theology*, edited by Robert L. Hubbard Jr., et al. Dallas: Word, 1992, 31-46.
Hubbard, Robert L., Jr., et al, eds. *Studies in Old Testament Theology: Historical and Contemporary Images of God and God's People*. Dallas: Word, 1992.
Hunsberger, George R. "Network News." *The Gospel and Our Culture*, 2.4, December 1990, 4.
Hunter, George G., III. *The Contagious Congregaton: Frontiers in Evangelism and Church Growth*. Nashville: Abingdon, 1979.
———. *To Spread the Power: Church Growth in the Wesleyan Spirit*. Nashville: Abingdon, 1987.
———. *How to Reach Secular People*. Nashville: Abingdon, 1992.
Hunter, James D. *American Evangelicalism: Conservative Religion and the Quandary of Modernity*. New Brunswick, NJ: Rutgers University Press, 1983.
———. "The Evangelical Worldviw since 1890." In *Piety and Politics*, edited by Richard J. Newhaus and Michael Cromartie, 19-53. Washington, DC: Ethics and Public Policy Center, 1987.
Hutcheson, Richard. "Crisis in Overseas Mission: Shall We Leave It to the Independents?" *Christian Century*, March 18, 1981a, 290-96.
———. *Mainline Churches and the Evangelicals*. Atlanta: John Knox, 1981b.
Inch, Morris A. *The Evangelical Challenge*. Philadelphia: Westminister, 1978.
———. *Doing Theology across Cultures*. Grand Rapids: Baker, 1982.
International Missionary Council. *The World Mission of the Church*. London: International Missionary Council, 1938.
———. *The Missionary Obligation of the Church*. London: Edinburgh House. 1952.
Jacobs, Donald R. "Contextualization in Mission." In *Toward the 21st Century in Christian Mission*, edited by James M. Phillips, and Robert T. Coote. Grand Rapids: Eerdmans, 1993, 235-244.
Jewett, Paul K. *God, Creation, and Revelation: A Neo-Evangelical Theology*. Grand Rapids: Eerdmans, 1991.
Jocz, Jakob. *The Covenant*. Grand Rapids: Eerdmans, 1968.
John Paul II, Pope. "Evangelii Nuntiandi." *The Pope Speaks* 21, no. 1 (1976): 4-51.

Johnson, Ben. *An Evangelism Primer: Practical Principles for Congregations.* Atlanta: John Knox, 1983.
_____. *Friend-Maker Resources.* Atlanta: John Knox, 1984.
Johnson, Benton "Is There Hope for Liberal Protestantism?" In *Mainstream Protestantism in the Twentieth Century: Its Problems and Prospects*, edited by Dorothy Bass et al. Louisville: Committee on Theological Education, Presbyterian Church in the USA, 1986, 13-26.
Johnson, David. "What Does God Expect from Us?" In *Facing the Unfinished Task*, edited by J. O. Percy. Grand Rapids: Zondervan, 1961, 152-154.
Johnson, Douglas W. *Managing Change in the Church.* New York: Friendship, 1974.
Johnson, F. I. *Leadership and Evangelism.* Louisville: Pentecostal, 1948.
Johnston, Arthur P. *World Evangelism and the Word of God.* Minneapolis: Bethany Fellowship, 1974.
_____. *The Battle for World Evangelism.* Wheaton, IL: Tyndale, 1978.
Jones, E. Stanley. *Conversion.* Nashville: Abingdon, 1959.
Jongeneel, Jan A. B., ed. *Pentecost, Mission and Ecumenism's Essays on Intercultural Theology: Festschrift in Honor of Professor Walter J. Hollenweger.* New York: Peter Lang. 1992.
Jorstad, Erling. *Evangelicals in the White House: The Cultural Maturation of Born Again Christianity.* New York: Edwin Mellen, 1981.
Kane, Herbert. "The Work of Evangelism." In *Perspectives on the World Christian Movement*, edited by Ralph Winter and Steve Hawthorne. Pasadena: William Carey Library, 1981, 564-568.
Kane, Jeffrey. *Beyond Empiricism: Michael Polanyi Reconsidered.* New York: Peter Lang, 1984.
Kantzer, Kenneth. "Preface." In *Through No Fault of Their Own?*, edited by William V. Crockett and James G. Sigountos. Grand Rapids: Baker, 1991, 11-15.
Kelley, Arleon. *Your Church: A Dynamic Community.* Philadelphia: Westminister, 1982.
Kelley, Dean. *Why Conservative Churches Are Growing.* New York: Haprer and Row, 1972.
Kelly, J. N. D. *Early Christian Doctrines.* New York: Harper, 1960.
Kerr, Hugh T., and John M. Mulder. *Conversions.* Grand Rapids: Eerdmans, 1983.

Keyes, Lawrence E. *The Last Age of Missions: A Study of Third World Mission Societies*. Pasadena: William Carey Library, 1983.

Kik, J. Marcellus. *Ecumenism and the Evangelical*. Philadelphia: Presbyterian and Reformed, 1958.

King, Robert. "A Design for Witnessing." *Church Herald*, April 5 1985, 12-13.

Kinsler, F. Ross, ed. *Ministry by the People: Theological Education by Extension*. Geneva: World Council of Churches, 1983.

Kirk, J. Andrew. "The Kingdom of God and the Church in Contemporary Protestanitism and Catholicism." In *Let the Earth Hear His Voice*, edited by J. D. Douglas. Minneapolis: World Wide, 1975, 1071-1082.

_____. *Loosing the Chains: Religion as Opium and Liberation*. London: Hodder and Stoughton, 1992.

Kittle, Gerhard, and Gerhard Friedrich, eds. *Theological Dictionary of the New Testament, 10 Vols*. Grand Rapids: Eerdmans, 1964-76.

Klooster, Fred. "The Biblical Method of Salvation: A Case for Continuity." In *Continuity and Discontinuity: Perspectives on the Relationship between the Old and New Testaments*, edited by John S. Feinberg. Westchester, IL: Crossway, 1988, 131-160.

Knapp, Stephen "Contextualization and Its Implications for U.S. Evangelical Churches and Missions." Unpublished paper. Partnership in Mission, Abington, PA., 1976.

_____. "Mission and Modernization: A Preliminary Critical Analysis of Contemporary Understanding of Mission from a 'Radical Evangelical' Perspective." In *American Missions in Bicentennial Perspective*, edited by R. Pierce Beaver. Pasadena: William Carey Library, 1977, 146-209.

Knight, George A. F. *Theology as Narration: A Commentary on the Book of Exodus*. Grand Rapids: Eerdmans, 1976.

Knitter, Paul *Towards a Protestant Theology of Religions: A Case Study of Paul Althaus and Contemporary Attitudes*. Marburg: Etwert, 1974.

_____. *No Other Name? A Critical Survey of Christian Attitudes toward the World Religions*. Maryknoll, N.Y.: Orbis. 1985.

_____. "Making Sense of the Many." *Religious Studies Review*, 15.3, July 1989, 204-207.

Kolb, Robert. *Speaking the Gospel Today: A Theology for Evangelism*. St. Louis: Concordia, 1984.

Kort, Wesley A. *Narrative Elements and Religious Meanings.* Philadelphia: Fortress, 1975.
Kraemer, Hendrik. *The Christian Message in a Non-Christian World.* London: Edinburgh House, 1938.
Kraft, Charles. *Christianity in Culture: A Study in Dynamic Biblical Theologizing in Cross-Cultural Perspective.* Maryknoll, NY: Orbis. 1979
_____. *Communication Theory for Christian Witness.* Nashville: Abingdon. 1983.
_____. *Christianity with Power: Your Worldview and Your Experience of the Supernatural.* Ann Arbor: Servant. 1989.
_____. "Allegiance, Truth and Power Encounter in Christian Witness." *Evangelical Missions Quarterly* 27:3 (1991): 258-265.
_____. "Allegiance, Truth and Power Encounter in Christian Witness." In *Pentecost, Mission and Ecumenism's Essays on Intercultural Theology*, edited by Jan A. B. Jongeneel. New York: Peter Lang, 1992, 215-230.
Kraft, Charles, and Tom Wisley, eds. *Readings in Dynamic Indigeneity.* Pasadena: William Carey Library, 1979.
Krass, Alfred. *Five Lanterns at Sundown: Evangelism in a Chastened Mood.* Grand Rapids: Eerdmans, 1978.
_____. "Mission as Inter-Cultural Encounter: A Sociological Perspective." In *Down to Earth*, edited by Robert T. Coote and John Stott. Grand Rapids: Eerdmans, 1980, 231-258.
_____. *Evangelizing Neopagan North America.* Scottdale, PA: Herald, 1982.
Kraus, C. Norman. *The Community of the Spirit: How the Church Is in the World.* Scottdale, PA: Herald, 1993.
Kuhn, Thomas S. *The Structure of Scientific Revolutions.* Chicago: University of Chicago Press, 1962.
_____. *The Essential Tension: Selected Studies in Scientific Tradition and Change.* Chicago: University of Chicago Press, 1977.
Küng, Hans. *The Church.* New York: Sheed and Ward, 1968.
_____. *The Incarnation of God.* New York: Crossroad, 1988.
Küng, Hans, and David Tracy, eds. *Paradigm Change in Theology: A Symposium for the Future.* New York: Crossroad, 1989.
Kuyper, Abraham. *Tractaat Van De Reformatie Der Kerken.* Amsterdam: Hoveker, 1883.
Ladd, George E. *The Presence of the Future: The Eschatology of Biblical Realism.* Grand Rapids: Eerdmans, 1974.

Lakatos, Imre. "Falsification and the Methodology of Scientific Reserch Programmes." In *The Methodology of Scientific Research Programmes*, edited by John Worrall and Gregory Currie. Cambridge: Cambridge University Press, 1978, 1:8-101.

Lakatos, Imre, and Alan Musgrave, eds. *Criticism and the Growth of Knowledge*. Cambridge: Cambridge University Press, 1970.

Lankheet, James. "Opening Doors." *Church Herald*, April 1991, 15-17.

Larkin, William J., Jr., and Joel F. Williams. "Mission in the New Testament: An Evangelical Approach." no. 1998 (1998).

Larson, Bruce. *Dare to Live Now*. Grand Rapids: Zondervan, 1965.

Latourette, Kenneth Scott. A History of Christianity. New York: Harper, 1953.

_____. *A History of the Expansion of Christianity*. Vol. 1. Grand Rapids: Zondervan, 1970.

Lauritzen, Paul. "Is 'Narrative' Really a Panacea? The Use of 'Narrative' in the Work of Metz and Hauerwas." *Journal of Religion* 67.3 (1987): 322-339.

Lausanne Committee for World Evangelization. *The Manila Manifesto: An Elaboration of the Lausanne Covenant Fifteen Years Later*. Pasadena: Lausanne Committee for World Evangelization, 1989.

Lausanne Covenant. "The Lausanne Covenant." *International Review of Mission* 63: 252 (1974): 570-576.

Lausanne, Occasional Papers. *Lausanne Occasional Papers No. 21: Evangelism and Social Reponsibility--an Evangelical Commitment*. Grand Rapids: Lausanne Committee for World Evangelization/World Evangelical Fellowship, 1982.

Lee, Bernard J., and Michael A. Cowan. *Dangerous Memories: House Churches and Our American Story*. Kansas City, MO: Sheed and Ward, 1986.

Lemonpoulos, George, ed. *Your Will Be Done: Orthodoxy in Mission*. Geneva: World Council of Churches, 1989.

Levison, John R., and Priscilla Pope-Levison. "Toward an Ecumenical Christology for Asia." *Missiology* 22, Jan., 1994: 3-18.

Lewis, Hunter. *A Question of Values: Six Ways We Make the Personal Choices That Shape Our Lives*. San Francisco: Harper and Row, 1990.

Lind, Millard C. "Refocusing Theological Education to Mission : The Old Testament and Contextualization." *Missiology* 10, April, 1982: 141-160.

Lindsell, Harold. *A Christian Philosophy of Mission*. Wheaton, IL: Van Kampen, 1949.

_____. *Missionary Principles and Practice*. Westwood, NJ: Revell, 1955.

_____. "Fundamentals for a Philosophy of the Christian Mission." In *The Theology of the Christian Mission*, edited by Gerald H. Anderson. Nashville: Abingdon, 1961, 239-249.

_____. "Faith Missions since 1938." In *Frontiers of the Christian World Mission since 1939*, edited by Wilbur C. Harr. New York: Harper, 1962, 189-230.

_____. "The Evangelical Missions: The Home Base." In *The Future of the Christian World Mission*, edited by William Danker and W. J. Kang. Grand Rapids: Eerdmans, 1971, 88-97.

_____. "Evangelicals and the 1980s." In *New Horizons in World Mission*, edited by David J. Hesselgrave. Grand Rapids: Baker, 1979, 33-47.

Lindsell, Harold, ed. *The Church's Worldwide Mission*. Waco: Word, 1966.

Linthicum, Robert C. *City of God, City of Satan: A Biblical Theology of the Urban Church*. Grand Rapids: Zondervan, 1991a.

_____. *Empowering the Poor: Community Organizing among the City's "Rag, Tag and Bobtail."* Monrovia, CA: MARC, 1991b.

Little, Paul E. *How to Give Away Your Faith*. Chicago: InterVarsity, 1966.

Loder, James. *The Transforming Moment: Understanding Convictional Experiences*. San Francisco: Harper and Row, 1981.

Loewen, Jacob. "Evangelism and Culture." In *The New Face of Evangelicalism*, edited by C. René Padilla. Downers Grove, IL: InterVarsity, 1976, 177-189.

_____. "Which God Do Missionaries Preach." *Missiology* 14, Jan., 1986: 3-19.

Loffler, Paul. "The Confessing Community: Evangelism in Ecumenical Perspective." *International Review of Mission* 66, No. 264 (1977): 339-348.

Long, V. Philips. "Toward a Better Theory and Understanding of Old Testament Narrative." *Presbyterion*, Fall 1987, 102-109.

Longman, Tremper, III. "The Literary Approach to the Study of the Old Testament: Promise and Pitfalls." in *The Best in Theology*, edited by J. I. Packer. Carol Stream, IL: Christianity Today, 1988, 2:31-44.

Lovelace, Richard F. *The American Pietism of Cotton Mather*. Grand Rapids: Eerdmans, 1979.

_____. "Completing an Awakening." *Chrisitian Century* 98.9 (1981): 296-300.
Luidens, Don, and Roger Nemeth. "The RCA Today." *The Church Herald*, 44.3 February 6 1987, 5-7; 44.4 February 20, 1987, 12-14; and 44.6 March 20, 1987, 11-14.
Luther, Martin. *Luther's Works*. Vol. 39, Philadelphia: Fortress, 1955.
Lutheran, World Federation. *Together in God's Mission: A Lutheran World Federaton Contribution to the Understanding of Mission*. LWF Documentation, no. 26. Geneva: Lutheran World Federation, n.d.
Luzbetak, Louis J. "Signs of Progress in Contextual Methodology." *Verbum* 1981, 39-57.
_____. *The Church and Cultures*. Maryknoll: Orbis, 1988.
McClendon, James William, Jr. *Biography as Theology: How Life Stories Can Remake Today's Theology*. Nashville: Abingdon, 1974.
McConnell, Frank, ed. *The Bible and the Narrative Tradition*. New York: Oxford Univertisy Press, 1986.
McCurry, Don M. "Cross-Cultural Models of Muslim Evangelism." *Missiology* 4, July, 1976: 268-269.
McCurry, Don M. ed. *The Gospel and Islam: A 1978 Compendium*. Monrovia, CA: MARC, 1979.
McFague, Sallie. *Speaking in Parables: A Study in Metaphor and Theology*. Philadelphia: Fortress, 1975.
McGavran, Donald A. "Will Uppsala Betray the Two Billion?" *Church Growth Bulletin* 4.5 (1968): 1-6.
_____. *Momentous Decisions in Missions Today*. Grand Rapids: Baker, 1984.
_____. *Understanding Church Growth*. Grand Rapids: Eerdmans. 1990.
McGavran, D., ed. *Crucial Issues in Missions Tomorrow*. Chicago: Moody, 1972a.
_____. *Eye of the Storm: The Great Debate in Mission*. Waco: Word, 1972b.
_____. *The Conciliar-Evangelical Debate: The Crucial Documents, 1964-1976*. Pasadena, CA: William Carey Library, 1977.
McGee, Gary B. "Assemblies of God Mission Theology: A Historical Perspective." *International Bulletin of Missionary Research* 10.4 (1986a): 166-70.
_____. *This Gospel--Shall Be Preached: A History and Theology of Assemblies of God Foreign Missions, 2 Vol.* Springfield, MO: Gospel, 1986b, 1989.

_____. "Pentecostal and Charismatic Missions." In *Toward the 21st Century in Christian Mission*, edited by James M. Phillips and Robert T. Coote. Grand Rapids: Eerdmans, 1993, 41-56.

McGrath, Alister. "The Biography of God: Narrative Theologians Point to the Divine Stories That Shape Our Lives." *Christianity Today*, July 22, 1991, 22-24.

_____. *Christian Theology: An Introduction*. Cambridge, MA: Blackwell, 1994.

MacIntyre, Alasdair. "Epistemological Crises, Dramatic Narrative, and the Philosophy of Science." in *Why Narrative?*, edited by Stanley Hauerwas and L. Gregory Jones. Grand Rapids: Eerdmans, 1989a, 138-157.

_____. "The Virtues, the Unity of a Human Life, and the Concept of a Tradition." in *Why Narrative?* edited by Stanley Hauerwas and L. Gregory Jones. Grand Rapids: Eerdmans, 1989b, 89-112.

Mackay, John A. *The Other Spanish Christ: A Study in the Spiritual History of Spain and South America*. New York: Macmillan, 1933.

_____. *That Other America*. New York: Friendship, 1935.

_____. *The Latin American Church and the Ecumenical Movement*. New York: National Council of Churches, 1963.

McKnight, Edgar V. *Postmodern Use of the Bible: The Emergence of Reader-Oriented Criticism*. Nashville: Abingdon, 1988.

McKnight, John. "Why 'Servanthood' Is Bad." *The Other Side*, 25, January-February 1989, 38-40.

McLoughlin, William G. *Revivals, Awakenings, and Reform: An Essay on Religion and Social Change in America, 1607-1977*. Chicago: University of Chicago Press, 1978.

MacNulty, W. Kirk. "The Paradigm Perspective." *Futures Research Quarterly*, 5.3, Fall, 1989, 35-53.

Mains, David. *Full Circle: The Creative Church for Today's Society*. Waco: Word, 1971. "

_____. Can My Church Be Changed?" *Eternity*, 29.8, August, 1978, 12-16.

Makunike, Ezekiel C. "Evangelism in the Cultural Context of Africa." *International Review of Mission* 63:249 (1974): 56-63.

Malphurs, Aubrey. *Developing a Vision for Ministry in the 21st Century: Six Steps to Building Vision*. Grand Rapids: Baker, 1992.

The Manila Manifesto. Pasadena: Lausanne Committee for World Evangelization, 1989.

Mann, John. "(Shhhh...) Narrative Theology (Explodes!)." *Modern Churchman* 32,1991, 42-46.
Margull, Hans J. "Mission '70-More a Venture Than Ever." *International Review of Mission* 60, no. 277 (1971): 50-59.
Marsden, George. "From Fundamentalism to Evangelicalism: A Historical Analysis." In *The Evangelicals*, edited by David F. Wells and John D. Woodbridge. Nashville: Abingdon, 1975, 122-142.
_____. *Fundamentalism and American Culture: The Shaping of Twentiety-Century Evangelicalism 1870-1925*. New York: Oxford University Press, 1980.
Marsden, George, ed. *Evangelicalism and Modern America*. Grand Rapids: Eerdmans, 1984.
Marshall, I. Howard. *Luke: Historian and Theologian*. Grand Rapids: Zondervan, 1970.
Martin, Ralph P. *Mark: Evangelist and Theologian*. Grand Rapids: Zondervan, 1972.
Martinson, Paul Varo. *A Theology of World Religions*. Minneapolis: Augsburg, 1987.
Marty, Martin. *Righteous Empire: The Protestant Experience in America*. New York: Dial, 1970.
_____. "The Revival of Evangelicalism and Southern Religion." In *Varieties of Southern Evangelicalism*, edited by David E. Harrell, Jr. Macon, GA: Mercer University Press, 1981, 7-21.
_____. *Pilgrims in Their Own Land: Five Hundred Years of Religion in America*. Boston: Little, Brown, 1984.
Mayers, Marvin K. *Christianity Confronts Culture: A Strategy for Cross-Cultural Evangelism*. Grand Rapids: Zondervan, 1974.
"Message from Melbourne." *International Bulletin of Missionary Research* 5.1 (January, 1981): 29.
Messer, Donald E. *A Conspiracy of Goodness: Contemporary Images of Christian Mission*. Nashville: Abingdon, 1992.
Metz, Donald L. *New Congregations: Security and Mission in Conflict*. Philadelphia: Westminister, 1967.
Metz, Johann Baptist. *Faith in History and Society*. New York: Seabury, 1980.
_____. "A Short Apology of Narrative." In *Why Narrative?*, edited by Stanley Hauerwas and L. Gregory Jones. Grand Rapids: Eerdmans, 1989, 251-262.
Meyendorff, John. *The Orthodox Church: Its Past and Its Role in the World Today*. New York: Pantheon, 1962.

_____. "The Orthodox Church and Mission: Past and Present Perspectives." In *Mission Trends No. 1*, edited by Gerald H. Anderson and Thomas F. Stransky. Grand Rapids: Eerdmans, 1974, 59-71.

Meyers, Eleanor Scott, ed. *Envisioning the New City: A Reader on Urban Ministry*. Louisville: John Knox, 1992.

Miguez-Bonino, José. *Doing Theology in a Revolutionary Situation*. Philadelphia: Fortress, 1975.

_____. "Fundamental Questions in Ecclesiology." In *The Challenge of Basic Christian Communities*, edited by Sergio Torres and John Eagleson. Maryknoll, NY: Orbis, 1981, 145-49.

Miles, Delos. *Introduction to Evangelism*. Nashville: Broadman, 1983.

Minear, Paul. *Images of the Church in the New Testament*. Philadelphia: Westminister, 1960.

Mission and Evangelism, An Ecumenical Affirmation: A Study Guide. New York: National Council of Churches, 1983.

Mitchell, W. J. T., ed. *On Narrative*. Chicago: University of Chicago Press, 1981.

Moberg, David. *The Church as a Social Institution: The Sociology of American Religion*. Englewood Cliffs, NJ: Prentice-Hall, 1962.

_____. *The Great Reversal: Evangelism and Social Concern*. Philadelphia: Lippincott, 1972.

_____. "Fundamentalists and Evangelicals in Society." In *The Evangelicals*, edited by David F. Wells and John D. Woodbridge. Nashville: Abingdon, 1975, 122-42.

Moberly, R. W. L. "Story in the Old Testament." *Themelios*, 11.3, April 1986, 77-82.

Moffett, Samuel H. "Evangelism: The Leading Partner." in *Perspectives on the World Christian Movement*, edited by Ralph D. Winter and Steven C. Hawthorne. Pasadena: William Carey Library, 1981, 729-731.

Moltmann, Jürgen. *The Church in the Power of the Spirit: A Contribution to Messianic Ecclesiology*. New York: Harper & Row., 1977.

_____. *The Way of Jesus Christ: Christology in Messianic Dimensions*. San Francisco: Harper, 1990.

Morgan, Donn F. "Canon and Criticism: Method or Madness?" In *The Best in Theology*, edited by J. I. Packer. Carol Stream, IL: Christianity Today, 1988, 2:71-81.

Morris, Linus J. *The High Impact Church: A Fresh Approach to Reaching the Un-Churched*. Houston, TX: Touch, 1993.

Motte, Mary. "The Poor: Starting Point for Mission." In *Mission in the 1990s,* edited by Gerald H. Anderson et al. Grand Rapids: Eerdmans, 1991, 50-54.

Mouw, Richard J. *Called to Holy Worldliness*. Philadelphia: Fortress, 1980.

Mouw, Richard J. and Sander Griffioen. *Pluralisms and Horizons: An Essay in Christian Public Philosophy*. Grand Rapids: Eerdmans, 1963.

Mueller-Vollmer, Kurt, ed. *The Hermeneutics Reader*. New York: Continuum, 1989.

Mulder, Dirk C. "Alle Geloven Op Een Kussen?" In *Religies in Nieuw Perspectief,* edited by R. R. Bakker et al. Kampen: J. H. Kok, 1985, 137-151.

Mulholland, Kenneth B. "Missiological Education in the Bible College Tradition." Paper presented at the Missiological Education for the 21st Century Conference. Pasadena, 1993.

Muller, Richard A. *The Study of Theology: From Biblical Interpretation to Contemporary Formulation*. Grand Rapids: Zondervan, 1991.

Murch, James DeForest. *Cooperation without Compromise: A History of the Natoinal Association of Evangelicals*. Grand Rapids: Eerdmans, 1956.

Murphy, Nancey C. *Theology in the Age of Scientific Reasoning*. Ithaca, NY: Cornell University Press, 1990.

Murphy, Nancey, and James William McClendon, Jr. "Distinguishing Modern and Post-Modern Theologies." *Modern Theology* 5:3 (1989), 191-214.

Myers, Bryant L. "A Funny Thing Happened on the Way to Evangelical-Ecumenical Cooperation." *International Review of Mission* 81, no. 323 (1992): 397-407.

Myers, David. "Faith and Action: A Seamless Tapestry." *Christianity Today,* 24.20, November 21 1980, 16-19.

Nash, Ronald H. *The New Evangelicalism*. Grand Rapids: Zondervan, 1963.

_____. *Evangelicals in America*. Nashville: Abingdon, 1987.

Neighbour, Ralph W., Jr. *Where Do We Go from Here? A Guidebook for Cell Group Churches*. Houston: Touch, 1990.

Neill, Stephen. "Conversion." *Scottish Journal of Theology* 3.4 (1950): 352-362.

_____. *The Unfinished Task*. London: Edinburgh House, 1957.

_____. *Creative Tension*. London: Edinburgh, 1959.

_____. *A History of Christian Missions*. New York: Penquin, 1964.

_____. *Christian Faith and Other Faiths*. New York: Oxford University Press, 1970.

_____. "How My Mind Has Changed About Mission." Videotaped lecture at OMSC, Ventnor, NJ, 1984.

Neill, Stephen, Gerald H. Anderson, and John Goodwin, eds. *Concise Dictionary of the Christian World Mission*. Nashville: Abingdon, 1971.

Nelson, J. Robert. "Christian Theology and the Living Faiths of Men." In *Christian Mission in Theological Perspective*, edited by Gerald H. Anderson. Nashville: Abingdon, 1967, 109-124.

Nelson, Marlin, ed. *Readings in Third World Missions*. South Pasadena, CA: William Carey Library, 1976.

Netland, Harold. "Toward Contextualized Apologetics." *Missiology* 16, July, 1988: 289-305.

_____. *Dissonant Voices: Religious Pluralism and the Question of Truth*. Grand Rapids: Eerdmans, 1991.

_____. "Response to 'The Uniqueness of Christ: Shaping Faith and Mission' by Charles Van Engen." Unpublished paper. Evangelical Theological Society/Evangelical Missiological Society Midwestern Conference. Chicago, 1994.

Neuhaus, Richard J., and Michael Cromartie, eds. *Piety and Politics: Evangelicals and Fundamentalists Confront the World*. Washington, DC: Ethics and Public Policy Center, 1987.

Newbigin, Lesslie. *The Household of God: Lectures on the Nature of the Church*. New York, NY: Friendship Press, 1954.

_____. *One Body, One Gospel, One World*. London: International Missionary Council, 1958.

_____. *The Relevance of the Trinitarian Doctrine for Today's Mission*. London: Edinburgh House, 1963.

_____. *The Finality of Christ*. Richmond: John Knox, 1969.

_____. *The Good Shepherd: Meditations on Christian Ministry in Today's World*. Grand Rapids: Eerdmans, 1977.

_____. *The Open Secret: Sketches for a Missionary Theology*. Grand Rapids: Eerdmans, 1978.

_____. "Context and Conversion." *International Review of Mission* 68: 271 (1979): 301-312.

_____. "The Gospel among the Religions." In *Mission Trends No. 5*, edited by Gerald H. Anderson and Thomas F. Stransky. Grand Rapids: Eerdmans, 1981a, 3-19.

_____. "Integration-Some Personal Reflections 1981." *International Review of Mission* 70, no. 280 (1981b): 247-55.

_____. *Foolishness to the Greeks: The Gospel and Western Culture.* Grand Rapids: Eerdmans, 1986.

_____. "Can the West Be Converted?" *International Bulletin of Missionary Research* 11.1 (1987): 2-7.

_____. *The Gospel in a Pluralist Society.* Grand Rapids: Eerdmans, 1989a.

_____. "Religious Pluralism and the Uniqueness of Jesus Christ." *International Bulletin of Missionary Research* 13.2 (1989b): 50-54.

_____. "Religious Pluralism and the Uniqueness of Jesus Christ." In *The Best in Theology*, edited by J. I. Packer, 4:267-74. Carol Stream, IL: Christianity Today. 1990.

_____. *Truth to Tell: The Gospel as Public Truth.* Grand Rapids: Eerdmans, 1991.

_____. "The Legacy of W. A. Visser 'T Hooft." *International Bulletin of Missionary Research* 16.2 (1992): 78-82.

_____. "Ecumenical Amnesia." *International Bulletin of Missionary Research* 18.1, January, 1994: 2-5.

New Delhi Report. New York: Association. 1962.

Newsome, James D., Jr. *The Hebrew Prophets.* Atlanta, GA: John Knox, 1984.

Nicholls, Bruce J. "Theological Education and Evangelization." In *Let the Earth Hear His Voice*, edited by J. D. Douglas, 634-45. Minneapolis: World Wide, 1975.

_____. "The Exclusiveness and Inclusiveness of the Gospel." *Themelios*, 4.2, January 1979, 62-69.

_____. "Towards a Theology of Gospel and Culture." In *Down to Earth*, edited by Robert T. Coote and John Stott, 49-62. Grand Rapids: Eerdmans, 1980.

_____. "A Living Theology for Asian Churches." in *The Bible and Theology in Asian Contexts*, edited by Bong Rin Ro and Ruth Eshenaur. Taichung: Asia Theological Association, 1984, 119-138.

_____. "The Church and Authentic Dialogue." In *Practical Theology and the Ministry of the Church, 1952-1984: Essays in Honor of Edmund P. Clowney*, edited by Harvie Conn. Phillipsburg, NJ: Presbyterian and Reformed, 1990, 255-272.

Nicholls, Bruce J., ed. *In Word and Deed: Evangelism and Social Responsibility.* Grand Rapids: Eerdmans, 1985.

Nida, Eugene. *Message and Mission.* New York: Harper, 1960.

Niebuhr, H. Richard. *The Kingdom of God in America.* New York: Willett, Clark, 1937.

_____. *The Meaning of Revelation*. New York: Macmillan, 1941.
_____. *Christ and Culture*. New York: Harper, 1951.
Niles, D. T. *The Preacher's Calling to Be Servant*. London: Lutterworth. 1959.
_____. *Upon the Earth: The Mission of God and the Missionary Enterprise of the Churches*. New York: McGraw-Hill, 1962.
Nissen, Karsten. "Mission and Unity." *International Review of Mission* 63, no. 252 (1974): 539-50.
Noble, John. *House Churches: Will They Survive?* Eastbourne, UK: Kingsway, 1988.
Noble, Lowell. *Sociotheology*. Jackson, MI: Lowell Noble, 1987.
Noll, Mark et al. *The Search for Christian America*. Westchester, IL: Crossway, 1983.
Noth, Martin. "The 'Re-Presentation' of the Old Testament Proclamation." In *Essays on Old Testament Hermeneutics*, edited by Claus Westermann. Richmond: John Knox, 1963, 76-88.
Ockenga, Harold. "Resurgent Evangelical Leadership." *Christianity Today*, 5.1, October 10 1960, 11-15.
Olley, John W. "God's Agenda for the City: Some Biblical Perspectives." *Urban Mission*, 8.1, September 1990, 14-23.
Orchard, Ronald K., ed. *Witness in Six Continents*. London: Edinburgh, 1964.
Ortlund, Raymond C. *Let the Church Be the Church*. Waco, TX: Word, 1983.
Osborne, Grant R. *The Hermeneutical Spiral: A Comprehensive Introduction to Biblical Interpretation*. Downers Grove: InterVarsity Press, 1991.
Packer, J. I. *Evangelism and the Sovereignty of God*. Downers Grove, IL: InterVarsity. 1961.
_____. "'Good Pagans' and God's Kingdom." *Christianity Today* 30.1 (January 17, 1986) 22-25.
Packer, J. I., ed. *The Best in Theology*. Vol. 1, 2, 3, 4. Carol Stream, IL: Christianity Today, 1987, 1988, 1989, 1990.
Padilla, C. René. "The Hidden Motives of Pastoral Action: Latin American Reflections." *Missiology* 7, July, 1979: 384-385.
_____. "Hermeneutics and Culture: A Theological Perspective." in *Down to Earth*, edited by Robert T. Coote and John Stott. Grand Rapids: Eerdmans, 1980, 63-78.
_____. *Mission between the Times: Essays on the Kingdom*. Grand Rapids: Eerdmans. 1985.

_____. "Toward a Contextual Christology from Latin America." In *Conflict and Context*, edited by Mark Branson and C. René Padilla, 81-91. Grand Rapids: Eerdmans. 1986.

_____. "A New Ecclesiology in Latin America." *International Bulletin of Missionary Research* 11.4 (October 1987) 156-64.

_____. "Wholistic Mission: Evangelical and Ecumenical." *International Reviewn of Mission,* 81, No. 323, (July 1992) 381-82.

Padilla, C. René, ed. *The New Face of Evangelicalism: An International Symposium on the Lausanne Covenant.* Downers Grove, IL: InterVarsity, 1976.

Padilla, C. René et al. *El Reino De Dios y América Latina.* El Paso, TX: Casa Bautista, 1975.

Pannikkar, Raimundo. *Intrareligious Dialogue.* New York: Paulist, 1978.

Pannell, William. *Evangelism from the Bottom Up.* Grand Rapids: Zondervan, 1992.

Pannenberg, Wolfhart. *Theology and the Kingdom of God.* Philadelphia: Westminister, 1969.

Parvin, Earl. *Missions USA.* Chicago: Moody, 1985.

Patelos, Constantine. *The Orthodox Church in the Ecumenical Movement: Documents and Statements, 1902-1975.* Geneva: World Council of Churches, 1978.

Patrick, Dale. "The Kingdom of God in the Old Testament." In *The Kingdom of God in 20th-Century Interpretation,* edited by Wendell Willis. Peabody, MA: Hendrickson, 1987.

Patterson, George. "The Spontaneous Multiplicaton of the Church." In *Perspectives on the World Christian Movement,* edited by Ralph D. Winter and Steven C. Hawthorne. Pasadena: William Carey Library, 1981, 601-616.

Pelikan, Jaroslav. *The Christian Tradition.* Chicago: University of Chicago Press, 1971.

Pentecost, Edward C. *Reaching the Unreached.* South Pasadena: William Carey Library, 1974.

_____. *Issues in Missiology: An Introduction.* Grand Rapids: Baker, 1982.

Percy, J. O. comp. *Facing the Unfinished Task: Messages Delivered at the Congress on World Missions.* Grand Rapids: Zondervan, 1961.

Pervo, Richard I. *Profit with Delight: The Literary Genre of the Acts of the Apostles.* Philadelphia: Fortress, 1987.

Peters, George W. *Saturation Evangelism*. Grand Rapids: Zondervan, 1970.
_____. *A Biblical Theology of Missions*. Chicago: Moody, 1972.
_____. *A Theology of Church Growth*. Grand Rapids: Zondervan, 1981.
Peters, Tom. *Liberation Management: Necessary Disorganization for the Nanosecond Nineties*. New York: Alfred Knopf, 1992.
Petersen, J. Randall. "Church Growth." *Christianity Today*, 25.6, March 27, 1981, 18-23.
Phillips, James M., and Robert T. Coote, eds. *Toward the 21st Century in Christian Mission*. Grand Rapids: Eerdmans, 1993.
Pickard, William M., Jr. "A Universal Theology of Religion?" *Missiology* 19, no. 2 (April), 1991, 143-151.
Pierard, Richard V. *The Unequal Yoke: Evangelicalism and Political Conservatism*. Philadelphia: Lippincott, 1970.
Piet, John. *The Road Ahead: A Theology for the Church in Mission*. Grand Rapids: Eerdmans, 1970.
Pinnock, Clark H. "Acts 4:12-No Other Name under Heaven." In *Through No Fault of Their Own?*, edited by William V. Crockett and James G. Sigountos. Grand Rapids: Baker, 1991, 107-116.
_____. *A Wideness in God's Mercy: The Finality of Jesus Christ in a World of Religions*. Grand Rapids: Zondervan, 1992.
Pippert, Rebecca Manley. *Out of the Saltshaker and into the World*. Downers Grove, IL: InterVarsity, 1979.
Polanyi, Michael. *Personal Knowledge: Towards a Post-Critical Philosophy*. London: Routledge and Kegan Paul, 1958a.
_____. *The Study of Man*. Chicago: University of Chicago Press, 1958b.
_____. *Knowing and Being: Essays*. Chicago: University of Chicago Press, 1969.
Polanyi, Michael and Harry Prosch. *Meaning*. Chicago: University of Chicago Press, 1975.
Pomerville, Paul. *The Third Force in Missions: A Pentecostal Contribution to Contemporary Mission Theology*. Peabody, MA: Hendrickson, 1985.
Popper, Karl. *The Logic of Scientific Discovery*. New York: Harper and Row, 1965.
_____. *Objective Knowledge: An Evolutionary Approach*. New York: Oxford University Press, 1972.
Punt, Neal. "All Are Saved Except." *Christianity Today*, 31.5, March 20, 1987, 43-44.

Quebedeaux, Richard. *The Young Evangelicals: Revolution in Orthodoxy*. New York: Harper and Row, 1974.
_____. *The Worldly Evangelicals*. San Francisco: Harper and Row. 1978.
Radmacher, Earl D., and Robert D. Preus, eds. *Hermeneutics, Inerrancy, and the Bible*. Grand Rapids: Zondervan, 1984.
Rahner, Karl. "Christianity and the Non-Christian Religions." In *Christianity and Other Religions*, edited by John Hick and Brian Hebblethwaite. Philadelphia: Fortress, 1980, 52-79.
Ramm, Bernard L. *The Evangelical Heritage*. Waco, TX: Word, 1973.
Ramseyer, Robert L., ed. *Mission and the Peace Witness: The Gospel and Christian Discipleship*. Scottsdale, PA: Herald, 1979.
Rauschenbusch, Walter. *A Theology for the Social Gospel*. New York: Macmillan, 1917.
Read, David H. C. *Go and Make Disciples*. Nashville, TN: Abingdon, 1978.
Recinos, Harold J. *Hear the Cry! A Latino Pastor Challenges the Church*. Louisville, TN: Westminster/John Knox, 1989.
Reepsome, James. "A Smaller, More Studious Lausanne--in Thailand." *Christianity Today*, 24.10, May 23, 1980, 47-49.
Reisinger, Ernest C. *Today's Evangelism*. Phillipsburg, NJ: Craig, 1982.
Rescher, Nicholas. *Peirce's Philosophy of Science*. Notre Dame: University of Notre Dame Press, 1978.
Rhem, Richard A. "The Habit of God's Heart." *Perspectives*, 3.7, September 1988, 8-11.
Rice, Phyllis Mather. "Interview with Ben Johnson." *Your Church*, 30.2, March/April 1984, 8-10.
Richards, Larry. "The Great American Congregation: An Illusive Ideal." *Christianity Today*, 24.20, November 21, 1980, 20-23.
Richardson, William J. *Social Action vs. Evangelism: An Essay on the Contemporary Crisis*. Pasadena, CA: William Carey Library, 1977.
Ricoeur, Paul. "Narrative Time." in *On Narrative*, edited by W. J. T. Mitchell. Chicago: University of Chicago Press, 1981, 165-86.
Ridderbos, Herman. *The Coming of the Kingdom*. Philadelphia: Presbyterian and Reformed, 1962.
_____. *Paul: An Outline of His Theology*. Grand Rapids: Eerdmans, 1975.
Rin Ro, Bong. "Contextualization: Asian Theology." In *The Bible and Theology in Asian Contexts*, edited by Bong Rin Ro and Ruth

Eshenaur. Taichung, Taiwan: Asia Theological Association, 1984.
Rin Ro, Bong and Ruth Eshenaur, eds. *The Bible and Theology in Asian Contexts: An Evangelical Perspective on Asian Theology*. Taichung, Taiwan: Asia Theological Association, 1984, 42-52.
Robinson, P. J. "The 1982 Belhar Confession in Missionary Perspective." In *A Moment of Truth*, edited by G. D. Cloete and D. J. Smit. Grand Rapids: Eerdmans, 1984.
Roof, Wade Clark, and William McKinney. *American Mainline Religion: Its Changing Shape and Future*. New Brunswick, NJ: Rutgers University Press, 1987.
Roozen, David, William McKinney, and Jackson W. Carroll. *Varieties of Religious Presence: Mission in Public Life*. New York: Pilgrim, 1984.
Rose, Larry, and C. Kirk Hadaway, eds. *An Urban World: Churches Face the Future*. Nashville: Broadman, 1984.
Rosell, Garth M. "Billy Graham and Worldwide Evangelization." In *American Christianity: A Case Approach*, edited by Ronald White et al. Grand Rapids: Eerdmans, 1986, 179-183.
Rosin, H. H. *"Missio Dei" An Examination of the Origin, Contents and Function of the Term in Protestant Missiological Discussion*. Leiden: Inter-University Institute for Missiological and Ecumenical Research, 1972.
Roth, Robert Paul. *The Theater of God: Story in Christian Doctrines*. Philadelphia: Fortress, 1985.
Roth, Wolfgang, and Rosemary Ruether. *The Liberating Bond*. New York: Friendship, 1978.
Roukanen, Miikka. "Catholic Teaching on Non-Christian Religions at the Second Vatican Council." *International Bulletin of Missionary Research* 14.2 (1990): 56-61.
Rouner, Leroy S., ed. *Foundations of Ethics*. Notre Dame: University of Notre Dame, 1983.
Rowley, H. H. *The Missionary Message of the Old Testament*. London: Carey Kingsgate, 1955.
Roxburgh, Allan J. *Reaching a New Generation: Strategies for Tomorrow's Church*. Downers Grove: InterVarsity, 1993.
Runia, Klass. "The Trinitarian Nature of God as Creator and Man's Authentic Relationship with Him." in *Let the Earth Hear His Voice*, edited by J. D. Douglas. Minneapolis, MN: World Wide, 1975, 1008-1020.

_____. *The Present-Day Christological Debate*. Downers Grove, IL: InterVarsity, 1984.
Saayman, Willem. "Bridging the Gulf: David Bosch and the Ecumenical/Evangelical Polarisation." *Missionalia* 18.1 (1990): 99-108.
Samartha, Stanley J. "The Lordship of Jesus Christ and Religious Pluralism." In *Christ's Lordship and Religious Pluralism*, edited by Gerald H. Anderson and Thomas F. Stransky, 19-36. Maryknoll, NY: Orbis, 1981.
Samartha, Stanley J., ed. *Faith in the Midst of Faiths: Reflections on Dialogue in Community*. Geneva: World Council of Churches, 1977.
Sample, Tex. *Blue-Collar Ministry*. Valley Forge, PA: Judson, 1984.
_____. *U.S. Lifestyles and Mainline Churches: A Key to Reaching People in the 90's*. Louisville: Westminister/John Knox, 1990.
Sampson, Philip. "The Rise of Postmodernity." Preconference paper for the Lausanne Consultation on Modernity. Uppsala, June 10-15, 1993.
Samuel, Vinay K. and Chris Sugden, eds. *Sharing Jesus in the Two Thirds World: Evangelical Christologies from the Contexts of Poverty, Powerlessness and Religious Pluralism*. Grand Rapids: Eerdmans, 1984.
_____. *The Church in Response to Human Need*. Grand Rapids: Eerdmans, 1987.
The San Antonio Report. Geneva: World Council of Churches. 1990
Sandeen, Ernest R. *The Roots of Fundamentalism: British and American Millenarianism 1800-1930*. Chicago: University of Chicago Press, 1970.
Sanders, James A. *Canon and Community: A Guide to Canonical Criticism*. Philadelphia: Fortress, 1984.
_____. *From Sacred Story to Sacred Text: Canon as Paradigm*. Philadelphia: Fortress, 1987.
Sanders, John. *No Other Name: An Investigation into the Destiny of the Unevangelized*. Grand Rapids: Eerdmans, 1992.
Sanneh, Lamin. *Translating the Message: The Missionary Impact on Culture*. Maryknoll: Orbis, 1989.
Savage, Peter. "The Church and Evangelism." In *The New Face of Evangelicalism*, edited by C. René Padilla. Downers Grove, IL: InterVarsity, 1976, 103-125.
Schaff, Philip, ed. *Nicene and Post-Nicene Fathers*. Vol. 1. Grand Rapids: Eerdmans, 1974.

Schaller, Lyle E. *Assimilating New Members*. Nashville: Abingdon, 1978.

_____. "How Do You Initiate New Members in the Tribe?" *Church Growth America*, 5.5, November-December 1979, 8-9.

_____. *Growing Plans*. Nashville: Abingdon, 1983.

_____. *It's a Different World! The Challenge for Today's Pastor*. Nashville: Abingdon, 1987.

_____. *Reflections of a Contrarian: Second Thoughts on the Parish Ministry*. Nashville: Abingdon, 1989.

_____. *The Seven-Day-a-Week Church*. Nashville: Abingdon, 1992.

Scharpf, Paulus. *History of Evangelism: Three Hundred Years of Evangelism in Germany, Great Britain, and the United States of America*. Grand Rapids: Eerdmans, 1966.

Scherer, James A. *Gospel, Church, & Kingdom: Comparative Studies in World Mission Theology*. Minneapolis: Augsburg, 1987.

_____. "Church, Kingdom and *Missio Dei:* Lutheran and Orthodox Correctives to Recent Ecumenical Mission Theology." In *The Good News of the Kingdom*, edited by Charles Van Engen et al. Maryknoll: Orbis, 1993a, 82-88.

_____. "Mission Theology." In *Toward the 21st Century in Christian Mission*, edited by James M. Phillips and Robert T. Coote. Grand Rapids: Eerdmans, 1993b.

Scherer, James A., and Stephen B. Bevans, eds. *New Directions in Mission and Evangelization: Basic Statements 1974-1991*. Maryknoll, NY: Orbis, 1992.

Schillebeeckx, Edward. *The Schillebeeckx Reader*. Edited by Robert Schreiter. New York: Crossroad, 1987.

Schlink, Edmund. *The Coming Christ and the Coming Church*. Philadelphia: Fortress, 1968.

Schmemann, Alexander. "The Missionary Imperative in the Orthodox Tradition." In *The Theology of the Christian Mission*, edited by Gerald H. Anderson. New York: McGraw-Hill, 1961, 250-257.

_____. *Church, World, Mission: Reflections on Orthodoxy in the West*. Crestwood, NY: St. Vladimir's Seminary Press, 1979.

Schreiter, Robert. *Constructing Local Theologies*. Maryknoll: Orbis, 1985.

_____. "Jesus Christ and Mission: The Cruciality of Christology." *Missiology* 18.4, Oct., 1990: 429-438.

_____. "Reconciliation as a Missionary Task." *Missiology* 20.1, Jan., 1992: 3-10.

Schuller, Robert. *Your Church Has Real Possibilities*. Glendale, CA: Regal, 1974.

Scott, Waldron. "The Evangelical World Mission and the World Evangelical Fellowship." in *New Horizons in World Mission*, edited by David J. Hesselgrave. Grand Rapids: Baker, 1979, 49-53.

_____. *Bring Forth Justice: A Contemporary Perspective on Mission.* Grand Rapids: Eerdmans, 1980.

_____. "'No Other Name'-an Evangelical Conviction." In *Christ's Lordship and Religious Pluralism* edited by Gerald H. Anderson and Thomas F. Stransky. Maryknoll, NY: Orbis, 1981a, 58-74.

_____. "The Significance of Pattaya." *Missiology* 9.1, Jan., 1981b: 57-76.

Segundo, Juan Luis *The Community Called Church*. Maryknoll, N.Y.: Orbis, 1975.

_____. *The Liberation of Theology*. Maryknoll: Orbis, 1976.

_____. *Theology and the Church*. London: Winston, 1985.

Seligman, Adam B. "Towards a Reinterpretation of Modernity in an Age of Postmodernity." In *Theories of Modernity and Postmodernity*, edited by Bryan S. Turner. London: Sage, 1990, 117-135.

Senior, Donald, and Carroll Stuhlmueller. *The Biblical Foundations for Mission*. Maryknoll, NY: Orbis, 1983.

Sexton, Virgil. *Listening to the Church: A Realistic Profile of Grass Roots Opinion*. Nashville: Abingdon, 1971.

Shaw, Daniel. *Transculturation: The Cultural Factor in Translation and Other Communication Tasks*. Pasadena: William Carey Library, 1988.

Shelley, Bruce L. *Evangelicalism in America*. Grand Rapids: Eerdmans, 1967.

Shenk, Wilbert R. "Missionary Congregations." *Mission Focus*, 6.4, March 1978, 13-14.

_____. "The Culture of Modernity as a Missionary Challenge." In *The Good News of the Kingdom*, edited by Charles Van Engen et al. Maryknoll, NY: Orbis, 1993a, 192-199.

_____. "Mission Strategies." in *Toward the 21st Century in Christian Mission*, edited by James M. Phillips and Robert T. Coote. Grand Rapids: Eerdmans, 1993b, 218-234.

Shenk, Wilbert, ed. *Anabaptism and Mission*. Scottsdale, PA: Herald, 1984.

Shepherd, Jack F. "Understanding Other Religions from an Evangelical Point of View." Unpublished lecture, Fuller Theological Seminary School of World Mission, Pasadena. n.d.

Sheppard, David. *Built as a City: God and the Urban World Today.* London: Hodder and Stoughton, 1974.

Shriver, Donald W., Jr., and Karl A. Ostrom. *Is There Hope for the City?* Philadelphia: Westminister, 1977.

Sider, Ronald. *Rich Christians in an Age of Hunger.* Downers Grove, IL: InterVarsity, 1977.

Sider, Ronald, ed. *Cry Justice!* New York: Paulist, 1980.

_____. *Evangelicals and Development: Toward a Theology of Social Change.* Philadelphia: Westminister, 1981.

_____. *Lifestyle in the Eighties.* Philadelphia: Westminister, 1982.

Smalley, Stephen S. *John: Evangelist and Interpreter.* Exeter, England: Paternoster, 1978.

Smalley, William A., ed. *Readings in Missionary Anthropology II.* Pasadena: William Carey Library, 1978.

Smart, Barry. "Modernity, Postmodernity and the Present." in *Theories of Modernity and Postmodernity*, edited by Bryan S. Turner. London: Sage, 1990, 14-30.

Smith, Barbara Herrnstein. "Narrative Version, Narrative Theories." In *On Narrative*, edited by W. J. T. Mitchell. Chicago: University of Chicago Press, 1981, 209-232.

Smith, Michael Peter, ed. *Power, Community, and the City.* New Brunswick, NJ: Transaction, 1988.

Smith, Timothy. *Called Unto Holiness: The Story of the Nazarenes.* Kansas City, MO: Nazarene, 1962.

Smith, Wilfred Cantwell. "The Christian in a Religiously Plural World." In *Christianity and Other Religions*, edited by John Hick and Brian Hebblethwaite. Philadelphia: Fortress, 1980, 87-107.

Snyder, Howard. "The Church as God's Agent in Evangelism." In *Let the Earth Hear His Voice*, edited by J. D. Douglas. Minneapolis, MN: World Wide, 1975, 327-360.

_____. "Co-Operation in Evangelism." in *The New Face of Evangelicalism*, edited by C. René Padilla. Downers Grove, Il: InterVarsity, 1976.

_____. *The Community of the King.* Downers Grove, IL: InterVarsity, 1977.

_____. *Liberating the Church.* Downers Grove, IL: InterVarsity, 1983.

Sobrino, Jon. *Resurrección De La Verdadera Iglesia: Los Pobres, Lugar Teologico De La Eclesiologia.* Santader, Spain: Editorial Sal Terrae, 1981.

_____. *The True Church and the Poor.* Maryknoll, NY: Orbis, 1984.

Song, C. S. *Christian Mission in Reconstruction-an Asian Analysis.* Maryknoll, NY: Orbis, 1975.

_____. "God's Grace in the World of Religions." *Perspectives*, 2.1, January 1987, 4-7.

Spindler, Marc R. "Bijbelse Fundering En Oriëntatie Van Zending." In *Oecumeniche Inleiding in De Missiologie*, edited by F. J. Verstraelen. Kampen: J.H. Kok, 1988, 132-154.

Spykman, Gordon et al. *Let My People Live: Faith and Struggle in Central America.* Grand Rapids: Eerdmans, 1988.

Stadler, Anton P. "Dialogue: Does It Complement, Modify, or Replace Mission?" *Occasional Bulletin of Missionary Research* 1.3 (1977): 2-9.

Stamoolis, James J. *Eastern Orthodox Mission Theology Today.* Maryknoll, NY: Orbis, 1987.

Stanley, Paul D., and J. Robert Clinton. *Connecting: The Mentoring Relationships You Need to Succeed in Life.* Colorado Springs, CO: NavPress, 1992.

Starling, Allan, ed. *Seeds of Promise: World Consultaton on Frontier Missions, Edinburgh, '80.* Pasadena: William Carey Library, 1981.

Steele, Shelby. *The Content of Our Character.* New York: HarperCollins, 1990.

Steffan, Thomas. *Passing the Baton: Church Planting That Empowers.* La Habra, CA: Center for Organization and Development, 1993.

Stevick, Daniel. *Beyond Fundamentalism.* Richmond: John Knox, 1964.

Stoeffler, F. E., ed. *Continental Pietism and Early American Christianity.* Grand Rapids: Eerdmans, 1976.

Stoneburner, Tony, ed. *Parable, Myth and Language.* Cambridge: Church Society for College Work, 1968.

Stott, John R. W. *Our Guilty Silence.* Grand Rapids: Eerdmans, 1967.

_____. *Christ the Controversialist.* Downers Grove, IL: InterVarsity, 1970.

_____. *Christ the Liberator.* Downers Grove, IL: InterVarsity, 1971.

_____. "The Biblical Basis of Evangelism." In *Mission Trends No. 2*, edited by Gerald H. Anderson and Thomas F. Stransky. Grand Rapids: Eerdmans, 1975a, 4-23.

_____. *Christian Mission in the Modern World.* Downers Grove, IL: InverVarsity, 1975b.

_____. "The Living God Is a Missionary God." In *You Can Tell the World*, edited by James E. Berney. Downers Grove, IL: InterVarsity, 1979, 20-32.

_____. "Saving Souls and Serving Bread." *Christianity Today,* 24.19, 1980, 50-51.

_____. "Dialogue, Encounter, Even Confrontation." in *Mission Trends No. 5*, edited by Gerald H. Anderson and Thomas F. Stransky. Grand Rapids: Eerdmans, 1981, 156-172.

_____. "Salt and Light: The Christian Contribution to Nation-Building." *Evangelical Review of Theology* 9.3 (1985): 267-276.

_____. "John Stott on Hell: Taking a Closer Look at Eternal Torture." *World Christian*, May 1989, 31-37.

Stott, John R. W. and Robert T. Coote, eds. *Gospel and Culture*. Pasadena: William Carey Library, 1979.

Stott, John R. W. and Basil Meeking, eds. *The Evangelical-Roman Catholic Dialogue on Mission, 1977-84*. Grand Rapids: Eerdmans, 1986.

Stowe, David M. "What Did Melbourne Say?" *Missiology* 9.1, Jan., 1981: 23-35.

Stransky, Thomas F. "A Roman Catholic Reflection." *Missiology* 9.1, Jan., 1981: 41-51.

Stroup, George W. *The Promise of Narrative Theology: Recovering the Gospel in the Church*. Atlanta, GA: John Knox, 1981.

Sundkler, Bengt. *The World of Mission*. Grand Rapids: Eerdmans, 1965.

Sweazey, George E. *Effective Evangelism*. New York: Harper, 1953.

_____. *Evangelism in the United States*. London: Lutterworth, 1958.

_____. *Preaching the Good News*. Englewood Cliffs, NJ: Prentice-Hall, 1976.

Sweet, Leonard I., ed. *The Evangelical Tradition in America*. Macon, GA: Mercer University Press, 1984.

Syrdal, Rolf A. *Go, Make Disciples*. Minneapolis, MN: Augsburg, 1977.

Taber, Charles R. "Contextualization: Indigenization and/or Transformation." In *The Gospel and Islam*, edited by Don McCurry. Monrovia, CA: MARC, 1979a, 143-154.

_____. "The Limits of Indigenizaton in Theology." In *Readings in Dynamic Indigeneity*, edited by Charles H. Kraft and Tom Wisley. Pasadena, CA: William Carey Library, 1979b, 388-397.

Taber, Charles R., and Betty J. Taber. "A Christian Understanding Of 'Religion' And 'Religions'." *Missiology* 20.1, Jan., 1992: 69-78.

Tannehill, Robert C. *The Narrative Unity of Luke-Acts: A Literary Interpretation.* 2 vols. Philadelphia, PA: Fortress, 1986, 1990.

Taylor, John V. *The Primal Vision: Christian Presence Amid African Religion.* London: Student Christian Movement, 1963.

_____. *The Go-between God: The Holy Spirit and the Christian Mission.* London: Student Christian Movement, 1973

_____. "The Theological Basis of Interfaith Dialogue." in *Mission Trends No. 5*, edited by Gerald H. Anderson and Thomas F. Stransky. Grand Rapids: Eerdmans; and New York: Paulist, 1981, 93-110.

Terry, John Mark. *Evangelism: A Concise History.* Nashville, TN: Broadman and Holman, 1994.

"The Thailand Statement." *International Bulletin of Missionary Research* 5.1 (1981): 29-31.

Thiel, John. *Imagination and Authority: Theological Authorship in the Modern Tradition.* Minneapolis, MN: Fortress, 1991.

Thiemann, Ronald F. *Revelation and Theology: The Gospel as Narrated Promise.* Notre Dame: University of Notre Dame Press, 1985.

_____. "Radiance and Obscurity in Biblical Narrative." In *Scriptural Authority and Narrative Interpretation*, edited by Garrett Green. Philadelphia, PA: Fortress, 1987, 21-41.

Thiselton, A. C. *The Two Horizons: New Testament Hermeneutics and Philosophical Description with Special Reference to Heidegger, Bultmann, Gadamer, and Wittgenstein.* Grand Rapids: Eerdmans, 1980.

Thomas, Nancy. "Cleofilas and Elizabeth: Two Immigrant Stories as Examples of Narrative Theology through Fiction and Spiritual Autobiography." Pasadena: Fuller Theological Seminary School of World Mission, 1994.

Thomas, Owen C. *Attitudes toward Other Religions.* New York: Harper and Row, 1969.

Thomsen, Mark. "Confessing Jesus Christ within the World of Religious Pluralism." *International Bulletin of Missionary Research* 14.3 (1990): 115-18.

Thomson, D. P. *Aspects of Evangelism.* Crieff, Scotland: Research Unit, 1968.

Thorogood, Bernard. *Gales of Change: The Story of the London Missionary Society, 1945-1977.* Geneva: World Council of Churches, 1994.

Tilley, Terrence W. *Story Theology*. Wilmington, DE: Michael Glazier, 1985.
Tillich, Paul. "Christianity Judging Itself in the Light of Its Encounter with the World of Religions." In *Christianity and Other Religions*, edited by John Hick and Brian Hebblethwaite. Philadelphia, PA: Fortress, 1980, 108-121.
Tink, Fletcher L. "Downtown Los Angeles as Urban Jungle: An Alternative Model to the Homogeneous Unit Principle Understanding of the City." Unpublished presentation. Lausanne II, Manila, 1989.
Tippett, Alan R. *Introduction to Missiology*. Pasadena: William Carey Library, 1987.
Tonna, Benjamin. *A Gospel for the Cities: A Socio-Theology of Urban Ministry*. Maryknoll, NY: Orbis, 1985.
Torres, Sergio and John Eagleson, eds. *The Challenge of Basic Christian Communities*. Maryknoll, NY: Orbis, 1981.
Toulmin, Stephen. *Foresight and Understanding*. New York: Harper, 1961.
_____. *Human Understanding: The Collective Use and Evolution of Concepts*. Vol. 1. Princeton, NJ: Princetion University Press, 1972.
Towns, Elmer. *Ten of Today's Most Innovative Churches: What They're Doing, How They're Doing It and How You Can Apply Their Ideas in Your Church*. Ventura, CA: Regal, 1990.
Toy, Dottie. "Planning as Teachers." *Alert*, May 1985, 10-13.
Tracy, David. *The Analogical Imagination: Christian Theology and the Culture of Pluralism*. New York: Crossroad, 1981.
_____. *Blessed Rage for Order: The New Pluralism in Theology*. San Francisco: Harper and Row, 1988.
Trible, Phyllis. *Texts of Terror*. Philadelphia, PA: Fortress, 1984.
Troeltsch, Ernst. *The Absoluteness of Christianity*. Richmond: John Knox, 1971.
_____. "The Place of Christianity among the World Religions." In *Christianity and Other Religions*, edited by John Hick and Brian Hebblethwaite. Philadelphia, PA: Fortress, 1980, 11-31.
Turner, Bryan S. "Periodization and Politics in the Postmodern." in *Theories of Modernity and Postmodernity*, edited by Bryan S. Turner. London: Sage, 1990a, 1-13.
Turner, Bryan S. ed. *Theories of Modernity and Postmodernity*. London: Sage, 1990b.

Utuk, Efiong S. "From Wheaton to Lausanne: The Road to Modification of Contemporary Evangelical Mission Theology." *Missiology* 14.2, April, 1986: 205-218.

Van Dusen, Henry P. *One Great Ground of Hope: Christian Missions and Christian Unity.* Philadelphia, PA: Westminister, 1961.

Van Engen, Charles. "Church Growth, Yes! But Which Kind?" *Church Herald* 34.16, August 5, 1977, 12, 13, 28.

_____. "Let's Contextualize Kingdom Growth." *Church Herald*, 35.22, November 13, 1978a, 10-12.

_____. "Your Church Cannot Grow--Without the Holy Spirit." *Church Herald*, 35.8, April 21, 1978b, 6-8.

_____. *The Growth of the True Church: An Analysis of the Ecclesiology of Church Growth Theory.* Amsterdam: Rodopi, 1981.

_____. "The Holy Catholic Church--on the Road through Ephesians." *Reformed Review*, Spring, 1984, 187-201.

_____. *Hijos Del Pacto: Perdón, Conversión y Misión En El Bautismo.* Grand Rapids, MI: T.E.L.L., 1985.

_____. "Responses to James Scherer's Paper from Different Disciplinary Perspectives: Systematic Theology." *Missiology*, no. 15.4 (1987): 523-525.

_____. "The New Covenant: Knowing God in Context." In *The Word among Us: Contextualizing Theology for Mission Today*, edited by Dean S. Gilliland, Waco: Word, 1989, 74-100; reprinted in Charles Van Engen. *Mission on the Way.* Grand Rapids: Baker, 1996, 71-89.

_____. "Pastors as Missionary Leaders in the Church." *Theology, News and Notes*, no. 36.2 (1989b): 15-18.

_____. "A Broadening Vision: Forty Years of Evangelical Theology of Mission, 1946-1986." In *Earthen Vessels*, edited by Joel A. Carpenter and Wilbert R. Shenk. Grand Rapids, MI: Eerdmans, 1990, 203-232.

_____. "The Effect of Universalism on Mission Effort." In *Through No Fault of Their Own?* Edited by William V. Crockett and James G. Sigountos. Grand Rapids: Baker. 1991a. 183-94.

_____. *God's Missionary People: Rethinking the Purpose of the Local Church.* Grand Rapids: Baker. 1991b.

_____. "Biblical Foundations of Mission." Unpublished syllabus, Fuller Theological Seminary, Pasadena. 1992a.

_____. "Theologizing in Mission." Unpublished course syllabus, Fuller Theological Seminary, Pasadena. 1992b.

_____. *You Are My Witnesses: Drawing from Your Spiritual Journey to Evangelize Your Neighbors.* New York: Reformed Church. 1992c.

_____. "The Relation of Bible and Mission in Mission Theology." In *The Good News of the Kingdom,* edited by Charles Van Engen et al. Maryknoll, N.Y. Orbis. 1993, 27-36.

_____. "Constructing a Theology of Mission for the City." In *Jerusalem! Jerusalem! In Search of a Theology of Mission for the City,* edited by Charles Van Engen and Judy Tiersma. Monrovia, CA: MARC. 1994, 241-85.

_____. *Mission on the Way: Issues in Mission Theology.* Grand Rapids: Baker, 1996.

_____. "Five Perspectives of Contextually Appropriate Mission Theology." in *Appropriate Christianity,* edited by Charles Kraft, Pasadena: William Carey Library, 2004, 183-202.

Van Engen, Charles, Dean Gilliland and Paul Pierson, eds. *The Good News of the Kingdom: Mission Theology for the Third Millennium.* Maryknoll: Orbis, 1993.

Van Engen, Charles, and Jude Tiersma, eds. *God So Loves the City: Seeking a Theology for Urban Mission,* Monrovia, CA: MARC. 1994.

Van Engen, Charles, Nancy Thomas and Rob Gallagher, eds. *Footprints of God: A Narrative Theology of Mission.* Monrovia: MARC, World Vision, 1999.

Van Huyssteen, Wentzel. *Theology and the Justification of Faith: Constructing Theories in Systematic Theology.* Grand Rapids, MI: Eerdmans, 1989.

Van Rheenen, Gailyn. *Biblically Anchored Mission: Perspectives on Church Growth.* Austin, TX: Firm Foundation, 1983.

Van Ruler, A. A. *The Christian Church and the Old Testament.* Grand Rapids, MI: Eerdmans, 1971.

Veenhof, Jan. *Kuyper En De Kerk: Leestukken Bij Het Doctoraalkollege Dogmatiek, Kursus 1977-1978.* Amsterdam, Netherlands: Free University, 1977.

Verkuyl, Johannes. *Contemporary Missiology: An Introduction.* Grand Rapids: Eerdmans, 1978.

_____. "Contra De Twee Kernthesen Van Knitter's Theologia Religionum." *Wereld en Zending,* no. 2 (1986), 113-120.

_____. "Mission in the 1990's." *International Bulletin of Missionary Research*, no. 13.2 (1989): 55-58.

_____. "The Biblical Notion of Kingdom: Test of Validity for Theology of Religion." In *The Good News of the Kingdom,*

edited by Charles Van Engen, et al. Maryknoll: Orbis, 1993, 71-81.
Verstraelen, F. J., ed. *Oecumenische Inleiding in De Missiologie: Teksten En Konteksten Van Het Wereldchristendom.* Kampen: J. H. Kok, 1988.
Vicedom, Georg. *The Mission of God: An Introduction to a Theology of Mission.* St. Louis, MO: Concordia, 1965.
Vidales, Raul. "Methodological Issues in Liberation Theology." in *Frontiers of Theology in Latin America,* edited by Rosino Gibellini. Maryknoll, NY: Orbis, 1979, 34-57.
Vischer, Lukas. *A Documentary History of the Faith and Order Movement.* St. Louis, MO: Bethany, 1963.
Visser 't Hooft, W. A. *The Pressure of Our Common Calling.* Garden City, NY: Doubleday, 1959.
_____. *No Other Name: The Choice between Syncretism and Christian Universalism.* Philadelphia, PA: Westminister, 1963.
_____. "Evangelism in the Neo-Pagan Situation." *International Review of Mission* 63.249 (1974): 81-86.
_____. "Evangelism among Europe's Neo-Pagans." *International Review of Mission,* 66:264 (1977): 349-360.
Volf, Miroslav. "De Uitdaging Van Het Protestants Fundamentalisme." *Fundamentalisme* 1992a, 82-90.
_____. "Provisional Absoluteness: The Unique Christ and the Challenge of Modernity." In *Manila Conference of the World Evangelical Fellowship Theological Commission and Asia Theological Association,* 1992b.
von Allmen, Daniel. "The Birth of Theology." In *Readings in Dynamic Indigeneity,* edited by Charles H. Kraft and Tom Wisley. Pasadena, CA: William Carey Library, 1979, 325-348.
von Rad, Gerhard. *Old Testament Theology.* New York: Harper, 1962.
Vos, Geerhardus. *The Teaching of Jesus Concerning the Kingdom of God and the Church.* Phillipsburg, NJ: Presbyterian and Reformed, 1979.
Vroom, Hendrik M. *Religions and the Truth: Philosophical Reflections and Perspectives.* Grand Rapids, MI: Eerdmans, 1989.
Wagner, C. Peter. *Look Out: The Pentecostals Are Coming.* Carol Stream, IL: Creation House, 1973.
_____. "Concepts of Evangelism Have Changed over the Years." *Evangelical Missions Quarterly,* 10:1 (1974a): 41-42.
_____. *Your Spiritual Gifts Can Help Your Church Grow.* Glendale, CA: Regal, 1974b.
_____. *Your Church Can Grow.* Glendale, CA: Regal, 1976.

_____. "The Cost of Church Growth." *Church Growth America* 5.5, 1979a, 4-7, 10, 13-14.
_____. *Our Kind of People: The Ethical Dimensions of Church Growth in America*. Atlanta: John Knox Press, 1979b.
_____. *Your Church Can Be Healthy*. Nashville: Abingdon, 1979c.
_____. "Aiming at Church Growth in the Eighties." *Christianity Today*, 24.20, November 21 1980, 24-27.
_____. *Church Growth and the Whole Gospel*. San Francisco, CA: Harper and Row, 1981.
_____. *Leading Your Church to Growth*. Ventura, CA: Regal, 1984.
_____. "A Vision for Evangelizing the Real America." *International Bulletin of Missionary Research*, 10:2 (1986): 59-64.
_____. *Strategies for Church Growth: Tools for Effective Mission and Evangelism*. Ventura, CA: Regal, 1987.
Walker, Alan. *The Whole Gospel for the Whole World*. New York: Abingdon, 1957.
_____. *The New Evangelism*. Nashville, TN: Abingdon, 1975.
Wallace, Mark I. "The New Yale Theology." In *The Best in Theology*, edited by J. I. Packer. Carol Stream, IL: Christianity Today, 1989, 3:169-186.
Wallis, Jim. *An Agenda for Biblical People*. New York: Harper and Row, 1976.
Walls, Andrew F. "Toward an Understanding of Africa's Place in Christian History." In *Religion in a Pluralist Society*, edited by J. S. Pobee. Leiden, Netherlands: Brill, 1976, 180-189.
_____. "The Gospel as the Prisoner and Liberator of Culture." *Faith and Thought* 108, no. 1-2 (1981): 39-52.
Walrath, Douglas A. . *Planning for Your Church*. Philadelphia, PA: Westminister, 1984.
Walsh, David. *After Ideology: Recovering the Spiritual Foundations of Freedom*. San Francisco, CA: Harper, 1990.
Walvoord, John. "Foreign Mission in Relation to the Second Coming of Christ." In *Facing the Unfinished Task*, compiled by J. O. Percy. Grand Rapids, MI: Zondervan, 1961.
Ward, Ted. "The Future of Missions: Hangovers, Fallout, and Hope." In *New Horizons in World Mission*, edited by David J. Hesselgrave. Grand Rapids, MI: Baker, 1979 , 17-32
Warren, Max. *Crowded Canvas*. London: Hodder and Stoughton, 1974.
_____. *I Believe in the Great Commission*. Grand Rapids, MI: Eerdmans, 1976.
_____. "The Fusion of the IMC and the WCC at New Delhi: Retrospective Thoughts after a Decade and a Half." In *Zending*

Op Weg Naar De Toekomst, edited by Jerald D. Gort. Kampen, Netherlands: J. H. Kok, 1978, 190-202.

Wasdell, David. "The Evolution of Missionary Congregations." *International Review of Mission* 66, no. 264 (1977): 366-372.

Watson, David Lowes. *I Believe in Evangelism*. Grand Rapids, MI: Eerdmans, 1976.

_____. *I Believe in the Church*. Grand Rapids, MI: Eerdmans, 1979.

_____. *Called and Committed: World-Changing Discipleship*. Wheaton, IL: Harold Shaw, 1982.

_____. "Salt to the World : An Ecclesiology of Liberation." *Missiology* 12, Oct., 1984 (1984): 453-476; reprinted in *Conflict and Context*, Mark Branson and C. René Padilla, eds., Grand Rapids, Eerdmans, 1986, 114-138.

_____. *God Does Not Foreclose: The Universal Promise of Salvation*. Nashville, TN: Abingdon, 1990.

Webber, Robert. *Common Roots: A Call to Evangelical Maturity*. Grand Rapids, MI: Zondervan, 1978.

Weber, Otto. *Foundations of Dogmatics*. Grand Rapids, MI: Eerdmans, 1981.

Webster, Douglas. "The Missionary Appeal Today." *International Review of Mission* 47.3, no. 187 (1958): 279-88.

_____. *What Is Evangelism?* London: Highway, 1964.

_____. "Social Concern Begins in the Local Church." *Christianity Today*, 24.17, October 10 1980, 28-31.

Weiss, G. Christian. "An Inquiry into the Obligation of Christians." In *Facing the Unfinished Task*, compiled by J. O. Percy. Grand Rapids, MI: Zondervan, 1961, 259-261.

Wells, David F., and John D. Woodbridge. *The Evangelicals*. Nashville, TN: Abingdon, 1975.

Welsh, John R. "Communidades Eclesiais De Base: A New Way to Be Church." *America*, 154.5, February 8, 1986, 85-88.

Wessels, Anton. "The Experience of the Prophet Mohammed." In *On Sharing Religious Experience*, edited by Jerald D. Gort et al. Grand Rapids, MI: Eerdmans, 1992, 228-244.

West, Charles, C. "Notes to Colleagues on the GOCN Consultation." *The Gospel and Our Culture*, 4.2, June, 1992, 1-3.

West, Charles C., and David Paton, eds. *The Missionary Church in East and West*. London: SCM, 1959.

Westermann, Claus, ed. *Essays on Old Testament Hermeneutics*. Richmond, VA: John Knox, 1963.

"What the *Christianity Today*-Gallup Poll Found Out about Attitudes toward Winning the World for Christ." *Christianity Today*, 24.13, July 18, 1980, 28.

White, Hayden. "The Value of Narrativity in the Representation of Reality." In *On Narrative,* edited by W. J. T. Mitchell. Chicago, IL: University of Chicago Press, 1981, 1-24.

White, Ronald, et al., eds. *American Christianity: A Case Approach.* Grand Rapids, MI: Eerdmans, 1986.

Whyte, William. *City: Rediscovering the Center*. New York: Doubleday, 1989.

Wielenga, B. "Hermeneutics and Mission." *Missionalia* 20:1 (April) 1992, 28-37.

Wieser, Thomas, ed. *Planning for Mission: Working Papers on the New Quest for Missionary Communities*. New York: U.S. Conference for the World Council of Churches, 1966.

Wiggins, James B., ed. *Religion as Story*. New York: Harper and Row, 1975.

Wilcox, Clyde. "Evangelicals and Fundamentalists in the New Christian Right: Religious Differences in the Ohio Moral Majority." *Journal for the Scientific Study of Religion* 25:3 (September) 1986, 355-363.

Williams, Colin. *Where in the World?* New York: National Council of Churches,1963.

_____. *What in the World?* New York: National Council of Churches, 1964.

_____. *For the World*. New York: National Council of Churches, 1966.

_____. *The Church*. Philadelphia, PA: Westminster, 1968.

Willimon, William H. *The Gospel for the Person who Has Everything*. Valley Forge, PA: Judson, 1978.

Willis, Wendell, ed. *The Kingdom of God in 20th-Century Interpretation*. Peabody, MA: Hendrickson, 1987.

Wilson, Robert L. "How the Church Takes Shape." *Church Growth Bulletin*, 20.6, November-December, 1983, 325-327.

Wilson, Ron. "Parachurch: Becoming Part of the Body." *Christianity Today*, 24.6, September 19, 1980, 18-20.

Winter, Ralph D. "Ghana: Preparaton for Marriage." *International Review of Mission* 67:267, 1978, 338-353.

_____. "The Future of the Church: the Essential Components of World Evangelization." In *An Evangelical Agenda: 1984 and Beyond*. Pasadena: William Carey Library,1979, 135-163.

_____. "1980: Year of Three Missions Congresses." *Evangelical Missions Quarterly* 16:2 April, 1980, 79-85.

Winter, Ralph D., ed. *Theological Education by Extension*. Pasadena, CA: William Carey Library, 1969.

Winter, Ralph D., and Steven C. Hawthorne, eds. *Perspectives on the World Christian Movement: A Reader*. Pasadena, CA: William Carey Library, 1981.

Wirt, Sherwood E., ed. *Evangelism: The Next Ten Years*. Waco, TX: Word, 1978.

Witherington, Ben, III. *Paul's Narrative Thought World: The Tapestry of Tragedy and Triumph*. Louisville, TN: Westminster/John Knox, 1994.

Wolff, Hans Walter. "The Hermeneutics of the Old Testament." In *Essays on Old Testment Hermeneutics*, edited by C. Westermann. Richmond, Va: John Knox, 1963.

Wong, James, et al. *Mission from the Third World*. Singapore: Church Growth Study Center, 1973.

Woodbridge, John D., Mark A. Noll, and Nathan O. Hatch. *The Gospel in America: Themes in the Story of America's Evangelicals*. Grand Rapids, MI: Zondervan, 1979.

World Christian Encyclopedia. Edited by D. Barrett. New York: Oxford University Press, 1982.

World Council of Churches. *The New Delhi Report*. New York: Association, 1962.

_____. *The Church for Others and the Church for the World: A Quest for Structures for Missionary Congregations*. Geneva: World Council of Churches, 1968.

_____. *Your Kingdom Come: Mission Perspectives*. Geneva: World Council of Churches, 1980.

_____. "Message from Melbourne." *International Bulletin of Missionary Research* 5.1 (1981): 29.

_____. *Mission and Evangelism, An Ecumenical Affirmation: A Study Guide*. New York: National Council of Churches, 1983.

_____. "Statement of the Stuttgart Consultation on Evangelism," March 23, 1987.

_____. *The San Antonio Report*. Geneva: World Council of Churches, 1990.

World Council of Churches/Commission on World Mission and Evangelism. *Mission from Three Perspectives*. Geneva: WCC/CWME, 1989.

Wright, G. Ernest. *The Old Testament against Its Environment*. Chicago, IL: Allenson, 1950.

_____. *God Who Acts: Biblical Theology as Recital*. Chicago, IL: H. Regnery, 1952.
Wright, N. T. "Universalism and the World-Wide Community." *Churchman*, 89.3, July-September, 1975, 197-212.
_____. "Towards a Biblical View of Universalism." *Themelios*, 4.2, 1979, 54-58.
Wuthnow, Robert. *The Restructuring of American Religion*. Princeton, NJ: Princeton University Press, 1988.
_____. "Evangelicals, Liberals, and the Perils of Individualism." *Perspectives: A Journal of Reformed Thought* 6:5 (May), 1991, 10-13.
Wyschogrod, Edith. *Saints and Postmodernism: Revisioning Moral Philosophy*. Chicago, IL: University of Chicago Press, 1990.
Yoder, John Howard. *The Politics of Jesus--Vicit Agnus Noster*. Grand Rapids, MI: Eerdmans, 1972.
_____. "'But We Do See Jesus': The Particularity of Incarnation and the Universality of Truth." In *Foundations of Ethics*, edited by L. S. Rouner. Notre Dame: Notre Dame University Press, 1983, 57-75.
Ziegenhals, Walter E. *Urban Churches in Transition*. New York: Pilgrim. 1978.

www.ingramcontent.com/pod-product-compliance
Lightning Source LLC
Chambersburg PA
CBHW071146300426
44113CB00009B/1103